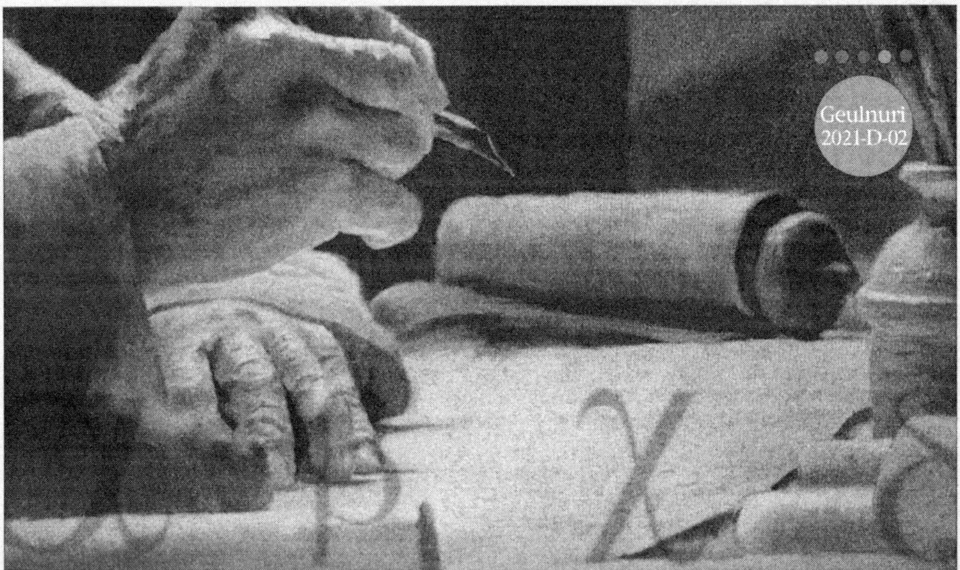

Geulnuri
2021-D-02

요한복음 해설

Interpreting the Gospel of John

이 달

글누리 HNU

| 머리말 |

올해 2020년은 코로나 바이러스로 인해 그 동안 당연하게 여겨 왔던 것들을 새롭게 바라보는 계기가 되었다. 대체적으로 불편하고 걱정스러운 경우가 많았지만, 한편으로는 인간 중심의 탐욕적인 문화에 대한 반성을 공유하게 된 것이나, 서로 만나 얼굴을 보고 웃고 울면서 소통하는 코이노니아가 우리의 삶에서 얼마나 소중한지를 알게 된 것은 그나마 다행이라는 생각이 든다. 또한 코로나 사태를 해결해 나가는 데 있어서 서로 믿고 신뢰하며 다른 사람들에 대한 배려와 책임을 다하는 일이 중요함을 배우게 되었다. 뉴노멀 시대를 새롭게 개척해 나가야 하는 우리 모두에게 겸손과 지혜와 용기가 필요할 것이다.

이러한 상황 속에서 집 안에 주로 머물면서 요한복음에 대한 책을 집필할 수 있는 기회를 갖게 된 것도 감사한 일이다. 정년퇴직을 한 뒤 올해 3년차에 접어들었다. 명예교수로서 아직까지는 여전히 학교에서 조금이나마 강의할 기회를 부여받고 있는데, 그 동안 요한복음을 몇 차례 강의할 수 있었다. 그런 과정에서 요한복음에 관한 책과 논문을 읽으며 요한복음을 해석하고 이해한 바를 책으로 정리해 보자는 마음이 생겼다. 부족한 책이지만, 읽는 사람들에게 조금이라도 도움이 된다면 좋겠다는 생각이다.

요즘에는 사람들을 만나는 것보다는 자연을 찾아 주로 등산을 하는 기회가 많아졌다. 때로는 산에서 등산하는 사람을 아무도 만나지 못한 채 아내와 단둘이서 산을 오르곤 했다. 자연은 하나님의 품과 같아서 그 품에 몇 시간 안겨 있다 보면 좋은 공기와 경치는 말할 것도 없거니와 육체와 정신도 깨끗해지고 맑아지는 것을 체험하였다. 이 책을 읽는 사람들이 그와 비슷한 경험을 하게 된다면 얼마나 좋을까? 이 책의 독자들이 독서라는 산을 오르며 하나님의 말씀을 새롭게 발견하고 배움과 치유의 기회를 갖게 되기를 바랄 뿐이다.

이 책의 출판이 이루어지기까지 여러 사람들이 동참하며 도움을 주었다. 먼저 나의 강의를 들어준 한남대학교 기독교학과 대학원 학생들, 학제신학대학원 목회신학과 학생들과 교회지도자과정 학생들이 나의 생각과 견해를 분명하게 가다듬을 수 있도록 해주었다. 이 책의 출판 작업에 직간접적으로 도움을 준 한남대학교 탈메이지교양교육대학의 안증환 학장님, 출판부 이용규선생님과 직원들에게 감사의 마음을 표하고 싶다. 정년퇴직 후 집 주위를 맴돌고 있는 남편에게, 삼시 세 끼 먹을 것을 차려주며 삶을 공유하고 있는 평생 친구 아내 최은애와 이 책을 내는 기쁨을 함께하고자 한다.

2020년 성탄에

| 차 | 례 |

들어가며

요한복음은 특이한 복음서이다. 공관복음서와 비교해 보면 그 점을 확실히 알 수 있다. 무엇보다 연대기적 순서에 있어서 성전 정화 사건이 공생애 말기가 아니라 공생애 초기에 기록되고 있는 점에서 가장 뚜렷한 차이점을 보여준다. 그것은 요한복음 저자가 예수의 죽음을 암시하는 성전 정화 사건("이 성전을 헐라. 내가 사흘 동안에 일으키리라."는 2:19의 말씀에서 추론이 가능함)을 통해 예수의 죽음을 가장 중요하게 취급하고 있기 때문이다. "사흘"은 예수가 십자가에서 죽은 후 부활한 것을 나타내는 시간적 표지이다. 예수께서 성전을 정화하는 일을 행하자, 유대인들은 "네가 이런 일을 행하니, 무슨 표징을 우리에게 보이겠느냐?"라고 질문한다. 화자의 이러한 서술 방식은 성전을 정화하는 행동도 놀라운 일이지만, 이 사건이 어떤 '표징'을 보여주려고 하는 것에 초점을 맞추고 있음을 보여준다. 그 표징은 46년 동안 짓고 있는 성전을 헐면 그것을 사흘 동안에 일으키겠다는 것이다. 여기에서 "일으키다"라는 동사는 보통 건물을 세우는 데 사용되는 '오이코도메인'(οικοδομειν)이라는 동사가 아니라, 죽은 자를 일으켜 세우는 데 사용되는 '에게이레인'(εγειρειν)이라는 동사이다. 바로 건물을 세우는 것과 죽음에서 일으키는 것을 공통적으로 의미할 수 있는 이중적인 의미를 가진 단어를 여기에 의도적으로 사용하고 있음을 알 수 있다. 공관복음서에서 성전 정화 사건은 예수의 죽음을 촉발시킨 직접적인 원인이 되고 있는데,

요한복음은 이 사건을 역사적인 측면에서가 아니라 신학적인 측면에서 다룬다.

이렇게 성전 정화 사건을 공생애 초기에 배치시킨 요한복음의 의도는 무엇일까? 그것은 예수의 정체성에 초점을 맞추고 있는 요한복음의 기록 목적과 관계가 있다. 메시아 비밀(messianic secret)의 동기 아래 예수의 메시아 됨을 복음서 마지막까지 억누르고 있는 공관복음서와 달리, 요한복음은 칭호 기독론(titular Christology)을 통해 예수의 정체성을 공개적으로 다양하게 조명하고 있다. 요1-4장에는 예수의 칭호가 다수 등장한다(말씀, 독자, 독생하신 하나님, 인자, 메시아, 하나님의 아들, 이스라엘의 왕, 어린양, 예언자, 세상의 구주). 칭호 기독론은 특히 1장에 집중되어 나타난다. 1장의 칭호 기독론에 이어서 바로 2장에서 성전 정화 사건을 기록하면서 예수의 죽음을 겨냥한다. 이처럼 요한복음은 예수의 정체성을 예수의 죽음과 연관시키려고 하였다. 이러한 방식은 공관복음서에서도 드러나는 것이지만, 요한복음만큼 뚜렷하고 철저하지는 않다. 요한복음은 예수의 죽음을 이해하지 못하면 예수의 정체성을 깨닫지 못한다는 입장을 보인다. 이러한 의도가 성전 정화 사건의 초기 배치로 나타난 것이다.

한편, 갈릴리 가나에서 행한 첫 번째 표징인 물로 포도주를 만드신 표징도 예수의 죽음과 연관된다. 이 첫 번째 표징은 "사흘째 되던 날"(2:1) 일어났다. 물로 포도주를 만든 표징은 새로운 생명을 상징한다. 결혼식을 배경으로 하고 있는 것도 새로운 출발(생명)을 가리킨다. 결혼식과 물은 직접적인 관계가 없지만, 포도주는 꼭 필요하였다. 요한복음이 유대교와의 갈등을 배경으로 기록되었기 때문에, 물은 유대교 또는 유대교적 교훈을 가리킨다고 볼 수 있다. 그렇다면 포도주는 예수 또는 예수의 교훈을 가리킨다. 이러한 관점에서 보면, 물(유대교)과 포도주(예수)는 죽음과 생명을 나타낸다. 또한 포도주는 그 색깔로 인하여 피를 상징한다. 피는 생명이다. 십자가에서 흘린 피를 상징하고 있다. 이렇게 물로 포도주를 만든 표징을 통해서 죽음에서 생명으로 변화시키는 예수 사역의 본질을 드러내고자 한다.

갈릴리 가나에서 행한 두 번째 표징도 "이틀"(4:43)이 지난 후 일어난 것으로 기록하고 있다. 즉 사흘째 일어났다. 이것은 우연인가? 왕의 신하의 아들을 살린 사건은 죽음에서 생명을 찾은 내용이다. 이 사건이 가나에서의 첫 번째 표징과 더불어 예수의 부활을 가리키고 있다고 보는 것은 지나친 비약일까? 요한복음에서 흔히 볼 수 있는 상징적 표현 방식으로 볼 때, 이것은 전혀 불가능한 해석이 아니다. 이 표징은 예수께서 현장에 도착하기 전에 멀리서 말씀만으로 일으킨 놀라운 기적으로 묘사된다. 하나님이 하신 일의 성격을 보여준다. 예수의 부활은 하나님이 행하신 것이다. 예수의 부활은 스스로 일어난(rise) 것이 아니라, 하나님께서 죽은 자 가운데서 일으키신(raise) 것이다. 마찬가지로, 왕의 신하의 아들을 고친 것은 자연스럽게 일어난(happen) 것이 아니라, 하나님께서 예수의 말씀을 통하여 일으키신(bring about) 것이다.

이 첫 번째 표징은 나사로를 살리는 일곱 번째 표징과 연관성이 깊은데, 두 곳에서 모두 예수의 영광이 나타났기 때문이다(2:11; 11:4). 공관복음서에서 성전 정화 사건이 예수를 죽음으로 이끈 직접적인 원인이 되었다면, 요한복음에서 나사로 소생 사건은 예수를 죽음으로 이끌고 있다. 나사로가 죽었다가 다시 살아난 일로 인하여 유대 지도자들은 "이 날부터 그들이 예수를 죽이려고 모의하였다"(11:53). 나사로의 죽음은 예수의 죽음을 예표하며, 나사로의 소생은 예수의 부활을 예표한다. 요한복음에서 일곱 번 등장하는 기적 중 첫 번째 표징과 일곱 번째 표징에서 예수의 영광이 나타났다고 기록한 것은 의미심장하다. 왜냐하면 예수의 영광은 그의 죽음을 통해 나타난다고 말하기 때문이다(12:23-28). 예수가 죽을 "때"에 비로소 하나님과 예수의 영광이 나타난다.

요한복음에서는 이러한 예수의 "때"(2:4; 7:8,30; 8:20; 12:23,27; 13:1; 17:1)가 강조되고 있다. 모두 직간접적으로 예수의 죽음을 가리킨다. 가나 혼인잔치에서 예수는 그의 "때"가 아직 이르지 아니했기 때문에 마리아를 "여자여"라고 호칭하면서 어머니의 요청을 거절하고 있다. 자신의 어머니를 "여자여"라고 부른 것은 여러 가지 해석이 가능하지만, 마리아가 모든 그리스도인들을 대표하는 측면도 있는 것 같다. 예수가 어머니의 요청을 거절한 것은 그녀가 아직 예수가 죽을 때가 되지 않았다는 것과 죽음의 의미를 이해하지 못할 것임을 지적하고 있는 것으로 보인다. 그러나 마리아는 예수의 말에 순종했고, 후에 그 의미를 깨달았다. 그런 의미에서 마리아는 이상적인 제자의 모습을 보여준다.

7장에서는 유대교의 최대 절기인 초막절을 맞이하여 예수의 형제들이 예수에게 예루살렘에 올라가라는 요청을 거부한다. 왜냐하면 초막절은 예수가 죽을 "때"가 아니기 때문이다. 8장의 내용은 7장의 초막절에서 연속된 성전 강화의 한 장면이다. 예수가 신성모독의 죄를 범한다고 생각하였지만 아직 그의 "때"가 되지 않았기 때문에 감히 잡으려고 나서는 사람이 없었다. 12:23에서 예수는 유월절 명절에 올라온 헬라인들이 그를 만나려고 한다는 이야기를 전해 듣고, "인자가 영광을 얻을 때가 왔다"고 말한다. 이방인들까지 예수를 찾아온 것을 종말론적으로 해석한 것이다. 예수가 그의 임박한 죽음을 인식하고 아버지 하나님께 "이 때"를 면하게 하여주기를 구하지만, 예수는 이 때의 목적을 알고 있다(12:27). 예수는 유월절에 그가 아버지께로 돌아갈 "때"가 된 것을 알고 있으며(13:1), 아버지와 아들이 함께 영광을 받을 "때"를 위해 기도한다(17:1). 이처럼 요한복음은 초막절과 유월절 사이에서 언제가 예수가 죽을 "때"인가를 알아채야 하는 긴장관계를 보여준다. 결국 예수는 유월절 어린양으로 죽게 된다.

요한복음은 예수의 죽음의 때를 통해 그의 영광을 알게 되며, 그의 정체성을 파악할 수 있음을 보여준다. 죽음만이 영광으로 이끈다. 죽음만이 생명으로 이끈다. 특히 요한복음의 처음 부분은 물로 포도주를 만드신 첫 번째 표징과 더불어 성전 정화 사건을 통해 예수의 죽음을 암시하고 있으며, 예수의 죽음을 이해하는 것이 요한복음을 해석하는 관건이 됨을 보여준다. 그러한 의미에서 요한복음은 '죽음의 복음서"이다. 예수의 죽음을 바로 알아야 예수의 정체성을 바로 아는 것이며, 예수의 죽음을 바로 해석해야만 요한복음 전편에 흐르는 맥을 찾을 수 있기 때문이다.

요한복음에서 예수의 죽음을 통해 예수의 정체성을 드러내는 면은 예루살렘에 대한 강조에서도 찾을 수 있다. 공관복음서가 공생애 마지막 일주일을 예루살렘에 머물고 있는 것으로 서술하고 있는데 비해, 요한복음은 여러 번(적어도 네 번) 예루살렘을 왕래하고 있으며, 예루살렘에 마지막으로 체류할 때도 일주일이 아니라 6개월 정도 머문 것으로 기술하고 있다. 요한복음에 제시된 예수의 행적을 보면, 대체적으로 '예루살렘(1:19–51) → 갈릴리(2:1–12) → 예루살렘(2:13–36) → 사마리아(4:1–42) → 갈릴리(4:43–54) → 예루살렘(5:1–47) → 갈릴리(6:1–71) → 예루살렘(7:1–10:39) → 요단강 건너편(10:40–42) → 베다니(11:1–53) → 에브라임(11:54–57) → 베다니(12:1–11) → 예루살렘(12:12–20:31) → 갈릴리(21:1–25)'의 경로를 보여준다. 7장 이하는 대부분 예루살렘과 그 근처에 머물렀던 것으로 보이기 때문에, 최종적으로 예루살렘에 머문 기간은 초막절(9월말–10월초)부터 유월절(3월말–4월초)까지 6개월 정도였다.

왜 요한은 예루살렘을 이처럼 강조하였을까? 그것은 예수가 유대교 절기를 대체하는 것을 강조하고자 하는 요한복음 저자의 관점이 유대교 심장부인 예루살렘을 타겟으로 삼고 있었기 때문이다. 요한복음은 유대교 절기를 대체하거나 능가하는 주제를 중심으로 기록되었다고 보아도 지나치지 않다. 요한복음은 1–4장에 예수의 칭호를 통한 예수의 정체성을 부각시키고 난 뒤에, 5–12장은 정체성을 밝힌 예수를 영접하거나 적대하는 사람들의 이야기로 그의 공생애를 기록하고 있다(13–17장은 제자들과의 사적 사역(private ministry)이며, 18–21장은 수난 및 부활의 이야기이기 때문에 별도의 논의를 필요로 한다). 5장은 어떤 유대교 명절(오순절?)의 한 안식일에 38년 된 중풍병자를 고침으로써 안식일을 능가하는 예수의 정체성을 보여준다. 6장은 유월절에 오병이어 기적을 행함으로써 만나를 대체하는 예수의 정체성을 보여준다. 7:1–10:21은 초막절에 성전에서 가르침을 통해 생명수와 세상의 빛으로서 초막절을 대체하는 예수의 정체성을 보여준다. 10:22–42은 수전절에 가르침을 통해 성전을 대체하는 예수의 정체성을 보여준다. 11–12장은 유월절 가까운 시점에서 나사로 소생 사건과 향유 사건을 통해 죽음을 넘어 부활과 생명이 되시는 예수의 정체성을 보여준다.

5–12장의 공적 사역(public ministry) 중 6장의 오병이어 기적 이야기를 제외하면 모두 예루살렘에서 일어난 사건을 다루고 있다. 특히 유대교 절기를 중심으로 이야기가 전개된다. 예수는 유대교 절기 때 예루살렘에 올라가 유대교 절기를 대체하거나 능가하는 자신의 정체성을 드러냄으로써 유대인들의 미움을 샀다. 예수는 예루살렘에서 유대교 지도자들과 대적할 수밖에 없었고, 그로 인해 그곳에서 죽게 되었다. 예수의 죽음과 그 의미를 강조하려면 예루살렘에 초점을 맞추는 것이 당연하였을 것이다. 요한복음은 유대교 절기에 맞서 죽임을 당한 것을 통해 예수의 정체성을 드러내고자 하였다. 이 책에서는 요한복음이 유대교 절기를 이야기의 배경으로 하여 예수의 죽음을 통해 그의 정체성을 드러내고자 하였음을 보여주려고 한다. 예수는 역설적이게도 그의 죽음을 통해 그가 참 빛이며 생명이며 진리라고 하는 점을 드러내 보여준 것이다.

I. 서언(1:1-18)

I 서언(1:1-18)

요한복음의 서언(prologue)은 공관복음서의 서두와 다르다. 또 신약성경의 다른 책들과도 사뭇 다르다. 복음서 중에서 누가복음이 서두(1:1-4)를 가지고 있지만, 그 자체의 내용을 초점이 맞추어져 있기보다는 복음서의 기록 목적과 방침에 관해 설명하고 있을 뿐이다. 이에 비해 요한복음의 서언은 자체적으로 주목을 받을 만한 내용을 포함하고 있다. 더 나아가서 요한복음의 서언을 이해하는 것이 요한복음을 해석하는 열쇠이자 렌즈가 될 수 있다. 신약성경에서 서두를 보여주고 있는 책들은 일반적인 편지 형식을 가지고 있지 않은 것들 가운데서 사도행전, 히브리서, 요한일서를 언급할 수 있다. 그러나 이들의 서두는 비교적 간단히 몇 절에 지나지 않으며, 내용도 글 전체의 해석에 영향을 미칠 정도는 아니다. 그나마 요한복음의 패턴에 의해 기록된 것으로 보이는 요한일서의 서두가 그 중요성에 있어서 거론될 수 있을 정도다.

요한복음의 서언은 내용과 형식면에서 타의 추종을 불허한다. 18절에 걸친 내용은 요한복음을 요약해 놓은 것과 같다. 요한복음이 예수의 정체성을 드러내는데 초점을 맞추고 있는 것과 같이, 예수를 말씀, 즉 '로고스'(λογος)로 칭하면서 성육신하여 우리 가운데 거하는 분으로 묘사되고 있으며, 하나님 아버지와 아들의 관계로 그 위치를 조명해 준다. 이런 점에서 본다면, 서언이 영지주의적인 찬송시에서 비롯되었다는 주장(Bultmann과 같이)은 설득력이 없다. 영지주의에서는 '인간이 된 하나님'(14절)에 관해서 결코 동의하지 않을 것이기 때문이다.

또한 예수는 생명과 빛으로 제시되며, 그를 영접하지 않은 자들과 영접하는 자들의 대조(11-12절)를 통해 요한복음 전반부와 후반부의 주제를 대변하고 있다. 또한 율법(모세)과 은혜와 진리(예수)를 대조시킴으로써 유대교와 기독교의 대립을 보여준다. 무엇보다 예수를 본 자는 하나님을 본 자라고 하면서 예수의 신성을 강조하는 고등기독론(high Christology)의 정수를 계시한다. 이 모든 내용은 요한복음에서 중요하게 취급되고 있는 것으로서 서언과 본문의 상관성을 높여주고 있다. 한 가지 예외가 있다면, 본문에서 강조되고 있는 예수의 고난에 관한 내용이 서언에는 나오지 않는다는 점이다. 아마 예수의 수난을 '승귀'(exaltation)의 관점에서 바라보고 있기 때문일 것이다.

서언의 형식은 기본적으로 시적인 구조를 보여준다. 시적 구조는,
첫째 연(strophe; 1-2절), 하나님과 함께 하신 말씀
둘째 연(3-5절), 말씀과 창조
셋째 연(9-13절), 세상에 계신 말씀
넷째 연(14, 16절), 교회 공동체 안에 계신 말씀
결론(17-18절)으로 구성되고 있다.

서언 중 세례자 요한에 관해서 언급하고 있는 부분(6-8절, 15절)만 산문으로 되어 있다. 산문 부분이 시적 구조를 파괴하고 있기 때문에, 이를 원래의 로고스 찬송시(Logos hymn)에 나중에 삽입된 것으로 보기도 한다. 그러나 1:19 이하에 바로 세례자 요한에 관한 내용이 본문에 나오기 때문에 원래 저자의 솜씨로 보기도 한다. 산문 부분을 제외하면, 앞에서 사용된 단어가 다음 구절에서 반복해서 사용되는 사슬

구조(chain structure)를 특징으로 하고 있다(특히 1-5절에서): 말씀, 하나님(1-2절); 생명, 빛, 어둠, 되다(3-5절); 세상(9-10절); 자기(11절); 영접하다(11-12절); 뜻(13절); 영광(14절); 충만(14-16절); 은혜(16-17절); 하나님(18절). 우리말 번역은 헬라어 원문과 어순이 다르기 때문에 사슬 구조의 특징을 제대로 보여주지 못한다. 헬라어 원문에 따른 서언의 사슬 구조(밑줄 친 단어가 차례대로 뒤에서 이어지며 사용됨)를 다음과 같이 정리해 볼 수 있을 것이다.

1 절	태초에 말씀이 계시니라 (Εν αρχῃ ην ὁ λογος / 엔 아르케 엔 호 로고스). 이 말씀이 하나님과 함께 계셨으니 (και ὁ λογος ην προς τον θεον / 카이 호 로고스 엔 프로스 톤 쎄온), 이 말씀은 곧 하나님이시니라 (και θεος ην ὁ λογος / 카이 쎄오스 엔 호 로고스).
2 절	그가 태초에 하나님과 함께 계셨고 (οὗτος ην εν αρχῃ προς τον θεον / 후토스 엔 엔 아르케 프로스 톤 쎄온),
3 절	만물이 그로 말미암아 지은 바 되었으니 (παντα δι᾽ αυτου εγενετο / 판타 디 아우투 에게네토), 지은 것이 하나도 그가 없이는 된 것이 없느니라 (και χωρις αυτου εγενετο ουδε ἑν. ὅ γεγονεν / 카이 코리스 아우투에게네토 우데 엔. 호 게고넨).
4 절	그 안에 생명이 있었으니 (εν αυτῳ ζωη ην / 엔 아우토 조에 엔), 이 생명은 사람들의 빛이라 (και ἡ ζωη ην το φως των ανθρωπων / 카이 헤 조에 엔 토 뽀스 톤 안쓰로폰).
5 절	빛이 어둠에 비치되 (και το φως εν τῃ σκοτιᾳ φαινει / 카이 토 뽀스 엔 테 스코티아 빠이네이), 어둠이 깨닫지 못하더라 (και ἡ σκοτια αυτο ου κατελαβεν / 카이 헤 스코티아 아우투 우 카텔라벤).

6-8절	산문
9절	참 빛 곧 세상에 와서 각 사람에게 비추는 빛이 있었나니 (Ην το φως το αληθινον, ὃ φωτιζει παντα ανθρωπον, ερχομενον εις τον κοσμον / 엔 토 뽀스 토 알레씨논, 호 뽀티제이 판타 안쓰로폰, 에르코메논 에이스 톤 코스몬),
10절	그가 세상에 계셨으며 (εν τῳ κοσμῳ ην / 엔 토 코스모 엔), 세상은 그로 말미암아 지은 바 되었으되 (και ὁ κοσμος δι' αυτου εγενετο / 카이 호 코스모스 디 아우투 에게네토), 세상이 그를 알지 못하였고 (και ὁ κοσμος αυτον ουκ εγνω / 카이 호 코스모스 아우톤 우크 에그노),
11절	자기 땅에 오매 (εις τα ιδια ηλθεν / 에이스 타 이디아 엘쎈), 자기 백성이 영접하지 아니하였으나 (και οἰ ιδιοι αυτον ου παρελαβον / 카이 호이 이디오이 아우톤 우 파렐라본),
12절	영접하는 자 곧 그 이름을 믿는 자들에게는 하나님의 자녀가 되는 권세를 주셨으니 (ὅσοι δε ελαβον αυτον, εδωκεν αυτοις εξουσιαν τεκνα θεου γενεσθαι, τοις πιστευουσιν εις το ονομα αυτου / 호소이 데 엘라본 아우투, 에도켄 아우토이스 엑수시안 테크나 쎄우 게네스싸이, 토이스 피스튜우신 에이스 토 오노마 아우투),
13절	이는 혈통으로나 육정으로나 사람의 뜻으로 나지 아니하고, 오직 하나님께로부터 난 자들이니라 (οἱ ουκ εξ αἱματων ουδε εκ θεληματος σαρκος ουδε εκ θεληματος ανδρος αλλ' εκ θεου εγεννηθησαν / 호이 우크 엑스 하이마톤 우데 에크 쎌레마토스 사르코스 우데 에크 쎌레마토스 안드로스 알 에크 쎄우 에겐네쎄산).

14절	말씀이 육신이 되어 우리 가운데 거하시매, 우리가 그의 영광을 보니 (Και ὁ λογος σαρξ εγενετο και εσκηνωσεν εν ἡμιν, και εθεασαμεθα την δοξαν αυτου / 카이 호 로고스 사륵스 에게네토 카이 에스케노센 엔 헤민, 카이 에쎄아사메싸 텐 독싼 아우투), 아버지의 독생자의 영광이요, 은혜와 진리가 충만하더라 (δοξαν ὡς μονογενους παρα πατρος, πληρης χαριτος και αληθειας / 독싼 호스 모노게누스 파라 파트로스, 플레레스 카리토스 카이 알레쎄이아스).
15절	산문
16절	우리가 다 그의 충만한 데서 받으니 은혜 위에 은혜러라 (ὁτι εκ του πληρωματος αυτου ἡμεις παντες ελαβομεν και χαριν αντι χαριτος / 호티 에크 투 플레로마토스 아우투 헤메이스 판테스 엘라보멘 카이 카린 안티 카리토스).
17절	율법은 모세로 말미암아 주어진 것이요, 은혜와 진리는 예수 그리스도로 말미암아 온 것이라 (ὁτι ὁ νομος δια Μωϋσεως εδοθη, ἡ χαρις και ἡ αληθεια δια Ιησου Χριστου εγενετο / 호티 호 노모스 디아 모우세오스 에도쎄, 헤 카리스 카이 헤 알레쎄이아 디아 이에수 크리스투 에게네토),
18절	본래 하나님을 본 사람이 없으되 (θεον ουδεις ἑωρακεν πωποτε / 쎄온 우데이스 헤 오라켄 포포테), 아버지 품 속에 있는 독생하신 하나님이 나타내셨느니라 (μονογενης θεος ὁ ὢν εις τον κολπον του πατρος εκεινος εξηγησατο / 모노게네스 쎄오스 호 온 에이스 톤 콜폰 파트로스 에케이노스 엑세게사토).

한편, 서언에 나오는 중요한 단어나 개념이 본문에서 다시 등장하지 않는 것도 확인된다. 대표적으로 예수를 의인화한 **"말씀"**(λογος/로고스)이나 **"충만"**(πληρωμα/플레로마), **은혜**(χαρις/카리스), **외아들**(μονο γενης/모노게네스)과 같은 단어를 들 수 있다. 이는 본문이 기록되고 난 후에 서언이 기록되었을 가능성을 제기한다. 그렇다면 요한 전승과 독립적으로 존재하였던 찬송시였던 서언이 요한복음에 덧붙여진 것으로 볼 수 있을 것이다. 그렇다고 하더라도 서언과 본문의 상관성이 높은 것을 고려할 때 요한복음에 첨부될 당시에는 요한복음에 맞게 재구성되었을 것으로 보인다.

로고스 찬송시에 원래 속해 있었던 시 부분이 요한복음이 기록되기 이전부터 존재했을 가능성도 있다. 신약성경은 초대교회에서 그리스도 예수에게 드리는 찬송시를 다수 보여주고 있다. 빌 2:6-11은 하나님과 동등한 예수가 스스로 비우고 인간이 되어 죽음으로써 하나님께서 그를 하나님과 같은 위치로 높여주셨다고 찬송을 올린다. 골 1:15-20은 보이지 않는 하나님이요 피조물보다 먼저 계셨던 예수가 만물을 창조했으며, 아버지 하나님이 그 안에 충만하게 거하셨으며, 십자가로 화목을 이루어주셨다고 노래한다. 히 1:2-5은 마지막 말씀으로 이 세상에 오신 예수는 만물을 창조하였고, 하나님의 영광과 형상을 가진 분이지만 구속 사역을 완성하고 하나님 우편에 앉아계신다고 선포한다. 딤전 3:16은 인간이 되신 예수가 영광 가운데 올리우셨다고 칭송한다. 이러한 찬송시들은 요한복음의 서언과 유사한 시적 구성이나 용어(개념)를 보여주고 있어서 서언이 독립적으로 존재했을 가능성을 높여준다.

1절은 "태초에 말씀이 있었다."라는 문장으로 시작하고 있어서 창세기의 서두를 연상시킨다. 창세기는 "하나님이 말씀하셨다"라고 하면서 동사를 사용하고 있는데 비해, 요한복음은 로고스라는 명사를 의인화하여 사용하고 있다. 또한 창세기의 태초가 원초적 시간(primeval time)인데 비해, 요한복음의 태초는 선재적 시간(preexistent time)을 가리키고 있다. 이처럼 서언과 창세기가 다르기는 하지만, 유사한 표현을 공유하고 있다는 공통점을 보여준다.

저자가 예수를 "로고스"로 지칭한 것은 놀라운 측면이 있다. 창세기와의 연관성이 있기는 하지만, 의인화된 개념으로서 도입하고 있기 때문이다. 그의 창조성과 독특성을 보여준다. 그렇다면 요한복음 저자는 어디에서 "로고스" 개념을 빌려왔을까? 이에 관한 논의는 크게 네 가지로 나누어 설명할 수 있을 것이다.

요한복음 저자가 창조적으로 사용한 '로고스'(λογος)의 배경으로 네 가지 연관성을 고려해 볼 만하다.
첫째, 헬라적인 배경으로서 스토아철학을 생각할 수 있다.
둘째, 유대적인 지혜문학 전통과 연관시켜 볼 수 있다.
셋째, 랍비문헌에서 말하는 토라 사상과 연관되는 것으로 볼 수 있다.
넷째, 구약성경에 나오는 "하나님의 말씀"과 관련시켜 볼 수 있다.

첫째, **헬라적 배경**과 연관되는 것으로 보는 것이다. 예를 들어, 스토아학파에서는 로고스를 세상을 구성하는 원리(principle), 보이는 세계의 저편에 자리하고 있는 합리적인 정신(reason), 모든 사물 속에 스며들어 있는 신의 마음(mind of God) 등으로 파악하였다. 이것은 헬라 사상의 이원론적 세계관에 기초하고 있는데, 요한복음이 신성을 가진 예수를 강조하고 있기 때문에 서로 조화를 이루는 측면이 있다. 그러나 서언에서 로고스는 헬라적인 관념(idea)이 아니라 하나님이 인간과 소통하시는 계시(revelation)로서 제시된다. 서언의 로고스는 헬라적인 사변이나 지혜가 아니라 하나님이 인간에게 다가온 구원사적 계시인 것이다.

둘째, 구약성경과 중간시기 문헌에 나오는 **지혜**와 연관시켜 보는 것이다. 욥 28장 및 잠 1-9장과 중간시기 문헌인 지혜문서(바룩서, 벤 시락의 지혜서, 솔로몬의 지혜)에는 지혜에 관한 많은 교훈이 나온다. 지혜는 창조 이전부터 존재했으며(잠 8:22-23), 하늘에서 하나님과 함께 창조 사역에 가담하다가 땅에 내려와 사람들과 함께 거하였으며(잠 8:30-31), 하나님의 오묘함을 깨닫게 하며(욥 11:6-7), 사람들을 생명으로 인도하며(잠 4:13), 그의 자녀들을 가르치며(잠 8:32-33), 그들을 찾을 때까지 소리를 높이며(잠 1:20), 사랑할 때까지 찾는다(잠 8:17). 이러한 지혜의 특성은 요한복음에 나타난 예수와 너무 잘 어울린다. 지혜가 어리석은 사람들로 하여금 그의 음식을 먹고 음료를 마시라고 권고하고 있는 것은(잠 9:5) 예수가 생명의 빵과 생명수로 상징화되고 있는 것과 부합한다. 이러한 점들을 볼 때, 지혜 사상과 로고스를 연결시켜 해석하는 것은 상당히 설득력이 있다.

셋째, 랍비문헌의 **토라**와 연관시켜 보는 것이다. 후기 랍비문헌에 따르면, 율법은 만물이 창조되기 이전에 생겨났으며 만물을 창조할 모형의 역할을 했다고 말한다. 벤 시락의 지혜서에 따르면, 토라를 지혜와 동일시하는 주장도 나온다(24:23 이하 참조). 토라는 빛이며(잠 6:23), 율법을 연구하는 것은 내세에 생명을 얻는 길이다. 이러한 사상은 요한복음의 서언과 맥을 같이 한다.

넷째, 구약성경에 나오는 **"하나님의 말씀"**과 연관시켜 보는 것이다. 하나님의 말씀('다바르'/דבר))은 역동적인 힘을 가지고 있어서 목적한 바를 반드시 이루고야 만다고 믿었다. 예언자가 하나님의 말씀을 신탁받아 선포하는 것은 하나님을 대신하는 것과 같았다. 탈굼의 메므라(*Memra*; 아람어로 word의 뜻) 개념도 이와 유사하다. 이렇게 하나님의 말씀은 하나님이 사람들 속에 임재하는 것으로 인식되었다. 서언에서 성육신한 말씀은 이와 잘 들어맞는다.

이처럼 "로고스"는 다양한 전통과 닿아 있다. 어느 하나의 전통과 배타적으로 연관시키는 것보다 당시의 혼합주의적 경향으로 볼 때 이 모든 전통을 염두에 두는 것이 좋을 것 같다. 여기에서는 로고스 개념이 요한복음의 사상적 배경을 한 때 헬라적인 데서만 고찰하려고 하는 경향에서 벗어나, 구약성경과 유대적인 배경을 더욱 중시하는 방향으로 나아가고 있다는 것을 밝혀두는 것으로 충분할 것이다.

1절 하반절에는 앞에 나온 "말씀"을 이어받아, "말씀이 하나님과 함께 계셨으며, 이 말씀은 곧 하나님이셨다."는 사슬 구조(chain structure)를 보여준다. 헬라어 원문에는 뒤의 문장이 "하나님이셨다, 이 말씀이."의 어순으로 되어 있어서 사슬 구조가 정확하게 나타난다(και ὁ λογος ην προς τον <u>θεον</u>, και <u>θεος</u> ην ὁ λογος./카이 호 로고스 엔 프로스 톤 <u>쎄온</u>, 카이 <u>쎄오스</u> 엔 호 로고스) 이 문장은 말씀이 하나님의 임재 안에 있었으며, 신적 속성을 가지고 있었다는 의미로 받아들여진다. 밑줄 친 마지막 '쎄오스'(θεος)는 관사가 없이 사용되어, 형용사 '쎄이오스'(θειος; divine)와 같은 의미로 해석하기도 한다.

서언이 예수 그리스도를 기리는 찬송시라고는 하지만, 유일한 하나님을 믿는 유대교의 신앙을 고려할 때 예수를 하나님으로 직접 지칭하는 것은 쉬운 일이 아니었을 것이다. 신약성경에서 예수를 하나님으로 칭하는 곳은 손에 꼽을 정도다(서언의 1,18절을 제외한다면, 요 20:28; 롬 9:5; 히 1:8). 요한복음 본문에서 예수는 "아버지가 나보다 크시다"(14:28)라고 하였고, 아버지를 "나의 하나님"(20:17)으로 불렀다. 이것은 예수가 하나님 아버지 앞에서 겸손하게 자신을 낮추고 있음을 보여준다(빌 2:6-7 참조). 이러한 표현은 삼위 간에는 우열이 문제가 되는 것이 아님을 나타내며, 삼위 하나님은 서로에 대하여 겸손하게 자신을 낮추는 모습으로 관계하고 있음을 보여주는 것이다. 하나님은 스스로 비우고 겸손하게 자신을 낮추는 존재 양식 속에 거함으로써, 다른 이들이 흉내낼 수 없는 특징을 보여주는 분이시다. 이러한 점을 고려할 때 서언에서 예수를 하나님으로 지칭(1,18절)하고 있는 것은 놀라운 신앙고백이다. 그러나 이러한 고백은 예수 자신의 말이 아니라 신앙공동체에 의해서 찬송시로 낭송된 것임을 알아야 한다.

2절은 1절 상반절을 다시 한 번 반복하여 교차평행법적(aba'와 같은)인 시적 구조를 완성한다. 1-2절은 합하여 첫 번째 연을 구성하며, 하나님과 함께 하신 말씀(The Word with God)의 주제를 보여준다. 비록 "예수 그리스도"라는 칭호는 17절에 가서야 비로소 등장하지만, 이 로고스 찬송시(Logos hymn)는 예수가 어떤 분인가를 계시하는데 주안점을 두고 있다. 예수는 태초에 선재하신 분이며, 하나님의 임재를 늘 나타내 온 분이기 때문에, 하나님과 같은 분이라고 하는 것을 처음부터 밝히고 있는 것이다.

3절은 로고스의 새로운 역할을 설명하기 시작한다. 로고스를 만물의 창조자로 제시한다. "그로 말미암아"(δι' αυτου/디 아우투)라는 표현은 그가 창조자이지만, 하나님을 '도와'('δια/디아'라는 전치사는 창조의 agent를 암시) 창조했다는 것을 나타낸다. 지혜문서에서 지혜가 창조주의 곁에서 돕는 역할을 했다는 사상과 일치한다(잠 8:30 참조). 영지주의에서는 '데미어지/데미우르고스'(Demiurge 또는 Demiurgos)라는 하등신이 세상을 창조했다고 말하는데, 이것은 물질이 악하다고 보는 이원론적 견해가 반영된 것이다. 요한복음에서 세상 만물의 창조를 악하다고 보는 사상은 발견되지 않는다. 하나님은 창조한 세계를 보고 좋다고 하였다(창 1장 참조). 물질은 중립적인 위치에 있는 것으로 볼 수 있으며, 그것의 주관자(하나님 또는 사탄)가 누구인가에 따라 선악의 영향을 받게 된다.

만물이 말씀에 의해 창조되었다는 것은 피조세계가 하나님의 계시를 드러내고 있음을 보여준다(롬 1:19-20 참조). 만물은 하나님의 계시인 말씀을 드러내고 있어서, 하나님을 알도록 도와준다. 만물은 그의 것이지만, 세상은 그것을 거부한다(11절). 말씀은 어떤 방식으로 창조에 가담하였는가? 실질적으로 창조의 능력을 발휘하였는가, 아니면 창조의 설계도를 통해 창조를 도왔는가? 이러한 논의는 헬라적인 후대의 사변에 불과할지 모른다. 창조의 설계도를 가지고 실질적으로 창조에 가담하였다고 하는 것이 옳을 것이다.

4절은 "그 안에"(in him) **생명**이 있었으니, 이 생명은 사람들의 **빛**이었다고 말하고 있다. 이처럼 로고스의 정체성은 생명과 빛으로 제시되고 있다. 3절에서 만물의 창조를 말한 다음에, 4절에서 이를 "로고스"와 대조시킨다. 이는 창세기에서 처음으로 창조된 빛과 생물학적 생명(창 1:20의 "생물")을 연상시킨다. 3절이 생물학적인 생명과 관련된 것이라면, 4절은 영적인 생명과 관련되어 있음을 보여준다. 한편, 창세기에도 영적인 생명의 개념이 나온다. 바로 생명나무의 열매를 먹으면 영생할 것이라고 우려하는 내용이 나온다(창 3:22). 그러나 아담과 이브는 선악과 열매를 먹었기 때문에 죽게 되었다.

요한복음은 이원론적인 관점에서 피조 세계를 악하다고 보지는 않지만, 영적인 세계와는 근본적인 차이가 있음을 알고 있다. 두 종류의 생명의 구별은 요한복음을 이해하는 데 있어서 매우 중요하다. 또한 이 생명은 사람들의 빛이었다고 했는데, 이 빛도 물리적인 차원이 아니라 영적인 차원과 관련된다. 생물학적 생명과 영적인 생명이 대조를 이루듯이, 요한복음에서 어둠과 빛이 대조되고 있다. 이것은 혈과 육의 대결이 아니라, 영적 전투를 연상시킨다(엡 6:12 참조).

5절은 빛과 어둠의 대결을 암시하는 듯하다. 빛이 어둠을 비추어 밝게 하듯이, 영적 실체로서 로고스는 악의 세력인 어둠을 뚫으려고 하였다. 그러나 어둠이 빛을 깨닫지 못하였던 것이다. 여기에서 "깨닫다"에 해당되는 헬라어는 '카탈람바노'(καταλαμβανω)인데, 크게 두세 가지로 해석이 가능한 단어이다. 첫째, 개역개정판처럼 **"깨닫다, 이해하다"**로 해석하는 것이다. 어둠이 빛을 깨닫지 못한다는 표현은 어색하지만, 이런 해석은 빛과 어둠의 상징적 역할을 보여준다. 바로 빛이신 예수께서 세상에 왔으나, 세상 사람들이 그의 사역을 이해하지 못하고 믿지 못했음을 표현해 준다.

둘째, **"영접하다, 환영하다"**로 해석하는 것이다. 11-12절에서 빛이신 예수께서 세상에 왔을 때 그를 영접한 사람들과 영접하지 않은 사람들에 관해서 말해주고 있는데, 이곳에 사용된 단어인 '파랄람바노'(παραλαμβανω)와 '람바노'(λαμβανω)라는 단어들과 비슷한 의미로 사용되고 있다고 보는 관점이다. 이는 요한복음의 전반부에서 유대인들이 예수를 영접하지 않고 있는데 비해 후반부에서는 제자들이 영접하는 것을 나타내고 있는 사람들의 반응과도 잘 조화를 이룬다.

셋째, 새번역처럼 **"이기다, 능가하다"**로 해석하는 것이다. 이것은 창 3:15에서 여자의 후손(예수)이 뱀(사탄)의 머리를 상하게 할 것이라는 예언을 상기하게 한다. 뱀도 여자의 후손의 발꿈치를 상하게 할 것이라고 하였기 때문에, 악의 세력이 빛을 이기려고 시도해 왔음을 보여준다. 이처럼 이 단어의 배후에는 빛과 어둠의 세력 다툼이 자리하고 있다. 페르시아 이원론에서는 빛과 어둠이 영원한 투쟁관계에 있는 것으로 보았는데, 서언에서는 빛의 승리를 선언하고 있다. 요한복음이 유대교와의 갈등 상황을 전제로 하고 있고, 빛으로 임하신 예수의 정체성과 관련하여 논쟁이 많이 일어나고 있는 것을 고려할 때, 이원론적인 신학적 의미를 잘 나타낼 수 있는 해석이라고 볼 수 있다.

6-8절은 산문 부분으로서 예수의 선구자로 온 요한에 관한 내용이다. 어떤 이들은 6절이 원래 요한복음을 시작하는 구절인데, 로고스 찬송시가 후대에 접목되면서 현재와 같은 형태를 보이게 되었다고 보기도 한다. 한편, 산문 부분을 9절까지 연장해서 보기도 하지만(Raymond E. Brown 등), 5절과 9절이 "빛"(φως/뽀스)이라는 단어로 연결되고 있기 때문에 6-8절을 한 단위로 보는 것이 더 좋을 것 같다. 또한 9절과 10절은 "세상"(κοσμος/코스모스)이라는 단어로 연결되고 있기 때문에 9절에서 새로운 단락이 시작되고 있다고 볼 수 있다. 여기에서 요한은 "빛에 대하여 증언하기 위해 보냄을 받은 자"로 소개한다. 당시에 요한을 빛이라고 주장하는 추종자들이 있었다면, 요한복음 저자는 그 진위를 분명히 밝혀두는 것이 필요했을 것이다. 그러나 요한은 빛이 아니며, 빛이신 예수를 증언하기 위해 보냄을 받은 자였다. 요한은 빛을 흉내 낸 "등불"(λυχνος/룽크노스)일 뿐이었다(5:35). 요한은 그를 통해 모든 사람이 예수를 믿게 하려는 목적을 성취하기 위해 하나님께서 보낸 자이다. 3절의 "만물(모든 것들; παντα/판타)"이 7절에서는 "모든 사람"(παντες/판테스)으로 중심 이동을 하고 있다. 결국 사람에 대한 관심을 보여준다.

요한과 예수는 확실하게 구별되고 있다. 요한은 예수보다 먼저 온 큰 예언자로서 유대 백성의 신뢰를 받은 자였지만, 예수를 증언하기 위해 온 자라는 점을 분명히 한다. 요한복음을 기록할 당시 요한의 제자들과 예수의 제자들 사이에 누가 더 우월한 스승인가에 관해 논쟁이 있었다고 알려져 있는데, 요한복음 저자는 이 점에 관해 분명히 못 박고 있다. 이것이 요한복음에서 그를 세례자라는 별칭을 사용하여 부르지 않는 이유이기도 하다.

9절은 다시 5절에서 언급된 빛으로 돌아온다. 예수는 "참" 빛이다. 그는 "세상에 와서" 모든 사람에게 비추는 빛이 되었다(사 9:2; 42:6; 60:1-2 참조). 여기에서 "세상"이 처음 언급된다. 3절의 "만물"은 "모든 사람"을 포함하고 있는 개념이다. 이제 "만물"은 범위를 좁혀 "세상"으로 전환되고 있다. "세상"은 특히 인간 세계를 일컫는 개념이다. 사람이 주된 목표가 되고 있다. 세상의 헬라어 단어 '코스모스'(κοσμος)는 질서와 조화를 이루고 있는 세상을 의미하지만, 여기에서는 그러한 개념으로 사용되고 있지 않다. 로고스에 의해 창조된 세상이 더 이상 그를 알지 못하기 때문이다(10절). 요한복음에서 하나님이 보내신 예수를 알지 못하는 것은 가장 큰 죄에 속한다. 그러므로 세상은 죄로 인해 뒤틀려져 있다.

예수가 "자기 땅"(τα ιδια/타 이디아)에 왔지만, "자기 백성"(οἱ ιδιοι/호이 이디오이)이 영접하지 않았다. 여기에서 "자기 백성"은 인류 전체를 의미할 수도 있지만, 범위를 좁혀 하나님의 선민으로 부름 받은 이스라엘 백성을 가리킨다. 영접한다는 것은 곧 믿는다는 말과 동의어로 사용되고 있는데(12절), 자기 백성인 이스라엘은 예수를 알지도 못하였고 믿지도 않았다. 그러나 그의 "이름"을 믿는 자들에게는 누구에게나 "하나님의 자녀"가 되는 권세를 주었다. 예수를 믿는 것과 그의 이름을 믿는 것은 동일한 의미이다. 예수의 이름은 그에게 주어진 아버지의 이름이며(17:12), 요한복음에 계속하여 등장하는 **"Εγω Ειμι/에고 에이미"**(8:24,28,58; 13:19)로서 하나님의 이름(출 3:14 참조)과 다르지 않기 때문이다.

요한복음에서 오직 예수만이 "아들"로 불리고 있기 때문에, 믿는 자들에게는 "자녀"라는 신분이 부여된다. 믿는 자들은 하나님이 "낳은"(γε ννaω/겐나오) 자들이다. 그렇기 때문에 믿는 자들에게는 하나님의 자녀가 되는 "권세/특권"(εξουσια/엑수시아)이 주어졌다. 요한복음은 이처럼 믿음을 강조하며, 예수를 믿느냐 믿지 않느냐에 따라서 구원이 결정된다. 13절은 12절을 부연 설명한다. 영적 출생은 혈통이나 육정이나 사람의 뜻에서가 아니라 오직 하나님으로부터 비롯된 것이다. 혈통으로 난 것이 아니라고 한 것은 어떤 인종에 속하면 자동적으로 하나님의 자녀가 되는 것이 아님을 의미하고, "육정"(θεληματος σαρκος/쎌레마토스 사르코스; 문자적으로 '육체/육신의 뜻' 이라는 의미)으로 난 것이 아니라고 한 것은 성적 결합을 통해 아무렇게나 하나님의 자녀가 되는 것이 아님을 의미하며, 사람의 뜻으로 난 것이 아니라고 한 것은 어떤 가문에 속하기만 하면(당시에는 남자가 출생의 주인공이라는 인식이 있었으므로) 하나님의 자녀가 되는 것이 아니라는 의미이다. 한편, 육정이라는 단어 속에 포함된 "육체"(σαρξ/사륵스)는 욕정(lust)을 의미하고 있다. 이는 14절에서 말씀이 "육체"가 되었다고 할 때 사용된 경우와는 다른 의미이다. 14절에서 "육체"는 '인간/사람'을 의미한다.

14절부터는 "우리"가 등장하면서 신앙공동체 안에 거하는 로고스에 대하여 언급하고 있다. 14절은 서언에서 성육신(incarnation)에 관한 요절이다. 요한복음은 예수의 인간적인 출생을 기록하고 있지 않는 대신에 성육신에 관해서 말하고 있다. 요한복음에서 예수는 하나님이 "낳은"(γενναω/겐나오) 자라고 언급된 적이 없다(cf. 요일 5:18). 예수는 1절에서 하나님과 함께 한 '로고스'로 설명되었는데, 서언에서 로고스로 두 번째 등장하는 이곳에서는 대조적으로 '인간이 된 로고스'로 소개된다. **"말씀이 육신이 되었다"**(ὁ λογος σαρξ εγενετο/호 로고스 사륵스 에게네토)는 것은 '말씀이 인간이 되었다'는 의미이다. 즉, 하나님이 인간이 되었다는 것이다. 사람들에게 하나님을 계시하여 주기 위하여 세상에 온 로고스는 가장 효과적인 방법으로 "말씀"하였다. 인간이 된 로고스는 하나님의 최고의 계시였다.

성육신이 된 예수는 "우리 가운데 거하셨다." 여기에서 '거하다'는 헬라어로 **'스케노오'**(σκηνοω)라는 동사인데, 이는 하나님의 임재인 **'쉐키나'**(shekinah)를 가리킨다. 구약 시대에 하나님이 "장막"(σκηνη/스케네)에 거함으로써 이스라엘 백성과 함께 한 것처럼(출 25:8), 예수가 "우리"(믿음의 공동체) 가운데 임재한 것이다. 육체가 된 예수는 하나님의 '외아들'의 영광을 보여주었고, 은혜와 진리가 충만하였다. 아들에게 나타난 영광은 변화산 사건을 연상시킨다(눅 9:32; 벧후 1:17 참조). 인간이 된 예수는 하나님의 임재를 사람들에게 알게 해 주는 존재였다. "영광"은 '쉐키나'와 마찬가지로 하나님의 임재를 다르게 표현하여 주는 단어이다(출 24:15-17 참조). 로고스는 사람들 가운데 그의 육체로 장막(tabernacle)을 세우시고 임재하였기 때문에, 모든 사람이 볼 수 있게 하나님의 영광이 나타났다. 이러므로 예수는 유대교의 장막과 성전을 대체하여 참된 영광으로 충만하게 된 것이다. 하나님께서 모세에게 시내산에서 보여준 대로 만든 장막 가운데 영광 중에 거하신 것처럼(출 25:8-9), 성육신한 말씀은 하나님의 영광이 나타난 새로운 "장막"이었다.

하나님이신 로고스가 사람이 되었다는 선포는 역사적으로 가장 이해하기 어려운 기독교의 테마가 되어 왔다. 스토익학파와 영지주의에서는 로고스가 만물에 편재하여 있다고 보았고, 육체 안에 갇힌 영혼(로고스)이 그곳에서 벗어나는 것만이 구원이라고 보았다. 그러나 요한복음은 로고스가 육체 안으로 들어왔다거나 육체에 깃들어 있다고 말하지 않으며, 로고스가 육체(인간)가 되었다라고 말함으로써 영지주의나 가현설과 같은 주장과 결코 양립할 수 없게 되었다. 로고스는 인간 역사 안에 얽혀지게 되었기 때문이다.

여기에서 예수는 "외아들"(μονογενης/모노게네스)이라는 또 다른 이름으로 소개되고 있다. μονογενης는 '모노스/μονος'(유일한)와 '게노스/γενος'(종류)가 결합된 단어로서, '유일한 자'(the Only One)라는 뜻이다. 이 단어는 이삭을 '야히드'(יחיד)라고 칭한 것과 연관되고 있으며(창 22:2,12,16), 신약성경에서도 아브라함의 아들 이삭을 μονογενης로 칭하고 있다(히 11:17). μονογενης는 개역개정판에서 "독생자"라고 번역하고 있는데, 이는 잘못된 것이다. 독생자는 영어로 the only begotten son으로 번역되곤 했는데, 이는 'γενος/ 게노스'(종류)와 'γενναω/겐나오'(낳다/생)를 혼동한 데서 비롯된 것으로 보인다. 요한복음에서 예수는 하나님이 낳은 자가 아니다. 오직 예수를 믿는 자들만이 하나님에게서 낳은 자들이다. 그러므로 μονογενης는 하나님과의 특별한 관계에 놓여 있는 자(아들)라는 의미를 가진 '외아들/독자'나 '유일하신 아들'을 가리킨다.

14절 하반절은 인간이 된 로고스가 하나님이심을 포기한 것이 아님을 보여준다. 예수는 아버지의 외아들로서의 영광을 가지고 있었으며, 은혜와 진리가 충만한 분이었다. "영광"(δοξα/독싸)은 놀라운 능력 가운데 하나님의 위엄이 가시적으로 드러나는 것을 가리킨다. 요한복음에서는 일곱 개의 표징 가운데 하나님의 영광이 나타나고 있으며(대표적으로 첫 번째와 일곱 번째 표징에서 '영광'이라는 단어가 사용됨), 예수의 "때"가 오면(죽음과 부활을 가리킴) 하나님과 아들이 영광을 받게 된다고 기술하고 있다. 그러므로 요한복음에서 영광을 보여줄 수 있는 존재는 예수뿐이다.

또한 예수는 은혜와 진리가 충만한 분이다. 구약성경에서 하나님은 "은혜"(חסד/헤세드)와 "진리"(אמת/에메트)가 깃든 분이시다(시 25:10;

61:7; 86:15; 잠 20:28). "은혜"(χαρις/카리스)는 종종 '인자'(kindness)로 번역되고 있으며, 요한복음에서 유일하게 서언에서만 나오는 단어이다. 은혜와 진리가 충만하다는 것은 예수가 하나님의 성품으로 가득 차 있다는 것을 의미한다. 이곳에서 형용사(πληρης/플레레스)로 나오면서 16절에서 명사(πληρωμα/플레로마)로 등장하는 '충만'이라는 개념은 골로새서에서 중요하게 취급되고 있다. 골 1:19에는 "아버지께서는 모든 충만으로 예수 안에 거하게 하시고"라는 표현이 나오며, 골 2:9에는 "그 안에는 신성의 모든 충만이 육체로 거하시고"라는 표현이 나온다. 예수 안에 신성이 모두 거하고 있다는 것은 예수 외에 다른 어떤 신들을 섬길 필요가 없다는 것을 강조하는 것이다. 이것은 영지주의와도 관련되는 개념인데, 왜냐하면 영지주의에서는 신성이 만물에 다 깃들어 있다고 보면서, 만물의 영적 구성 요소가 되는 'στοιχεια/스토이케이아'(elemental spirits)를 섬겨야 한다고 했기 때문이다(개역개정판은 '스토이케이아'를 "초등학문"으로, 새번역은 "유치한 원리"로 번역하고 있다). 따라서 이 구절은 예수만이 하나님의 신성을 가지고 있음을 말하고자 한 것이다.

15절은 6-8절에 이어 다시 한 번 세례자 요한에 관한 산문적 서술을 보여준다. 예수의 선재성을 강조하면서, 세례자 요한이 예수보다 열등한 위치에 있다는 점을 분명히 하고 있다. 이곳에 나오는 진술은 실제로 1:30에 기록되어 있기 때문에, 산문 부분이 원래의 로고스 찬송시에 나중에 덧붙여진 것으로 보는 근거를 제공한다. 또한 15절은 '충만'에 의해 연결되는 14절과 16절의 자연스러운 흐름을 끊고 있기 때문에 어색한 위치를 보여준다. 그러나 이것이 서언의 시 부분과 산문 부분의 저자가 다르다는 것을 증명하는 것은 아니다. 오히려 같은 저자가 서언과 본문을 연결시켜 세례자 요한과 예수의 관계를 중요하게 취급하고 있다는 점을 보여준다. 그렇다고 해서 여기에서 서언이 전승된 것임을 배제하는 것은 아니다. 말하자면, 요한복음 저자가 전승된 로고스 찬송시를 요한복음에 맞게 변용하고 있다고 보는 것이 좋을 것이다.

16절은 난해 구절이다. "은혜 위에 은혜"(개역개정판) 또는 "은혜에 은혜를 더하여"(새번역)라는 것은 무엇을 의미하는 것인가? 이는 헬라어 원문 '카린 안티 카리토스'(χαριν αντι χαριτος)를 번역한 것인데, '안티'(αντι)의 의미에 따라 세 가지 해석이 가능한 본문이다. 첫째, **'대신에'**(in place of)라고 해석하면, 구약의 헤세드(언약)를 대신하는 예수의 새 언약을 받았다는 의미가 된다. 둘째, **'위에'**(upon)라고 해석하면, 은혜가 넘쳤다는 의미가 된다. 셋째, **'일치하는'**(for, matching)으로 해석하면, 우리가 받은 은혜가 예수의 은혜와 일치한다는 의미이다. 요한복음에서 이곳에만 나오는 αντι라는 전치사는 일반적으로 적대(안티크리스토스/αντιχριστος; antichrist에서처럼)나 대체(안티발로/αντιβαλλω; exchange에서처럼)를 의미하기 때문에 첫 번째 해석이 더 적합한 것으로 보인다. 더군다나 17절에서 모세로 말미암아 주어진 율법을 대체한 예수 그리스도의 은혜와 진리가 언급된 것에서도 적합성을 찾을 수 있을 것이다.

17절은 율법과 은혜(와 진리)를 대조시키고 있다. 율법은 모세로 대표되는 구약의 언약이라면, 은혜는 예수로 말미암은 새 언약이다. 흥미로운 것은 은혜가 바울적인 용어이며, 율법과 은혜의 대조 역시 바울적이라는 점이다. 그러나 바울서신에 아브라함은 나오지만 모세는 나오지 않기 때문에, 딱히 바울적이라기보다는 구약 언약과의 대조로 봄이 좋을 듯하다. 14절에 이어 두 번째 나온 "은혜와 진리"는 "영과 진리"(4:23-24)의 경우에서와 같이 뒤에 나오는 단어가 앞에 있는 단어를 수식해 주는 것 같다. "영과 진리"를 Spirit of Truth로 볼 수 있는 것과 같이, "은혜와 진리"를 Grace of Truth로 볼 수 있다. 이렇게 truth를 형용사적으로 해석하면, '참 영'과 '참 은혜'로 번역할 수 있을 것이다. 이러한 율법과 은혜의 대조를 통해 장차 요한복음 전체에 걸쳐 강조하려고 하는 유대교와 그것의 극복 내지 대체로서의 예수(기독교)를 예시하고 있다.

18절은 외아들 예수가 하나님을 분명하게 "계시해"(εξηγεομαι/엑세게오마이) 주었다고 말한다. 아무도 하나님을 본 사람이 없지만, 예수만이 하나님을 본 자라고 암시한다(6:46; 12:45; 14:9 참조). 유대교를 대표하는 모세도 하나님의 얼굴을 볼 수 없었는데(출 33:20 참조), 예수는 하나님을 보았다. 이는 예수가 "외아들이신 하나님"(μονογενης θεος/모노게네스 쎄오스)이기 때문이다. μονογενης가 '아들'이라는 개념을 포함하고 있기 때문에(창 22장 참조) 하나님과 분리할 수 없는 특별한 관계를 보여주고 있지만, 그것만으로 부족하다고 생각되어 θεος라는 동격을 사용해 그 신분을 보다 명확히 드러내고자 하였다. 1절과 14절에서 언급된 예수의 정체성이 18절에 와서 완결판으로 제시되고 있다. 이것은 로고스 찬송시의 결론으로서 적합하다.

예수는 "아버지 품속에 있는 분"으로 언급되고 있는데, 이는 아버지와의 친밀한 관계를 의미한다. 그런데 이것은 지상 생애를 의미한 것인가(8:16 참조), 승천하여 아버지 곁에 계신 것을 의미하는 것인가? 만약 승천과 관련된 것이라면, 로고스 찬송시는 예수의 전생애가 농축되어 있는 것으로 볼 수 있다. 하나님과 함께 선재하였던 예수가 이 세상에서 사람이 되어 활동하다가 승천한 것을 보여주기 때문이다.

한편, 서언의 중심구절을 어떻게 파악하느냐에 따라 서언에 대한 해석의 강조점이 달라질 수 있다. 어떤 이들은 성육신에 관해 말해주는 **14절**을 꼽는다. 신학적인 중요성으로 보면 그럴 법도 하다. 어떤 이들은 결론 부분인 **17-18절**을 중심구절로 파악한다. 예수의 정체성에 관해서 종합적으로 말해주기 때문이다. 어떤 이들은 **11-12절**을 들기도 한다. 예수를 영접한 사람들에 관해서 말하는 11절과 영접하지 않은 사람들에 관해서 말하는 12절이 각각 요한복음의 전반부인 표징의 책(1:19-12:50)과 후반부인 영광의 책(13-20장)의 내용을 대변하고 있다고 보기 때문이다. 마지막 견해는 서언이 요한복음 본문의 내용을 요약해 주는 특징을 보여주기 때문에 선호되기도 한다.

Ⅱ. 표징의 책(1:19–12:50)

1. 예수의 정체성 제시(1:19–4:54)

2. 유대교 절기와 예수의 정체성(5:1–10:42)

3. 예수의 죽음에 대한 예고(11:1–12:50)

Ⅱ 표징의 책(1:19-12:50)

1. 예수의 정체성 제시(1:19-4:54)

1.1. 요한의 증언과 처음 제자들(1:19-51)

1.1.1. 세례자 요한의 증언(1:19-34)

이 단락은 크게 두 부분으로 나뉜다. 첫째 부분(1:19-34)은 세례자(요한복음에는 이러한 별칭을 사용하지 않는다) 요한의 증언이며, 둘째 부분(1:35-51)은 예수가 첫 제자들을 선택한 내용이다. 1:19은 서언에서 처음으로 등장한 산문 부분(1:6-8)에서 언급된 세례자 요한의 증언 이야기를 이어받고 있다. 이는 요한복음이 원래 세례자 요한에 관한 산문적 서술로부터 시작한다는 주장의 근거가 되기도 한다. 다른 한편으로, 세례자 요한에 관한 내용으로 인하여 서언과 본문이 동일 저자의 솜씨로서 통일성을 보여주는 근거로 삼기도 한다.

1:19은 예루살렘의 "유대인들"이 제사장들과 레위인들을 요한에게 보내어 그가 어떤 사람인지에 관해 질문하는 내용으로 시작한다. "유대인들"이 제사장들과 레위인들보다 더 권위를 가진 집단으로 등장한다. 요한복음에서 "유대인들"은 일반 평민을 말하는 것이 아니라, 높은 권위

를 가진 집단으로서 예수에게 적대적인 사람들을 가리킨다. 그들은 예수를 박해하고 믿지 않았던 사람들로 묘사된다. 24절에 의하면, 이들은 바리새인들이 보낸 자들이었다.

요한은 자신에 대하여 부정적인 증언과 긍정적인 증언을 통해 명백하게 말한다. 먼저 "나는 그리스도가 아니다; 나는 엘리야가 아니다; 나는 그 예언자가 아니다."라고 세 번에 걸쳐 부정적으로 증언하여 준다. 그 후 그는 자신에 관하여 "나는 주의 길을 곧게 하라고 광야에서 외치는 자의 소리이다."라는 긍정적인 증언을 내놓는다.

요한의 증언은 먼저 자신에 대한 부정적인 증언("… 아니다")과 긍정적인 증언("… 이다")으로 제시되고 있다. 요한은 다르게 해석될 여지가 없도록 삼중 강조("드러내어 말하고, 숨기지 아니하니, 드러내어 하는 말이")를 통해 명백하게 말한다. 먼저 부정적인 증언의 첫 번째로 **"나는 그리스도가 아니다."**라고 증언한다. 메시아에 대한 기대는 유대인들에게 보편적인 것이었다. 그를 메시아로 믿는 무리(the Baptist sectarians?)도 있었음직하다. 그러나 그가 메시아임을 확실하게 부인함으로써, 참된 메시아가 누구인지 드러내려고 한다.

두 번째로 **"나는 엘리야가 아니다."**라고 증언한다. 구약성경에는 메시아의 오심을 예비하기 위하여 엘리야가 먼저 올 것이라는 예언이 있다(말 4:5 참조). 에녹1서(90:31; 89:52)나 시락의 지혜서(48:10)에도 엘리야가 하나님의 어린양에 앞서 와서 그의 길을 예비할 것이라는 종말론적 기대가 표현되어 있다. 요한이 메시아가 아니라면 메시아의 길을 예비하기 위해 온 사람일 가능성이 높아질 텐데, 요한은 그런 가능성조차 확실히 부인한다. 광야에서 낙타털 옷을 입고 회개를 선포했던 요한은 엘리아와 매우 닮았다(막 1:6; 6:15 참조). 마태와 마가는 요한이 '이미 온 엘리야'로 전제하고 있고(마 11:14; 17:12; 막 9:13), 누가는 요한이 엘리야의 심령과 능력으로 주 앞에 먼저 와서 활동할 것이라고 예고하고 있다(눅 1:17). 요한복음은 이 마저도 부정한다. 요한은 철저하게 자신을 낮추고 있다.

세 번째로 요한은 **"나는 그 예언자가 아니다."**라고 증언한다. 이는 신명기 18:15-18을 연상시킨다. 그곳에서 하나님은 말세에 "모세와 같은 예언자"(Moses-like-prophet)를 보내줄 것이라고 예언하고 있다. "그 예언자"(the Prophet)는 여러 예언자 중의 하나가 아니라 메시아의 사명을 가진 사람을 가리킨다. 이는 메시아가 왕적인(kingly) 메시아, 제사장적인(priestly) 메시아, 예언자적인(prophet-like) 메시아로 다양하게 예언되고 있었음을 배경으로 하고 있다. 원래 구약 시대에는 왕과 제사장과 예언자에게 기름을 부어 하나님을 대리하는 메시아("기름 부음을 받은 자"라는 뜻)로 삼았다. 예수는 왕과 제사장과 예언자의 역할을 모두 수행하는 유일한 메시아(the Messiah)였다. 이는 예수가 다윗 왕과 같은 권세를 가지고 외세를 물리칠 정치적인 메시아의 상, 아론과 같은 제사장직을 가지고 백성을 성결하게 할 종교적인 메시아의 상, 그리고 모세와 같은 능력과 지혜를 가지고 하나님의 뜻을 해석해 줄 사회적인 메시아의 상을 모두 포괄하고 있었음을 보여준다.

요한이 세 번에 걸쳐 그의 정체성을 부인하자, 유대인들에게서 파송받은 제사장들과 레위인들이 요한에게 그의 정체성에 관해 다그쳐 묻는다. 이에 요한은 사 40:3을 인용하여 "주의 길을 곧게 하라고 광야에서 외치는 자의 소리"라는 긍정적 증언을 내놓는다. 그는 메시아를 예비하는 자이며, 외치는 소리라고 밝힌다. 예수가 영원한 말씀인데 비해, 요한은 한 때의 "소리"(voice)에 불과하다. 요한은 광야에서 외치는 자로 소개됨으로써, 예언자로 자리매김하고 있다.

24절은 "유대인들"이 보낸 자들은 바리새인들이 보낸 자들이라고 밝혀준다. 19절에서 그들은 제사장들과 레위인들이라고 하였는데, 이것은 그들이 바리새인보다는 사두개인이었을 가능성을 높여주기 때문에 어색한 조합이다. 그래서 19절과 24절이 두 개의 다른 집단을 나타낸 것으로 보기도 한다. 하나로 보는 견해가 옳다면, 그것은 아마 요한복음이 기록될 1세기 말경의 상황이 바리새파가 유대교의 재건을 주도한 세력이었기 때문일 것이다. 레위인들은 성전에서 찬양대를 맡거나 성전 기물을 다루거나 했지만, 성전 경비대 역할도 했기 때문에 여기에서 물리적인 위세를 보이기 위해 동행했던 것 같다.

25절은 종말론적 인물이 아니라고 삼중 부인한 요한에게 세례를 베푸는 이유를 따져 묻는다. 바리새인답게 율법적이고 신학적인 질문을 하고 있는데, 이는 요한이 종말론적 메시아의 행위인 세례를 베풀 권위를 가지고 있지 못하다고 보았기 때문이다. 요한은 "내 뒤에 오실 분"(27절)을 예비하기 위해서 그렇게 한다고 대답한다(말 3:1 참조). 요한은 자신은 물로 세례를 베풀지만 그들 가운데 알지 못하는 한 사람(즉, 숨겨진 메시아)이 있다고 증언하면서, 그 사람은 성령으로 세례를 베풀 분(33절)임을 암시한다. 그러므로 자신은 그 분의 신발 끈을 푸는 노예의 역할도 적합하지 않기 때문에 그 분과 비교할 수 없다고 말한다.

요한은 물세례와 성령세례를 구별하고 있는데, 이는 기독교의 세례를 요한의 세례와 구별하려고 하는 의도에서 비롯된 것이다(행 19:1-6 참조). 구약성경에서는 물세례와 성령세례를 딱히 구별하고 있지 않기 때문이다(겔 36:25-26; 슥 13:1-3 참조). 마태와 누가는 성령세례를 불세례로 명명하고 있어서 물세례와의 대조를 더욱 분명하게 보여준다(마 3:11; 눅 3:16). 두 종류의 세례를 언급한 것은 예수와 요한이 서로 비교할 수 없는 대상이라는 것을 나타내려고 한 것이다.

요한복음은 특이하게도 서로 다른 두 곳의 베다니를 언급한다. 첫 번째 언급은 요한이 세례를 베풀던 장소를 말하면서 요단강 건너편 베다니라고 한 1:28에 나온다. 잘 아는 것처럼, 11:1은 나사로가 살던 곳이 베다니라고 기록하고 있다. 문제는 11장 바로 앞 10:40에서 예수가 유대인들에게서 피신한 곳을 요단강 건너편 베다니라고 언급하고 있다는 점이다(그래서 10장 마지막 부분과 11장 첫 부분이 잘 연결되고 있다). 나사로의 고향인 베다니는 예루살렘에서 2마일도 되지 않는 곳에 있는데, 요단강 건너편 베다니는 정확한 장소를 특정하기는 어려워도 나사로가 병들었다는 소식을 접하고 이틀을 머물고 온 것을 보면 하룻길은 걸린 것으로 볼 수 있기 때문에 족히 20마일 정도는 떨어진 곳으로 보아야 할 것이다. 요한이 세례를 준 곳은 요단강 건너편이라고 말했기 때문에, 두 베다니는 서로 다른 장소를 말하고 있다고 보아야 한다. 두 곳의 베다니를 말한 것은 무엇 때문이었을까? 이에 대한 자세한 설명은 10장과 11장의 해당되는 부분을 참고할 수 있을 것이다.

28절은 요한이 자신에 관해 증언한 일은 요한이 세례를 베풀던 요단강 건너편 베다니에서 일어난 일이라고 언급해 준다. 이 베다니는 나사로가 살던 예루살렘 근처에 있던 베다니(11:18)와 다른 곳이다. 나사로의 베다니는 예루살렘에서 2마일도 되지 않는 곳에 있었지만, 요단강 건너편 베다니는 정확한 장소를 특정할 수 없지만 약 20마일 정도 떨어진 곳에 있었다고 추정할 뿐이다(11:6,17 참조하면, 왕래에 이틀이 걸린 것으로 짐작된다). 요단강 건너편을 강조한 것은 여호수아가 요단강을 건너 이스라엘 백성을 가나안 땅으로 인도한 것과 연관시키려고 한 듯하다. 예수 역시 요단강을 건너 새로운 하나님의 백성을 구원하는 역할을 할 것이다. "여호수아"와 "예수"는 그 이름의 뜻이 "구원"으로서 동일하다. 이것은 여호수아와 예수가 구약과 신약에서 똑같은 역할을 하고 있음을 보여주려고 한 것인가? "베다니"의 뜻도 유의할 만하다. 베다니는 '베트'(בת; 집)와 '아니야'(aniyyah)의 결합인데, '아니야'는 '응답하다/증언하다'의 뜻을 가진 동사 '아나'(ענה)에서 파생된 것이다. 즉, 베다니는 요한이 '증언한 곳'이라는 의미와 연결되는 것이다. 예수는 요한이 증언한 곳(베다니)에서 세례를 받고 구원의 역사를 시작하였다. 다만, 요한복음에서는 예수가 요한에게 세례를 받는 직접적인 장면은 나오지 않고 암시만 되어 있다(32절). 이로써 예수는 요한에게 종속되지 않는다는 점을 나타내고 있다.

요한이 자신에 대하여 세 번에 걸쳐 부정적인 증언을 한 것과 달리, 예수에 대하여 네 번에 걸쳐 긍정적인 증언을 표명한다. 요한은 예수를 "세상 죄를 지고 가는 하나님의 어린양," "내 뒤에 오는 분; 나보다 앞선 분; 나보다 먼저 계신 분," "성령이 비둘기 같이 하늘로부터 내려와서 그의 위에 머물러 있는 분." 그리고 "하나님의 아들"로 증언한다.

29절은 요한이 "이튿날" 예수에 대해 네 번에 걸쳐 긍정적인 증언을 하는 내용을 보여준다. 요한이 첫째 날(19–28절)에 한 일은 자신에 관한 부정적인 증언과 긍정적인 증언을 한 것인데, 새로운 날(이튿날)에 비로소 예수에 대해 증언하고 있다. 첫 번째로, 예수를 가리켜 **"보라, 세상 죄를 지고 가는 하나님의 어린양"**이라고 증언한다. "보라"(ιδε/이데)는 감탄사는 계시 양식의 일부로서 여기에서는 예수의 신분과 사명을 드러내고 있다. "어린양"(αμνος/암노스)은 '고난 받는 하나님의 종'(사 53:4)과 유월절 희생양(벧전 1:18–19)의 개념을 보여준다. 예수는 세상 죄를 해결하기 위해 죽으러 왔다. 그는 유월절 어린양처럼 희생되어 이스라엘 백성을 구원할 것이다. 요한복음에서 실제로 예수는 유월절에 어린양을 잡는 그 시각(정오)에 십자가를 지고 죽은 것으로 묘사된다(19:14). "지고 간다"('φερω/뻬로'가 아니라 'αιρω/아이로' 사용)는 것은 죄를 용서하거나 없앤다는 의미이며, "죄"(ἁμαρτια/하마르티아)가 단수인 것은 구체적으로 사악한 행동들보다는 근본적으로 죄로 물든 상태를 가리킨다.

30절은 서언에 나오는 15절을 거의 반복하고 있다. 이는 두 번째 긍정적 증언으로서, 요한은 예수에 대하여 그 우월성을 세 번에 걸쳐 증언하여 준다: **"내 뒤에 오는 분"**; **"나보다 앞선 분"**; **"나보다 먼저 계신 분."** 각각 시간적, 신분적, 존재적인 차원에서 요한과의 비교를 보여준다. 실제로 요한은 예수보다 시간적으로 먼저 이 세상에 왔기 때문에 신분에 있어서도 우월성을 주장할 수 있었을지 모른다(특히 the Baptist sectarians에 의해). 그러나 선재를 말하는 존재적 차원에서는 비교할 수 없었기 때문에, 모든 것을 포괄하는 이 세 번째 요소로 인하여 요한은 예수와 비교 대상이 되지 못함을 고백하고 있다. 또한 요한은 애초에 사람들 중에 계신 예수를 알지 못했다고 고백한다. 이는 사람들이 많아서 알아보기 힘들었다는 의미보다는 숨겨진 메시아의 성격을 드러내고 있다. 요한이 예수에게 세례를 베푼 것은(명시적으로 기록된 것은 아니지만) 그를 이스라엘에 나타내려는 목적에서였다. 요한은 예수가 공생애를 시작할 수 있도록 도와주는 역할을 하였다. 요한복음에서 "이스라엘"이라는 단어는 "유대인들"과는 달리 믿는 사람들을 긍정적으로 가리킬 때 사용된다.

32절은 예수에 대한 세 번째 긍정적 증언을 보여준다. **"성령이 비둘기 같이 하늘로부터 내려와서 그의 위에 머물러 있었다."**고 말한다. "비둘기"

같은 성령의 움직임에 대한 비유는 마치 독수리가 새끼들 위에 날갯짓을 하면서 보호하는 것에서 연유했는지 모른다(신 32:11 참조). 요한은 예수 위에 머물고 있는 성령을 보았다. 성령이 예수 위에 "머물러 있었다"(μενω/메노)고 한 것은 요한적인 신학을 보여주며, 그가 십자가에서 죽은 이후 믿는 자들에게 세례를 베풀 때 성령을 공유할 수 있는 근거를 제공하고 있다. "보았다"(θεασθαι/쎄아스싸이)라는 단어는 극장(theater; 같은 어근)에서 놀라운 광경을 목도한 것을 나타낼 때 사용된 말이다. 요한은 그를 보내어 물로 세례를 베풀도록 한 분(하나님)이 성령이 누구 위에 머물러 있는 것을 보면 그가 성령으로 세례를 베풀 자임을 알게 해 주었다고 증언한다.

34절은 네 번째 긍정적 증언으로서 예수가 **"하나님의 아들"**이라고 말한다. 다른 사본들 중에는 "하나님이 택한 자"(God's chosen one)라고 기록된 것도 있다. 이것은 예수를 하나님의 선택받은 종(사 42:1 참조)으로 보는 관점을 유지시켜 준다. 그러나 하나님의 아들이라는 본문은 공관복음서의 세례 장면에서 "나의 사랑하는 아들"(막 1:11)이라고 한 내용과 일치하기 때문에 선호된다. 요한에 의한 네 번의 긍정적인 증언은 '선재하신 하나님의 아들이 이 세상에 내려와 대속적인 죽음을 당하였다'는 기독론을 보여주며, 이는 공관복음서나 초대교회의 기독론과 잘 부합하고 있다.

1.1.2. 예수의 제자 선택(1:35-51)

이 단락에서는 예수가 제자들을 선택한 이야기가 두 단계로 나뉘어 기록되어 있다. 첫 번째는 요한의 제자들 중에 예수를 따른 두 사람에 관한 이야기를 중심으로 하고 있고(1:35-42), 두 번째는 빌립과 나다나엘을 제자로 선택한 이야기이다(1:43-51). 35절에는 29절에 이어 "이튿날"이라는 시간 표지가 다시 나타난다. 예수가 세례 받은 다음 날인 셈이다. 요한은 그의 제자 두 사람과 함께 예수를 기다리고 있기라도 하듯이 "서 있었다." 요한의 제자들이 다른 집단과 구별되는 세례와 금식(막 2:18)과 기도(눅 11:1)를 시행하고 있었던 것을 감안할 때 매우 이례적이라고 볼 수 있는 장면이다. 요한이 예수께서 거니시는 것을 보고 그의 제자들에게 "보라, 하나님의 어린양이로다!"라고 외쳤다. 이러한 외침은 29절을 연상시킨다("세상 죄를 지고 가는"이라는 수식어는 빠져 있음). 요한의 두 제자는 이미 예수에 관해 스승으로부터 들어 알고 있었고, 어떻게 행동해야 할지 준비되어 있었던 듯하다.

요한의 두 제자는 스승의 말을 듣자마자 예수를 따라갔다. "따라가다"(ακολουθεω/아콜루쎄오)라는 동사는 공관복음서에서 제자로서의 따름을 가리키는 전문용어이다(막 8:34 참고). 예수는 그들이 따라오자 "무엇을 구하느냐?"(τι ζητειτε;/티 제테이테?)라고 묻는다. 이는 예수의 공생애 제일성이다. 복음서에서 **공생애 제일성**은 첫 번째 말씀이라기보다는 복음서 전체의 핵심 사상을 요약하여 주는 측면이 강하다(막 1:15 참조). 요한복음의 공생애 제일성인 "무엇을 구하느냐?"라는 말씀은 '내가 누구라고 생각하기에, 무엇을 해줄 수 있다고 기대하며 나에게 왔느냐?'라는 의미를 가지고 있다. 이는 일견 예수가 할 일에 대하여 묻는 것 같지만, 예수의 정체성(말로 표현된)에 관해 묻는 질문이라고 볼 수 있다(참고로, 수가 적지만 일부 고대 사본에 "τινα ζητειτε;/티나 제테이테?"라고 기록되어 있는 것을 참고한다면, "너희가 누구를 찾느냐?"라는 뜻을 잘 나타낼 수 있을 것이다). 사실 요한복음에서 '말'과 '일'은 서로 통하는 개념이다(14:10 참조). 요한복음의 전체적인 내용은 예수의 정체성에 초점이 모아져 있다. 그것은 서언에서 시작되어 전반부에서 일곱 개의 표징을 통해 표출되고 있으며, 수난을 영광으로 해석하는 후반부에서도 견지된다.

예수의 질문(공생애 제일성)에 대하여 요한의 두 제자는 "랍비여, 어디 계시오니이까?"라는 질문으로 되돌린다. "랍비"라는 호칭을 사용한 것을 보면, 그들은 아직 예수에 대한 신앙이 무르익지 않은 것처럼 보인다. 요한복음에는 다른 복음서들과 달리 랍비라는 호칭을 자주 사용한다. 마태와 마가는 가룟 유다가 예수를 부를 때 사용하고 있으며, 누가는 전혀 사용하지 않는다. 요한은 표징의 책인 전반부에서만 사용한다. 후반부에서는 "주"(κυριος/쿠리오스)라는 호칭으로 바뀌고 있다. 이것은 예수에 대한 기독론적 신앙이 발전하고 있음을 보여주는 것이다.

요한의 제자들이 "어디에 계시오니이까?"라고 한 것은 문자적으로는 머무는 숙소가 어디인가를 의미하는 것이지만, 요한복음에서 자주 사용되는 상징적인 표현법으로 본다면 예수의 정체성을 확인하려는 의도를 가리키는 것으로 볼 수 있다. "계시다/거하다"(μενω/메노)라는 단어는 38-39절에서 세 번 거푸 사용되고 있는데, 이는 거룩한 임재에 참여하는 것을 암시한다. 창세기에 하나님께서 범죄한 아담을 찾으시면서 "네가 어디 있느냐?"(창 3:9)고 한 말씀과 대조해 볼 수 있다. 아담은 하나님의 낯을 피하여 몸을 숨겼던 것에 비해, 예수의 첫 제자들은 예수의 정체를 알고자 예수께 나아왔다. 이로써 죄를 지은 인간의 회복을 보여준다. 요한의 두 제자는 예수를 따라가 그날 밤을 함께 보냈다. 요한복음에는 그 때가 **"열 시쯤"** 되었다고 기록하고 있다. 아침 6시부터 시작하는 유대식 시간 계산법에 따르면 오후 4시를 가리키지만, 이러한 시간 표지는 대개 물리적 시간보다는 상징성을 띠고 있다. "열"이란 숫자는 완전수로서 성취를 의미한다. 이는 요한의 제자들이 예수와 함께 머무르면서 예수의 제자가 되는 과정을 거쳤다는 것을 암시한다.

40절에서 요한의 두 제자의 신원이 공개된다. 하나는 시몬 베드로의 형제인 **안드레**라고 밝히고 있는데 비해, 다른 하나는 익명으로 처리된다. 예수의 첫 제자들은 세례자 요한의 제자들이었으며, 그 중 하나는 안드레였다. 수제자인 베드로는 요한의 제자는 아니었지만 안드레의 인도를 받고 있다. 그러면 익명의 제자는 누구일까? 공관복음서에서 안드레와 함께 자주 등장하는 제자가 빌립이기 때문에(막 3:18), 익명의 제자를 빌립으로 보기도 한다. 그러나 43절에 바로 이어서 빌립이 등장하기 때문에 이러한 견해를 받아들이기가 어렵다. 다만 예수가 전날 보았던 익명의 제자가 빌립이었다면, 43절은 예수가 갈릴리로 가려 하다가 빌립을 다시 만나 제자로 부르는 장면으로 간주해야 한다. 요한복음에서 "만나다"(εὑρίσκω/휴리스코)라는 동사가 나올 때는 종종 두 번째로 찾아서 만나는 상황에서 사용되고 있는 점을 참고할 수 있을 것이다(5:14; 9:35). 그러나 항상 εὑρίσκω가 두 번째 만남을 전제하는 것은 아니기 때문에(1:45 참조), 이것만 가지고 익명의 제자가 빌립이라고 단정할 수는 없다.

공관복음서에 의하면, 처음으로 부름을 받은 제자는 베드로, 안드레, 요한, 야고보였다. 요한복음에는 처음 부름 받은 제자로서 세 명(안드레, 베드로, 익명의 제자)을 언급하고 있다. 익명의 제자는 누구를 말할까? 공관복음서와 요한복음에서 처음 부른 제자들의 명단을 비교해 보면, 익명의 제자는 요한이나 야고보일 가능성을 높여준다. 그런데 요한복음에는 사도 요한과 야고보는 등장하지 않고, 사랑하는 제자(the Beloved Disciple)만 언급된다. 그래서 익명의 제자를 사랑하는 제자라고 보는 견해가 있는가 하면, 그를 세베대의 아들 요한과 동일시하는 전통적인 견해도 있어 왔다. 그러나 익명의 제자를 세베대의 아들 요한, 즉 사랑하는 제자라고 하면, 세베대의 아들 요한까지 세례자 요한의 제자였다고 말하는 셈이기 때문에, 요한복음 저자는 그러한 가능성을 배제하고 싶어서 익명으로 처리했을지도 모른다. 요한복음에서 이름을 가지고 등장하는 사람들보다 익명으로 등장하는 사람들이 중요성에서 뒤지지 않는다는 점도 고려해야 할 것이다. 또한 21:2에 디베랴 호수로 고기 잡으러 간 일곱 제자 중에 세베대의 아들들과 다른 제자 둘(사랑하는 제자와 안드레일 가능성이 높다)이 함께 언급되고 있기 때문에, 1:35의 익명의 제자를 세베대의 아들과 동일시하기에는 무리가 따른다.

안드레는 그의 형제 **시몬 베드로**를 예수께로 인도하면서 메시아('기름 부음 받은 자'의 뜻임)를 만났다고 증언한다. 처음에는 랍비라고 불렀는데, 여기에서는 메시아로 호칭하고 있어서 신앙적 발전이 나타난다. 이는 공관복음서에서는 베드로가 갈릴리 사역을 마쳐갈 때 가이사랴 빌립보에서 예수를 메시아로 고백하고 있는 것과 비교된다(막 8:29). 예수는 베드로에게 게바('반석'이란 뜻임)라는 별명을 붙여준다. 이는 베드로의 성격이나 신앙의 특징을 보여주는 것으로 보인다. 베드로를 반석이라고 부른 것은 베드로가 예수의 사후 그의 자리를 대신하여 교회를 이끄는 역할을 하게 될 것임을 시사한 것인지도 모른다(고전 10:4에서 예수를 반석이라고 지칭한 것과 비교하라).

43절에는 다른 두 제자(빌립, 나다나엘)를 부르는 내용이 나온다. "이튿날"이라는 시간 표지로 인하여 그 전날 부름을 받은 세 제자(안드레, 베드로, 익명의 제자)와 구별된다. 요한복음에는 제자로 부름을 받은 사람이 모두 다섯 명 언급되고 있다. 이는 공관복음서에 모두 기록되고 있는 열두 제자의 선택과는 차이를 보이는 것이다. 요한복음에는 **"열둘"**(δωδεκα/도데카)이라는 표현만 나올 뿐(6:67,70,71; 20:24), 열두 제자의 선택 이야기나 명단은 등장하지 않는다. 이는 특별한 권위를 가진 제자단을 인정하지 않는 모습을 보여준다. 요한복음에는 그 대신 익명의 인물들(예수의 어머니, 요한의 제자 중 한 사람, 사랑하는 제자, 사마리아 여인, 날 때부터의 맹인)이 참된 제자의 모습으로 부각되고 있다. 제자로 부름을 받은 것은 아니지만, 말이 없는 나사로를 비롯하여 놀라운 신앙고백을 한 도마와 마르다/마리아도 중요한 인물로 볼 수 있다. 공개적인 신앙을 고백하기를 주저했던 니고데모도 요한복음에서 중요하게 취급되고 있다. 이러한 요한복음적 특징은 열두 제자단으로 대표되는 전통적인 권위보다는 민주적인 리더십과 익명의 대표성을 더 내세우려고 한 것으로 보인다.

두 번째 부름에서 **빌립**이 선택 받는 내용이 먼저 나온다. 그는 안드레와 베드로의 고향인 벳새다 사람이었다. 벳새다는 갈릴리에 있었다(12:21 참조). 실제로 벳새다는 갈릴리가 아니라 갈릴리 호수 건너편 골라니티스(Gaulanitis) 지방에 속한 동네였지만, 갈릴리 호수에 접한 마을이었기 때문에 통상적으로 그렇게 인식되었던 것 같다. 예수는 갈릴리로 가려고 계획하고 있었기 때문에, 그쪽 지방 사람인 빌립을 여행 안내자로 삼아 베드로 및 안드레와 함께 데리고 가고자 했던 것으로 보인다. 빌립은 공관복음서와 달리 요한복음에서 종종 중요한 역할을 하고 있다(6:5–7; 12:21–22; 14:8–9 참조). 빌립의 고향인 벳새다는 이방인이 많이 거주하던 곳이어서 헬라적인 영향력이 컸다. 빌립, 안드레, 시몬이라는 이름도 헬라식 이름이다. 시몬 베드로와 안드레의 고향이 벳새다라고 하는 요한복음의 언급은 막 1:21,29에서 그들의 고향이 가버나움이라고 한 것과 배치된다. 빌립이 벳새다에서 태어났지만 가버나움에서 자라났다고 하면, 서로 배치되는 문제를 어느 정도 해소할 수 있을 것이다. 벳새다가 "고기 잡는 곳"이라는 뜻을 가지고 있기 때문에, 베드로와 안드레가 사람 낚는 어부(마 4:19)로 부름을 받은 것과 관련시키려는 의도가 있었는지도 모른다.

빌립은 **나다나엘**을 찾아가 구약성경(모세의 율법과 예언자들)이 예언한 이가 요셉의 아들 나사렛 예수라고 증언한다. 안드레가 형제 베드로에게는 메시아를 만났다는 직접적인 증언을 했다면, 빌립은 구약성경이 예언한 이를 만났다고 간접적으로 증언하고 있다. "요셉의 아들"과 "나사렛 사람"이라고 한 것은 인간적이고 세상적인 차원을 드러내고 있다. 이것은 구약성경이 예언한 것과 대조를 이루면서 신앙적인 결단을 촉구하는 듯하다. 나다나엘은 공관복음서의 열두 제자 명단에 포함되어 있지 않다. 그가 가나 사람(21:2)인 것과 관련하여 가나안인 시몬(막 3:18)과 동일시하기도 하고, 빌립과의 연관성 때문에 열두 제자 명단에서 빌립 다음에 나오는 바돌로매와 동일시하기도 하며, "하나님이 주셨다"는 이름의 뜻과 관련하여 마태("하나님의 선물")와 동일시하기도 한다. 그러나 요한복음이 열두 제자단을 중요시하지 않은 것을 감안할 때 굳이 열두 제자와 동일시하려고 시도할 이유는 없을 것 같다.

나다나엘은 빌립의 말을 듣고 "나사렛에서 무슨 선한 것이 날 수 있느냐?"고 비꼰다. 7:52에서 바리새인들이 예수를 변호하는 니고데모에게 "너도 갈릴리에서 왔느냐? 찾아보라. 갈릴리에서는 예언자가 나지 못하느니라."라고 책망한 것을 보면, 유대인들은 갈릴리를 높이 평가하지 않고 있음을 알 수 있다. 갈릴리보다 나사렛이 초점이라면, 나다나엘의 고향인 가나와 인근(9마일 정도의 거리)에 위치한 나사렛과의 경쟁관계에서 비롯된 비아냥거림일 수도 있다. 빌립은 "와서 보라"는 다소 궁색한(?) 대답으로 나다나엘에게 간접적인 증거보다 직접적인 관찰(믿음)을 요구한다.

예수는 그에게 나아오는 나다나엘을 보고 "보라, 이는 참으로 이스라엘 사람이라. 그 속에 간사한 것이 없도다."라고 말한다. 나다나엘은 모세를 받아들이지만 예수를 거부하여 눈이 멀게 된 유대인들과 달리

(9:29,41 참조), 빛으로 나아오기 원하였기 때문에 참된 이스라엘 사람으로 칭찬을 받았다. 요한복음에서 "유대인"이 예수에게 적대적이고 불신적인 사람들을 가리키는 명칭인 것에 비해 "이스라엘"은 신앙적인 태도를 가진 유대인을 가리키고 있다. 거기에 "참으로"라는 부사를 첨가함으로써 이러한 의미를 확실히 한다. "참으로"라는 부사는 "참된"이라는 형용사로 대체해도 동일한 의미가 된다.

"참된 이스라엘 사람"의 의미와 관련하여 "이스라엘"(원래의 뜻은 '하나님과 겨루었다')의 어원과 연관시켜 설명하기도 한다. 이스라엘이라는 단어 안에 "본다"(ראה/라아)라는 동사가 들어 있다고 오해하여, 하나님을 보게 될(50-51절) 나다나엘이 "이스라엘"이라는 이름을 받기에 적합한 사람이었다고 해석한다(그러나 이스라엘이라는 단어 안에는 '겨룬다'는 뜻의 'שׂרה/사라'가 들어 있다). 요한복음에서 "본다"는 "알다"와 더불어 "믿는다"는 동사와 동의어로 사용된다. 세례자 요한이 세례를 베푸는 목적이 "예수를 이스라엘에 나타내려 함"(1:31)이었는데, 참된 이스라엘 사람인 나다나엘에게서 성취되고 있다. 그는 참된 이스라엘 사람으로서 믿는 사람들을 대표하고 있는 인물이다. 이로써 나다나엘이 마지막으로 예수를 호칭한 "이스라엘의 왕"이야말로 최고의 신앙고백이 된다.

47절의 "이스라엘 사람"과 "간사함"이라는 단어는 51절의 "천사들의 오르내림"과 더불어 창 28:12의 야곱을 연상시키기도 한다. "간사했던"(창 27:35) 야곱이 벧엘에서 "천사들의 오르내림"을 보았고, 후에 "이스라엘"(창 32:28-30)이라는 이름을 얻었기 때문이다. 여기에서 북왕국 이스라엘의 이름이 유래되었다. 야곱은 벧엘에서 하나님을 처음 만났고, 밧단아람에서 돌아올 때 "브니엘"(하나님의 얼굴이라는 뜻)이라고 이름한 곳에서 하나님과 겨루었다. 벧엘과 브니엘은 모두 야곱과 연관된 장소였다. 솔로몬 사후 북왕국을 창건했던 분리주의자 여로보암은 벧엘에 성소를 두었으며, 브니엘에 도시를 건설하기도 했다. 또한 벳새다와 나사렛, 특히 나다나엘의 고향인 가나는 모두 북이스라엘 왕국에 속한 지역이었다. 이러한 배경을 생각하면, 예수는 나다나엘에게 야곱을 연상시키면서 그를 구약의 야곱과 같이 또는 더 우월하게 평가한 것이라고 볼 수 있다. 야곱은 벧엘에서 기도하고 있었는데, 나다나엘은 무화과나무 아래에서 모세의 율법책을 읽거나 기도하고(?) 있었을 것이다. 야곱은 벧엘("하나님의 집")에서 하나님을 만났는데, 나다나엘은 야곱의 땅에서 "하나님의 아들/이스라엘의 왕"(49절)인 메시아를 만났다. "하나님의 아들" 역시 예수의 신성을 강조하면서 메시아의 칭호로 사용되고 있다. 이와 같이 나다나엘은 야곱과 같은 인물로 형상화되고 있다.

51절에서 예수는 두 번 아멘(진실로)을 사용하여 예언한다. 청자가 나다나엘에서 이인칭 복수("너희")로 바뀌었기 때문에 혼란스럽지만 아마도 같이 있던 빌립에게도 함께 말했기 때문인 것 같다. 두 번 아멘은 요한복음에서 25회나 사용되고 있는 독특한 형식이다. 두 번 아멘은 매우 중요한 말씀을 할 때 이를 확인하고 보증하는 의미로 사용되고 있다. 예언의 내용은 "하늘이 열리고, 하나님의 천사들이 인자 위에 오르락내리락하는 것을 볼 것"이라는 것이었다. 창 28장은 "사닥다리가 하늘에 닿았다"는 표현과 "하나님의 천사들이 그(사닥다리) 위에서 오르락내리락하였다"라는 표현에서 차이점을 보여준다. 야곱은 하늘에 닿은 사닥다리를 보았는데, 예수는 세례 장면에서와 같이 하늘의 "열림"(ανοιγω/아노이고; 마 4:17; 눅 3:21)에 관해 언급한다. 창세기에는 천사들이 사닥다리 위에 오르락내리락한다고 서술하고 있는데, 요한복음에는 천사들이 "인자" 위에 오르락내리락할 것이라고 서술하고 있다. 인자는 사닥다리처럼 하늘과 땅을 이어주는 역할을 한다. 이러한 의미에서 인자는 사닥다리로 상징된다. 창세기에서 벧엘을 하늘의 문이라고 지칭한 것처럼(창 28:17), 예수는 친히 하늘의 문이 되어 하늘과 땅을 소통시키고 연결한다. 이러한 점에서 예수는 야곱을 뛰어넘는다. 다시 말하면, 예수 자신이 사닥다리요, 신의 현현(shekinah)이요, 하나님의 집(벧엘)이요, 하늘의 문이다.

예수는 자신을 **"인자"**로 지칭하고 있다. 1:19-51에 나오는 많은 칭호(랍비, 하나님의 아들, 메시아, 이스라엘의 왕 등) 가운데 인자만이 예수가 자칭호로 사용한 것이다. 인자는 다니엘서(7:13), 에스겔서, 에녹1서에 소개된 용어로서 이스라엘을 가리키는 대표단수거나 선재하신 메시아를 나타내고 있다. 공관복음서에서 인자는 ① 지상의 예수, ② 고난의 예수, ③ 재림의 예수를 가리키고 있는데, 요한복음에서 12번(13:31을 제외하고 모두 표징의 책에 등장) 나오는 인자 본문 중에 ①의 경우는 없고, 미래의 영광과 관련된 ③의 경우로 사용된 경우가 많다. 1:51에서도 ③의 의미로 사용되고 있다. 50절에서 언급된 "이보다 더 큰 일"은 인접문맥인 51절의 놀라운 일을 가리킬 뿐만 아니라, 예수의 영광이 처음으로 나타난 가나 혼인잔치의 표징(2:11)을 가리키고 있으며, 뒤이어 나오는 여러 표징을 거쳐 예수의 죽음과 부활과 승천이라는 최종적인 표징('영광'으로 해석됨)을 겨냥하고 있다.

1.2. 예수의 정체성과 죽음 예시(2:1-22)

이 단락은 크게 두 부분으로 나뉜다. 첫 번째 부분은 가나의 혼인잔치(2:1-11)이며, 두 번째 부분은 성전 정화 사건(2:13-22)이다. 2:12은 앞뒤를 이어주는 전이구절(transition)이다. 요한복음 저자는 이 단락에서 예수의 공생애를 요약하고 그 특성을 제시하고 있다. 그것은 바로 예수의 죽음을 통한 그의 정체성을 보여주는 데 있다. 특히 공관복음서와 달리 성전 정화 사건을 공생애 초기에 위치시킨 이유가 바로 여기에 있는 것처럼 보인다.

1.2.1. 가나의 혼인잔치(2:1–11)

예수는 **사흘째** 되던 날에 갈릴리 가나의 혼인잔치에 등장한다. 예수는 원래 갈릴리 해변(벳새다, 가버나움 등)으로 가려고 하였으나(1:43), 가나 출신인 나다나엘을 만난 것이 계기가 되어 갈릴리 산지(가나)를 먼저 들리게 되었고, 그 후에 가버나움(2:12)으로 내려갔다. "사흘"이라는 시간 표지는 예수가 여전히 머물러 있었던 것으로 추정되는 요단강 건너편 베다니(1:28)에서 갈릴리 가나까지 이틀 이상이 소요되었음을 보여준다. 이것은 요단강 건너편 베다니의 위치가 문제가 된다. 11:3,6,17을 참고하여 보면, 예루살렘에서 요단강 건너편 베다니까지 하루가 걸린 것으로 추정되기 때문에, 그곳에서 가나까지 사흘째 되는 날에 도착하기는 불가능했을 것이다. 만약 1:44에서 빌립이 나다나엘을 찾아 만난 곳이 요단강 건너편 베다니가 아니라 갈릴리로 출발한 이후라면(43절에서 이를 유추할 수 있다), 요단강 건너편 베다니에서 상당히 갈릴리 쪽으로 이동했을 것으로 짐작되기 때문에 거리로 인한 문제는 해소된다. 이러한 설명은 2장에 나오는 가나의 혼인잔치를 나다나엘(그의 고향이 가나이기 때문에)과 연관시켜 보는 견해와 부합한다. 즉, 빌립이 나다나엘을 만난 45절을 첫날로 계산하여, 이동일 하루를 포함시키면 가나에 사흘째 도착하였다는 설명이 가능하기 때문이다.

"사흘"이라는 시간 표지는 예수의 부활을 연상시키기 때문에 특별한 의미를 가진다. 첫 번째 표징과 마찬가지로 두 번째 표징도 "이틀이 지난"(4:43) 사흘째에 일어난 것으로 볼 수 있기 때문에, "사흘"을 부활과 연관시키는데 매력적으로 작용하고 있다.

한편, 예수의 공생애 사역은 부활로 완성이 되기 때문에, 1:19–2:1–11

의 내용이 며칠 동안에 일어난 것인가를 두고 여러 가지 견해가 표출되었다. 1:29, 35, 43에 등장하는 "이튿날"이라는 시간 표지로 보면, 닷새 동안(1:19–28; 1:29–34; 1:35–42; 1:43–51; 2:1–11)에 일어난 것으로 보인다. 그런데 유대인들이 수요일에 결혼식을 올리는 전통(*Kethuboth* 1)에 따르면, 요한의 두 제자가 예수를 만난 날이 금요일 오후(1:39의 오후 4시 참조)였을 것으로 추론된다. 그렇다면 요한의 두 제자는 예수와 함께 금요일 저녁뿐만 아니라 안식일인 토요일 저녁까지 머물렀을 것으로 볼 수 있기 때문에 1:39절에서 하루가 더 늘어나게 된다. 그리고 예수가 머물러 있던 요단강 건너편 베다니(1:28)에서 갈릴리 가나까지 가는 온전한 하루('사흘'에서 출발하는 날과 도착하는 날은 온전한 하루가 아닐 수 있기 때문에)를 포함시키게 되면, 전체가 일주일(1:19–28; 1:29–34; 1:35–39; 1:40–42; 1:43–51; 이동일 하루; 2:1–11)에 맞추어지게 된다. 이로써 창세기 1:1–2:3에 나오는 일주일 동안의 처음 창조와 같이, 예수가 그의 공생애를 시작하면서 일주일 동안 새로운 창조(죽음을 넘어선 부활)를 보여주려 했다고 설명한다.

또한 예수의 부활을 목격한 제자들에 관한 이야기를 읽어 보면(20:19–31), 도마가 부재한 상황에서 안식 후 첫날(주일)에 나타나셨던 예수께서 도마가 함께 있던 상황에서 일주일 후("여드레가 지나") 주일에 다시 나타나셨다고 기록한 것을 알 수 있는데, 예수의 공생애 초기에 해당하는 일주일 시간표와 연관성을 찾을 수 있을지 모른다(초대교회에서 "여드레"가 부활의 날을 가리켰다는 것도 참고할 수 있겠다). 이러한 설명은 억지스럽긴 하지만 요한복음에서 예수의 공생애가 가지는 신학적 의미를 함축해 준다는 이점이 있다.

갈릴리 가나에서 첫 번째 표징(sign)을 행하자, 예수의 영광이 나타났고, 그의 제자들이 그를 믿게 되었다. 물을 포도주로 변화시킨 것이

어떻게 예수의 영광을 드러냈다는 말인가? 예수의 첫 번째 표징은 무엇을 말하려고 한 것인가? 요한복음에서 기적은 예수의 신적 정체성을 드러내는 것을 목적으로 하기 때문에 **"표징"**(σημειον/세메이온)이라고 부른다. 그런데 요한복음에서 표징은 **'영광'**(δοξα/독싸)과 연관된다. 요한복음에 나오는 일곱 번의 표징 가운데, 첫 번째와 일곱 번째 표징에 영광이 언급되고 있기 때문에, 이것을 포괄적 구조(inclusio)로 보면 모든 표징이 영광과 연관된 것으로 볼 수 있다. 그런데 요한복음에서 그의 영광은 죽음에서 절정을 맞이한다. 예수는 자신의 죽음을 "영광을 받을 때"로 지칭한다. 예수의 신적 정체성은 죽음을 통한 영광으로 완결된다. 요한복음은 예수의 죽음에 대한 가장 특이한 신학을 보여준다. 그러한 의미에서 요한복음은 **죽음의 복음서**이다. 갈릴리 가나에서 일어난 첫 번째 표징은 복음서 서두에서부터 예수의 죽음을 상징적으로 내세운다. 예수의 죽음을 바르게 이해하는 것이 요한복음을 바르게 해석하는 것이며, 예수의 정체성을 바르게 깨닫는 것이기 때문이다.

가나의 혼인잔치에 예수의 어머니 마리아가 먼저 언급된 것은 신랑과 인척관계에 있었기 때문이라는 추정을 가능하게 한다. 또는 가나가 고향인 나다나엘 때문에 예수와 그의 제자들이 결혼식에 초대받았는지도 모른다. 요한복음에서 마리아는 익명으로 등장한다(19:25–27 참조). 그녀는 "예수의 어머니"로 불린다. 누구의 어머니로 불린다는 것은 아들을 낳았다는 영예를 표현하는 것이지만, 요한복음에서는 익명의 제자로서의 성격을 부각시키려 한 것으로 보인다. 첫 번째 표징 이야기에서 마리아는 유일하게 예수의 뜻을 이해하고 실행에 옮기고 있는 인물로 묘사되기 때문이다.

마리아는 포도주가 떨어졌다고 예수에게 이야기한다. 이것이 기적을 행하도록 요청한 것인지, 단순히 난처한 상황을 알린 것에 불과한지는 분명하지 않다. 그러나 이에 대해 예수가 반응하며 한 말은 특별한 의미를 지닌다. 예수는 "여자여, 그것이 나와 무슨 상관이 있습니까?"라고 반문한다. 자신의 어머니를 **"여자여"**라고 부른 것이 애정이 결여된 것인지, 무례를 나타낸 것인지, 책망의 뜻을 가진 것인지, 높여서 부른 것인지에 관해 여러 가지 해석이 있어 왔다. 요한복음에는 "여자여"라고 부른 곳이 몇 군데(4:21; 8:10; 19:26; 20:13) 더 나오는데, 경멸하거나 책망하는 호칭으로 사용되고 있지는 않다. 공관복음서에 나오는 예(마 15:28; 눅 13:12)에서도 마찬가지다. 이렇게 호칭으로 사용이 되는 경우에는 오히려 예의를 갖추어 말하면서 여자를 높이고 있다고 볼 수 있다.

그런데 다른 곳과 달리 이곳과 19:26에서는 아들인 예수가 어머니 마리아에게 한 말이기 때문에 문제가 되고 있다. 다른 여자들을 부르는 호칭과는 구별될 것으로 기대되고 있기 때문이다. 어머니에게 애정이 결여된 호칭인 것 같아서 어색하기 짝이 없다. 여기에서는 마리아가 육신적인 어머니로서가 아니라 이상적인 제자의 모습을 보여주는 듯하다. 그렇게 보면, 혈연적인 관계에서 오는 비정상적인 상황의 문제를 해소할 수 있다. 마리아가 육신적으로는 어머니였지만, 그의 공적 사역에 있어서 가족관계보다도 더 하나님의 뜻을 행하는 것을 우선시한 예수의 태도도 감안해야 한다(막 3:33-35 참조). 예수를 인간적으로 가장 잘 아는 마리아였기 때문에, 마리아가 메시아로 오신 예수를 올바로 인식하는 것으로 묘사된다면 그녀를 이상적인 제자로 보여주는 효과적인 방법이 될 것이 아니겠는가?

"그것이 나와 무슨 상관이 있습니까?"라는 질문은 쓸데없는 일에 참견한다고 책망하는 의미일 수도 있고, 남의 문제에 관여하고 싶지 않아서 거부하는 의사를 정중하게 표현한 것으로도 볼 수 있다. 그 다음에 나오는 "내 때가 아직 이르지 아니하였습니다."라는 말은 후자의 해석으로 기울게 만든다. 마리아는 이상적인 제자로서 예수의 정체성을 올바로 인식하고 있으며, 예수는 이를 존중하여 마리아를 "여자여"라고 부르면서 **"나의 때"**가 아직 오지 않았음을 상기시키고 있다. 예수가 기적을 행한 것은 예수의 거부에도 불구하고 마리아의 끈질기게 요청했기 때문이라기보다는 오히려 본문에 드러나지는 않았지만 하나님의 뜻을 순종하였기 때문이다(5:19 참조)

"때"는 예수의 생애 중 어떤 특별한 기간을 가리키는데, 주로 예수의 수난, 죽음, 부활, 승천을 가리킬 때 사용되고 있다. 특히 예수의 수난과 죽음을 가리킬 때 사용되고 있음을 보여준다. 이러한 "때"에 관한 언급은 요한적인 특색만은 아니며 공관복음서 전통에도 나타난다(마 26:18,45; 막 14:35,41 참고). 그러나 요한복음에는 이러한 "때"가 복음서 전체에 걸쳐 두루 자주 등장하면서 강조되어 있다는 점에서 특별나다(2:4; 7:6,8,30; 8:20; 12:23,27; 13:1; 16:25,32; 17:1). 요한복음의 이러한 특색을 볼 때, 2:4의 "때"가 바로 이어지는 물로 포도주를 만드는 첫 번째 표징만을 가리키는 것으로 보는 견해는 받아들이기 어렵다. 오히려 이 "때"는 하나님과 예수가 영광을 받는 것으로 표현되는(13:31-32 참조) 십자가의 죽음과 연결되고 있다.

마리아는 예수가 무슨 말을 하든지 그대로 행하라고 하면서 무한한 신뢰를 나타낸다. "그가 무슨 말씀을 하든지 그대로 하라"는 표현은 바로가 요셉에 대하여 한 말과 유사하다(창 41:55). 요셉은 육신의 양식을 해결했지만, 예수는 영적인 양식(음료)을 해결할 것임을 시사한다. 마리아는 예수가 무엇을 어떻게 할 것인지에 대해서 알지 못했지만, 이러한 난처한 상황에 개입하여 문제를 해결할 것이라고 하는 믿음을 가지고 있었다. 가나의 첫 번째 표징에 마리아가 나오고 있어서, 이를 뱀(사탄)이 여자의 후손에게 머리를 상하게 될 것(창 3:15)과 연결시켜 이해하기도 한다. 여자를 마리아로, 후손을 예수로 보는 관점에서, 예수의 "때"에 마리아가 사탄과의 최후 투쟁에 중요한 역할을 하는 것으로 이해하는 것이다. 마리아를 "여자여"라고 부른 것은 창 3:15의 "여자"에서 연유된 것인지도 모른다.

또한 마리아를 계 12:1에 나오는 "해를 옷 입은 여자"와 연결시키기도 한다. 계 12:2에서 이 여자가 남자아이를 출산하고 있는데, 이에 기초하여 여자를 마리아로 남자아이를 예수 그리스도로 해석한다. 또한 이 여자는 계 12:17에 따라 교회를 가리키는 대표단수로 보기도 한다. 다시 말해서, 이 여자는 개인이면서 동시에 교회 공동체를 가리킨다. 1장의 제자 선택에 이어지는 2장의 가나 표징에서 마리아는 제자직(discipleship)을 완성하는 인물로 묘사되고 있다. 마리아가 나오는 또 다른 본문인 19:25-27에서도 이상적인 제자를 상징하는 사랑하는 제자의 어머니가 되어 교회 공동체를 보호하는 역할을 한다. 마리아는 메시아의 어머니인 동시에 이상적인 제자이며, 부활 이후에는 사탄과 투쟁하는 교회의 상징이 되고 있다.

예수는 하인들에게 유대인의 정결 예식에 쓰이는 돌항아리 여섯 개에 물을 가득 채우게 하고(합하면 최대 120gallon) 연회장에게 떠다 주라고 말한다. "**여섯**"이라는 숫자는 일곱에 하나가 모자라기 때문에 불완전한 유대교를 상징한다고 말할 수 있다. 왜냐하면 요한복음은 유대교를 대체하거나 능가하는 분으로서 예수를 제시하고자 하기 때문이다. 연회장은 아무 것도 알지 못하고 결혼식을 진행시킨다. 결혼식 진행을 책임지고 있는 연회장이 아무 것도 알지 못하고 행동하고 있음을 보여줌으로써, 첫 번째 표징이 지니고 있는 상징적이고 비밀스런 의미를 더욱 돋보이게 하고 있다. 연회장의 무지는 여기에 지혜의 모티브가 작용하고 있음을 보여주는 것이기도 하다. 지혜는 사람들에게 그녀(지혜)의 식물(음식)과 포도주를 마시라고 초대한다(잠 9:5 참조). 여기에서 예수는 바로 지혜가 의인화된 인물로 볼 수 있다.

물은 포도주로 변하였다. 떠다 준 물만 포도주로 변했는지, 여섯 개의 항아리에 들어있는 물이 모두 포도주로 변했는지는 중요하지 않다. 물리적으로나 화학적으로 물이 포도주로 변할 수는 없다. 그러므로 이 표징은 상징성을 띠고 있다. 그러면 물은 무엇이고, 포도주는 무엇을 의미하는가? 이를 위해 첫 번째 표징이 가진 **성례전적 의미**를 고찰해 보아야 한다. 초대교회는 가나의 표징을 성례전적으로 이해하였던 것으로 보인다. 2-3세기의 알렉산드리아 카타콤의 프레스코 벽화에는 오병이어 기적과 가나의 첫 번째 표징이 그려져 있는데, 이는 각각 성례전의 빵과 포도주를 상징하고 있다. 또한 요한복음은 "때"에 관한 언급을 통해 가나 표징과 최후의 만찬 장면(13:1)을 연결시키고 있으며, 가나 표징과 오병이어 기적과 최후의 만찬을 모두 유월절 이전에 일어난 사건으로 기록하고 있다(2:13; 6:4; 13:1). 이는 오병이어 기적과 가나 표징이 하나로 묶여 있으며 성례전적 의미를 가지고 있음을 보여준다. 마리아가 등장하는 또 하나의 다른 장면(19:25-27)에서 그녀는 십자가에 달린 예수가 옆구리에서 피를 쏟고 있을 때 그의 발 앞에 서 있었다. 이는 가나의 첫 번째 표징에서 마리아가 예수와 함께 물로 포도주를 만드는 현장에 있었던 것과 연관된다. 포도주가 포도의 **피**(창 49:11; 신 32:14 참조)라는 것은 주지의 사실이다. 가나의 첫 번째 표징에서 "좋은 포도주"는 유대교의 정결 예식에 쓰는 물을 대신하고 있기 때문에, 예수의 피가 죄를 깨끗하게 씻는(요일 1:7 참조) 것을 상징하면서 성례전적 의미를 가지게 된다.

예수가 기적을 통해 제공한 포도주는 최상급으로서 일반적으로 술이 취한 후에 나오는 질이 낮은 포도주와 달랐다. "질적으로" 나은 포도주는 유대교보다 우월한 기독교(예수의 교훈)를 나타낸다. 이러한 관점은 공관복음서에서 예수의 교훈이 새 포도주로 비유되고 있는 것으로부터 유추할 수 있을 것이다(막 2:22). 예수가 보여준 표징은 그의 "때"와 연관되어 나타났다. 7:39에서 말한 대로, 예수가 죽을 때에야 비로소 그가 영광을 받을 것이라고 한 것을 보면, 2:4의 "나의 때"는 예수의 죽음과 부활을 가리키고 있다. 예수는 가나 표징을 통해서 그의 **죽음과 부활**을 나타낸다. 그래서 그의 영광이 나타났고, 제자들이 그를 믿게 된 것이다. "영광의 나타남"과 "믿게 됨"은 요한복음의 일곱 개의 표징을 포괄적으로 감싸고 있는 나사로를 살리신 표징에서도 짝으로 나타난다(11:40 참조).

가나의 첫 번째 표징은 요한복음에 나오는 일곱 개의 표징 가운데서 유일하게 공관복음서의 기적 이야기와 다른 독특성을 보여준다. 그래서 물로 포도주를 만든 표징이 역사적으로 일어난 사건에 기초한 것이 아니라, 복음서 저자가 신학적 목적을 위하여 창안해 낸 것이라는 주장을 하기도 한다. 그러나 어떤 기적도 합리적이고 과학적인 사고로는 납득할 수 없다. 어떤 이들은(불트만 등) 이교적 영향을 언급하며 포도주의 신인 디오니소스(Dionysus) 축제에서 비롯된 이야기로 보기도 한다. 축제 때 물 대신에 포도주를 제공했기 때문이다. 어떤 이들은 헬레니즘 세계에서 발견되는 흥미 위주의 기적 이야기에서 영향을 받았다고 말하기도 한다. 그러나 가나에서의 첫 번째 표징 이야기는 헬라적인 기적과 달리 언제 어떻게 기적이 일어난 지에는 관심이 없다. 첫 번째 표징의 초점은 유대교 정결 예식도 아니고, 심지어 물을 포도주로 변화시킨 기적도 아니며(자세하게 묘사되지도 않는다), 마리아와 그의 간청은 더더욱 아니고, 연회장이 신랑에게 한 반응도 아니다. 일차적인 초점은 예수의 정체성에 있다. 세상을 구원하기 위해 아버지의 보냄을 받은 예수가 누구인가를 드러내는 데 있다. 표징을 통해 예수의 영광이 나타나고, 제자들이 믿게 된 것에 초점이 모아져 있다. 가나의 첫 번째 표징은 이어서 나오는 다른 표징들을 대표하고 있는 것과 더불어, 앞에 나온 1장의 제자 선택과도 연관성이 있다. 1장에서 시작된 제자 선택이 가나에서의 첫 번째 표징을 통해 제자직의 성취로 나타나고 있는 것이다.

성경 외적인 영향을 배제한다면, 가나의 표징은 오히려 구약성경의 엘리야와 엘리사의 기적 이야기와 닮은 점이 많다. 엘리야는 사르밧의 과부에게 곡식 가루와 기름을 기적적으로 제공하였고(왕상 17:1–16), 엘리사는 한 과부에게 기름을 기적적으로 제공하였다(왕하 4:1–7). 엘리야와 엘리사는 기적을 행한 대표적인 예언자들이다. 그들을 모델로 하여 예수는 세상을 구원할 포도주를 제공하고 있다. 포도주는 그 자신이며, 그 자신의 죽음을 상징한다.

가나의 첫 번째 표징이 **혼인잔치**를 배경으로 하고 있는 점은 시사하는 바가 많다. 혼인잔치는 성경에서 종종 종말론적 메시아의 성취를 보여준다(사 54:4–8; 마 22:1–14; 계 19:9 참조). 특히 계시록에서 믿는 자들(교회)을 어린양의 신부로 묘사하며 혼인잔치에 초대하는 것은 매우 강력한 비유가 되고 있다(계 19:7–9; 21:2 참조). 연회장이 "새 포도주"를 나중까지 가지고 있었다고 한 것은 예수(또는 그의 교훈)가 메시아로 온 것을 상징한다. 변화된 포도주는 120갤론(약 450리터)이나 되었다. 풍성한 포도주는 종말의 성취를 가리킨다(암 9:13–14; 렘 31:12 참조). 에녹1서(10:19)나 바룩2서(29:5)는 마지막 날에 있을 풍성한 포도 수확을 예언하고 있다. 특히 바룩2서는 만 배의 포도 수확을 말하면서, 한 포도나무가 천 개의 가지를 내고, 한 가지가 천 개의 포도송이를 맺으며, 한 포도송이에 천 개의 포도알맹이가 달리고, 한 개의 포도알맹이로 포도주 진액(a cor of wine)을 만들 것이라고 예언한다. 이렇게 풍성한 수확을 한다면 포도주 120갤론은 어렵지 않게 얻을 수 있을 것이다. 이것으로 볼 때, 가나의 표징은 종말론적인 성취를 가리키고 있다. 이러한 가나 표징의 특이성을 고려한다면, 여기에 신학적이고 상징적인 의미가 더욱 분명하게 드러나고 있음을 알 수 있다.

1장에서 요한의 증언과 제자 선택에 나타난 칭호 기독론을 통해 예수의 정체성을 드러낸 후, 가나의 첫 번째 표징은 연이어 나오는 성전 정화 사건(2:13-22)과 더불어 예수의 공생애의 성격을 상징적으로 제시하는 역할을 한다. 가나 표징은 "사흘"과 "때"에 관한 언급, inclusio로 묶여진 마리아(19:25-27 참조)의 역할, 유대교(정결 예식에 쓰는 물)를 대체하는 포도주의 성례전적 상징성, 그리고 예수의 첫 번째 영광이 나타나고 제자들이 믿게 된 내용 등으로 볼 때 예수의 죽음과 부활을 신학적이고 상징적으로 표현해 주고 있다. 가나 표징에는 예수의 죽음이 짙게 드리워져 있다. 죽음을 통해서 영광이 나타나기 때문이다. 이것을 보면 요한복음은 처음부터 예수의 죽음에 관해 강력하게 상징적으로 말하고자 한 것을 알 수 있다.

1.2.2. 전이구절(2:12)

가나의 첫 번째 표징 사건 이후에 예수는 일행과 함께 가버나움으로 내려가서 며칠 동안만 머물렀다. 공관복음서는 예수가 가버나움을 중심으로 갈릴리 사역을 장기간에 걸쳐 하였다고 기록하고 있는데 비해, 요한복음은 가버나움이 간단히 취급되어 있고, 갈릴리 사역도 가나에서의 활동을 제외하면 6장에서 일어난 일만을 보도하고 있다. 요한복음은 예루살렘 사역 중심으로 기록되어 있으며, 여기에서도 13절에 예루살렘으로 올라간 내용으로 연결시킨다. 12-13절에서 보여주는 것과 같이, 예수가 가나에서 갈릴리 해변에 있는 가버나움으로 내려가 예루살렘으로 가는 우회로를 선택한 것은 추천할 만한 방법이 아니었다. 그래서 역사적으로 정확한 보도인지 의심하게 된다. 공관복음서에는 예수의 가버나움 사역이 세례자 요한이 옥에 갇히고 난 후에 시작된 것으로 보고 있는데 비해(막 1:14; 마 4:12), 요한복음은 아직 옥에 갇히기 전에 가버나움 사역이 이루어지고 있다고 말한다(3:23; 4:1). 이를 비교해 보면 요한복음은 공관복음서와 엉성하게 조화를 이루고 있음을 알 수 있다.

12절에서 예수와 동행한 사람들 중에 "형제들"이 갑자기 등장하고 있다. 11절에서 가나의 표징을 보고 믿은 사람들은 예수의 "제자들"이었다. 그렇다면 가나의 혼인잔치에 마리아와 함께 예수의 형제들도 초대를 받았다는 말인가? 그리고 그 형제들도 표징을 보고 믿은 사람들 중에 포함되어 있었는가? 예수의 혈육인 형제들은 야고보, 요셉, 시몬, 유다(마 13:55; 막 6:3)가 알려져 있었다. 요한복음에는 이름이 적시되고 있지 않다. 7:5에는 예수의 형제들이 예수를 믿지 않고 있음을 보여주기 때문에 12절과 상반된다. 그래서 "형제들"이 "제자들"을 가리키는 것은 아닌가 생각하기도 한다(20:17 참조). 시내사본을 비롯한 초기 역본들이 "제자들"이 생략된 본문을 보여주기 때문에 유추해 볼만한 가치가 있다. 그러나 12절에서 "형제들"이 믿었다는 표현이 빠져 있기 때문에, 가나에 있었던 형제들이 믿음에는 이르지는 못했다고 생각하면 7:5과의 문제는 해결할 수 있다.

1.2.3. 성전 정화 사건(2:13-22)

예수는 유월절이 가까워옴에 따라 유대 남자에게 요구되는 연례적인 순례를 위해 예루살렘에 올라가셨다. 여기에는 앞에 나왔던 형제들에 대한 언급이 없는 것으로 보아 제자들만 동행했던 것으로 볼 수 있다. 유월절은 요한복음에 나오는 세 차례(6:4; 11:55 참조) 언급되고 있는데, 여기에서 처음으로 나온다. 공관복음서에는 유월절이 한 번 언급되며, 갈릴리 사역을 마치고 수난을 당하기 위해 공생애 마지막에 예루살렘에 올라가는 것으로 기록되어 있다(눅 2:41-52에 나오는 유월절 언급과 예수의 예루살렘 방문은 공생애 이전이다). 요한복음은 예수의 공생애 초기에 예루살렘에 올라가 성전을 정화하는 모습을 보여주기 때문에, 공관복음서의 연대기와 가장 큰 차이를 보여준다.

예수는 공관복음서에서 말하는 것처럼 공생애 중 예루살렘에 한 번 올라갔을까? 아니면 요한복음처럼 여러 번 올라갔을까? 요한복음이 역사적인 성격보다 신학적인 의미를 추구하고 있기 때문에, 적어도 성전 정화 사건과 연관된 유월절 예루살렘 방문은 공관복음서의 기록이 더 신빙성이 있어 보인다. 요한복음 저자가 성전 정화 사건을 공생애 초기에 갑자기 배치한 것이, 엘리야가 길을 예비한 후에 "주가 갑자기 그의 성전에 임하실 것"(말 3:1)이라는 예언을 성취한 것으로 보려고 한 신학적 동기가 있었기 때문인지도 모른다. 왜 요한복음 저자는 성전 정화 사건을 공생애 초기에 일어난 일로 기록하고 있을까? 신학적 이유를 더 찾아보자. 그것은 가나의 첫 번째 표징 사건과 더불어 예수의 공생애의 성격을 예수의 죽음에 초점을 맞추어 제시하고자 한 때문인 것으로 보인다. 예수의 죽음이 가진 의미를 제대로 아는 것만이 예수의 정체성을 파악하는 관건이 된다고 본 것이다. 요한복음은 예수가 유대교(의 절기)를 대체하거나 능가하는 분으로 제시한다. 본문에서 예수는 유대인들의 종교의 핵심인 유대교의 성전을 대체하고 있다. 유대교에 대한 믿음과 새로운 성전으로서 예수에 대한 믿음 사이에서 어떤 선택을 할 것인지를 독자에게 묻고 있다.

예수는 이방인의 뜰인 성전 바깥마당(ιερον/히에론)으로 들어섰다. 거기에서 소와 양과 비둘기를 파는 사람들과 환전상들이 앉아 있는 것을 보고, 노끈으로 채찍을 만들어(성전에는 막대기나 무기를 가지고 들어올 수 없으므로) 큰 동물들인 양과 소들을 쫓아내고 돈을 쏟고 상을 엎어버렸다. 요한복음의 예수는 공관복음서에 비해 더 과격하다. 비둘기는 가난한 사람들이 드리는 희생 제물이었기 때문인지 쫓아냈다는 표현은 나오지 않고 치우라고만 하였다(노끈으로 채찍을 만든 것과 양과 소에 대한 언급은 요한복음에만 나온다). 그런 다음에 아버지의 집(성전)을 장사하는 집으로 만들지 말라고 질책한다("집"에 대한 언어유희 참고). 예수의 이러한 행동은 구약의 예언자들에게서 그 예를 찾을 수 있다(렘 7:11; 사 56:7). 이로써 예수는 예언자적 메시아로 형상화된다. 이것을 보고 제자들은 "주의 전을 사모하는 열심히 나를 삼키리라."(시 69:9)는 말씀을 기억해 냈다. 이는 22절("기억하다"와 "성경"이라는 단어)을 참고하면, 기억한 시점이 부활 이후를 가리키는 것 같다. 예수는 성전을 향한 열심 때문에 죽임을 당하였다("삼키리라" 참조).

예수의 도발적인 행동에 대해 (적대자로 각인된) "유대인들"이 예수에게 도전한다. 예수에게 유대교의 심장에 대한 도발의 이유와 근거(권위)를 따진다. 이러한 도발에는 메시아로 자처할 만한 권위가 있을 터이니, 그것을 입증할 표징을 보이라고 요구한다. 예수는 기다렸다는 듯이 "이 성전(이곳에서는 성소를 뜻하는 'ναος/나오스'가 사용됨)을 헐라. 내가 사흘 동안에 일으키리라."라고 응답한다. 유대인들은 예수가 46년이나 걸린 성전을 사흘 동안에 일으키겠다고 말한 것으로 받아들였다. 이 성전은 이두메 출신의 헤롯대왕이 유대인의 환심을 사려고 주전 20년경부터 짓기 시작한 것이며, 주후 63년에 가서야 완성되었다. 예수 당시에도 건축이 진행되고 있었다.

유대인들과 예수 사이에 논쟁은 여기에서 끝이 났다. 더 이상의 시비는 언급되지 않고, 복음서 저자는 독자의 이해를 위해 예수가 이렇게 말한 것은 성전 된 그의 육체를 가리킨 것이라고 하는 설명(narrative aside)을 덧붙이고 있다. 그 자리에 있던 제자들도 예수의 말씀을 당시에는 이해하지 못했으나, 예수가 부활한 후에야 예수의 말씀을 기억하면서 이해하게 되었다. 여기에서 성전을 "세우다/일으키다"(build)나 예수가 "살아나다"(raise)의 경우에 다같이 '에게이로'(εγειρω)라는 동사를 사용하고 있어서 **이중의미**(double entendre)를 통한 언어유희를 보여주고 있다.

유대인들은 헤롯 성전과 예수가 말한 성전을 오해하였다. 그래서 예수에게 시비를 건 것이다(18절). 그런데 마가복음의 심문 내용에 보면, 거짓 증인들의 증언이지만 요한복음의 내용과 유사한 내용이 나온다. 막 14:58에서 예수를 정죄하는 증인들이 예수가 "손으로 지은 이 성전을 내가 헐고, 손으로 짓지 아니한 다른 성전을 사흘 동안에 지으리라."라고 말했다고 증언하는 내용이 나온다. 마가복음은 예수가 두 개의 다른 성전에 대해 말한 것으로 기록하고 있지만, 요한복음은 예수가 오직 하나의 성전에 대해 말한 것으로 보고 있다. 요한복음의 유대인들은 "이 성전을 헐라."라고 말한 것을 헤롯 성전으로 오해했지만, 예수는 오직 성전 된 자기 육체에 관해서 말했을 뿐이다. 요한복음은 오직 예수의 죽음의 의미만을 드러내고자 하였다. 유대교의 성전을 대체할 수 있는 것은 오직 예수의 죽음을 통하여 참으로 하나님이 임재하시는 성전을 다시 세우는 것뿐이다.

성전보다 더 큰 자였던(마 12:6) 예수가 말한 성전은 그의 육체(σωμα/소마)였다. 가나의 첫 번째 표징이 **'피'(포도주)**를 상징하고 있다면, 여기에서 성전은 **'몸'**(body)을 상징하고 있다. '몸'과 '피'는 <u>성례전적 의미</u>를 보여준다. 이 주제는 6장 51절 이하에서 다시 구체화된다. 요 2:18-22는 마 12:38-40과 유사성을 보여준다. 마태는 표징의 요구에 요나의 표징으로 대답하고 있는데 비해, 요한은 성전의 재건으로 대답한다. 둘 다 예수가 사흘만에 죽음에서 부활한 것을 가리키고 있다.

1.3. 참된 제자직(2:23-4:54)

이 단락은 니고데모(3:1-21)와 사마리아 여인(4:1-42)의 이야기가 핵심을 이루고 있다. 부차적으로, 니고데모 이야기에 덧붙여 세례자 요한의 최후 증언(3:22-36)이 나오며, 사마리아 여인 이야기에 덧붙여 가나에서 행한 두 번째 표징인 신하의 아들을 치유한 이야기(4:43-54)가 나온다. 그리고 앞 단락과 본문을 이어주는 전이구절이 처음에 위치해 있다(2:23-25). 니고데모는 남성으로서 정통 유대교(orthodox Judaism)를 대표하며, 사마리아 여인은 여성으로서 분파적 유대교(heterodox Judaism)를 대표한다는 의미에서 대조와 균형을 보여준다.

1.3.1. 전이구절(2:23-25)

이 부분은 앞 단락을 이어받고 있다. 유월절에 대한 언급과 그의 표징을 본 많은 순례객들에 대해 언급하고 있기 때문이다. 예수는 갈릴리 가나에서 예루살렘으로 이동하여 "많은 표징"(τα σημεια/타 세메이아)을 행하였다. 예수는 갈릴리에서뿐만 아니라 예루살렘에서도 표징을 행하였으며, 제자들만이 아니라 예루살렘에 있던 많은 사람들도 그 표징들을 보고 믿음에 이르게 되었다. 그러나 예루살렘에 있던 사람들의 믿음이 제자들의 믿음과 같은 정도에 이른 것 같지는 않다. 왜냐하면 24절에서 예수는 그들이 그의 이름을 "믿었지만"(πιστευω/피스튜오) 그들에게 그의 몸을 "의탁하지"(πιστευω) 않았다고 했기 때문이다. 여기에서 같은 동사를 사용하면서 서로 다른 의미를 대조적으로 보여주고 있음을 알 수 있다. 아마 예루살렘 사람들은 표징을 보기는 했으나 예수를 메시아가 아니라 단순히 기적을 행하는 사람(wonder-worker) 정도로 인식하였던 것으로 보인다. 다음 장에 나오는 니고데모도 예루살렘에서 많은 표징을 행한 것을 보고 믿었던 사람 중에 있었을지도 모른다(3:2의 "우리가 … 아나이다." 참조). 그들은 많은 표징을 보았으나 참된 믿음에 이르지 못했다. 예수는 사람의 마음속을 꿰뚫어보고 알고 있었기 때문에, 사람들이 어떠한 본성을 가지고 있는지에 관해 다른 사람의 말을 들을 필요가 없었다. 예수는 하나님께로부터 왔기 때문에 특별한 예지력을 가지고 있었다.

예수가 행한 표징에도 불구하고 사람들은 예수가 누구인지 정확하게 알지 못했다. 그는 여전히 숨겨진 메시아의 모습을 보여준다. 요한복음 전체에서 예수에 대한 믿음은 누구에게나 선택의 기로에 서게 한다. 올바른 믿음에로 나아가느냐 아니면 불확실한 믿음 또는 불신앙으로 나아가느냐는 전적으로 그 사람의 선택에 달려 있다. 다음에 나오는 니고데모는 유대교 지도자로서 예수에 대한 믿음을 표명한다. 이로써 2:23-25 부분은 다음 단락으로 이어주는 역할을 하고 있다. 2:25과 3:1이 "사람"(ανθρωπος/안쓰로포스)이라는 단어로 서로 연결되고 있는 것도 흥미롭다.

이 단락은 산헤드린 회원인 니고데모와의 대화를 보여준다. 그 대화는 세 단계에 걸쳐 진행된다.
첫 번째 대화는 1-3절에 나타나는데, 여기에서 니고데모는 표징에 관심을 기울이는데 비해, 예수는 거듭남을 강조하는 '논쟁대화'의 성격을 보여준다.
두 번째 대화는 4-8절로서 거듭남이 내포한 이중의미에 대한 오해를 중심으로 전개된다. 니고데모가 육체적인 출생으로서 거듭남을 이해하고 있는데 비해, 예수는 물과 성령으로 낳는 것 내지 성령으로 낳는 것과 관련시킨다.
세 번째 대화는 9-12절로서 랍비(3:2) 대 선생(3:10)으로서 거듭남의 진정한 의미에 대하여 논의하는 '교훈대화'의 성격을 보여준다.
13-21절은 대화가 아니라 예수의 일방적인 강화로서 영생과 구원을 주기 위해 빛으로 오신 그의 정체성을 계시하고 있는 내용이다.

요한복음은 이러한 담화(discourse) 방식을 통해 진리를 계시하는 것을 즐기는 편인데, 여기에 처음으로 등장하고 있다. 어리석은 질문에 대해 지혜롭게 대답하는 가운데, 예수는 지혜자로서 영적 출생의 비밀에 대해 계시한다. 담화는 니고데모가 밤에 찾아온 이야기로 시작되지만, 예수가 빛으로 나아옴에 대해 교훈하는 내용으로 끝이 나고 있다. 본문은 성령에 관해서(3-8절), 인자에 관해서(11-15절), 하나님 아버지에 관해서(16-21절) 각각 초점을 맞추어 내용을 전개시키고 있어서 삼위 하나님에 관하여 균형 잡힌 언급을 보여준다.

2절에서 니고데모가 암시적인 질문을 하고 있다면, 4절과 9절에서는 명시적인 질문을 하고 있다. 2절을 "하나님께로부터 오신 선생님, 하나님 나라에 들어갈 '표징'을 보여주실 수 있습니까?"라는 질문으로 바꾸어볼 수 있을 것이다. 이는 어떤 관리가 "선한 선생님이여, 내가 무엇을 하여야 영생을 얻으리이까?"(눅 18:18)라고 질문한 상황과 유사하다. 이러한 질문과 "증언"(11절)이라는 용어는 니고데모가 예수를 율법적으로 시험하기 위해 찾아왔을 가능성을 열어둔다. 예수는 예루살렘에서 많은 표징들(2절)을 행하였지만, 니고데모는 "하나님 나라"에 들어갈 수 있는 결정적인 표징을 요구하고 있다. 예수는 니고데모에게 "사람이 거듭나지 아니하면 하나님의 나라를 볼 수 없다."라고 대답(선언)한다. 이로써 예수는 미래적인 하나님의 나라와 현재적인 거듭남(영생)의 관계를 암시하고 있다. 그러나 니고데모는 그가 기대하는 대답이 아니라고 생각하여, 4절에서 '거듭나는 것이 무엇을 의미하는가?'라는 의미로 질문한다. 그러자 예수는 "물과 성령으로" 나야 한다고 대답한다. 니고데모는 표징을 요구하지만, 예수는 표징을 행하지 않는다. 니고데모가 만족하지 못하고 9절에서 재차 '어떻게 영적인 출생이 가능한가?'라는 의미로 질문하자, 예수는 "우리는 아는 것을 말하고 본 것을 증언한다."라고 대답한다('우리'에 대해서는 뒤에서 설명). 여기에서 세 번 등장하는 예수의 대답은 모두 두 번 아멘의 형식을 보여주면서, 그의 대답이 가진 중요성과 확실성을 강조하여 준다. 질문과 대답이 끝난 후에 예수는 12-21절에서 "하늘의 일"과 "믿음"의 중요성에 관해 설명한다.

니고데모는 요한복음에만 나오는 인물이다. 그는 요한복음에 세 번(7:50; 19:39 참조) 등장한다. 모두 예수의 공생애 사역 중 중요한 시점에 등장하고 있다. 요한복음의 서사 전개에 따라 초반, 중반, 종반에 각각 나온다. 중반이 예수의 정체성에 대한 혼란을 겪고 있는 초막절을 배경으로 하고 있는데 비해, 초반과 종반은 예수의 "때"인 유월절을 배경으로 하고 있다. 3장에서는 니고데모가 믿음에 대한 기대감을 가지고 등장하며, 7:50에서는 산헤드린에서 예수를 변호하는 장면에서 등장하고, 마지막으로 19:39에서는 아리마대 요셉과 함께 예수의 시신을 수습하러 등장한다. 한편으로, 니고데모는 주저하는 신앙인의 모습을 보여주는 듯하다. 초기에는 예수에 대한 믿음이 불확실하고, 중기에는 예수를 변호하면서도 공개적인 신앙고백에는 이르지 못하고 있으며, 말기에는 예수의 시신을 수습하는 소극적인 행동에만 머물고 있는 것처럼 보인다. 다른 한편으로, 니고데모는 신앙의 사람으로 발전하고 있는 모습을 보여주는 것도 같다. 유대인의 지도자로서 그의 신분과 산헤드린에서의 위치로 볼 때, 공개적인 신앙고백을 하기에는 어려움이 있었던 것으로 인정할 만하다. 그는 꾸준히 예수의 주위를 맴돌고 있으며, 예수를 변호하고 시신을 수습하면서 예수에 대한 신앙적 태도를 견지하고 있다.

니고데모는 한 개인이면서 동시에 예수에 관심을 가지고 믿음에 이르게 된 유대 지도자들을 대표하는 인물이다. 니고데모(Νικοδημος/니코데모스)는 헬라 이름으로서, '백성을 정복한 자'라는 뜻을 가지고 있다. '나크디몬'(Naqdimon)이라는 유대 이름도 있을 만큼 보편적인 이름이었다. 요한복음에 나오는 인물들은 상징성과 대표성을 가지고 있는 경우가 많은데, 니고데모도 그와 같은 인물 중의 하나라고 볼 수 있다. 12:42에서 언급하고 있는 대로, 유대 지도자들 가운데도 예수를 믿는 자들이 많이 있었으나 바리새인들을 두려워하여 공개적으로 신앙을 고백하지 못하는 상황에 처해 있었다. 요한복음 저자는 니고데모를 내세워 믿음을 드러내지 못하는 유대인들이 있음을 보여주고자 하였다. 본문에서 니고데모는 가나의 첫 표징을 보고 온전한 믿음에 도달한 제자들과 예수를 믿지 않고 적대시한 "유대인들" 사이에서 어중간한 믿음의 태도를 보여주고 있는 인물로 형상화되어 있다.

니고데모는 바리새인이면서 유대 지도자였다. "지도자"로 번역된 '아르콘'(αρχων)은 산헤드린 회원을 가리킨다(7:50 참조). 70명으로 구성된 산헤드린은 제사장들(사두개인), 서기관들(바리새인), 원로들의 모임으로서 유대교의 최고 의결기관이었다. 대제사장이 의장의 역할을 하면서 권위를 가지고 종교적인 사안들을 결정하였다. 이스라엘 백성의 지도자로서 예수를 찾아가 만나는 것은 위신에 맞지 않을 수 있고 다른 사람들(백성들과 동료들 모두)의 눈에 좋지 않게 비칠 수 있는 위험을 안고 있었다. 그래서 그는 눈에 띄지 않도록 **"밤"**에 예수를 찾아왔다. 여기에서 "밤"은 단지 해가 진 이후를 의미하는 것이 아니라(랍비들이 밤에 율법을 공부하는 습관이 있었다고 하더라도), 진리에 반하는 '어둠'의 세계에 속해 있음을 상징한다(13:30 참조).

니고데모는 예수를 "랍비"라고 칭한다. 이것은 예수가 율법을 잘 해석하는 "선생"이며, 기적을 행하는 능력이 있음을 인정한 것이다(유대 문헌에 기적을 행한 랍비들에 관한 기록이 있다). 예수가 하나님께로부터 왔고, 하나님이 함께 하고 있다는 것을 고백한다. 그러나 이러한 말들은 신앙적인 고백이라기보다는 예의를 갖춘 입에 발린 말(lip service)일 수 있다. 니고데모가 진리를 알기 위해 왔는지, 아니면 예수를 시험하여 곤경에 빠뜨리기 위해 왔는지 불분명하다(마 22:15-22 참조). 그래서 그런지 니고데모는 구체적으로 그의 관심사(하나님의 나라에 들어감)에 관해서 질문하지 않고, 입에 발린 말 속에 그의 질문을 숨기고 있는 듯하다. 예수는 "… 아니하면"(εαν μη/에안 메)과 "할 수 없다"(ουδεις/우데이스; ου δυναται/우 두나타이)라는 문구를 사용한 니고데모의 말을 받아, "거듭나지 아니하면 하나님의 나라를 볼 수 없다."라고 되받으면서 니고데모의 더 깊은 통찰을 요구한다.

하나님 나라를 "본다"는 것은 경험적이고 참여적인 의미를 말하는 것인데, 5절의 하나님 나라에 "들어간다"는 의미와 연결된다. **"하나님의 나라"**(ἡ βασιλεια του θεου/헤 바실레이아 투 쎄우)라는 용어는 공관복음서에는 자주 등장하는 핵심 단어이지만, 요한복음에서는 여기에서만 두 번(3,5절) 나온다. 하나님의 나라는 미래적인 의미로서 종말에 이루어질 하나님의 완전한 통치를 가리킨다. 요한복음은 그 대신에 **"영생"**(ἡ αιωνιος ζωη/헤 아이오니오스 조에)이란 용어를 더 많이 사용한다. 이는 요한복음이 실현된 종말론을 강조하는 입장에서 현재 이곳에서 하나님의 통치가 이루어진 것으로 보기 때문이다.

"거듭난다"(γεννηθῇ ανωθεν/겐네쎄 아노쎈)에서 **"거듭"(ανωθεν)**은 이중의미를 가진 단어이기 때문에 오해를 불러일으킬 수 있다. 첫째는 '다시'(again)라는 뜻이 있고, 둘째는 '위에서부터'(from above)라는 뜻이 있다. 예수는 두 번째 의미로 말했는데, 니고데모는 첫 번째 의미로 이해해서 문제가 된 것이다. 그래서 예수의 말을 오해한 니고데모는 "두 번째 모태에 들어갔다가 태어날 수 있는가?"라고 되묻고 있는 것이다. 육체적 출생에 의식이 멈추어 있던 니고데모에게 영적 출생은 금방 이해하기 어려운 개념이었다. 그래서 예수는 "물과 성령으로" 태어나야 한다는 표현으로 바꾸어 설명하지 않으면 안 되었다.

이 단락에서 "물"이란 단어가 한 번 나오며, 이후에는 "성령"에 의해 태어남에 대해 말하고 있기 때문에 후대에 덧붙여진 것이라는 입장이 있다. 그러나 바로 다음 문맥(3:22 이하)에서 예수가 세례자 요한과 마찬가지로 세례를 베풀고 있고, 요한복음에 물과 성령이 함께 등장하는 경우도 있기 때문에(7:38–39) "물"이 후대에 첨가된 것으로 볼 필요는 없을지 모른다. "물과 성령"에 대한 해석은 여러 갈래로 나누어진다. 첫째, '물'은 **육체적 출생**을 가리킨다는 것이다. 아기가 어머니 뱃속의 양수에 있다가 태어나는 것을 말한다. 그렇기 때문에 여기에서 물은 성령과 동질성을 가진 것이 아니라, 서로 다른 특질을 보여준다. 즉, 물과 성령은 각각 육체적 출생과 영적 출생을 가리킨다고 본다. 그러나 6절에서 육으로 난 것과 영으로 난 것을 대조시키면서 영으로 난 것만을 인정하고 있기 때문에, 이러한 해석은 약점을 노출한다. 둘째, '물'은 **세례**를 가리킨다는 것이다. 하나님 나라에 들어가려면 내적이고 외적인 인증이 필요하다고 본다. 외적인 인증은 교회를 통한 물세례로 공개적인 신앙의 고백을 의미한다. 그리고 내적인 인증은 성령세례로 하나님의 인정을 받는 것이다. 이러한 해석에는 물세례의 성례전적 의미를 추가하기 위해 후대에 덧붙여진 것이라는 주장도 가세한다. 본문이 두 가지 세례를 말한 것이라면, 물세례와 성령세례의 관계가 동등하다고 보는 입장(identification), 종속된다는 입장(subordination), 연관된다는 입장(co-ordination)이 개진될 수 있다. 셋째, '물'은 특별히 다른 것을 의미한다기보다 **'성령'**을 수식한다는 것이다. '물'과 '성령'에는 관사 없이 사용되면서 하나의 전치사(εκ/에크)에 의해 지배되고 있기 때문에 하나의 세례를 의미하는 이러한 해석에 설득력을 제공한다. 물은 깨끗하게 씻어 새롭게 하는 의미가 있기 때문에, 성령을 통해 새롭게 태어남을 강조하는 역할을 한다. "과"라는 등위접속사(και/카이)는 대등한 것의 병렬 배치가 아니라 부가적인(appositive) 덧붙임으로 이해한다.

예수는 니고데모에게 거듭남이 반드시 필요하다고 강조하였다. 그러나 니고데모가 이를 오해할 뿐만 아니라 제대로 이해하지 못하고 있었기 때문에, 이러한 가르침에 놀라지 말라고 재차 강조한다. 니고데모는 육으로 태어나는 것만을 알고 있었다. 육과 영의 대조는 영혼과 몸의 헬라적 이원론이나 물질과 영의 영지주의적 이원론을 말하는 것이 아니라, 죽을 수밖에 없는 육체적 출생(a son of man)과 영생으로 표현되는 영적 출생(a son of God)을 대비시킨 것이다. 예수는 거듭남을 말하였다. 여기에서 거듭남은 위(하늘)로부터 태어남이요, 하나님에게서 태어남이요, 성령으로 태어남이다. 이것은 새로운 가르침이었기에 놀랄 수밖에 없었다. 이 세상의 아버지(부모)로부터 육체적인 생명이 태어나는 것에 비해, 하늘 아버지인 하나님으로부터 영적인 생명이 태어난다는 것을 강조한다. 태어남은 아들됨(sonship)을 의미한다. 공관복음서는 죽은 후에 하나님의 아들(자녀)이 되는 것으로 보지만(마 5:44-45; 눅 6:35; 20:36 참조), 요한복음은 부활하신 예수가 성령을 주실 때 지금 이 땅에서 즉시 하나님의 아들이 된다(20:17).

8절에서 예수는 거듭남에 관해서 **"바람"(πνευμα/프뉴마)**의 예를 들어서 재차 설명한다. πνευμα는 이중의미를 가진 또 다른 단어의 하나다. 그것은 바람(wind)과 동시에 영/성령(spirit/the Holy Spirit)을 뜻한다. 바람이 불면 소리는 들을 수 있으나 어디서 와서 어디로 가는지 그 방향을 볼 수는 없다. 이와 마찬가지로 성령으로 난 사람도 겉으로는 비슷한 것 같지만, 속으로는 전혀 다른 사람이 된 것이다. 영은 숨과 같다(같은 어근). 하나님이 사람에게서 숨(breath; πνευμα)을 거두어가면 생명이 끝난다(욥 34:14; 전 12:7). 육체적인 생명이 숨을 쉬는 것과 관련되듯이, 영적인 생명은 성령을 가진 것에 달려 있다. 요한일서는 "하나님의 씨"를 가지고 하나님의 아들됨(sonship)을 설명하는데 비해(요일 3:9), 요한복음은 "성령"으로 낳는 것과 관련시킨다. 부활하신 예수는 제자들에게 성령을 주심으로 그들이 하나님의 아들이 된 것을 확증하여 준다(20:22). 구약성경에는 마지막 날에 성령을 하나님의 자녀에게 부어준다는 예언이 있는데(사 32:15; 욜 2:28–29; 겔 36:25–26), 니고데모는 이러한 종말론적 성령 부음이 일어나고 있음을 깨닫지 못하고 있다.

니고데모는 이처럼 두 번째 설명도 이해하지 못하며, 영적인 출생에 대해 깨닫지 못한다. 예수는 답답하여 니고데모에게 이스라엘의 선생(랍비)으로서 이러한 영적 신비에 대해서 알지 못하느냐고 의문을 표시한다. **랍비**(3:2)이신 예수와 이스라엘의 **선생**(3:10) 사이에 교훈적인 대화가 진행된다. 11절에서는 두 번 아멘을 사용하면서 참된 증언을 받아들이지 않는 니고데모를 책망한다. 강조 용법인 두 번 아멘은 니고데모와 대화하면서 세 번(3,5,11절) 사용하였는데, 여기에서 세 번째 사용하고 있다. 3절은 거듭남의 필요성에 대해, 5절은 거듭남의 구체적인 방법에 대해, 그리고 11절은 거듭남에 관한 증언의 신실성에 대해 강조하고 있다. 11절에서 화자와 청자를 표현할 때 단수와 복수를 번갈아 사용하고 있는 것을 보면, 예수(나)와 교회 공동체(우리)가 동일체이며 니고데모(너)와 유대교(너희)가 동일체임을 알 수 있으며, 니고데모는 유대교의 대표자로 나타나고 있다. 예수는 대답하면서 "우리"의 증언임을 강조한다. 교회가 거듭남의 필요성에 관한 예수의 말을 확실하게 받아들였음을 증언하고 있는 것이다.

12절에서 말한 **"땅의 일"**과 **"하늘의 일"**에 대한 해석도 분분하다. 첫째, 땅의 일은 예수의 지상 사역을 가리키고, 하늘의 일은 승천 이후를 가리킨다는 해석이 있다. 예수가 승천한 후 보혜사 성령이 오셔서 하늘의 일에 관해 가르쳐 주었기 때문에 일리가 있는 해석이다. 그러나 문맥적으로 거리가 있다. 둘째, 땅의 일은 1-11절까지의 내용을 가리키고, 하늘의 일은 12절 이하를 가리킨다는 해석이 있다. 문맥적으로는 그렇게 볼 수 있다. 그러나 1-11절에서 말한 거듭남, 즉 영적 출생을 땅의 일에 속한다고 보는 것은 의미적으로 납득할 수 없다. 셋째, 땅의 일은 1-11절에서 영적 출생에 관해 땅의 일에 속하는 '출생, 물, 바람'의 용어로 설명한 것이며, 하늘의 일은 12절 이하에서 설명하는 인자(하늘에서 내려온 자)의 들림과 믿음으로 영생에 이르는 비밀을 가리킨다는 것이다. 전자가 쉽게 설명한 것인데 비해, 후자는 어렵게 설명한 것이라는 뉴앙스를 풍긴다. 왜냐하면 후자는 다분히 신학적(인자의 들림)이고 관념적(빛과 어둠의 이원론)인 방식으로 예수를 믿는 의미를 설명하고 있기 때문이다.

13-21절에서 대화 상대자인 니고데모는 사라지고(밤에 왔다가 어둠 속으로 사라지듯이), 예수의 독백만이 남아 있다. 예수는 13절에서 인자만이 하늘에서 내려왔다가 하늘로 "올라갔다"(αναβεβηκεν/아나베베켄)고 증언한다. 예수는 환상 중에 하늘에 올라간 묵시가들(다니엘, 에녹1서의 에녹 등)이나 죽음을 보지 않고 하늘로 올라간 조상들(구약성경의 에녹, 엘리야)과는 다르다. 그들은 하늘에서 내려온 자가 아니다. 하늘에서 내려온 자(하나님께로부터 온 자)만이 성령을 부어주어 믿는 자들을 하늘로 이끌 수 있다. 그런데, 예수가 아직 하늘에 올라가기 전인데 "올라간"이라는 현재완료 동사를 써서 말한 것은 어색해 보인다. 이것을 두고 13절 이하의 내용이 예수의 말이 아니라 복음서 저자가 쓴 것이라고 주장하는 학자들도 있다. 그러나 요한복음을 기록할 때 승천 이후의 관점이 반영되어 완료형으로 자연스럽게 변화된 것만을 가지고 복음서 저자가 창작한 내용이라고 보는 것은 더 큰 문제를 발생시킨다. 예수는 인자라는 자칭호(自稱號)를 자주 사용했다. 하늘에서 내

려온 인자의 들림과 같은 "하늘의 일"은 예수가 한 말에 기초를 두고 있다고 보는 것이 타당하다.

14절은 '들림'에 관한 구약의 예를 들고 있다. 모세가 광야에서 장대에 매달은 뱀을 본 이스라엘 백성이 산 것 같이(민 21:8-9), 인자도 들려야 믿는 자들이 구원받을 수 있다고 비유한다. 예수가 하늘에 다시 올라가야 보혜사를 보낼 수 있고, 성령의 인도로 사람들이 예수를 믿고 영생(요한복음에서 강조되는 이 단어가 15절에서 처음 나옴)을 얻을 수 있을 것이기 때문이다. 성령으로 낳는 일은 예수의 죽음과 부활과 승천이 있어야 가능하다. 여기에서 사용된 **"들다"(ὑψοω/휩쏘오)**라는 동사는 이중의미를 가진 단어인데, '높이 들다'라는 뜻과 '십자가에 높이 달리다'라는 뜻을 동시에 표현할 수 있다(요한복음에 '들다'라는 표현은 8:28; 12:32-34을 포함하여 모두 세 번 나온다). 모세가 뱀을 높이 매달은 장대는 히브리어로 '내스'(נס)로서 '표징'(sign)을 뜻하기도 한다. 십자가에 달린 예수는 사람들에게 구원의 '표징'이 되었다. 더 나아가서, 들림은 십자가에 달리는 것으로부터 시작하여 죽음에서 일으킴을 받고 승천함으로써 완성된다(8:28과 12:32은 들림이 십자가 처형을 가리키는 것보다는 부활과 승천을 의미하는 것 같으며, 행 2:33; 5:31은 들림이 승천을 가리키고 있다).

16-21절은 믿음을 통한 구원에 대해 자세하게 말해준다. 16절은 요한복음의 핵심구절 중의 하나로서 예수가 전한 복음의 내용을 요약하고 있다. 그것은 "하나님이 세상을 너무나 사랑하셔서 **'유일하신 아들'**(ὁ υἱος ὁ μονογενης/호 휘오스 호 모노게네스)을 주셨으며, 그를 믿으면 누구나 영생을 얻게 될 것"이라는 내용이다. 이 구절은 창 22장에서 아브라함이 그가 사랑한 유일한 아들인 **이삭**을 내어준 것을 연상시킨다(유형론). 본문에서 유일하신 아들을 주셨다는 것은 성육신을 가

리킬 뿐만 아니라 특별히 십자가에 죽도록 내어주셨다는 것을 가리킨다. '유일하신 아들'은 서언에 나온 용어로서 여기서는 보다 분명하게 "아들"(ὁ υἱος/호 휘오스)과 함께 결합하여 나타나고 있다. 16절에서 "주셨다"(εδωκεν/에도켄)라는 과거동사(aorist)를 사용한 것을 두고, 이를 복음서 저자의 창작 근거로 삼는 것은 적절하지 못하다(13절 설명 참조).

여기에서 **세상**(κοσμος)은 하나님을 적대하는 속성을 지닌 세상을 가리키는 것이 아니라 사랑의 대상인 세상 사람들을 가리킨다. 하나님은 죄로 인해 하나님과 멀어진 세상 사람들을 사랑하셨다. 그 결과 유일하신 아들 예수 그리스도를 보내셨다. 그가 하나님이 보내신 자임을 믿어야 영생을 얻을 것이기 때문이다. 하나님이 그의 아들을 세상에 보내신 것은 세상 사람들을 심판하기 위한 목적이 아니라 구원하려는 것이 목적이었다. 심판은 그를 믿지 않음으로써 각자 스스로 결정한 것이다(12:46-48 참조). 심판은 미래에 임하는 것이 아니라, 믿지 않는 선택을 하는 지금 임하는 것이다. 요한복음의 실현된 종말론(realized eschatology)은 지금 믿음을 결단할 것을 촉구한다.

심판은 정죄를 의미한다. "심판하다"(κρινω/크리노)라는 동사는 "정죄"(κρισις/크리시스)라는 명사와 동일한 어근을 가지고 있다. 정죄는 심판의 결과를 표현한다. 빛이신 예수가 세상에 왔지만, 세상 사람들은 그들의 악한 행위 때문에 어둠(사탄)을 빛보다 더 사랑했다. 악을 "행하는"(습관적인 악행을 뜻하는 현재형 동사 사용) 자는 그 행위가 드러날까 두려워하여 빛을 미워하고 빛으로 나아오지 않는다. 진리를 행하는 자, 즉 믿음을 가진 자는 빛으로 나아온다. 그 행위가 하나님 안에서 발견되기를 바라기 때문이다. 여기에서 믿음과 행위는 같이 움직이고 있음을 볼 수 있다. 악을 행하는 자들은 불신자들이요, 선을 행하는 자들은 믿음을 가진 자들이다. 악을 행하는 자들이 빛을 미워한 것은 그들이 근본적인 악과 연관되어 있음을 보여준다. 니고데모 이야기는

'밤'에 찾아오는 주제로 시작하여 **'빛'**으로 나아오는 주제로 끝난다. 서언에서 예수는 생명과 빛으로 소개되었는데, 니고데모 이야기 역시 '영원한 생명'(3:15–16)과 '빛'(3:19–21)을 언급하고 있다.

1.3.3. 세례자 요한의 최후 증언(3:22–36)

니고데모와 만난 후에 예수는 예루살렘에 있다가 유대 땅으로 갔다. "그 후에"(μετα ταυτα/메타 타우타)라는 시간 표지는 특정되지 않은 시간의 경과를 표현해 준다. 유대 "땅"(γη/게)은 도시 지역을 벗어난 시골이나 지방을 가리킨다. 예수는 제자들과 함께 그곳에서 거하며 세례를 베풀었다. 예수의 초기 사역은 요한을 모델로 삼아 세례를 베풀었던 것 같다. 그런데 4:2에서는 예수가 세례를 베푼 것이 아니라 그의 제자들이 세례를 준 것이라고 바로잡고 있다. 이는 요한의 제자들이 세례를 무기로 예수의 제자들보다 우월하다고 주장하는 것을 경계하고 있었음을 보여주는 것 같다. 어쨌든 세례의 모티프를 보여주는 니고데모 이야기에 이어 여기에 세례의 주제가 등장하는 것은 문맥상 자연스럽다.

세례자 요한은 요단강 건너편에서 세례를 베풀다가 이제 살렘 근처 '애논'이라는 곳에서 세례를 베풀고 있다. 예수가 있던 곳과 요한이 있던 애논이 얼마나 가까운 곳에 있었는지는 잘 모른다. 애논의 위치는 요단강 동쪽의 베레아, 요단강 북쪽의 벧스안, 또는 사마리아 북부 벧스안 계곡과 가까운 '살림'(Salim)이 거론된다. 세례자 요한이 사마리아와 연관이 깊은 것으로 보는 전통에 따른다면, 사마리아 북쪽의 요단강 서쪽 어느 지역을 가능한 장소로 간주할 수 있다. 26절에서 암시하는 대로, 예수가 '요단강 동쪽'(Transjordan; 베레아 지역이지만 유대 지방과 가까워 유대 땅으로 간주될 수 있다)에서 요한의 전례를 따라(?) 세례를 베풀고 있었다고 가정하면, 예수와 요한은 요단강을 사이에 두고 멀지 않은 곳에서 각각 세례를 베풀고 있었다고 볼 수 있다.

애논이 '샘'이란 뜻이며(그래서 "물이 많았다") 애논과 가까운 살렘이 '평화/구원'을 의미하기 때문에, 요한이 평화와 구원이 되시는 예수와 가깝다는 것을 나타낸다는 추론을 하기도 한다. 즉, 요한은 예수를 메시아로 깨달았다는 것이다. 이러한 견해는 설득력이 갖기 어렵다. 왜냐하면 요한이 아닌 예수가 살렘 근처 애논에서 세례를 베푼 것으로 기록하지 않음으로써 요한을 더 중요하게 취급할 이유가 없으며, 지명을 가지고 이렇게 의미를 추론하는 것이 얼마나 타당성이 있는지 의문이기 때문이다.

24절은 나중에 추가된 것이 분명하다. 요한이 세례를 주며 활동하고 있다고 언급한 직후에 "요한이 아직 옥에 갇히지 아니하였다."라고 부가할 이유가 없기 때문이다. 추가된 이유는 요한이 옥에 갇힌 후에 예수의 공생애가 시작되었다고 말한 공관복음서와의 차이를 설명할 필요가 있었기 때문인 것 같다(막 1:14 참조). 요한복음에 따르면(1:19–3:21) 예수는 세례자 요한이 활동하고 있던 때에 이미 공생애 사역을 시작하였다.

요한의 세례는 논쟁을 야기했다. 요한의 제자들과 어떤 유대인 한 사람 사이에 유대교의 정결예식에 관하여 의견 충돌이 발생하였다. 요한의 세례와 유대교의 정결예식이 어떤 차이가 있는지, 요한이 무슨 권위로 독자적인 세례를 베푸는지 등에 관해서 의견의 차이를 나타낸 것으로 보인다. 그러나 논쟁의 내용이 무엇이었는지, 논쟁의 결론이 어떻게 내려졌는지에 관해서 아무런 언급이 없는 것을 보면, 요한복음 저자에게 있어서 이것이 주된 관심사가 되지 못했음을 알 수 있다.

저자의 주된 관심은 세례로 인한 요한과 예수의 관계에 대한 것이었다. 26절은 요한의 제자들이 스승에게 가서, 예수가 세례를 베풀고 있는데 사람들이 그에게로 몰려간다고 보고하는 내용을 언급한다. 요한의 제자들이 이렇게 말하는 것은 앞뒤가 맞지 않는 것처럼 보인다. 왜냐하면 1:26-34에서 요한은 그의 제자들에게 예수에 관해 증언하였고, 예수가 하나님의 아들이심을 증언하는 것을 그의 마땅한 본분이라고 생각했기 때문이다. 그렇다면 26절의 제자들은 1장의 제자들과 다른 사람들이었다는 말인가? 요한의 제자들과 예수의 제자들은 동시대에 세례를 두고 경쟁관계에 있었음을 암시하는 것인가? 그러나 28절을 보면 그렇지 않은 것 같다. 왜냐하면 요한은 이미 그의 제자들에게 자신은 그리스도가 아니며, 그에 앞서 보냄을 받은 자(말 3:1 참조)라고 말했음을 전제하면서 그것을 증언할 자가 바로 그의 제자들이라고 상기시키고 있기 때문이다.

요한은 그의 제자들과 달리 예수에 대한 태도를 확고하게 표명한다. 요한은 "만일 하늘에서 주신 바 아니면, 사람이 아무 것도 받을 수 없다."고 말하면서, 예수가 하나님께서 보낸 그리스도라고 증언한다. 요한은 결혼식의 관습을 들어 이를 설명한다. 유대인들이 결혼할 때 신랑의 들러리(bestman)는 신랑을 대신하여 결혼식을 준비한다. 신랑은 신부를 취하며 즐거워한다. 신랑의 들러리(친구)는 신랑의 음성을 들으며 기뻐한다. 그런데 만약에 신랑의 들러리가 신부를 취하려고 하면 어떻게 되겠는가? 결혼식은 엉망이 되고 신랑과의 관계는 깨지고 말 것이다. 요한은 신랑이 된 예수가 영광을 받는 것을 기뻐하는 기쁨으로 충만하였다고 말하면서 자신을 낮추고 있다. 예수를 결혼식의 신랑으로 비유하는 것은 신약성경 여러 곳에 나온다(마 22:1; 25:1; 막 2:18-19; 계 19:7; 21:2).

요한이 자신을 낮추는 것은 "그는 흥하여야 하겠고, 나는 쇠하여야 하리라."고 말한 데서 절정을 보인다. 요한은 자신의 정체성을 정확히 인식하고 있었고, 자신의 역할이 어떠해야 하는지 알고 있었다. **"흥하**

다”와 “**쇠하다**”로 번역된 ‘아욱사노’(αυξανω)와 ‘엘라토오’(ελαττοω)는 각각 빛이 점점 증가하거나 감소하는 것을 뜻할 수 있다. 그래서 예수가 탄생한 날로 여겨지는 12월 25일은 동지 이후 낮이 길어지는 것과 부합하며, 6월 24일에 6개월 먼저 태어난(눅 1:26 참조) 요한은 하지 이후 낮이 짧아지는 것과 부합한다고 설명하기도 한다.

31-36절은 **화자**(speaker)가 누구인가의 문제를 제기한다(3:13-21절 참조). 첫째, 30절과 31절 이하는 화자의 변화가 없이 서술되고 있기 때문에 세례자 요한의 말이라고 볼 수 있다. 1:19-34; 3:22-30에서 요한이 한 말의 내용과 3:31-36에서 한 말의 내용에 있어서 일관성도 유지되고 있다. 요한과 예수의 대조(1:26-27과 3:31), 예수와 성령의 관계(1:32-33과 3:34), 증언의 진정성(1:34과 3:33), 아들의 권위(3:27과 3:35)에 있어서 유사성을 보여주기 때문이다. 둘째, 예수가 화자라고 보는 입장이다. 3:31-36이 3:11-15의 내용과 흡사하기 때문이다. 어떤 사람들은 3:31-36을 예수의 말이 끝나는 3:21 이하에 놓아야 한다고 보기도 한다. 이러한 주장은 모두 본문의 위치를 변동시켜야 하는 문제를 안고 있다. 셋째, 복음서 저자의 진술이라고 보는 입장이다. 3:13(16)-21이 예수가 한 말에 대한 복음서 저자의 해설인 것과 같이, 3:31-36은 세례자 요한이 한 말에 대한 복음서 저자의 해설이라고 본다.

3:31-36은 일인칭으로 서술된 예수의 말씀인 3:3-12과 비교해 보면 둘 사이에 유사점이 많이 발견된다. “위로부터”(3,7절과 31절), “하늘로부터 오시는 이”(13절과 31절), 땅과 하늘의 이원론적 대조(12절과 31절), 본 것에 대한 증언(11절과 32절), 증언을 받지 않음(11절과 32절), 성령의 주제(5-8절과 34절)가 이에 해당된다. 문제는 예수의 말을 왜 화자 변경에 대한 표지 없이 요한의 말 다음에 위치시켰느냐는 것이다.

유일한 설명은 니고데모와 요한의 이야기를 마무리하면서 예수가 결론을 내리고 있다고 보는 것이다. 그러나 여전히 화자 변경에 대한 아무런 표지가 없이 서술하고 있기 때문에 모호함이 유지될 수밖에 없다. 복음서 저자는 요한과 더불어 예수의 관점을 공유하고 있었기 때문에, 삼자 간에 특별히 구별할 필요를 느끼지 않았기 때문에 나타난 현상인 것 같다.

31절의 "위로부터 오시는 이"는 요한이 기대하고 있던 인물을 나타내는 칭호로서 예수를 가리킨다. 이 단락에서 "위로부터 오시는 이"는 "하늘로부터 오시는 이," "하나님이 보내신 이"(34절), "아들"(35,36절)로도 표현되어 있다. "위로부터 오시는 이"(예수)와 "땅에서 난 이"(요한)가 대조되고 있다. 여기에서 '땅'은 '세상'과 달리 적대적인 의미로 사용되고 있지는 않다. '땅'의 자연적인 차원과 '위'의 초자연적인 차원을 대비하고 있는 것뿐이다. 위(하늘)로부터 오시는 이는 만물 위에 자리한다. "만물 위에"(επανω παντων/에파노 판톤)라는 표현은 '모든 사람 위에'(남성 명사로 보아)라는 뜻으로도 해석할 수 있기 때문에, 그렇게 되면 세례자 요한을 포함한 모든 사람 위에 있다는 것을 나타낼 수 있다. 요한은 위로부터 온 자가 아니기 때문에 영생을 줄 수 없다. 위로부터 오시는 이인 예수는 친히 보고 들은 것을 증언하기 때문에 그의 증언은 참되다. 참된 증언을 '받아들이지 않는'(순종하지 않는) 자에게는 하나님의 진노가 임하고, '받아들이는'(믿는) 자에게는 영생이 "있다"(실현된 종말론 표현). 하나님이 보내신 이는 하나님이 성령을 한량없이 주시기 때문에 하나님의 말씀을 증언한다. 그러므로 그의 증언은 참되다. 이는 요한의 물세례와 달리 예수의 세례(22절에서 명시됨)는 성령을 부어주시는 세례임을 부각시킨다(행 19:2-6 참조). 만약 요한의 제자들이 스승인 세례자 요한의 세례가 우월하다는 것을 계속 주장하는 상황이었다면, 요한복음 저자는 그것의 한계와 문제점을 정확하게 지적할 필요가 있었을 것이다.

1.3.4. 사마리아 여인과의 대화(4:1-42)

예수는 유대 땅에서 제자들을 세우고 세례를 베푸시고 있었는데(3:22), 갑자기 갈릴리로 다시 돌아가려고 일정을 변경하지 않으면 안 되었다. 왜냐하면 예수가 요한보다 더 많은 사람들에게 세례를 베풀며 영향력을 확대해 가는 것을 바리새인들이 들었다는 것을 알게 되었기 때문이다. 바리새인들은 이미 세례자 요한의 정체성에 의문을 제기한 바 있기 때문에(1:24), 그들이 예수에게도 적대적이었을 가능성이 높다. 예수는 바리새인들을 피해 떠날 수밖에 없었던 것 같다.

그런데 2절에 보면, 예수께서 친히 세례를 베푼 것이 아니라 그의 제자들이 한 것이라고 언급하고 있다. 이는 3:22과 배치된다. 실제로 예수가 직접 세례를 베풀지 않고 제자들을 시켜서 세례를 베푼 것일 수도 있고, 예수가 세례를 베풀었다고 하면 세례자 요한을 흉내 낸 것으로 오해를 받을 수 있어서 그것을 피하기 위한 것일 수도 있다. 어쨌든 이후에는 예수가 세례를 베푸는 사역은 하지 않고 말씀을 선포하고 표징을 행하는 일만 한 것을 볼 수 있다. 그리하여 예수는 선포자(the Preacher)와 치유자(the Healer)라는 별칭을 얻게 되었다면, 요한은 세례자(the Baptist)라는 호칭으로 알려지게 되었다.

예수는 유대 땅을 떠나 사마리아를 거쳐서 갈릴리로 가려고 작정하였다(4절의 'εδει/에데이'는 의지를 나타냄). 유대 사람들과 사마리아 사람들은 서로 적대관계에 있었기 때문에(9절의 "상종하지 않음" 참조), 사마리아를 통과해서 갈릴리로 가려는 마음을 먹었다는 것은 특별한 결정이었다. 예수는 수가라는 사마리아 마을에 당도하였다. 수가는 세

겜이라고 간주되는데, 세겜은 야곱과 관련이 있고(창 33:18), 야곱의 우물이 근처(75m)에 있었다. 때는 정오였다. **정오**는 예수가 **십자가에 못 박힌 시간**(19:14)이고 **목마름을 표현한 때**(19:28)이기 때문에 신학적 관련성이 있어 보인다. 물을 길러 나오는 시간이 가장 해가 뜨거운 때라고 하는 것은 비상식적이기 때문이다.

> 예수와 사마리아 여인은 대화는 요한복음에서 가장 길게 기록되고 있다. 두 단계로 진행되는데, 첫 단계는 물을 주제로 이루어지며(7-15절), 둘째 단계는 예배를 주제로 이루어지고 있다(16-26절). 사마리아 여인과의 대화 이후에는 '양식'과 '추수'(선교)를 주제로 한 제자들과의 대화로 이어진다(27-38절). 처음(1-6절)은 배경적 설명이며, 마지막(39-42절)은 믿음의 결과를 낳게 된 것에 대해 증언한다.

예수와 사마리아 여인과의 대화(7-26절)는 두 단계로 진행된다. 첫째, '예수-여자-예수-여자-예수-여자'의 순서로 진행된 **물과 관련한 대화**(7-15절)이다. 예수가 물을 달라고 하자, 여자가 거절한다. 예수가 하나님의 선물과 생수에 관해서 더 깊은 대화를 이어가자, 여자가 예수가 야곱보다 크냐고 하면서 의심한다. 예수가 영원히 목마르지 않는 생수를 주겠다고 하자, 여자가 마침내 그런 물을 달라고 한다.

둘째, '예수-여자-예수-여자-예수-여자-예수'의 순서로 진행된 **예배와 관련한 대화**(16-26절)이다. 예수가 화제를 바꾸어 남편을 불러오라고 하자, 여자가 남편이 없다고 하면서 질문을 피하고자 한다. 예수가 다섯 남편의 존재를 말하자, 여자가 예언자로 고백하면서도 예배 장소 문제를 새롭게 거론한다. 예수가 지리적 장소는 중요한 것이 아니며, 영과 진리로 예배할 때가 왔다고 하자, 여자가 메시아로 고백한다. 예수가 메시아임을 시인하는 것으로 대화가 끝난다. 사마리아 여인과의 대화를 통해 예수는 생수가 되신 자신에게로 그녀를 인도하며 예배로 이끌고 있다. 사마리아 여인은 예수에 대한 믿음을 찾아가는 모든 사람을 대표하고 있다.

사마리아 여인과의 대화가 끝난 후, **제자들과의 대화**(27-38절)가 이어진다. 이를 통해 참된 양식과 추수(선교)의 주제가 설명된다. 추수에 맞게 희어진 밭을 언급하면서 종말론적으로 무르익은 선교의 때가 이르렀음을 말하고 있으며(35절), 다른 사람들(사마리아에서 활동한 세례자 요한의 사역?)의 노력을 거두는 자의 즐거움(36-38절)에 대해 말하고 있다. 제자들과 대화하는 사이에 사마리아 여인의 증언(선교)이 이루어지며, 이에 예수를 믿게 된 사마리아 사람들은 예수를 "세상의 구주"로 고백한다. 유대교 지도자인 니고데모가 예수에 대한 공적인 고백에 이르지 못한 것에 비해, 사마리아 여인과 사마리아 사람들은 "그리스도"와 "세상의 구주"로 고백하고 있다.

사마리아 여인은 요한복음에서 예수와 가장 긴 대화를 나눈 인물이다. 요한복음이 강화(discourse)라고 불리는 긴 대화를 특징으로 하고 있지만, 본문은 유대인 남성과 사마리아 여성 간의 대화라는 점에서 주목을 끈다. 더 나아가서, 사마리아 여인과 예수의 만남과 대화가 야곱의 우물가에서 이루어지고 있는 점이 흥미를 더하고 있다. 사마리아 여인의 이야기는 주로 **약혼(결혼)의 전형적인 장면**(betrothal type-scene)으로 해석하여 왔지만, 보다 광범위한 **환대의 전형적인 장면**(hospitality type-scene)으로 해석하려는 관점도 있다. 이것은 사마리아 여인의 이야기를 근본적으로 남녀에 관한 이야기로 볼 것이냐, 나그네에 대한 환대의 이야기로 볼 것이냐의 문제로 귀결된다.

전형적인 장면은 등장인물의 생애 가운데 일정한 동기들로 이루어진 결정적인 순간에 발생하는 일화(anecdotes)이다. 전형적인 장면은 반복적으로 나타나는 중요한 이야기의 일정한 패턴이다. 사마리아 여인의 이야기는 전형적인 장면에 속한다. 사마리아 여인의 이야기는 어떤 문학적인 양식으로 볼 것인가에 따라 해석이 달라진다. 예수와 사마리아 여인의 만남은 여러 가지 면에서 전형적인 장면을 연상하게 만든다. 우물가에서 남성과 여성이 만나게 되는 장면은 구약성서에 세 번(창 24:10-67; 창 29:1-20; 출 2:15-21) 나오는데, 이 장면들은 전형적인 양식과 의미를 지니고 있어서 주목을 받았다.

사마리아 여인의 이야기에는 약혼의 전형적인 장면으로서의 필수 요소들이 발견되고 있다: ① 예수는 유대를 떠나 다시 갈릴리로 가기 위해 사마리아 지방으로 들어간다. ② 우물가에서 사마리아 여인과 만난다. ③ 예수는 사마리아 여인에게 마실 물을 달라고 하면서 길게 대화한다. ④ 사마리아 여인은 예수를 만난 후에 동네로 들어가서 사람들에게 예수에 관해 이야기한다. ⑤ 예수는 이틀 동안 사마리아에 머무른다.

사마리아 여인의 이야기를 약혼의 전형적인 장면이라고 보게 되면, 한 남성과 한 여성의 만남과 결합에 초점을 두고 해석하는 것이 타당해 보인다. 유대 남성과 사마리아 여인의 만남이라는 특이한 조건 때문에 오히려 더 주목하게 된다. 약혼/결혼이 실제로 이루어지지 않았지만, 사마리아 여인은 예수와의 긴 대화를 통해 예수의 정체성에 대한 바른 이해와 통찰에 다다르고 있다(예언자 → 메시아 → 세상의 구주). 이를 **영적 결혼**으로 해석하기도 한다.

사마리아 여인의 이야기를 환대의 전형적인 장면으로 해석할 수도 있다. 환대의 절차는 약혼과 비슷하다: ① 손님이 다가온다. ② 누군가 그를 발견하고, 일어나 급하게 그를 맞이한다. ③ 손님의 손을 잡고 방으로 데리고 가서 높은 자리에 앉게 한다. ④ 손님은 연회에 초대를 받는다. ⑤ 식사에 참여한다. 이를 약혼의 전형적인 장면과 비교해 보면, 여자 대신에 손님이 등장하는 것과 가족에게 소개된 후 약혼에 이르는 과정이 빠져 있는 것이 다르다. 그리고 우물가에서의 만남이 필수적 요건이 아니다. 그러나 낯선 사람을 만나고 집으로 데리고 가서 존귀하게 대하며 연회를 베푸는 내용이 비슷하기 때문에, 약혼과 환대의 전형적인 장면은 서로 혼동하기 쉽다.

이러한 해석은 환대의 큰 틀 안에서 약혼의 요소를 설명해야 하는 부담이 있다. 약혼은 환대의 과정 속에서 준 선물이 된다. 흥미로운 점은 예수가 사마리아 여인에게 자신이 주는 물을 선물(δῶρον/도론)로 지칭하고 있다는 것이다(4:10). 이 물(=생수)은 곧 예수 자신이기 때문에, 예수는 오히려 자신을 사마리아 여인에게 준다. 다시 말해서, 사마리아 여인이 아니라 예수가 선물이 된다. 환대 절차가 성공적이면 손님(guest)을 친구(friend)의 위치로까지 격상시킬 수 있기 때문에, 환대 과정을 통해 손님과 친구 관계를 맺게 된 주인은 그에게 '귀한 선물'(=딸)을 기꺼이 내어줄 수 있다는 것이다.

사마리아 여인의 이야기는 결정적으로 약혼 장면을 포함하고 있지 않기 때문에 환대로 보려는 주장에 설득력을 더해준다. 여기에서 예수는 여행을 하고 있었고, 여행에 지쳐 다른 사람의 환대를 필요로 하는 상황에 처하였음을 보여준다(요 4:6). 우물가에서 만난 사마리아 여인은 예수와의 대화를 통해 그가 순회 예언자(요삼 5-8 참조)임을 깨닫고 그를 마을 사람들에게 소개하였다. 나그네와 같은 순회 예언자에게 묵을 숙소와 식사를 제공하는 것은 환대의 주요한 내용이었다. 그 결과 예수는 이틀 동안 머물렀으며(μένω/메노), 참된 예언자로 인정받을 수 있었다(요 4:40). 예수가 **'이틀'** 동안 머물렀다는 것도 중요한 의미가 있다.

초대교회 문서인 Didache 11:8-11; 12:5에 따르면, 사흘 이상 머무르려고 하는 사람은 '거짓 예언자'로 판명날 것이라고 경고하고 있기 때문이다.

사마리아 여인의 이야기를 약혼 또는 환대의 전형적인 장면으로 해석하는 것은 일견 서로 상반되는 해석처럼 보인다. 그러나 자세히 들여다보면 두 가지 해석 모델이 상호배타적이라기보다는 어디에 강조점을 두고 해석해야 될 것인지를 보여준다고 하겠다. 약혼 모델이 우물가에서 남자와 여자의 만남을 강조하고 있다면, 환대 모델은 여행하는 나그네에게 베풀었던 고대의 환대 관습을 강조하고 있다. 다만 환대 모델은 환대의 관습 가운데 약혼도 이루어질 수 있었다는 점을 포함시키고 있다. 또한 환대가 우물가의 만남에서도 가능하다고 보았다.

그러나 이러한 해석 모델이 사마리아 여인의 이야기의 부분적인 특징을 설명하는 데는 유용할지 모르지만 전체적인 이야기를 포괄하기에는 부족한 것처럼 보인다. 왜냐하면 사마리아 여인의 이야기에는 통상적인 약혼이나 환대의 전형적인 장면에 나오지 않는 세부적인 내용들이 포함되어 있기 때문이다. 이 이야기에는 단순한 한 남자와 한 여자의 만남이 아니라 유대 남자와 사마리아 여자가 등장하고 있고, 다섯 남편과 참된 예배의 주제가 취급되고 있으며, 추수의 결실과 선교의 문제가 거론되고 있다. 여기에 덧붙여, 물과 양식에 관한 긴 대화가 상징적으로 표현되고 있는 것도 간과할 수 없을 것이다.

사마리아 여인의 이야기에는 약혼의 전형적인 장면에 속하는 요소들이 명확하게 드러나지 않는 면도 있다. 첫째로, 예수가 사마리아 여인에게 먹을 물을 달라고 한 것이 물을 긷는 행위를 전제하고 있기는 하지만, 사마리아 여인이나 예수가 물을 긷는 장면이 실제로 등장하지는 않는다. 둘째로, 사마리아 여인은 자기 가족이 아니라 마을로 돌아간다.

이것은 이 이야기에서 사마리아 여인에게 가족이 그렇게 중요하지 않다는 것을 시사해 준다. 마을 사람들이 사마리아 여인의 말에 반응을 보인 것은 이 이야기의 주제가 약혼에 관한 것이 아님을 암시한다. 셋째로, 함께 식사하는 장면이 나오지 않는다. 이러한 결과는 예수가 사마리아 여인의 집으로 가지 않았기 때문에 예상되는 시나리오이기도 하다. 넷째로, 예수와 사마리아 여인의 약혼 장면은 전혀 등장하지 않는다.

환대 모델 역시 두 가지 약점을 갖고 있는 듯이 보인다. 첫째, 우물가에서 일어나는 환대라는 배경이 문학적으로 명백한 연결점을 보여준다고 하는 것을 어떻게 설명할 것인가? 환대의 절차에서 언제나 약혼의 순서를 기대할 수 있다고 볼 수 있는가? 나그네에게 친절과 환대를 베푸는 것이 약혼의 결과를 기대하게 하는 것이라면, 그것은 오히려 매우 예외적인 경우로 보아야 할 것이다. 둘째, 약혼을 환대의 선물로 본 것이다. 문제는 약혼을 선물로 허락하는 것이 일반적인 현상은 아니라는 데 있다. 따라서 이러한 주장은 약혼의 전형적인 장면이 갖는 독립적인 기능을 무시한 것이다. 약혼은 환대의 필수적 요소가 아니다. 환대는 나그네의 명예를 높이는 것을 목표로 한 것이지 나그네의 결혼을 목적으로 한 것은 아니다.

이러한 점에서 볼 때, 사마리아 여인의 이야기는 환대 모델에 잘 맞지 않는 것 같다. 실제로 사마리아 여인은 유대 남성인 예수에게 물을 기꺼이 내어주지 않음으로써 환대를 베풀려고 하지 않았음을 보여준다. 오히려 트집을 잡고 있다. 사마리아 여인이 환대를 하려 했다면 유대 남성이라는 것이 제약이 되지 말아야 했다. 구약성서의 세 본문과 비교해 보면, 환대의 대상들(아브라함의 종, 야곱, 모세)은 주목할 만한 물질적인 부와 신체적인 능력이 있었다. 아브라함의 종은 낙타 열 마리에 온갖 좋은 선물을 싣고 왔고(창 24:10), 야곱은 우물 아귀의 돌을 굴려내고 양떼에게 물을 먹여 주었고(창 29:10), 모세는 위협적인 목자들을 쫓아내고 양떼에게 물을 먹이는 친절을 베풀었다(출 2:17). 이에 비해 예수는 아무 것도 가진 것이 없는 빈손에 불과하였다. 사마리아 여인은 예수를 환대의 대상으로 적절하지 않다고 본 듯하다. 환대를 베풀기 전에 사마리아 여인의 경우에서처럼 나그네의 정체성에 대해 의문을 품고 까다로운 질문을 하는 것은 환대의 절차에서 어긋나는 무례한 일이기도 하였다.

전형적인 장면은 이처럼 독자들로 하여금 일정한 기대를 갖게 하는 기능도 갖지만, 독자들의 기대를 무너뜨리기 위해 사용되기도 한다. 사마리아 여인의 이야기를 약혼의 전형적인 장면으로 이해하면 남녀 간의 사랑 이야기를 기대하게 되지만, 여기에서는 남녀 간의 만남을 넘어서는 의미를 내포하고 있다. 사마리아 여인의 이야기를 환대의 전형적인 장면으로 이해하면 인종과 종교가 다른 낯선 사람에 대한 환대를 기대하게 되지만, 여기에서는 단지 사마리아 여자가 상종하지 않던 유대 남자에게 환대를 베푸는 것을 뛰어넘는 의미를 담고 있다.

이러한 문제들은 사마리아 여인의 이야기를 해석하는 데 있어서 등장인물의 **익명성**(anonymity)이 갖는 중요한 역할에 주목하게 된다. 어떤 존재나 사물에 이름을 붙이는 명명(naming) 행위는 그것을 세상(서사 세계를 포함하여)에 가시화시킴으로써 정체성을 파악하고 통제하는 힘을 갖게 되는 것을 의미한다. 그것은 일종의 창조적인 행위이다. 이름을 부여하지 않는 행위(non-naming) 역시 본질적으로 창조 행위에 속한다. 이름을 부여하지 않는 행위도 등장인물을 가시화시키지 않는 방식으로 드러내기 때문이다. 독서 과정에서 이름은 (1) 권위의 표지가 되고, (2) 성격화 과정(characterization)에서 개성과 특질이 집합되는 중심이 되며, (3) 독자가 서사 세계를 관찰하는 관점을 제공한다. 이름이 주어지지 않은 채 서사가 진행되면 초점이 잡히지 않고 일관성 있는 독서가 어려워진다. 이름은 그만큼 중요하다.

중요하지 않은 등장인물은 일반적으로 이야기의 배경처럼 활용하기도 한다. 이런 경우에 이름을 붙이는 것은 중요성을 과도하게 부여하는 것이 될 것이다. 그러나 내러티브의 전개상 중요한 역할을 하는 등장인물임에도 불구하고 굳이 익명을 사용한다면 그 까닭은 무엇일까? 그것은 이름을 가진 등장인물과의 대조를 통해 익명의 등장인물을 부각시키기 위한 목적일 것이다. 이처럼 익명성은 어떤 등장인물을 이해하는데 있어서 놓치지 말아야 할 중요한 요소다. 익명성은 텍스트의 미결정성(indeterminacies)과 '간극/틈'(gaps)을 활용하는 것과 관계가 있다. 익명성으로 인하여 독자는 등장인물의 형상화에 더 깊이 관여하게 된다. 사마리아 여인의 익명성은 독자가 의미 창조에 관여할 수 있도록 내러티브의 미결정성과 간극을 표출해 주는 것이다. 따라서 사마리아 여인의 익명성은 등장인물의 서사적 역할과 의미를 결정하는 중요한 표지로서 보아야 한다.

요한복음에서 익명으로 등장하는 중요한 인물들은 사마리아 여인을 비롯하여, (세례자) 요한의 두 제자 중 하나(1:40), 예수의 어머니(2:1,4), 왕의 신하(4:46), 중풍병자(5:5), 간음 현장에서 잡힌 여인(8:3), 날 때부터 눈 먼 사람(9:1), 사랑하는 제자(13:23) 등이 있다. 이러한 인물들은 우연히 등장한 것이 아니라 의도적으로 구성된 것이다. 요한복음에서 익명으로 등장하는 제자가 오히려 이상적인 제자의 모델로 등장하는 것은 이상한 일이 아니다. 날 때부터 눈 먼 사람이 바리새인과의 대조를 통해 신앙의 영웅으로 묘사되며, 열두 제자단을 강조하지 않고 다양한 등장인물들이 열두 제자들을 대신하며, 사랑하는 제자가 수제자 베드로보다 더 권위 있는 인물로 묘사되고 있다(등장인물의 '민주화').

공관복음에 나오지 않는 인물들로서, 요한복음에서 실명으로 등장하는 중요 인물들도 있다. 3장의 니고데모, 11장의 나사로, 20장의 '의심하는 도마'(doubting Thomas)가 대표적이다. 이들은 모두 신앙의 확신을 보여주지 못하는 성격을 갖고 있다. 니고데모는 요한복음의 다른 두 곳(7:50–52; 19:39)에서 예수의 지지자로 나타나고 있는 듯 보이지만 명시적으로 신앙을 표현하고 있다고 보기는 어렵다. 죽었다가 다시 살아난 나사로조차 스스로 신앙을 고백한 것은 아니다. 그는 심지어 아무런 말이 없다. 도마는 보지 못하면 믿지 못하는 제자들을 대표하는 인물로 등장한다.

이에 비해 요한복음에서 익명으로 등장하는 인물들은 보다 신앙적인 모습을 보여준다. 요한의 두 제자 중 하나는 안드레와 더불어 예수의 첫 제자가 되었고(1:37), 예수의 어머니는 아들 예수에 대한 믿음을 보여주었으며(2:5), 사마리아 여인은 예수에 대한 믿음을 전파하였다(4:39). 왕의 신하는 예수의 말씀을 믿고 순종하였고(4:50), 38년 된 중풍병자는 낫게 해 준 예수를 증언하였으며(5:15), 간음 현장에서 잡힌 여인은 죄를 용서 받고 예수와 개인적인 관계를 맺고 있다(8:11). 날 때부터 눈 먼 사람은 위협적인 바리새인들조차 두려워하지 않는 믿음을 보여주었고(9:27,38), 사랑하는 제자는 예수에 대한 참된 증언을 기록하였다(21:24). 이처럼 요한복음의 저자는 이름이 명명된 등장인물들과 익명의 등장인물들의 대조를 통해 신앙적 태도에 관한 차별적인 의미를 드러내려고 한 것처럼 보인다.

사마리아 여인의 이야기는 사마리아에서 일어난 일을 다루고 있기 때문에 역사적인 사마리아 전통과 관습의 연관성 속에서 이해되어져 왔다. 요한복음 저자는 사마리아의 역사와 전통을 설명하기 위해 사마리아를 언급한 것일까? 아니면 오히려 사마리아라는 장소와 사마리아 여인이라는 등장인물의 설정이 요한복음의 주제를 드러내려는 서사적 목적을 위한 것이었을까? 본문에서 사마리아와 관련하여 자세한 사항들(지리, 인물, 관습, 종교, 선교)이 언급되고 있기 때문에, 한때 요한복음이 친사마리아 경향을 가지고 기록된 것이라는 주장이 끊이지 않았다. 그래서 요한복음의 저자가 사마리아 사람이었다거나, 요한복음이 사마리아 자료나 신학을 활용하였다거나, 사마리아 독자를 위해 기록하였다라고 하는 주장을 하였다. 그리고 이러한 주장은 요한복음의 다른 곳에 기록된 것과 같이 예수가 사마리아 사람이라는 가정(요 8:48-49)과 사마리아 신자들이 "우리 밖의 양"이라는 추정(요 10:16)과 함께 설득력을 가지는 것처럼 보인다.

그러나 요한복음에 미친 사마리아의 영향의 정도에 관해서는 부정적인 의견도 많다. 사마리아 지리에 대한 자세한 정보는 제한적이며, 야곱과 요셉을 숭배한 것은 사마리아만이 아니라 유대 전통에도 존재했다. 사마리아 여자가 예수를 '예언자'로 고백했지만, 사마리아 사람들이 고대했던 **'타헵'**(Taheb)(타헵은 '돌아올 자'라는 뜻으로 '모세와 같은 예언자'를 가리킨다)으로 불리지 않았다. 사마리아 여인은 오실 메시아에 대한 믿음을 말하고 있지만, 정작 사마리아 사람들이 기다린 것은 메시아(왕)가 아니라 타헵(예언자)이었다. 사마리아 사람들이 예수를 '세상의 구주'(4:25)라고 고백하였는데, 이 용어는 오히려 헬라적 전통을 반영하는 것이며, 성전을 의미하는 '장소'(τόπος/토포스)에 대한 언급은 사마리아 전통보다는 칠십인역의 용법을 반영한다는 견해도 있다. 적어도 요한복음 저자가 친사마리아적인 것으로 드러나 보인 이유는 그리스도인들과 사마리아 사람들이 **칠십인역 성서**를 함께 사용했던 전통 때문인 것 같다. 기독론적 칭호들(헬라적 영향을 받은 '세상의 구주'라는 칭호를 제외한 로고스, 예언자, 그리스도, 이스라엘의 왕, 인자, 하나님의 아들, 주), 승귀에 관한 용어들(ὑψόω/휩쏘오, δοξάζω/독싸조), 기적에 관한 용어(σημεῖον/세메이온), 하늘과 땅을 의미하는 용어들(ἄνω/아노, κάτω/카토)은 모두 칠십인역 성서에서 비롯된 것이다.

요한복음은 당시 사마리아 사람과 유대 사람이 상종하지 않는 사이였다고 암시한다. 그럼에도 불구하고 유대 남성과 사마리아 여자가 만났다는 점이 흥미를 촉발시킨다. 이것은 율법을 어긴 것은 아닐지 몰라도 관습에는 배치되는 행위였을 것이다. 그러나 이로 인해 인종(ethnicity)과 종교(religion)와 성별(gender)의 차이를 도드라져 보이게 하는 것도 사실이다. 사마리아 사람들은 당시 그리심 성전에서 예배를 드리고 있었다.

페르시아 지배 시대에 세워졌던 그리심 성전은 주전 128년 힐카누스에 의해 파괴되었지만, 사마리아 사람들은 계속하여 그리심 산에서 예배를 드렸다. 안티오커스 4세 치하에서 그리심 성전은 제우스를 예배하는 곳이 되었고, 사마리아에서 제우스는 나그네의 친구이자 환대의 신(Διὸς Ξενίου/디오스 크세니우)으로 인정되었다(마카비2서 6:1-2).

사마리아 여인의 이야기에서 예배의 문제가 거론된 것은 의미심장하다. 이것은 이 이야기가 단순히 약혼이나 환대의 전형적인 장면으로서가 아니라 그것을 뛰어넘는 내용을 포함하고 있다는 것을 보여준다. 예수는 예배의 장소보다는 예배의 본질을 강조하고 있다. 예루살렘 성전이나 그리심 성전에서의 예배가 문제가 되는 것이 아니라, '지금' '영과 진리'로 예배하는 것이 중요하였다(4:23-24).

이와 관련하여 사마리아 여인이 결혼한 **'다섯 남편'**(요 4:18)에 대한 해석도 중요하다. 다섯 남편을 실제적인 인물들로 볼 것인가, 아니면 어떤 상징성을 띤 것으로 볼 것인가 하는 것이 문제이다. 만약 다섯 남편을 상징적으로 본다면, 그것은 사마리아 사람들이 경전으로 삼은 다섯 권의 모세의 율법이 첫 번째 대상이 될 수 있다. 다섯 남편의 주제가 예배의 주제로 곧바로 넘어가고 있는 문맥으로 볼 때(요 4:18–20) 이러한 해석은 타당성이 있다. 다섯 남편을 상징적으로 보아야 할 또 다른 근거는 '남편'(ἀνήρ/아네르)이라는 단어에 대한 언어유희(word-play)에서도 찾을 수 있다. 남편에 대한 헬라어 '아네르'는 히브리어/아람어 **'바알'**(בעל)에 해당되는데, 이는 '스승, 주인, 가나안의 폭풍우의 신, 히브리 신 야훼'를 가리킴과 동시에 '남편'이라는 의미로도 사용된 단어이다. 역사적인 배경을 보면, 앗시리아가 사마리아를 점령했을 때 다섯 지방의 토착 신상을 가지고 이주해 온 일이 있었다(왕하 17:29–34). 사마리아 사람들은 이러한 이교 신앙에 영향을 받았던 것이다. 이런 의미에서 볼 때, 사마리아 여인의 다섯 남편은 이교 신앙을 가리킨다.

그렇다면 지금 함께 살고 있던 남편은 누구를 가리킬까? 저자는 다섯 남편과 '지금 같이 살고 있는 남자'를 구별하여 언급한다(요 4:18). '지금 같이 살고 있는 남자'는 여섯 번째 남편인가? 다섯 번째 남편인가? 본문은 여전히 모호함을 유지하고 있다. 그가 여섯 번째 남편(비합법적인?)이라면, 예수는 사마리아 여인의 일곱 번째 남편(이상적인?)이 될 수 있는 것이며, 다섯 번째 남편을 다른 방식으로 언급한 것이면 그는 사마리아 여인이 당시 신앙하고 있던 대상을 의미할 것이다. 이러한 표현은 사마리아 사람들의 역사적 경험이나 당시의 신앙적인 상태를 가리키고 있다고 하겠다. 사마리아 여인의 남편을 누구로 보든지 간에 저자는 사마리아 사람들이 섬기던 신이 참된 바알(남편)이 아니라는 점을 시사하고 있다. 이러한 관점에서 사마리아 여인은 개인적인 차원만이 아니라 사마리아 사람들을 대표하는 인물로 형상화되고 있다고 볼 수 있다.

요한복음은 당시 사마리아의 관습과 전통을 무시하고 기록한 것은 아니다. 그러나 요한복음 저자가 사마리아에 관한 정확한 역사적인 정보를 제공하거나 실제적인 연관성을 의도한 것이 아니라는 것도 또한 사실이다. 저자는 그가 요한복음 내러티브의 구성상 필요한 방식과 목적에 따라 사마리아의 전통과 관습을 활용하고 있을 뿐이다. 따라서 요한복음에서 사마리아라는 지리/장소는 사마리아 여인의 신앙적인 태도가 적절하게 표현되는 환경을 제공하는 기능을 하도록 의도되고 있다.

요한복음은 1–2장에서 예수의 정체성을 공개적으로 드러내는 특징을 보여준다. 서언(1:1–18)에서 예수는 창조자요 구원자인 '로고스'다. 1:19–51에는 제자를 부르는 장면들을 통해 예수의 정체성을 드러내는 온갖 칭호들(그 예언자, 그리스도, 하나님의 어린양, 하나님의 아들, 랍비, 이스라엘의 왕, 인자)이 망라된다. 2장은 가나에서 물로 포도주를 만드신 표징과 예루살렘 성전을 사흘만이 세우는 요나의 표징을 기록한다. 이것은 포도주와 성전(=예수의 몸)으로 상징되는 예수의 정체성을 보여주는 것이다.

저자 요한은 3–4장에서 두 사람의 인물을 등장시켜서 예수의 정체성에 대한 구체적인 의미를 예시한다. 요 3장에 등장하는 니고데모와 4장에 등장하는 사마리아 여인 사이에는 인물 면에서 대조되는 특징이 나타난다: (1) 남자 vs 여자. (2) 정통 유대교의 대표자 vs 비정통 유대교의 대표자. (3) 율법적인 면에서 흠이 없는 지도자 vs 도덕적인 흠결이 분명한 비천한 자. (4) 실명 vs 익명. 두 인물을 묘사하는 방식에도 대조점이 있다: (1) 밤에 찾아옴 vs 한낮에 등장함. (2) 예루살렘 성전 vs 그리심 성전. (3) 대화가 적음 vs 대화가 많음. (4) 불명확한 신앙적 태도 vs 명확한 신앙적 결단. 이처럼 요한복음 저자가 니고데모와 사마리아 여인을 대조시키고 있는 것은 다분히 의도적으로 보인다.

니고데모와 사마리아 여인이 이렇게 서로 대조되고 있는 것은 마치 의심하는 도마와 참된 증인이었던 사랑하는 제자가 대조되고 있는 것과 유사하다. 사랑하는 제자가 이상적인 제자의 모습을 보여주는 것과 같이, 사마리아 여인 역시 이상적인 제자로 묘사되고 있다. 여기에서 사마리아 여인은 그녀가 실제적인 인물이었든지 가공적인 인물이었든지 간에 관계없이 실제 이상의 의미를 내포하게 된다. 사마리아 여인에게 다섯 남편이 있었다는 것에 기초하여 사마리아 여인을 부도덕한 창녀라고 단정할 수는 없을 것이다. 유대인들에게 세 번까지 결혼이 허용되었다는 견해에 비추어 본다면, 사마리아 여인이 다섯 번 결혼했다는 것은 사실에 기초한 것으로 보기 어렵다. 요한복음 저자는 율법의 기준으로 보면 사마리아 여인의 부도덕한 면을 드러낸 것 같지만, 내러티브 구성에 있어서는 사마리아 여인을 정결하게 준비된 신부로 내세우고자 했는지도 모른다. 예수는 사마리아 여인으로 대표된 사마리아와 '약혼'함으로써 풍성하고 보편적인 하나님의 사랑을 나타내려 했다고 볼 수 있다. 이러한 방식으로 요한복음 저자는 그의 내러티브 안에서 사마리아 여인에게 독특한 서사적 역할을 부여하고 있는 것이다.

사마리아 여인의 이야기에서 우리가 주목해야 할 부분은 사마리아 여인이 익명으로 등장하고 있다는 것이다. 이 이야기를 약혼의 전형적인 장면으로 보든지 아니면 환대의 전형적인 장면으로 보든지, 주요한 등장인물의 이름을 숨길만한 명백한 이유를 발견할 수 없기 때문이다. 오히려 요한복음은 사마리아 여인을 결혼하기에 부적합한 인물로 설정함으로써 그의 익명성을 정당화하고 있다. 구약성서의 세 본문을 비롯한 많은 증거 본문들에서 (약혼과 환대의 어떤 경우로 해석하든지) 주요 등장인물이 익명으로 처리된 경우가 거의 없다. 약혼이나 환대의 상황이라면, 구체적으로 이름이 거명될수록 상황은 더욱 명료해질 수 있기 때문이다. 그러나 사마리아 여인의 경우는 이와 달랐다.

사마리아 여인의 익명성은 그녀가 단지 실제적인 개인으로서가 아니라 사마리아 사람들을 대표하는 성격을 가지고 있음을 암시한다. 사마리아인들은 유대인들에게 불친절한 것으로 악명이 높았다(그 반대도 마찬가지였지만). 사마리아인들은 그리심 성전에서 나그네의 친구이자 환대의 신이었던 제우스를 경배하였던 전력이 있었다. 요한복음의 저자가 사마리아 여인을 등장시켜 말하고 싶었던 것은 제우스가 아니라 나그네의 진정한 친구이자 환대의 화신인 예수 그리스도의 정체성을 드러내는 것이었다. 환대를 요구하고 있던 **나그네 예수**는 숨겨진 하나님이었던 것이다. 이러한 설명은 예수의 정체성을 드러내려는 요한복음의 목적과 부합한다.

사마리아 여인은 예수의 참된 증언자요 **제자**로 등장한다. 랍비 유대교에서는 여자의 증언에 한계를 두었다. 일반적으로 유대 법정에서 여자의 증언을 적합하지 않다고 보았다. 그렇다면, 심지어 사마리아 여자가 증언한 것이 신뢰를 주었다고 볼 수 있을까? 주의 깊은 내재독자(implied reader)라면 여자의 증언이 가진 신빙성에 관해서 충분히 의심해 볼 수 있을 것이다. 그러나 랍비 문헌은 사마리아 사람들이 증인으로서의 자격에 기본적으로 문제가 없다고 증언하여 준다. 사마리아 사람들이 증인에서 배제가 될 때는 인종적/종교적 이유 때문에서가 아니라 다양한 법률적 이유에서였다. 그것은 사마리아 여자의 경우도 마찬가지였다. 랍비 문서가 사마리아 여자들에게 적대적인 태도를 기록하고 있지만, 실제 생활 현장(특히 시골)에서는 호의적이었다. 특별히 요 4장의 내러티브 안에서 유대 남성인 예수와 사마리아 여인의 만남과 대화는 이상한 것으로 묘사되지 않는다. 사마리아 여인이 놀란 것은 대화를 건넨 사람이 남성이라는 것보다는 인종과 종교가 다른 유대인이었기 때문이다. 사마리아 여인의 이야기는 남성과 여성의 문제로 볼 것이 아니라, 올바른 신앙적 태도에 관련된 것으로 보아야 한다. 만약 사마리아 여인을 부정한 여자로 보았다면, 그것은 명예를 중시하는 고대 사회에서 신뢰를 얻지 못했을 것이며, 그녀의 증언은 마을 사람들에게 받아들여지지 않았을 것이다.

사마리아 여인의 이야기는 **물로 상징화**된 예수의 정체성을 드러내려는 것이 목적이었다. 물은 여기에서 단지 물질적인 요소가 아니다. 물(생수)을 제대로 이해하는 것은 예수를 제대로 신앙하는 것과 맥이 닿아 있다. 사마리아 여인이 인간의 수고를 통해서 얻을 수 있는 **'우물물'(φρέαρ/쁘레아르)**에 집착하고 있지만, 이에 대하여 예수는 하나님의 은혜로 주어지는 **'샘물'(πηγή/페게)**을 주겠다고 제안한다(4:12-14). 이 샘물은 바로 생명의 물(ὕδωρ ζῶν/후도르 존)이다(4:10). 이렇게 물은 요한복음에서 중요하게 다루어지고 있는 주제이다. **물의 주제**는 요한복음 처음 일곱 장에 계속 등장한다(1장의 세례, 2장의 물로 포도주를 만드는 기적, 3장의 물과 성령으로 거듭남, 4장의 목마르지 않을 물, 5장의 베드자다 연못, 6장의 물 위를 걸으신 기적, 7장의 생수). 이러한 물의 주제는 예수가 제자들의 발을 씻길 때(13:5)와 예수가 십자가에서 물과 피를 쏟을 때도 등장한다(요 19:34). 요한복음에서 물은 새로운 생명의 계시인 예수를 가리키며, 새로운 생명으로 들어가는 수단인 성령을 가리킨다. 또한 요한복음에서 물의 이미지는 성육신과 십자가, 그리고 제자들의 삶에 그리스도와 하나님의 아들로서 독특하게 현현된 하나님의 능력과 임재를 보여준다.

사마리아 여인의 이야기는 또한 **양식으로 상징화**된 예수의 정체성을 드러내는 것을 목적으로 하고 있다. 여기에서 양식은 물질적인 것을 의미하지 않는다(4:31-38 참조). 제자들이 생각한 양식(4:8)과 예수가 먹을 양식은 달랐다. 사마리아 여인은 참된 양식을 발견했기 때문에 그녀는 야곱의 우물물이 들어있는 '물동이'를 버려두고 마을로 들어갔다(4:28). 사마리아 여인이 발견한 양식은 바로 예수 자신이었는데, 이 주제는 요 6장에서 계속되고 있다. 예수는 생명의 양식(6:35)이고, 그가 이 영생의 양식을 줄 것이며, 그를 믿는 것이 곧 하나님의 일이라고 하였다(6:27-28). 그것은 곧 예수의 '살과 피'를 나타내는 성만찬적 의미로 심화되고 있다(6:51-58).

사마리아 여인의 이야기는 단지 약혼이나 환대의 전형적인 장면을 뛰어넘는다. 약혼이나 환대가 하나의 모티프(motif)로 작용하고는 있지만, 그것이 전부가 아니다. 사마리아 여인의 이야기는 남자와 여자의 사랑 이야기에 관해서 말하려고 한 것이 아니다. 그것은 또한 나그네에게 친절을 베푸는 관습에 대해서 말하려고 한 것도 아니다. 사마리아 여인의 이야기는 종교와 예배와 선교의 주제를 언급하고 있으며, 그것은 물과 양식이라는 상징으로서 표현되고 있다. 익명으로 등장하는 사마리아 여인은 굳이 사마리아 사람이거나 여자가 아니어도 좋았다. 그러나 사마리아 여인으로 등장했기 때문에 물과 양식으로 상징된 예수의 정체성을 드러내기에 효과적이었고, 익명으로 등장하여 신앙적으로 명확한 태도를 대변하는 이상적인 제자로서 적합하도록 형상화된 것이다.

사마리아 여인은 참된 예배의 "장소"(τόπος/토포스; המקום/함마콤)에 관심이 있었다. 예수는 그 장소가 예루살렘 성전도 아니고 그리심 성전도 아니라고 하였다. 참된 예배의 장소는 '영과 진리'의 계시자인 예수 자신이었다. 사마리아 사람들은 '알지 못하는 신'에게 예배를 드리고 있었다(요 4:22). 그 신은 참된 이름을 가진 신이 아니었다. 참된 이름은 하나님의 이름이다. 그 이름을 가진 이는 바로 예수 자신이었다. 흥미로운 것은 랍비 전통에서 '장소'와 '이름'(השׁם/핫쉠)은 하나님을 대신하는 명칭이기도 하였다. 하나님을 직접 거명하는 것은 신성모독으로 간주되었기 때문에, 하나님이라고 표현해야 할 곳에 '장소'와 '이름'으로 하나님을 대신하였다.

사마리아 여인은 물을 얻기 위해 야곱의 우물가를 찾았다. 예수는 그녀에게 물을 달라고 하였지만, 사마리아 여인은 그에게 물을 주지 못하고 오히려 예수에게 물을 달라고 한다. 사마리아 여인이 유대 남자인 예수가 물을 달라고 하는 것을 가지고 비틀어 말하자, 예수 역시 물을 달라고 하는 이의 정체를 가지고 사마리아 여인에게 비틀어 말한다. 이러한 상호반응적 대화는 물의 실체를 찾아가는 과정이다. 결국 물(생수)은 예수 자신임이 밝혀진다. 예수가 주는 물은 예수 자신이다. 예수가 주는 물을 마시는 사람은 영원히 목마르지 않을 것이며(요 4:14), 예수를 믿는 사람은 그의 배에서 생수가 강물처럼 흘러나올 것이기 때문이다(요 7:38).

사마리아 여인은 생명의 물에 갈급한 사마리아 사람들을 대표하면서 동시에 신앙 건너편에 머물러 있는 세상을 대표하고 있다. 어떤 한 사람의 이름을 가진 것보다 오히려 익명으로 등장하여 보편성과 신비성을 담보하고 있다. 사마리아 여인의 익명성은 독자가 그녀의 정체성에 대하여 해석하면서 오히려 텍스트의 미결정성(indeterminacies)과 간극(gaps)을 메우려는 역할을 강화시켜 준다. 요한복음에서 사마리아 여인은 익명으로 등장하는 여러 등장인물들, 특히 날 때부터 눈 먼 사람(9장)과 사랑하는 제자(13장)와 더불어 이상적인 제사상을 드러낸다. 사마리아 여인은 참된 신앙의 대상인 예수를 발견하고, '영과 진리'로 예배하며, 세상을 향해 증언하는 제자도(discipleship)를 보여주고 있다. 이를 통해 사마리아 여인은 요한복음의 핵심 주제인 예수의 정체성을 발견한 대표적인 인물로 형상화된다.

1.3.5. 가나의 두 번째 표징(4:43-54)

43-45절은 사마리아 여인 이야기와 왕의 신하의 아들을 치유한 표징을 이어주는 역할을 한다. 그런데 이 구절들은 매끄럽게 이해되지 않는다. 첫째, 43절에서 예수는 사마리아에서 갈릴리로 떠났다고 언급하고 있는데, 이 구절이 예수가 갈릴리로 떠났다고 한 3절과 이어지는 것인지, "이틀"을 머물었다는 40절의 내용을 이어받는 것인지 모호하다. 아마 중간에 사마리아로 통과하면서 생긴 일을 기술하다보니 생긴 부조화 때문으로 보인다.

둘째, 45절에서 갈릴리 사람들이 예수를 환영하였다고 하였는데, 이는 44절에서 "예언자가 고향에서는 높임을 받지 못한다."(막 6:4과 평행구절 참조)라고 말한 내용과 조화를 이루지 못한다. 그렇다면 요한복음 저자는 예수가 갈릴리 사람이 아니라 유대 사람이나 또는 사마리아 사람이라는 것을 암시하려는 것인가? 그러나 이는 타당하지 않다. 예수가 갈릴리 사람이라는 것은 여러 곳에서 반복되고 있기 때문이다(1:46; 2:1; 7:42,52; 19:19). 또한 공관복음서에서 예수가 고향인 갈릴리에서 배척을 받았다고 기록하고 있는 것과도 배치된다(마 13:53-58; 막 6:1-6; 눅 4:22-30). 이같은 부조화를 설명할 수 있는 길은 갈릴리 사람들의 환영이 단지 기적을 보기 원하는 피상적인 차원이었다고 보는 것이다. 이는 마치 예루살렘 사람들이 예수가 행한 표징을 보고 피상적으로 믿은 것과 맞닿아 있다(2:23-25 참조).

예수는 드디어 갈릴리 가나에 도착하였다. 이는 두 번째 방문이다. 전에 물로 포도주를 만든 곳이라는 설명이 덧붙여진 것은 기적에 대한 기대감을 부풀려주는 신호 같은 역할을 한다. 가버나움에 왕의 한 신하(βασιλικος/바실리코스)가 있었는데 30km 정도 떨어진 곳에 있는 가나에 예수가 왔다는 소식을 듣고 그를 만나기 위해 하룻길이 넘는 가나로 왔다. βασιλικος는 왕의 친척이거나 왕을 섬기는 신하거나 군인을 가리킬 수 있다. 왕은 갈릴리를 다스리던 헤롯 안디바를 가리킨다. 가버나움은 갈릴리의 요충지였기 때문에 헤롯 사람들이 다수 있었을 것이다. 신하는 그의 아들이 병들어 죽게 되었기 때문에, 체면이나 신분을 고려하지 않고 예수께 고쳐달라고 간청한다. 이러한 방식은 그가 고위직에 있었던 것을 감안한다면 예수께 강압적으로 느껴질 수 있었다.

예수는 "너희"라는 복수를 사용하지만 사실상 신하를 겨냥하여 말한다. "표징과 기사"(signs and wonders)를 보지 않으면 믿지 못한다고 하면서 불편한 심기를 표출한다. 기적 신앙으로는 예수의 정체성을 바로 알고 믿지 못하기 때문이다. '표징'(σημεια/세메이아)은 요한복음에서 대개 예수의 정체성을 드러내는 기적이라는 긍정적인 의미로 사용되고 있기 때문에, '기사'(τερατα/테라타; 요한복음에서 유일하게 사용된 경우임)라는 단어를 덧붙여 부정적인 뉘앙스를 나타낸다. 신하는 예수의 질책에도 불구하고 예수를 "주님"(κυριος/쿠리오스)이라고 부르며 빨리 (갈릴리 해변에 있는) 가버나움으로 내려가자고 재촉한다. 아들이 절체절명의 위기에 빠져 있었기 때문이다. 이러한 신하의 태도는 귀신 들린 딸을 고치고자 했던 시로페니키아 여인의 말(막 7:27)을 상기시킨다.

예수는 직접 가버나움으로 가는 대신에 "네 아들이 살 것이다"라는 말로 치유하여 준다. 먼 거리에 있는 사람을 말만 가지고 치유한 것은 놀라운 일(기사)이다. 이는 백부장의 종을 고쳐주신 방법이기도 했다(마 8:5-13; 눅 7:1-10 참조). 왕의 신하는 예수의 말을 믿고 가버나움으로 돌아갔다. 내려가는 길에 그의 종들을 만나서 아들이 회복되었다는 소식을 들었다. 나은 시간을 알아보니 어제 오후 1시쯤이라고 하였다(가버나움에서 가나까지는 하룻길이 넘는다). 그 시간은 바로 예수가 말한 시각과 같은 때였다. 이를 확인하고 온 집안이 예수를 믿었다.

왕의 신하의 아들을 고친 기적은 예수가 갈릴리 가나에서 행한 두 번째 표징이었다. 복음서 저자는 이러한 사실을 두 번(46,54절)에 걸쳐 강조한다. 첫 번째 표징과 두 번째 표징은 여러 가지 면에서 **공통점**을 가지고 있다. 두 번 모두 갈릴리로 돌아온 직후 표징을 행하였고, 행한 후에는 예루살렘(성전)으로 올라갔다. 두 번 모두 부탁을 거절한 후 재차 간청하자 들어주었다. 두 번 모두 기적이 어떻게 일어났는지에 관해서는 침묵한다. 두 번 모두 요한복음의 다른 표징들과는 달리 긴 강화가 등장하지 않는다. 두 번 모두 많은 사람이 믿게 되는 결과를 낳았다.

가나의 첫 번째 표징에서 두 번째 표징까지(from Cana to Cana)의 내용은 전반적으로 믿음으로 귀결되는 긍정적인 결과를 보인다. 물로 포도주를 만든 첫 번째 표징은 제자들로 하여금 믿음에 이르게 했고(2:11), 성전 정화 사건도 제자들이 믿게 되는 결과를 가져왔고(2:22), 예루살렘에서 행한 표징들을 보고 많은 사람이 믿었고(2:23), 니고데모와의 대화를 통해 믿음에 대한 소극적인 관심을 보여주었고(3:2), 세례자 요한은 신랑 되신 예수를 증언하였고(3:28-31), 사마리아 여인은 그리스도라고 고백하였고(4:25), 사마리아 사람들은 세상의 구주로 고백하였고(4:42), 왕의 신하와 온 집안이 믿었다(4:53).

두 번째 표징 이야기는 두 가지 특징을 보여준다. 첫째, **기적보다 믿음**을 강조한다. 사람들은 표징과 기사를 보지 않으면 믿지 않으려고 하는 습성을 보여주는데 비해(47절), 복음서 저자는 예수의 "말씀"(λογος/로고스)을 믿기 바란다(50절). 물로 포도주를 만드는 첫 번째 표징에서도 예수가 "말하는"(λεγω/레고) 대로 하라고 했으며, 사마리아 여인의 이야기에서도 사마리아 사람들이 예수의 "말씀"(λογος)으로 말미암아 믿는 자가 더욱 많아졌다는 강조하였다. 여기에서 복음서 저자는 사람들 이 기적을 바라는 믿음에서 말을 듣고 믿는 차원으로 나아가기를 바라고 있다. 예수의 정체성은 기적이 아니라 믿음으로 확인되기 때문이다.

둘째, **생명**을 강조한다. 앞 문맥을 보면 생명의 주제가 이미 드러나고 있다(3:16; 4:14). "사흘째"(2:1)와 "이틀"(4:40,43)에 대한 시간 표지는 부활의 생명을 암시한다고 볼 수도 있다. 본문에서는 생명을 살리는 사건이 일어났다. "살다"(ζαω/자오)라는 동사가 세 번(50,51,53절)이나 등장한다. 뒤이어 나오는 문맥에서는 생명의 주제가 더욱 본격적으로 취급되고 있다. 38년 된 중풍병자를 살리고(5:21), 굶주린 무리에게 생명의 빵이 되고(6:35), 목마른 자들에게 생수의 강이 되고(7:37-39), 어둠에 있는 사람들에게 생명의 빛이 되고(8:12), 양들에게 풍성한 생명을 얻게 하고(10:10), 나사로를 소생시켜 부활과 생명이 되었다(11:25).

2. 유대교 절기와 예수의 정체성(5:1-10:42)

앞 문맥에서 살펴본 대로 가나의 첫 번째 표징부터 두 번째 표징까지(from Cana to Cana) 긍정적인 믿음의 결과를 보이는 것과 **대조적**으로, 5-10장에서는 유대인들이 예수를 믿지 않으며 적대적으로 행동하는 것으로 나타난다. 예수가 세상에 빛과 생명으로 왔지만, '그의 백성'(οἱ ἴδιοι/호이 이디오이)인 유대인들은 그를 맞아들이지 않았다(1:11). 유대인들의 적대감은 더욱 심화되어 갔다. 복음서 저자는 5-10장에서 주요한 유대교 절기들을 배경으로 하여 예수가 어떻게 그것들을 대체하거나 능가하는지를 보여주려고 한다. 이를 통해 예수의 정체성이 자연스럽게 드러나게 된다.

2.1. 안식일을 대체하는 예수(5:1-47)

5장은 예루살렘에서 일어난 사건을 다루고 있다. 예루살렘 사역의 첫 번째 언급은 성전 정화 사건(2:13-25)에서 나타난다. 이제 요한복음에서 두 번째로 예루살렘 사역을 보여준다. 요한복음에서 예수는 세 번 예루살렘에 올라가시는데, 모두 유대인의 종교적인 절기에 맞추어져 있다(2:13의 유월절; 5:1의 유대인의 명절; 7:2의 초막절). 이는 최종적으로 예루살렘으로 올라가는 도중에 베다니(11:1; 12:1) 및 에브라임(11:54-55)에서 예루살렘에 오르내렸던 경우는 제외한 것이다. 그렇다면, 요한복음 5-10장에 기록된 예루살렘 사역은 유대교 절기와 관련하여 예수의 정체성을 분명하게 드러내는 기회로 삼고 있음을 알 수 있다. 종교적 위기에 직면한 유대교는 예수에 의해 갱신되어야 했으며, 궁극적으로 새로운 것(예수의 가르침)으로 대체되지 않으면 안 된다고 보고 있다.

5장 전체는 베데스다 연못에서 일어난 38년 된 병자를 고친 기적과 그에 따른 강화로 구성되어 있다. 공관복음서는 기적 이야기를 기록할 때 기적이 필요한 상황(need), 놀라운 기적 행위(miraculous act), 결과/반응(result/response)이라는 세 요소로 이루어진 양식을 보여준다. 요한복음은 이러한 기적 이야기 양식에다가 그 기적의 의미를 드러나게 하기 위하여 긴 강화(discourse)를 덧붙이고 있는 특징을 보여준다(그래서 요한복음의 기적을 표징이라는 이름으로 부르고 있다). 요한복음에 기록된 일곱 개의 기적 이야기 중 넷(5장의 베데스다 기적, 6장의 오병이어 기적, 9장의 맹인 치유 기적, 11장의 나사로 소생 기적)에서 이러한 특징이 나타난다. 나머지 셋 중에서 물 위를 걸으신 기적(6:16-21)은 오병이어 기적에 속하는 부수적인 성격이 있으며, 갈릴리 가나에서 있었던 포도주 만든 기적과 신하의 아들을 고친 두 기적(2:11에서 첫 번째 표징과 4:54에서 두 번째 표징이라는 설명이 붙어있다)은 원래 별도의 기적 자료에 속해 있었던 것으로 간주된다.

5장은 기적 이야기(1-9a절)와 강화(9b-47절)를 내용으로 아래와 같이 구성되고 있다:

1- 9a절 : 베데스다 연못에서 생명을 38년 된 병자에게 행하신 기적 이야기
9b-47절 : 강화
　　9b-18절 → 안식일에 행한 일에 관한 논쟁
　　19-30절 → 생명과 심판에 대한 강화
　　31-47절 → 참된 증언에 관한 강화

2.1.1. 38년 된 병자의 치유 기적(5:1-9a)

예수는 성전 정화 사건(2:13) 이후 사마리아로 지나가기까지(4:3) 예루살렘에 계셨다. 4장에서 예수는 사마리아와 갈릴리 가나에 계신 것으로 나온다. 이제 5:1에 유대인의 명절이 가까워오자 예루살렘으로 다시 올라가셨다. 여기에 언급된 '유대인의 명절'은 어떤 유대교 절기를 의미할까? 적어도 유월절은 아니라고 보아야 한다. 유월절을 강조하고 있는 요한복음 저자가 유월절에 관한 언급을 지나칠 리 없기 때문이다. 5:45-46에 모세의 율법이 강조된 것으로 보아 오순절과 관련 있는 듯하다. 맥추절인 오순절에는 시내산에서 율법을 받은 것을 축하하는 절기로 지켰다. 또한 38년 된 병자를 고친 날이 안식일이었기 때문에, 안식일 계명이 기록된 모세의 율법서와 자연스럽게 연관된다.

기적이 일어난 장소는 예루살렘의 "양문" 곁 베데스다(또는 베드자다/"자비의 집")라는 연못이었다. 연못가에는 다섯 행각(주랑)이 있었고, **다섯**이라는 숫자가 언급된 것은 아마도 모세 오경과의 연관성을 보여주려고 한 것 같다. 그 행각에 많은 병자들(맹인, 불구자, 장애인들)이 누워서 연못의 물이 움직이기를 기다리고 있었다. 천사가 가끔 내려와 물을 움직일 때가 있었는데, 먼저 들어가는 사람은 다 고침을 받았다는 이야기가 전해져 내려오고 있었기 때문이다(4절이 없는 사본들도 있다). 율법은 천사가 전해주었기 때문에, 천사에 의해 물이 움직이는 것은 모세의 율법을 가리킨다고 볼 수도 있다. 예수는 모세의 율법(천사에 의해 물이 움직임)으로 못 고친 질병을 단번에 고침으로써 모세와 율법을 뛰어넘고 있음을 암시하려고 한다.

여기에 **38년** 동안 병을 앓고 있는 병자가 등장한다. 38년이라는 숫자도 암시적이다. 왜냐하면 이스라엘이 광야에서 38년 동안 방랑했던(신

2:14) 것과 연관되기 때문이다. 이스라엘 백성은 약속의 땅인 가나안으로 가던 중 가데스바네아에서 위기에 봉착한다. 열두 지파의 대표들이 가나안 정탐에서 돌아와 보고하자 이스라엘이 두려움에 떨며 모세와 아론을 원망하고 믿음으로 나아가기를 거부하였다. 이에 하나님께서 40년(가데스바네아에 오기까지의 기간을 빼면 38년) 동안 가데스바네아 주변 바란 광야를 방랑하게 하시고, 20세 이상 된 출애굽 1세대 중에서는 여호수아와 갈렙을 제외하고 가나안 땅에 들어가지 못하게 하셨다(민 14:28-34). 또한 물이 없다고 불평하자 모세가 반석을 쳐 물을 내는 사건(므리바)이 일어났던 곳이기도 하다(민 20장). 가데스바네아는 물샘(오아시스)이 있었던 곳으로서 이스라엘이 광야 방랑 기간에 가장 오래 동안 머물렀다. 이처럼 요 5장의 38년(방랑 기간)과 병자(이스라엘)와 연못(물샘)은 모두 가데스바네아에서 일어났던 사건과 연관성을 가지고 있다.

여기에 등장하는 병자가 38년 동안 베데스다 연못가에 누워 물이 움직이기를 기다렸던 것은 아니겠지만, 아무런 희망도 없었던 그가 할 수 있는 일이라고는 절망 가운데 무작정 기적을 바라며 기다리는 것이었을 것이다. 예수께서 그를 눈여겨보시고 긍휼히("자비의 집" 참조) 여기셨다. 그의 병이 깊어 불쌍한 마음이 들었다. 예수가 그에게 "네가 낫고자 하느냐?"고 물었다. 당연히 낫고자 하는 마음으로 가득 차 있었을 테지만, 예수는 단지 기적을 행하기보다 병자와 인격적인 대화를 하고 싶어 했던 것 같다. 병자는 물이 움직일 때에 도와주는 사람이 없어 다른 사람이 먼저 물에 들어간다고 딱한 처지를 설명하면서 예수의 도움을 구하고자 하였다.

예수는 병자에게 다른 해결책을 제시하였다. 움직이는 물에 들어가게 도와주는 대신에(그것은 시간을 제때에 맞추기 어려울 뿐만 아니라 불확실한 방법이었다!), "일어나 네 자리를 들고 걸어가라"고 명하신 것이다. 이것은 확실하고 즉각적인 해결책이었다. 그러나 아무나 그렇게 할 수 있는 방법이 아니었다. 그것은 하나님의 능력으로 사탄의 결박을 풀 수 있는 분만이 그렇게 할 수 있는 것이었다. 천사가 가끔 못에 내려와 물을 움직이는 것은 유대교의 가르침을 가리킨다. 예수는 유대교를 능가하는 방식으로 일하신다.

이 기적 이야기에서 눈을 끄는 것은 병자의 믿음에 대해서 언급이 없다는 것이다. 병자는 단지 곤경에 처한 상황을 설명하고 있을 뿐, 예수가 누구인지도 몰랐고, 따라서 믿음을 보여주지도 않았다. 이는 나인성 과부의 아들을 살린 기적(눅 7:11–17)과 열여덟 해를 앓아 온 여자를 고친 기적(눅 13:10–17)과 비슷하다. 예수는 오직 자비로운 마음에서 믿음이 없는 병자를 고쳐주었다. 안식일에 기적을 행함으로써 논쟁을 유발하는 결과를 가져오면서까지 그렇게 했다.

2.1.2. 안식일에 행한 일에 관한 논쟁(5:9b–18)

예수의 기적 이야기 자체는 공관복음서의 치유 기적들과 유사하다. 요한복음에서는 안식일에 행한 기적을 두고 일어난 논쟁을 길게 다루고 있는 것이 특징이다. 우리는 여기에서 38년 동안이나 병을 안고 산 사람인데, 굳이 안식일에 고칠 필요가 있었을까 하는 의문을 가질 수 있다. 공관복음서에서 안식일 논쟁이 일어난 상황과 마찬가지로(공관복음서에서 안식일 논쟁은 금식 논쟁, 사죄 논쟁, 바알세불 논쟁과 더불어 초기 논쟁에 속함), 여기에서도 의도적으로 안식일에 병을 고친 것으로 보아야 할 것이다.

이 단락에는 유대인들이 안식일에 하지 않아야 할 일을 한 병자와 예수를 정죄하며 논쟁하는 내용이 나온다. 유대인들은 먼저 병 나은 사람에게 안식일에 "자리"를 들고 가는 것이 잘못이라고 지적한다("유대인"

은 요한복음에서 예수를 적대하는 사람들을 가리키는 용어임). 일반 평민들은 안식일 규정을 잘 모를 수 있기 때문에 법에 대해 알려주고 교육하는 것이 지도자들의 임무라고 생각했을 수 있다. 유대인들은 아직 예수에 대한 공격은 하지 않고 있다. 그러나 병 나은 사람이 "나를 낫게 한 그가 자리를 들고 걸어가라 하더이다."라고 대응하자, 결국 예수에게로 화살을 겨냥하게 된다. 나중에 예수는 성전에서 그 사람을 만나 자신을 드러내셨다. 병자였던 사람이 성전에 온 것은 온전한 사람이 되었다는 것을 보여준다. 예수는 그에게 "더 심한 것이 생기지 않게 다시는 죄를 범하지 말라"고 당부하였다. 이는 죄와 병이 서로 상관관계가 있다는 것을 교리적으로 일깨운다기보다(9:3 참조), 온전한 사람으로 살아갈 수 있도록 격려한 것으로 볼 수 있다. 병 나은 사람은 유대인들에게 고친 이가 예수라고 알려준다. 이는 배은망덕하게도 예수가 곤경에 처하게 한 것을 말하려는 것보다는 유대인들의 위협과 사주가 얼마나 강력하고 악한가를 드러내려고 한 것이다.

예수는 안식일을 범한 것 때문에 유대인들의 박해를 받게 되었다. 이에 주눅이 든 것이 아니라 짐짓 안식일 규정을 어길 때부터 각오하고 있던 대로 더 과감한 주장을 하고 나섰다. 예수는 "내 아버지께서 이제까지 일하고 계시니, 나도 일한다."(5:17)라고 말함으로써 유대인들로부터 신성모독이라는 비난을 자초한다. 안식일에는 일을 할 수 없다는 것이 유대교의 규정인데, 예수는 하나님도 안식일에 일을 하고 있다고 하는 이유를 들어 안식일을 범한 것을 정당화하고 있다.

안식일에 하지 말아야 할 일(노동) 39가지 (안식일 미쉬나에 규정됨)
다양한 범주(농사 관련 9, 음식 관련 2, 양털 관련 3, 의복 관련 10, 사냥 관련 2, 가죽 관련 5, 글쓰기 관련 2, 건축 관련 2, 집안일 관련 4가지)로 나누어진다.

농 사 관련(9)	쟁기질하기(ploughing) 심기(sowing) 거두기(reaping) 추수하기(binding sheaves) 타작하기(threshing) 키질하기(winnowing) 고르기(selecting) 빻기(grinding) 체질하기(sifting)
음 식 관련(2)	반죽하기(kneading) 요리하기(baking)
양 털 관련(3)	털깎기(shearing wool) 털씻기(washing wool) 털빗질하기(beating wool)
의 복 관련(10)	염색하기(dyeing wool) 바느질하기(sewing two stitches) 베짜기(weaving) 피륙짜기(weaving two threads) 실만들기(spinning) 실풀기(separating two threads) 매듭짓기(tying) 매듭풀기(untying), 땋기(making two loops) 찢기(tearing)
사 냥 관련(2)	기(trapping) 도살하기(slaughtering)
가 죽 관련(5)	가죽벗기기(flaying) 무두질하기(tanning), 광내기(scraping hide) 표시하기(making hides), 모양만들기(cutting hide to shape)
글쓰기 관련(2)	두 글자 이상 글쓰기(writing two or more letters) 두 글자 이상 지우기(erasing two or more letters)
건 축 관련(2)	건축하기(building) 부수기(demolishing)
집안일 관련(4)	불끄기(extinguishing a fire) 불붙이기(kindling a fire) 마무리작업하기(putting the finishing touch on an object) 운반하기(사적 공간과 공적 공간 사이에 있는 물건을 옮기는 것, 또는 물건을 공적 공간 내에서 4규빗, 즉 약 2미터에 해당하는 거리를 움직이는 것)

2.1.3. 생명과 심판에 대한 강화(5:19-30)

이 단락에서는 5:17에서 언급한 "내 아버지께서 이제까지 일하시니 나도 일한다."라고 한 말씀을 더 구체적으로 설명한다. 이를 통해 예수의 정체성을 밝히고 그에 합당한 반응을 보일 것을 요청한다. 당시 유대교는 내부적으로 하나님은 안식일에도 **자연 질서를 유지**하고, **생명을 살리고 죽이는(심판) 일**을 하고 있다는 문제를 가지고 논쟁하였다. 요한복음에서는 생명을 살리고 심판하는 일에 관해 다루고 있다. 38년 된 병자를 고치는 일은 생명을 살리는 일이었다. 생명을 살리는 일을 한 예수를 믿지 않으면 심판을 받게 된다. 유대인들은 단지 예수가 안식일 규정을 어겼다는 것을 가지고 비난하였지만, 예수는 안식일의 진정한 의미를 회복하고 싶어 했던 것으로 보인다(막 2:27-28 참조). 이로써 예수는 안식일 규정을 대체하는 분임을 밝히고 있다.

예수가 안식일에 일을 한 것은 아버지께서 하시는 일을 아들로서 보았기 때문이다. 아들은 스스로 일하지 않는다. 아버지께서 아들을 사랑하여 아버지가 하는 일을 다 보여주었고, 더 나아가서 육체적인 생명을 살리는 일보다 "더 큰 일"인 영생을 주실 것이다. 아버지가 죽은 자들을 살리시는 것과 같이, 아들도 원하는 자들을 살리는 것은 자연스러운 일이다. 또한 아버지께서는 아들에게 심판하는 권세를 맡겼다. 아버지가 보낸 아들을 공경하면 아버지를 공경할 것이기 때문이다. 아버지께서 보낸 자의 말을 듣고 그를 믿는 자는 영생을 얻게 된다. 그러면 심판을 받지 않는데, 아들을 믿음으로 사망에서 생명으로 옮겨졌기 때문이다. 죽은 자가 살아나는 것은 미래에 일어날 사건이 아니라, 지금 여기에서 아들의 음성을 들을(믿을) 때이다. 이처럼 5:19-25은 **실현된 종말론적 관점**을 보여준다.

그런데 바로 다음 단락인 5:26–30에서는 **미래적 종말론적 관점**이 나오는 것이 앞 단락(5:19–25)과 대조적이다. 아버지께서 인자된 아들에게 심판하는 권세를 주셨는데, 인자는 보내신 자의 뜻대로 심판할 것이라고 하였다. 그 심판은 무덤 속에 있는 자들이 인자의 음성을 들을 때에 일어날 것이다. 선한 일을 행한 자는 생명의 부활로, 악한 일을 행한 자는 심판의 부활로 나오게 될 것이다. 심판의 기준이 믿음이 아니라 행함으로 되어 있어서 앞 단락과 상반되는 듯이 보인다. 행함을 중요한 상벌의 기준으로 보는 관점은 바울(롬 2:6–8 참조)과 공관복음서(마 25:31–46 참조)와 요한계시록(20:11–15 참조)에서도 발견되는 보편적인 개념이다. 이는 믿음과 행함은 서로 상반되는 것이 아니라 상호보완적(약 2:21–22 참조)임을 보여주는 것이다.

인접 단락인 5:19–25와 5:26–30은 다음과 같은 **공통적인 종말론적 주제**를 담고 있다: 생명을 살리는 힘(21절과 26절), 심판의 권세(22절과 27절), 놀라운 반응(20절과 28절), 이 때와 오는 때(25절과 28절), 부활(25절과 29절), 아들은 스스로 행하지 않음(19절과 30절). 그러나 각각 실현된 종말론적 관점과 미래적 종말론적 관점을 보여주고 있다는 점에서 **대조적**이다. 5:19–25에는 요한복음 특유의 아버지와 아들이라는 용어가 나오지만, 5:26–30에 5:26을 제외하고 다른 곳에서는 나오지 않는다. 전자에는 영적으로 죽은 자의 부활에 관해 말하고 있지만, 후자는 육체적으로 죽은 자의 부활에 관해 말하고 있어서 대조적이다. 후자에 등장하는 인자(단 7:13) 용어와 심판이 두 가지 양태로 나타나게 될 것(단 12:2의 영생의 부활과 수치의 부활)이라고 하는 점은 다니엘서의 묵시적 종말론에 영향을 받은 것처럼 보인다. 두 단락의 공통점과 상이점은 공관복음서가 보여주는 전통적인 미래적 종말론과 요한복음 특유의 실현된 종말론을 상호 보완하는 측면이 있다. 요한복음의 실현된 종말론적 관점은 요한공동체가 재림의 지연에 대하여 일종의 해답으로서 제시하였다고 볼 수 있을 것이다.

2.1.4. 참된 증언에 관한 강화(5:31-47)

예수는 안식일의 규정을 어기고 병자를 고쳤다. 이로 인해 논쟁이 일어났으며, 예수는 "내 아버지께서 이제까지 일하시니 나도 일한다."라고 말하면서 생명을 살리고 심판하는 권세가 있다고 주장하였다. 5:30에서 예수는 "내 심판은 의롭다"고 선언하였다. 이를 뒷받침하기 위해서 이 단락에서는 예수의 자체 증언이 참되다고 하는 점을 논증하고 있다.

율법서(민 35:30; 신 17:6; 19:15)에 보면, 중요한 증언의 효력은 두 사람 이상을 필요로 한다. 예수는 혼자서 증언하는 것이 아니라 하나님 아버지도 함께 증언하고 있기 때문에(8:17-18 참조) 합법적이자 효력을 발생하는 증언이라는 점을 강조한다(31-32절). 사람들은 완전하지 않기 때문에 그들로부터 증언을 취하고자 하지는 않으면서도(2:24-25 참조), 세례자 요한도 증언해 주었다는 사실을 덧붙인다(34절). 요한의 증언보다 더 중요한 증언은 바로 아버지로부터 보냄을 받아 행한 예수의 일들(기적) 자체이다. 말은 설령 못 믿는다고 하더라도, 일(기적)은 실제로 목격한 것이므로 부정할 수 없을 것이기 때문이다(10:37-38 참조).

예수는 그의 참된 증언에 대하여 문제를 제기하는 유대인들에게 아무도 하나님의 음성을 듣지 못하였고 그의 형상을 보지 못하였다고 비판한다. 이는 출애굽 사건 때 시내산에서 하나님이 모세와 이스라엘 백성에게 말씀하시고 나타나실 것을 약속하신 것(출 19:9,11)을 상기시킨다. 그러므로 하나님의 말씀이 유대인들 속에 거하지 않는 것은 당연하다. 왜냐하면 유대인들은 하나님이 보내신 자(예수)를 믿지 않고 있기 때문이다. 유대인들은 영생을 얻기 위해 성경을 연구하지만, 성경이 예수를 증언하고 있다는 것을 모르기 때문에 예수께 나아오지 않으며, 그렇기 때문에 영생을 얻지 못한다. 이는 얼마나 아이러니칼한가!

예수는 유대인들이 믿지 않는 것에 대해 실망하였다. 그러나 사람의 속마음이 어떠하다는 것을 알고(2:24-25), 하나님을 사랑하지 않는다는 것을 알았기 때문에(42절), 사람(여기에서는 유대인을 암시)의 영광을 취하지 않기로 하였다. 예수는 아버지의 이름으로 온 그를 영접하지 않은 유대인들일지라도 만약 다른 사람이 자기 자신의 이름으로 왔다면 영접하였을 것이라고 하였다. 이는 '적그리스도/거짓 예언자'에 쏠리는 악한 성향을 말해준다. 사람들은 선하신 하나님은 믿으려 하지 않고, 오히려 자기를 신뢰하고 거짓 예언자를 좇아간다. 이러한 유대인들은 하나님의 심판을 받아 마땅하다. 그러나 유대인들을 하나님께 고발할 사람은 예수가 아니라 유대인들이 신뢰하는 모세일 것이라고 말한다. 모세는 장차 이스라엘 백성들이 다른 신을 섬기며 하나님의 언약을 저버릴 것이라고 예언하였다(신 31:19-21). 예수는 약속했던 모세와 같은 예언자(Moses-like-prophet)로서 왔지만(신 18:18 참조) 유대인들은 그를 영접하지 않았다. 모세의 글인 율법서는 예수를 증언하는 것인데, 모세의 글도 믿지 않은 유대인들이 어찌 예수의 말을 믿을 것을 기대할 수 있겠는가!

5장에서 예수는 안식일 규정을 짐짓 어기고 있다. 안식일에 38년 된 병자의 생명을 살림으로써 유대인들을 하나님의 심판에 직면하게 하였다. 유대인들은 안식일에 하나님의 일을 한 예수를 철저하게 배척하고 믿지 않는 태도를 보여주었다. 예수는 모세의 규정을 따라 안식일을 형식적으로 지키는 것에만 관심을 가지고 있었던 유대인들에게 안식일의 근본정신을 따라 행동함으로써 유대교의 안식일을 '대체/능가'하고 있다.

2.2. 유월절 만나를 대체하는 예수(6:1-71)

6장은 무대가 예루살렘에서 갈릴리로 바뀌고 있다. 4장 마지막 부분(43-54절)은 갈릴리 가나의 두 번째 표징을 기록하고 있기 때문에 6장과 자연스럽게 연결될 수 있다. 그래서 어떤 사람들(불트만 등)은 5장과 6장이 뒤바뀌었다고 주장하기도 한다. 그러나 그렇게 되면 또 다른 문제가 발생한다. 5장이 7장으로 곧바로 연결되면 유대인들 때문에 갈릴리에 머물러 있어야 했던 상황을 설명하기 어려우며(7:1), 절기 사이(5장의 절기를 오순절로 본다면, 오순절에서 초막절까지)가 긴 것에 비해 사건은 적게 언급된 것이 어색해 보인다. 또한 현재대로 '5-6-7장'의 순서대로 하더라도 각각 '오순절-유월절-초막절'의 순서가 되기 때문에, 오순절(5월)에서 유월절(3월말-4월초) 사이가 일 년 이상이 걸린다는 점이 문제다. 요한복음은 정확한 연대기보다는 신학적인 의미를 추구하는 경향을 보여주려고 하기 때문에, 현재 기록된 순서를 있는 그대로 받아들이면서 해석하는 것이 낫다.

5장이 안식일이라는 종교적인 위기를 다루었다면, 6장은 자연적 생활 욕구의 위기를 다루고 있다. 배고픈 군중에게 먹을 것을 제공하는 기적이 기록되고 있다. 애굽에서 나올 때 하나님께서 홍해를 건넌 이스라엘 백성에게 광야에서 메추라기와 만나를 먹이신 것과 같이, 예수가 갈릴리 바다를 건너(1,17절) 군중들에게 오병이어의 기적을 행하고 있다. 이는 **기독교적 출애굽**이라고 부를 만하다. 둘 다 유월절을 배경으로 하고 있다는 것도 공통점이다.

오병이어 기적은 네 복음서에 모두 기록된 유일한 기적이다. 그 만큼 중요한 기적이라는 의미가 있다. 마가복음과 마태복음은 두 개의 급식이적(오병이어와 칠병이어 기적)을 기록하고 있으며, 누가복음과 요한복음은 오직 한 번의 급식이적만 기록하고 있다. 여기에서는 오병이어 기적만을 다룬다. 오병이어 기적이 기록된 순서와 문맥을 보면, 예수의 수난과 맥이 닿아 있음을 알 수 있다. 공관복음서 중에서 대표적으로 마가복음(마태는 마가와 유사하며, 누가는 마가의 많은 부분이 생략되어 있기 때문에)과 요한복음을 비교해 보면 다음과 같은 순서를 발견하게 된다. 오병이어 기적 → 물 위를 걸으신 기적 → 표징 요구 → 떡에 대한 언급 → 베드로의 신앙고백 → 수난예고. 오병이어 기적은 제자들에게 예수의 정체성을 받아들이는 것에 관하여 심각한 도전을 주었고, 예수는 수난과 죽음을 통해 그의 사역의 방향을 잡게 되는 분수령과 같았다.

요한복음의 오병이어 기적은 공관복음서와 **상이점**을 보이는 부분도 많이 있다. 예수가 기적을 행한 곳은 디베랴(1절)라는 도시명과 관계가 있다(공관복음서는 벳새다와 갈릴리). 예수는 산(3절)에 올라 기적을 행하였다(공관복음서는 빈 들). 예수는 제자들과 함께 앉아 있는(3절) 모습으로 묘사된다(마가복음에는 제자들을 따로 쉬라고 함). 요한복음에는 보리떡(9절)이라고 구별하여 말한다, 요한복음에서 예수는 떡과 물고기를 사람들에게 직접 나눠주었다(11절). 요한복음에는 먹고 남은 떡만 거둔(13절) 것으로 되어 있다. 이밖에 대화 내용에서도 차이를 보인다.

6장은 먼저 오병이어 기적에 관해 기록한다(1–15절). 바로 이어서 물 위를 걸으신 기적이 기록되고 있다(16–21절). 이후에는 기적에 관한 강화가 뒤따른다. 먼저 생명의 떡에 관한 강화(22–50절)가 나오고, 이어서 성만찬적 의미에 관한 강화(51–59절)가 뒤따르고 있으며, 끝으로 강화에 대한 반응(60–71절)이 기록되고 있다.

2.2.1. 오병이어 기적(1–15절)

6장의 무대는 갈릴리의 디베랴 바다 주변이다. 예수는 디베랴의 갈릴리 바다 건너편으로 가셨다. 갈릴리 바다 건너편은 갈릴리 남서쪽에 위치한 도시인 디베랴를 말하는 것으로 보인다. 이에 비해 누가는 갈릴리 북동쪽에 위치한 벳새다에서 기적을 행한 것으로 되어 있고(눅 9:10), 마가는 기적을 행한 후에 제자들을 벳새다로 건너가게 했다고 기록하고 있다(막 6:45). 마태는 단순히 바다 건너편으로 배를 타고 건너가게 했다고 말하고 있다(마 14:22). 중요한 것은 디베랴 바닷가 주변에서 일어난 일이라는 점이다. 오병이어 기적이 디베랴 바다를 배경으로 일어난 것은 구약의 출애굽과 홍해 바다를 연상하게 만들고 있다.

큰 무리가 예수를 따랐다. 이는 예수가 병자들에게 행하시는 표징들을 보았기 때문이었다. 예수가 갈릴리에서 병자를 고친 기적은 왕의 신하의 아들을 고친 한 번의 경우만 기록되어 있지만(4:43–54), 이밖에도 행한 기적들이 있었다고 가정할 수 있다(마가복음에는 병자를 고친 기적 이야기는 나오지 않음). 큰 무리는 예수가 또 다른 기적을 행할 것을 기대하고 있었다.

예수는 산에 올라 제자들과 함께 앉았다. 예수는 랍비처럼 앉아서 가르치는 것으로 묘사된다(마 5:1 참조). 가르침은 이후 강화 부분에서 나타난다. 요한복음에만 "빈들"에 대한 언급이 없는 것은 특이하다. 나중에 나오는 만나에 대한 언급으로 볼 때, 빈들은 적절한 상황 설정일 수 있었을 것이다. 아마 15절의 "산"에 대한 언급과 상응하는 구조를 보여주려고 한 때문인지도 모른다. 오병이어 기적을 행한 때는 유월절이 가까운 시기였다. 계절은 봄이어서 "잔디가 많았다"(10절). 당시에는 아마 열두 제자가 함께 하고 있었겠지만(막 6:7 참조), 요한복음에는 그러한 언급은 나타나지 않는다. 큰 무리가 예수를 따라 왔다. 표징을 보기 위해서였을 것이다(2절). 예수는 그 지역 벳새다 출신인 빌립에게 떡을 사서 먹일 수 있겠는지 질문한다. 예수는 이미 오병이어 기적을 행할 마음을 가지고 짐짓 물어본 것이다(6절). 예수의 의도를 알 수 없는 빌립은 현실적인 계산을 내놓는다. 어떻게 "200 데나리온"(200 데나리온에 대한 언급은 마가복음에만 나온다) 어치의 떡을 사서 오천 명이나 되는 사람들을 먹일 수 있다고 한 것인지 이해가 되지 않는다. 200 데나리온으로도 "부족하다"고 한 것으로 미루어 현실적으로 불가능하다는 것을 말하고자 한 것으로 보인다.

오병이어 기적은 출애굽 당시 이스라엘 백성이 광야에서 먹을 것을 구하던 상황과 매우 흡사하다. 이스라엘 백성은 먹을 것이 풍족하던 애굽에서 나와 먹을 것이 매우 부족한 광야에서 옛날을 그리워하며 불평하였다. 유대인들 역시 하늘에서 내려온 떡이라고 말한 예수에 대하여 수군거렸다(여기에서 사용된 헬라어 '공구조'(γογγυζω)는 불평하는 것을 표현하는 단어이다). 모세는 이스라엘 백성에게 줄 '고기'를 어디서 얻을 수 있겠느냐고 하면서 난감해 한다. 예수 역시 어디에서 '떡'을 사서 많은 사람들에게 먹일 수 있는지 질문한다. 이스라엘 백성이 하늘에서 내린 '만나'를 먹은 것과 같이, 예수에게 나아온 큰 무리는 떡을 먹었으며, 후에 예수 자신이 하늘에서 내려온 생명의 떡임을 밝힌다. 모세가 바다의 모든 (물)고기를 모아도 60만 명이 넘는 사람을 만족하게 먹일 수 없을 것이라고 한 것과 같이, 물고기 두 마리로 오천 명을 먹이기에 부족하다고 말한다. 이를 표로 다음과 같이 대비해 볼 수 있을 것이다:

요한복음	민수기
우리가 어디서 떡을 사서 이 사람들을 먹이겠느냐?(5절)	이 모든 백성에게 줄 '고기'를 내가 어디서 얻으리이까?(11:13)

요한복음	민수기
'물고기'(οψαριον/옵싸리온) 두 마리를 가지고 있나이다. 그러나 그것이 이 많은 사람에게 얼마나 되겠사옵나이까?(9절)	바다의 모든 '고기'(οψος/옵쏘스)를 모은들 족하오리이까?(11:22)
우리 조상들은 광야에서 '만나'를 먹었나이다(31절) 나는 하늘에서 내려온 살아있는 떡이니(51절)	밤에 이슬이 진영에 내릴 때에 '만나'도 함께 내렸더라(11:9)
유대인들이 예수에 대하여 "수근거려" 이르되(41절)	백성이 악한 말로 "원망하매"(11:1)

난감한 상황에서 안드레가 해결의 실마리를 제공한다. 이는 마치 그의 형제 베드로를 예수께 인도한 것과 비슷하다(1:41–42). 안드레가 베드로로 하여금 사람을 낚는 어부가 되게 했듯이, 예수로 하여금 오병이어 기적을 일으키게 하였다. 안드레는 한 "아이"(παιδαριον/파이다리온)가 보리떡 다섯 개와 "물고기"(οψαριον/옵싸리온) 두 마리를 가지고 있다는 사실만을 예수께 말한다. '아이'와 '물고기'가 지소사(diminutive) 형태를 띠고 있어서 얼마 되지 않는 미미한 자원임을 부각시킨다. 그러나 먹을 사람은 오천 명이나 되었다. 비교할 수 없는 수치를 강조한다. 보리떡 '다섯' 개로 '오천' 명을 먹인 것이니, 1,000배의 기적이 나타난 것과 같다.

기적은 예수께서 "축사하신 후" 일어났다. 여기에 사용된 단어는 '유카리스테오'(ευχαριστεω)로서 성만찬(Eucharist)의 어원과 같다. 공관복음서에는 '율로게오'(ευλογεω)가 사용되었다(막 6:41). 이것은 오병이어 기적이 나중에 성만찬 의식(liturgy)으로 발전했음을 보여주는 증거가 될 수 있음을 보여준다. 그러나 두 단어가 반드시 서로 다른 의미를 가지고 있다고 볼 필요는 없다. 왜냐하면 칠병이어 기적 때는 두 단어가 함께 사용되고 있기 때문이다(막 8:6,7 참조). 요한복음에는 후에 성만찬 담론(51–59절)이 이어지고 있기 때문에 주목하게 된다. 오병이어 기적에서 "떡/만나"는 하늘에서 내려온 산 떡이며, "물고기"(ιχθυς/익쑤스)는 예수 그리스도를 상징하기 때문에, 성만찬적 의미를 담고 있다. 여기에서 아직은 "피"(=포도주)에 대한 언급(53절 이후에 나옴)은 나오지 않는다. 예수는 축사한 후 **직접** 떡과 물고기를 나누어주었다. 오천 명이나 되는 많은 사람들에게 직접 나누어주는 일이 힘들고 번거로운 일이었겠지만, 기적을 행한 분을 강조하기 위해 그렇게 한 것으로 묘사되고 있는 것으로 보인다. 이는 최후의 만찬석상에서 예수가 직접 떡과 포도주를 제자들에게 나누어주신 것처럼 성만찬적 의미를 담고 있다.

떡을 먹고 남은 것을 거두었더니 열두 바구니에 가득 찼다. 물고기를 먹고 남은 것에 대한 언급은 없다. 뒤에 떡과 관련된 강화만 이어지고 있기 때문일 것이다. 남은 조각을 버리는 것이 없이 모두 바구니에 모으라고 한 것은 모든 선교의 열매로 하여금 하나의 교회를 이루도록 하기 위한 것이었다(『디다케』 9.4 참조). "열두" 바구니는 열두 제자와의 연관성을 떠올리게 한다, 열두 지파를 가리키는 것일 수도 있다. 왜냐하면 요한복음에만 나오는 "보리떡"에 대한 언급은 엘리사가 보리떡을 가지고 이스라엘 백성을 위해 기적을 행한 것과 비슷하기 때문이다(왕하 4:38–44 참조). 엘리사가 행한 기적도 먹고 남았다고 기록하고 있다. 초대교회가 성만찬 때 보리떡을 사용했다고 하는 것은 요한복음의 오병이어 기적이 성만찬적 의미를 암시하고 있음을 보여준다.

사람들이 예수의 표징을 보고 "세상에 오실 그 예언자"(the Prophet who is to come to the world)라고 말한다. 예언자는 기적을 행한다고 믿었다. 대표적인 예언자가 모세와 엘리야였다. 모세는 출애굽 과정에서 많은 기적을 행했으며, 엘리야와 엘리사도 기적을 행한 예언자였다. 하나님은 모세에게 "너와 같은 예언자"(Moses-like-prophet)를 보내주겠다고 말했으며(신 18:18), 엘리야에 대해서는 "하나님의 크고 두려운 날이 이르기 전에 내가 예언자 엘리야를 너희에게 보낼 것이다"(말 4:5)라고 말하였다. "세상에 오실 그 예언자"는 모세나 엘리야와 같은 예언자를 가리킨다. 예수가 행한 오병이어 기적은 모세와 엘리야가 행한 기적과 같은 성격을 가진 것으로 인식되었다. 그것은 기적을 행하여 장차 올 예언자로서 예수의 정체성을 드러낸 놀라운 표징이었다.

그래서 사람들이 예수를 붙들어 억지로 왕으로 삼으려고 한 것은 자연스러운 반응이었다. 그러나 예수는 그러한 반응에 동조하지 않았으며, 혼자 산으로 피해 숨으셨다. 이때가 예수가 죽을(=영광을 받을) 때인 유월절이기는 하지만, 이번 유월절은 아니라고 하는 것을 보여주는 효과가 있다. 예수가 제자들을 떠나보내고(막 6:45 참조) 무리를 멀리한 채, 홀로 산으로 가신 것은 정치적으로 오해될 수 있는 소지를 없애려고 한 것으로 보인다. 사람들에게 잘못된 인식을 심어주면, 제 때에 죽지 못하는 경우가 발생할 수도 있었을 것이기 때문이다.

2.2.2. 물 위를 걸으신 기적(16-21절)

요한복음은 마태와 마가와 마찬가지로 오병이어 기적 다음에 물 위를 걸으신 기적을 기록하고 있다(누가복음에는 나오지 않는다). 요한복음의 내용은 마태/마가와 공통점과 차이점을 다같이 보여준다. **공통점**은 "저녁 때 배를 타고 바다를 건너 갈 때 바람이 불었고, 노를 저어 얼마를 나아가자 물 위를 걸어오는 예수를 보았을 때 '내니, 두려워하지 말라.'"라고 한 점이다. **차이점**은 요한복음에는 예수보다는 제자들의 관점에서 예수를 기다리는 비교적 짧은 이야기로 되어 있다는 점이다. 구체적으로는 "제자들이 스스로 배를 타고 가버나움으로 십여 리를 노를 저어 갔을 때, 예수의 말을 듣고 기뻐서 배로 영접하자 배가 곧 가려던 땅에 이르렀다."라고 되어 있다. "배가 곧 가려던 땅에 이르렀다"는 언급은 또 하나의 기적처럼 보이기도 한다(a landing miracle). 또한 요한복음에는 마태복음에 나오는 베드로가 밤 사경 즈음에 물 위로 걸어가는 흥미로운 이야기가 없다. 공관복음서(특히 마태)는 제자들의 믿음 없음과 물에서 구원 받음을 강조하고 있는데 비해, 요한복음에는 그러한 요소가 나오지 않는다.

오병이어 기적에 나오는 "만나"에 관한 언급(31절)과 더불어 물 위를 걸은 기적(=홍해 기적)은 출애굽 사건을 연상시킨다. 이는 비록 후대에 발전한 것이지만 유대교에서 출애굽 예배의식을 행할 때 바다를 건넌 것과 만나를 선물로 받은 것을 긴밀하게 연결시키고 있는 것에서도 확인할 수 있다. 구약의 출애굽 사건에서는 홍해를 걸어서 건너 광야에서 만나를 먹었는데, 복음서에서는 거꾸로 떡을 먹은 후 갈릴리 바다를 걸어서 건너갔다는 점이 다르다면 다르다. 바다 위를 걸은 예수는 단순히 한 사람의 '예언자'로 인식될 수 없는 분이다. 홍해를 건너게 한 분이 하나님이신데, 그렇다면 예수야말로 하나님과 같은 분이라고 해야 옳다. 예수가 제자들에게 "나다"(Εγω Ειμι/에고 에이미)라고 한 것은 하나님이 주신 신적인 이름이다. 이는 요한복음에서 계속하여 등장하는 예수의 이름이다(8:24,28,58; 13:19 참조). 하나님은 홍해를 건너게 한 분이셨다. 시편에 "주의 길이 바다에 있었고, 주의 곧은 길이 큰 물에 있었으나, 주의 발자취를 알 수 없었나이다."(시 77:19)라고 하였고, "주는 많은 물 위에 계시도다."(시 29:3)라고 하였다. 그러한 하나님처럼 예수도 물 위를 걸은 분으로서 마땅히 하나님의 이름인 '에고 에이미'(Εγω Ειμι)로 불리어야 한다(사 51:12의 "나 곧 나이니라" 참조). 예수는 사람이 할 수 없는 일, 즉 바다를 걸으셨고, 배를 가려던 땅에 이르게 하신 분이셨다.

2.2.3. 생명의 떡에 관한 강화(22-50절

이튿날 예수와 함께 있던 무리가 디베랴에서 건너왔다. 이어서 예수께서 본격적으로 생명의 떡에 관한 강화를 말씀하신다. 23절은 난해구절이다. 두 가지 해석의 가능성이 있다. 첫째, 디베랴에서 예수가 축사하시고 떡을 먹던 장소(벳새다?)에 가까운 곳으로 왔다는 해석이다. 둘째, 예수가 축사하시고 떡을 먹던 디베랴와 가까운 곳에서부터 예수가 계신 곳(어느 곳인지 알 수 없음)으로 왔다는 해석이다. 해석 여하에 따라 오병이어 기적을 행한 곳이 디베랴인가의 여부가 가려지게 된다. 두 번째 해석을 따르면, 오병이어 기적을 행한 곳이 디베랴가 되므로 공관복음서와 달라진다(눅 9:10의 벳새다 참조).

무리는 제자들이 한 척 남은 배를 타고 먼저 떠나고 예수는 그 배를 타지 않았음을 알고 있었는데, 예수를 찾지 못하자 디베랴에서 예수를 찾아왔다. 예수는 가버나움에 가 있었다(17,24절). 무리는 먼저 다른 곳으로 갔다가 예수를 찾지 못하자, 배를 타고 가버나움으로 가서 예수를 만나게 되었다. 그들은 바다 건너편에서 갈릴리 북서쪽에 있는 가버나움으로 왔다(25절). 이는 오병이어 기적이 일어난 곳이 북동쪽(벳새다?)인 것을 암시하는 것 같다. 그러나 갈릴리 서쪽에 위치한 디베랴에서 건너왔다는 것을 배제하는 것은 아니다. 그들이 예수를 찾아 다른 곳으로 갔다가 찾지 못하자 최종적으로 가버나움으로 왔다는 것도 감안해야 한다.

강화는 두 단계로 나누어진다. 첫째, 광야에서 먹은 **만나와 참 떡**을 비교하여 설명한다(25–34절). 무리는 예수를 만나 "언제 여기 오셨나이까?"라고 따지듯이 질문한다. 예수가 그들을 피해 떠난 것으로 생각하고 있는 듯하다. 예수는 그들이 오병이어 기적을 예수가 누구인가를 가리키는 표징으로 이해한 것이 아니라, 배고픔을 해결하는 일차적인 차원으로 받아들였다고 지적한다. 그런 다음에 "썩을 양식"과 "영생의 양식"을 구별하여 제시한다. 썩을 양식은 곧 없어질 양식이라는 뜻이라면, 영생의 양식은 영생으로까지 '지속하는'(μενειν/메네인) 양식이라는 뜻이다.

영생의 양식을 주는 자는 인자, 즉 예수다. 그러나 무리가 인자가 누구인가를 이해하였는지는 의문이다(12:34 참조). 인자는 하나님이 인 치신 자로서 하나님의 확실한 보증을 받은 자이다. 그러므로 인자가 하는 일은 믿을 수 있다. 예수는 무리가 썩을 양식을 위해 일한다고 지적하였다. 다시 말해서, 쓸모없는 것을 추구한다고 말한 것이다. 무리는 "우리가 어떻게 하여야 하나님의 일을 하오리이까?"라고 반문한다. 여기에서 하나님의 일은 하나님이 사람들에게 원하시는 바를 가리킨다. 무리는 오병이어 기적을 보고 물질적 필요를 채워줄 기적 행사자(wonder-worker)를 찾아 나섰지만, 그와 같은 노력은 쓸모없는 일에 불과했다. 예수는 무리의 질문에 대해 "하나님께서 보내신 이를 믿는 것이 하나님의 일"이라고 대답한다. 무리가 추구해야 할 것은 단지 눈에 보이는 기적이 아니라 기적을 행하신 분을 믿는 것, 즉 예수의 정체성을 믿고 받아들이는 것이라고 말한 것이다. 그것이 하나님이 원하시는 바라는 것이다.

무리가 30절에서 다시 묻는다. 보다 심층적인 질문으로 들어간다. 무리는 "당신을 믿도록 행하시는 표징이 무엇입니까? 하시는 일이 무엇입니까?"라고 물었다. 오병이어의 진정한 의미가 무엇이냐고 묻고 있다. 그들은 구약성경을 인용하며 하늘에서 준 떡, 즉 만나를 먹었다고 덧붙인다. 오병이어 기적보다 더 큰 기적이라는 것을 말하고자 한 것 같다. 왜냐하면 모세가 행한 기적 중에 만나가 가장 큰 기적이라고 생각하고 있었기 때문이다. 만나는 "하늘에서 비같이 내린 양식"(출 16:4; 시 78:24)이며, "하나님이 주신 양식"(출 16:15)으로 일컬어졌다. 예수는 유대인 무리의 질문의 의도를 간파하고 역습을 가한다. 만나는 모세가 하늘로부터 준 것이 아니라, 내 아버지께서 하늘로부터 참 떡을 주시는 것이다. 여기에서 모세와 아버지 하나님이 대조되고 있으며, 주다의 과거형(준)과 현재형(주시는)이 대조되고 있다. 유대인 무리는 모세가 준 과거의 만나를 언급하고 있는데 비해, 예수는 아버지가 주시는 현재의 만나, 즉 예수 자신을 언급하고 있다. 모세의 만나와 아버지의 "참 떡"을 대조시키고 있는 것으로 보아, 모세의 만나는 영원한 것이 아니다. 랍비들의 해석처럼 만나가 토라(모세의 가르침)를 의미하는 것이라면, 모세의 만나는 참된 예수의 가르침에 미치지 못한다. 지금 예수는 아버지가 주시는 만나를 제공하고 있다. 예수의 가르침은 토라와 다르다. 왜냐하면 예수의 가르침, 즉 하나님의 떡은 하늘에서 내려오는 것으로서 생명을 주는 것이기 때문이다. "하늘에서 내려오는 분/것"(ὁ καταβαινων εκ του ουρανου/호 카타바이논 에크 투 우라누)이라는 특정 문구는 강화 단락(22-59절)에서 일곱 번(33절, 38절, 41절, 42절, 50절, 51절, 58절) 등장한다('καταβαινω/카타바이노' 동사는 현재분사, 완료분사, 부정과거분사로 다양한 형태를 보인다).

무리가 예수의 말에 흥미를 가지게 되는 것은 어쩌면 당연하였다. 무리는 마치 사마리아 여인이 생수를 달라고 한 것과 같이 생명을 주는 떡을 달라고 요청한다. 사마리아 여인과의 대화와 이곳의 무리와의 대화는 각각 질문(4:9과 6:25), 대답(4:13과 6:27), 질문(4:11-12과 6:30-

31), 대답(4:14과 6:32-33), 반응(4:15과 6:34)의 구조가 유사하다. 이러한 질문과 대답의 방식은 출애굽 의식(ritual)에서 두드러지는 것으로서 성만찬적 의미를 보여준다. 두 곳의 차이점은 사마리아 여인은 예수가 누구인지 알고 믿게 되었지만, 무리는 같은 결론에 다다르지 못했다는 점이다.

둘째, 예수가 **생명의 떡**임을 설명한다(35-50절). 앞 단락(22-34절)에서 예수는 하나님께서 하늘에서 내려오는 떡을 주는 분으로 설명하였다. 인자 되신 예수도 이 떡을 주는 자로 서술된다(27절). 그런데 본 단락에서는 한 단계 더 나아가서 예수 자신이 "생명의 떡"이라고 선언한다. "나는 생명의 떡이다."(35절, 48절; 51절은 "살아 있는 떡"이라고 표현함)라는 '나-말씀'(I-sayings)은 요한복음에 나오는 일곱 번의 '나-말씀' 중에서 첫 번째 표현이다. 나머지는 "나는 세상의 빛이다"(8:12; 9:5), "나는 양의 문이다"(10:7,9), "나는 선한 목자다"(10:11,14), "나는 부활이요 생명이다"(11:25), "나는 길이요 진리요 생명이다"(14:6), 그리고 "나는 참포도나무이다"(15:1,5)가 그것이다. 이는 신적 계시 양식("I am …")을 가지고 예수의 정체성을 드러내려는 것이다. 하나님의 이름이자 하나님이 주신 예수의 이름인 "Eγω Eιμι/에고 에이미"와 같은 성격을 지닌다. 예수가 자신을 "생명의 떡"이라고 함으로써, 떡은 이제 인격적인 차원으로 승화되고 있다.

예수는 생명의 떡이 되신 그에게 오는 자는 주리거나 목마르지 않을 것이라고 약속한다. 여기에서 "목마르다"라는 표현은 물이 없어 갈한 것을 말한다기보다 "주리다"라는 표현과 마찬가지로 생명이 풍족하여 부족함이 없을 것이라는 의미일 것이다. 그럼에도 불구하고 무리는 예수를 믿지 않았다. 왜냐하면 아버지께서 주신 자들이 아니었기 때문이다. 아버지의 뜻은 예수에게 준 사람은 "하나도 잃어버리지 않고"(가룟 유다는 구원 받을 것으로 예정된 자가 아니었다?) 마지막 날에 다시 살리는 것이다. 여기에서는 미래적 종말론적 관점이 강조되고 있다(5:29 참조).

41절부터는 예수의 말을 믿지 못하고 수군거리는(불평하며 믿지 못하는) 유대인들을 위한 직접적인 가르침이 나온다. 이 유대인들은 예수를 "요셉의 아들"로 알고 있는 갈릴리 사람들로 보인다(막 6:3; 마 13;55; 눅 4:22 참조). 그렇다면 이는 적대적인 불신앙의 사람들을 가리키는 대표적인 요한의 용어인 "유대인"을 갈릴리 사람들에게 사용한 첫 번째 경우에 해당된다. 유대인들은 예수가 "하늘에서 내려온 떡"(ὁ αρτος ὁ καταβας εκ του ουρανου/호 아르토스 호 카타바스 에크 두우라누)이라고 말한 것에 관해 수근거렸다. 일차적으로, "떡"을 인격적인 의미로 사용한 것을 이해할 수 없었다. 또한 예수가 요셉의 아들이며 그 부모도 알고 있는데, 그가 하늘에서 내려왔다는 것은 받아들일 수 없었다. 모두 예수가 가르쳐 준 **지혜의 차원**(sapiential dimension)을 알지 못한 데서 비롯된 것이다.

유대인들이 수군거리는(믿지 못하는) 것은 아버지께서 이끌지 않은 사람들이기 때문이다. 그러나 아버지께서 주신 자는 다 예수께로 올 것이다(12:32 참조). 예언서에 기록한 것처럼, 믿는 자들은 다 하나님의 가르침을 받을 것이다(사 54:13). 이는 하나님이 이끈 사람들이라면 예수의 가르침을 받고 믿었을 것이라는 말과 같다. 예수께로 와서 믿는다고 하는 것이 아버지를 본(육신의 눈으로) 것을 의미하는 것은 아니다. 오직 하나님에게서 온 자, 즉 예수만이 아버지를 보았기 때문이다(1:18 참조). 예수를 믿는 자는 영생을 가지고 있다. 예수가 "생명의 떡"(생명을 주는 떡)이기 때문이다. 보는 것보다 믿는 것이 우선시된다.

49절에서 예수는 유대인들에게 출애굽 때의 선조들에 대하여 "너희 조상들"이라고 지칭함으로써 회당과 교회의 갈등이 심각한 수준이었음을 보여준다. 유대인 조상들은 만나를 먹고도 죽었다고 지적한다. 그러나 하늘에서 내려오는 생명의 떡은 먹고 죽지 않게 한다고 비교해 준다. 모세와 예수를 비교하고, 만나와 생명의 떡을 비교함으로써 논점을 분명히 한다. 유대교(모세)의 가르침과 예수의 가르침은 완전히 다르다. 출애굽(유월절 유래) 때에 모세가 이스라엘 백성에게 만나를 주었어도 먹고 죽었지만, 예수는 유월절에(6:4) 자신이 "생명의 떡"이 되어 영생의 양식을 공급한다(6:27,35). 이렇게 예수는 유월절 만나를 대체하고 있다.

2.2.4. 성만찬적 의미에 관한 강화(51–59절)

예수는 가버나움 회당에서 무리에게 오병이어의 의미에 관해 강론한다. 51절은 35절과 마찬가지로 예수를 "하늘에서 내려온 살아 있는 떡"으로 소개하면서 새로운 단락을 시작한다. 그러나 이곳에서는 새로운 차원으로 떡에 관한 강화를 발전시키고 있다. **물질적 의미**(22–34절)에서 **지혜적 의미**(35–50절)로 발전했다가, **성만찬적(영적) 의미**(51–59절)로 발전하고 있다고 할 수 있다. 각각 육, 혼, 영의 차원을 가리킨다면 지나친 비약일까? 물질적인 의미에서 떡은 먹어도 죽었다(58절). 지혜적(sapiential)인 의미의 떡은 예수의 가르침을 깨닫는 측면을 강조한다. 그러나 결국 떡을 먹어야(성만찬적 의미) 영원히 살게 된다(58절). 요한복음에는 성만찬 제정 기사가 없지만, 여기에 성만찬 의식이 전제되고 있다.

예수는 영생을 줄 이 떡은 "세상의 생명을 위한 내 '살'"임을 천명한다. "살"(σαρξ/사륵스)은 새로운 개념이다. 최후의 만찬 석상에서 예수가 "떡을 가지사 축복하시고, 떼어 제자들에게 주시며 이르되, 받으라 이것은 내 '몸'(σωμα/소마)이니라"(막 14:22)라고 하였던 것과 비교해 볼 수 있다. 헬라어로 같은 단어 σαρξ가 6:63에는 "육"으로 번역되어 있다. 영어로는 모두 flesh인데 우리말로는 살과 육으로 구별하고 있는 것이다. 당시의 일상어였던 아람어에는 'body'에 해당되는 단어가 없었다고 한다. 그렇다면, '살'과 '몸'은 같은 뜻으로 읽어도 된다. 53절에는 인자의 살을 먹고 인자의 피를 마시지 않는다면 생명이 없다고 말함으로써, 양식(살)과 음료(피)가 예수 자신이 된다(flesh and blood는 영어식 표현으로 '인간'을 의미함). 1:14에도 말씀이 육신(σαρξ)가 되었다고 하였다. 여기에서 육신은 사람을 가리킨다. 말씀이 사람이 된 것을 말한다. 하나님으로부터 보냄을 받은 '로고스'로서의 예수는 '사람'이 되어 우리 가운데 "거하셨다"(σκηνοω/스케노오).

'살과 피'는 성만찬적 의미를 함의하기 때문에 예수의 죽음과 연결된다. 예수는 죽으면서 우리에게 그의 살과 피를 주고 가셨다. 그의 생명을 주어 우리를 살렸다. 예수는 유월절이 그가 죽을 때라고 예고하였다. 유월절 식사를 최후의 만찬으로 가지면서 축사한 떡과 포도주를 나누어주며 그의 몸(=살)과 피라고 하였다. 예수가 다시 올 때까지 성만찬 의식을 통해 떡과 포도주를 먹으며 예수의 죽음을 기념하도록 당부하였다.

요한복음에서 **유월절은 예수의 죽음과 연관**되어 나타난다. 유월절 절기는 세 번(2:13; 6:4; 13:1) 언급되고 있는데, 모두 예수의 죽음을 연상시킨다. 2:13의 성전 정화 사건 때 "이 성전을 헐라. 내가 사흘 동안에 일으키겠다"(2:19)는 말씀은 그의 몸 된 성전과 수난 및 부활을 가리킨다. 6:4의 오병이어 기적 당시 생명의 떡에 관한 강화(22-50절)는 성만찬 강화(51-59절)로 이어진다. 강화에 대한 반응이 나오는 단락(60-71절)에서도 인자가 이전에 있던 곳으로 "올라가는" 것에 관한 언급(62절)이나 많은 제자들이 떠나간 것(66절)에 관한 언급도 예수의 죽음의 의미를 이해하지 못한 것과 연관이 있다. 13:1에서 예수가 "세상을 떠나 아버지께로 돌아갈 때가 이른 줄 아시고 자기 사람들을 사랑하시되 끝(=

죽기)까지 사랑하셨다"고 했는데, 이것은 말할 것도 없이 예수의 죽음을 영광을 받을 때로 보는 '영광의 책'의 시작을 알리는 것이다.

예수의 죽음에 대한 실질적 위협이 처음으로 언급된 곳은 안식일에 38년 된 병자를 고쳤을 때였다(5:18). 유월절이 예수의 죽음과 연관된 유대교 명절이라면, 5:1의 "유대인의 명절"은 오순절보다는 유월절을 가리킬 가능성도 있다. 7:1에는 예수가 유대에서 다니려 하지 않고 갈릴리에서 다닌 것에 관해 언급하고 있는데, 이는 5:18의 죽음의 위협을 떠올리게 한다. 6장이 5장 앞으로 가는 것이 올바른 위치라고 본다면, 5장과 7장이 직접 연결되는 것이 문맥적으로 더 자연스러운 면이 있다.

요한복음에서 유월절이 예수의 죽음과 밀접하게 연결된 것으로 묘사되고 있다고 했는데, 사실상 요한복음 전체가 예수의 죽음을 두드러지게 드러내는 복음서라고 말할 수 있다.
1장에서 세례자 요한은 예수를 가리켜 "세상 죄를 지고 가는(=십자가 죽음) 하나님의 어린양"(29절)이라고 했다.
2장에서 물로 포도주를 만드신 기적이나 성전 정화 사건도 예수의 죽음을 연상시킨다.
3장에서 인자도 들려야(=죽음) 한다고 했으며,
4장에서는 "나의 양식은 아버지의 뜻(=십자가 죽음)을 알고 그의 일을 이루는 것"(34절)이라고 했다.
5장에서 예수는 안식일을 범한 것 때문에 처음으로 죽음의 위협을 받으며(18절),
6장에서는 살과 피를 언급하고 있다.
7장에서 예수를 체포하려는 시도를 하였으며(30절),
8장에서는 죽음을 예고하며(21-22절) 돌로 치려 하였다(59절).

9장에서 예수는 안식일에 날 때부터의 맹인을 고침으로써 맹인과 그 부모에 대한 출교의 위협을 받게 된다.
10장에서 선한 목자는 양들을 위하여 목숨을 버린다고 하며(11절), 유대인들이 신성모독의 죄목으로 돌로 치려고 했다(31절).
11장에서는 나사로를 살린 것 때문에 예수를 죽이려고 모의하였다(53절).
12장에서 향유 사건은 예수의 장례를 준비한 것이며(7절), 인자가 영광을 얻을 때가 온 것에 대해서 말하며(23절), 이중 의미를 가진 "들림"에 관하여 언급한다(32-34절).
13장에서 예수는 아버지께로 돌아갈 때가 된 것을 아셨고(1절), 가룟 유다의 배반에 대해 예고한다(13:2,21).
14장에서 가는 길을 모른다 한 것이나(5절) "조금 있으면"(19절)을 언급한 것은 예수의 죽음을 암시한다.
15장에서 친구를 위하여 목숨을 버리는 사랑에 관해 말하며(13절),
16장에서는 예수가 떠나가는 것이 유익하며(7절), 혼자 있을 때가 왔다고 말한다(32절).
17장의 대제사장의 기도에서 예수는 "나는 세상에 더 있지 않다"(11절)고 기도한다.
수난장인 18-19장에서 예수는 체포와 부인, 심문과 십자가 처형을 당한다.
20-21장에서 예수는 죽음에서 부활한다.
이처럼 요한복음은 예수의 죽음을 중심으로 전개된다. 공생애 후기에 있었던 성전 정화 사건을 앞으로 끌고온 것도 예수의 죽음이 가진 의미에 관해서 새롭게 조명하도록 하는 의도가 숨어 있다고 본다.

요한복음에서 지혜적 의미를 넘어 성만찬적 의미로 떡을 해석함으로써, 떡은 단지 '살'(=떡)만이 아니라 '피'에로까지 확대된다. '살과 피'는 예수 자신이었다. 예수는 그를 죽음에 넘겨줌으로써 믿는 자에게 생명을 지속할 수 있게 하였다. 요한공동체는 당시 성만찬 의식을 통해 오병이어 기적이 단지 물질적 차원에 머무르는 것이 아니라, 더 깊은 영적 의미가 있다는 것을 알기를 바랐다. 살을 먹고 피를 마신다는 것은 역겨운 이방종교의 관습을 말하는 것이 아니다. 성만찬 의식에 참여하여 예수의 죽음과 생명을 체험하는 것이다.

2.2.5. 강화에 대한 반응(60–71절)

생명의 떡 강화와 성만찬 강화에 이어 나오는 반응은 51–59절보다는 35–50절과 관련되어 있는 듯이 보인다. 왜냐하면 반응 부분에는 '피'에 대한 언급이 나오지 않기 때문이다. 그러나 반드시 그렇다고 단정할 필요는 없을지 모른다. 63절에 한 번 나오는 '육'(σαρξ'/사륵스)이라는 단어의 의미는 51–59절에 나오는 '살'(σαρξ)과 같지 않다. 51–59절의 '살'은 '피'와 한 범주를 이루고 있는데 비해, 63절의 '육'은 '영'과 대조되어 나타나고 있다. '살'이 생명을 살리는 것과 관계가 있는 반면에, '육'은 전혀 그렇지 못하며 영적 깨달음이 없는 것과 관계한다. "살리는 것은 영"이기 때문에, 성만찬을 물질적 차원에서 이해하는 것은 잘못이다.

이 단락은 두 부류의 사람들의 **상반된 반응**으로 서로 대조되어 있다. 첫째 부류의 사람들은 60-66절에 나타나 있다. 그들은 예수의 말씀을 어렵게 생각하고 그 의미가 무엇인지에 관해서 수군거렸다. 예수의 말은 그들에게 "걸림이 되었다"(σκανδαλιζω/스칸달리조). 그래서 예수는 "인자가 이전에 있던 곳으로 올라가는 것을 본다면 어떻게 하겠느냐?"라고 반문한다. 예수가 생명의 떡임을 이해하지 못하고 있는 사람들에게 그가 아버지께로 올라가는(=죽는) 것을 보게 된다면 도저히 믿을 수 없을 것이라는 말을 하고 계신 것이다. 예수가 생명의 떡이며, 살과 피를 먹어야 생명을 얻게 된다는 것은 예수의 죽음과 연관해서 이해하지 않으면 안 되는 말씀이다. 이 사람들은 육신의 양식이 언제나 제공될 것을 기대하였을 텐데, 예수의 죽음과 연관됨으로써 그들은 실망할 수밖에 없었을 것이고 그래서 떠나가게 된 것이다(66절). 예수의 가르침은 영과 생명의 차원에서 이해해야 하는데, 사람들은 육의 차원에서 이해하려고 했다. 이들은 가룟 유다와 또 그와 같은 사람들로서 아버지께서 이끌지 않았기에 믿지 않은 자들이다.

두 번째 부류의 사람들은 베드로를 비롯한 열두 제자들이다. 열두 제자에 대한 언급은 여기에 처음으로 등장한다. 예수가 열두 제자에게 "너희도 가려느냐?"하고 묻는다. 베드로가 대표로 나서서 "주여, 영생의 말씀이 주께 있사오니, 우리가 누구에게로 가오리이까? 우리가 주는 하나님의 거룩하신 자이신 줄 믿고 알았사옵나이다"라고 대답한다. 이러한 **신앙고백**은 오병이어 기적 이후 베드로가 가이사랴 빌립보에서 말한 것과 비슷한 성격을 보여준다(막 8:29과 평행구절 참조). "영생의 말씀"은 영생에 관한 예수의 가르침을 가리키며, "썩을 양식"(27절)과 대조를 이룬다.

출애굽 때 하늘로부터 내려온 만나는 이스라엘 조상들을 살리지 못하고 결국 죽음으로 끝났다. 모세를 통해 유대 조상들에게 허락된 놀라운 기적이었지만, 썩을 양식밖에 되지 못했다. 그러나 예수 자신은 하늘로부터 내려온 참 떡으로서 생명의 떡, 살아있는 떡이 되었다. 그래서 사람들에게 영생을 주는 떡이 되었다. 그것은 아버지께로부터 내려왔던(=성육신) 예수가 아버지께로 돌아감으로써만(=죽음) 가능하게 되었다. 예수의 '살과 피'를 먹고 마시는 성만찬 의식을 통하여 영생을 지금 여기에서 누리게 된다. 예수는 바로 유월절 만나를 대체하는 생명의 떡이다.

2.3. 초막절을 능가하는 예수(7:1-8:59)

7-8장에서는 6장의 유월절에서 초막절로 장면이 바뀐다. 참고로 요한복음에 나오는 유대 명절은 유월절(2:13); 명절/오순절?(5:1); 유월절(6:4); 초막절(7:2); 수전절(10:22); 유월절(11:55)의 순서로 나온다. 유월절(3월말-4월초)부터 초막절(9월말-10월초)까지는 약 6개월 정도의 시차가 있다. 요한복음의 현재 순서대로 본다면, 유월절과 초막절 사이에 있었던 일들은 생략되어 있는 셈이다. 5-10장이 유대교 절기를 중심으로 기록된 때문이라고 보아야 할 것이다. 7-8장은 초막절을 맞아 예수가 예루살렘 성전으로 올라가 그곳에서 말씀한 내용이다(7:53-8:11에 삽입된 간음 현장에서 잡힌 여인 이야기는 별도로 취급될 수 있는 부분임).

성전 강화의 단락을 구분하는 것은 쉽지 않다. 도입부(7:1-13)는 형제들의 요청에도 불구하고 갈릴리에 머물러 계신 부분(1-9절)과 은밀하게 예루살렘에 올라간 부분(10-13절)으로 쉽게 나눌 수 있다. 다음 단락은 명절 중간에 성전에서 가르친 내용이다(7:14-36). 이 단락은 예수의 정체가 드러나지 않은 채 말하는 부분(14-24절)과 정체가 폭로되고 난 후 말하는 부분(25-36절)으로 대비된다. 셋째 단락은 명절 끝날의 성전 강화이다(7:37-52). 이 단락은 "생수"(물)의 주제를 다루고 있으며, 중간에 삽입된 간음 현장에서 붙잡힌 여자의 이야기(7:53-8:11)에 의해서 단절된다. 다섯 번째 단락(8:12-30)은 명절 끝날에 있었던 셋째 단락의 내용을 이어받고 있지만, "빛에 관한 새로운 주제를 말하고 있기 때문에 새로운 단락으로 구분할 수 있다. 여섯 번째 단락(8:31-59)도 여전히 명절 끝날에 있었던 강화로 본다. 다섯 번째와 여섯 번째 단락은 믿는 결과로 나타난 것(30절)과 믿지 못해 돌을 들어 치려 한 결과(59절)에 의해서 구분된다. 결과적으로 명절 끝날의 강화는 세 부분으로 나뉜다.

7–8장의 성전 강화는 **유대인들과의 논쟁**이 주를 이룬다. 명절 중간 강화(7:14–36)는 유대인들이 먼저 문제 제기를 하고 예수가 대답하는 방식으로 진행되되, 유대인들의 말로 끝난다:

유대인들(7:15) → 예수(7:16–19) → 무리(7:20) → 예수(7:21–24) → 예루살렘 사람(7:25–27) → 예수 7:28–29 → 무리(7:31) → 예수(7:33–34) → 유대인들(7:35–36).

성전 끝날 강화(7:37–8:59)는 예수가 먼저 문제를 제기하고 유대인들이 반대 의견을 내되, 예수의 말로 끝난다. 대체적으로 세 단계로 진행되고 있다:

a. 예수(8:12) → 바리새인들(8:13) → 예수 8:14–18) → 바리새인들(8:19a) → 예수(8:19b).
b. 예수(8:21) → 유대인들(8:22) → 예수(8:23–24) → 유대인들(8:25a) → 예수(8:25b–26; 8:28–29).
c. 예수(8:31–32) → 유대인들(8:33) → 예수(8:34–38) → 유대인들(8:39a) → 예수(8:39b–41a) → 유대인들(8:41b) → 예수(8:42–47) → 유대인들(8:48) → 예수(8:49–51) → 유대인들(8:52–53) → 예수(8:54–46) → 유대인들(8:57) → 예수(8:58).

단계가 진행될수록(a → b → c) 더 많은 내용의 공격, 반격, 재반격이 이어지며, 예수의 말이 유대인들보다 많고 주도적인 특징을 보여준다.

2.3.1. 은밀하게 예루살렘에 올라간 예수(7:1–13)

예수는 갈릴리에 머무르면서 유대에 올라가지 않으려고 하였다. 유대인들이 예수를 죽이려고 했기 때문이다(1절). 바로 앞 6장에는 예수를 죽이려는 음모가 나타나지 않고 있기 때문에, 7장은 오히려 예루살렘에 있을 때 예수를 죽이려고 한 유대인들에 대한 언급(5:18)과 더 잘 연결되는 것처럼 보인다. 한편, 6장과 7장은 주제 측면에서 **예수의 시험 이야**

기와 동일한 요소를 보여준다. 사탄에게 경배하면 세상 만국을 다스리게 해주겠다는 시험, 돌로 떡을 만들어보라는 시험, 예루살렘 성전 꼭대기에서 뛰어내려 힘을 과시해 보라는 시험으로 구성된 예수의 시험은 각각 예수를 왕으로 삼으려 한 것(6:15), 이스라엘 조상들이 광야에서 만나를 요구한 것(6:31), 형제들이 예수에게 그의 힘(기적)을 과시하라고 예루살렘으로 올라가라고 한 것과 상응한다. 예수가 이러한 시험을 이겨 공생애를 성공적으로 수행한 것처럼, 기적을 통한 사역 방식을 거부하고 죽음의 길로 나아간다.

유대교 3대 절기의 하나인 초막절이 가까워지는 때에, 예수의 형제들이 그에게 예루살렘에 올라가도록 채근하였다. 갈릴리에서 행한 일(=기적)을 유대에 있는 제자들도 볼 수 있게 하라는 것을 이유로 내세웠다. 그러나 예수가 이미 예루살렘에서도 기적을 행한 적이 있기 때문에(2:23; 5:8–9), 적절한 이유로 볼 수는 없다. 오히려 기적을 행하여 효과를 극대화할 수 있는 절기로 초막절이 좋다는 심리가 작동한 것이리라. 초막절은 농사철을 앞에 두고 있어서 가장 많은 순례자들이 모여드는 절기였기 때문이다. 참고로 초막절은 Tishri달(9–10월) 15일부터 7일간 지켰다(신 16:13; 레 23:34–36에는 팔일 째도 지킬 것을 말함). 형제들은 예수가 "스스로 나타나기를 구하는 사람"이며, "세상에 자신을 나타내고 싶어 하는 사람"이라고 전제하고 있다. 왜냐하면 형제들은 예수를 믿지 않았기 때문에(정치적 메시아로 기대함), 세상적인 기준으로 판단한 것이다.

예수는 "내 때(καιρος/카이로스)는 아직 이르지 않았다"고 대답한다(6절). 이러한 표현은 가나 혼인잔치에서 포도주가 떨어졌다고 했을 때 처음으로 언급된(2:4) 후에 여기 두 번째로 등장한다. 그리고 초막절 상황에서 집중적으로 나타나고 있다(7:8,30; 8:20). 여기에 이러한 표현이 집중되어 있는 것은 예수의 때가 초막절이 아니라 유월절이라는 것을 확실하게 해 두려는 의도일 것이다. 그러한 의미에서 요한복음은 **세상의 때인 초막절과 예수의 때인 유월절 사이의 대조와 긴장**을 보여준다.

성전 강화에서 "때"는 '카이로스'(καιρος)로 두 번(7:6,8), '호라'(ὡρα)로 두 번(7:30; 8:20) 나온다. 의미의 시간인 καιρος는 '정해진 때'(appointed time)를 말한다(연대기적 시간인 '크로노스/χρονος'와 대조됨). ὡρα는 하루를 나누는 단위인 '시간'(hour)의 뜻이지만, 여기에서는 특별히 구별되지 않고 둘 다 상호교환적으로 사용되고 있다. 요한복음에서 예수의 "때"는 죽을 때, 즉 영광을 받으실 때를 의미한다. "내 때가 아직 이르지 않았다"는 표현 외에 "때가 오고 있다"(4:21,23; 5:25,28-29; 16:2,25,32)거나 "때가 왔다"(12:23; 13:1; 16:32; 17:1)라는 표현도 있으며, "이 때를 면하게 하여 주옵소서. 내가 이를 위하여 이 때에 왔나이다."(12:27)라고 언급된 곳도 있다. 모두 예수의 죽음과 연관되어 사용되고 있다.

예수는 세상의 일들이 악하다고 증언하였기 때문에(예: 안식일 규정을 어겼고, 신성모독적인 발언을 하였으며, 모세를 높이지 않았다), 세상으로부터 미움을 받았다. 예수는 형제들에게 초막절에 올라가 종교적인 의무를 수행하라고 말했지만, 자신은 예루살렘에 올라가지 않겠다고 말하고 난 뒤에 갈릴리에 그대로 머물러 있었다. 예수는 7장에 언급된 마지막 예루살렘 여행을 비밀리에(비교: 올라가는 도중에도 10:40; 11:54을 보면 자신을 숨기고 있다) 하고자 한 것으로 보인다(막 9:30 참조). 예수는 형제들을 보내놓고 **은밀하게** 예루살렘에 올라갔다. 이것은 초막절이 그의 "때"가 아니라고 하는 것을 시사하는 것이다. 예수가 가지 않겠다고 거절한 뒤에 은밀히 올라간 것은 가나의 첫 번째 표징과 비슷한 양상을 보이고 있다(요청 → 거부 → 시행).

예수가 초막절에 예루살렘에 나타날 것인가 하는 것은 "유대인들"(예수의 적대자를 통칭하는 용어임)의 초미의 관심사였던 모양이다. 왜냐하면 유대인들이 예수를 찾아다닌 것을 언급하고 있기 때문이다. 왜 찾아다닌 것일까? 죽이려고 한 것인가?(7:1 참조) 그를 알고자 한 것인가?(7:15 참조) "유대인들"이 예수에 대해 적대적이었던 것에 비해 무리(일반 대중)의 예수에 대한 평가는 갈리고 있다. 한 편은 "좋은 사람"이라고 하며, 다른 한 편은 "미혹하는 사람"이라고 하면서 의견이 충돌하였다. 그러나 "유대인들"을 두려워하여 대놓고 말하지는 못하였다. 이 단계에서는 예수가 자신을 드러내지 않았기 때문에(은밀히 올라간 것 참조) 그의 정체성에 관해서 누구도 제대로 알지 못하였다.

2.3.2. 초막절 중간의 강화(7:14-36)

초막절 절기의 중간쯤(사흘째나 나흘째) 되었을 때에 예수가 모습을 공개적으로 드러내었다. 생명의 위협을 느끼고 있던 상황(7:1,11 참조)에서 모험을 하고 있다. 예수는 예루살렘 성전에 올라가서 가르치기 시작하였다. 그러나 사람들은 아직까지 가르치는 사람이 예수인지 잘 모르고 있었던 것 같다(7:25 참조). 예수는 아직까지 숨겨진 존재다. 예수는 정체성이 드러나지 않은 채로 유대인들과 논쟁을 벌인다.

유대인들은 "이 사람"(예수)이 랍비 교육을 받지 않은 사람임에도 불구하고 교육 받은 사람처럼 글을 알고 조리 있게 말을 하는 것을 보고 놀랐다. "어떻게 글을 아느냐?"는 질문에 예수는 아버지의 교훈을 말하는 것이라고 대답한다. 이는 그의 교훈이 새롭고 권위가 있었던 것을 보여준다(마 7:28-29 참조). 예수는 계속하여 자기 영광을 구하지 않고 보내신 자(하나님)의 영광을 구하는 자로서 참되고 의로운 자임을 강조한다. 그럼에도 불구하고 예수를 죽이려고 하니 모세의 율법을 지키지 않는 자들이라고 공격한다.

유대인들이 아직 가르치고 있는 사람이 예수임을 알지 못하고 있는 상황에서, 그를 죽이려고 한다고 한 것은 아무리 생각해도 논리의 비약에 해당된다. 그래서 무리 중에 있던 유대인들이 예수가 그를 죽이려고 한다고 말하는 것을 듣고 "귀신이 들렸다"(=미쳤다)고 말한다. 예수는 미치지 않았다는 근거로서 "내가 **한 가지 일**을 행한 것을 두고 너희가 다 이로 말미암아 이상히 여긴다."(21절)라고 말한다. 이것은 38년 된 병자를 안식일에 고친 것을 가리키고 있다. 안식일 논쟁이 여기까지 이어지고 있다. 5:1의 명절을 오순절이라고 한다면, 적어도 15개월 전의 사건을 가지고 문제 삼고 있는 것이고, 5:1의 명절을 유월절이라고 하더라도 6개월 전의 사건을 언급하고 있는 셈이다. 예수는 유대인들에게 그들이 안식일에도 모세가 명한 할례(레 12:3)를 행하지 않느냐고 반격한다(창 17:10에 따르면, 사실상 이스라엘 민족의 조상인 아브라함 때부터 할례가 시행됨). 모세의 율법을 지키려고 안식일 규정을 어긴 그들보다 안식일에 사람의 전신을 온전하게 한 예수가 훨씬 공의롭다는 논리를 댄다. 그러므로 공의롭지 않게 외모로 사람을 판단한 사람은 유대인들이라고 결론을 내리고 있다. 예수의 논리에 유대인들은 말을 잃고 있다(논쟁은 일방적으로 예수의 강화가 대부분 차지하고 있다).

아이러니칼하게도 예수를 처음으로 알아본 사람은 예수를 죽이고자 혈안이 되어 있었던 유대인들이 아니라 예루살렘 거민 중 어떤 사람이었다(25절). 그는 예수가 유대인들이 죽이고자 한 사람이라고 공개적으로 말함으로써 비로소 예수를 온 천하에 드러낸다. 그는 유대인들이 그렇게 죽이고자 한 사람을 아무 말도 하지 않고(침묵은 승인으로 간주된다) 이제까지 그대로 방치한 것을 보면서, 당국자들(유대 지도자들)이 예수를 그리스도(=메시아)로 알고 있는 것이 아닌가 하는 의문을 표시하기까지 하였다. '유대 당국자들은 잘 모르는 것이 확실한 것 같지만(속마음으로 말했다면),' "우리(그 사람은 무리에 속해 있다)는 이 사람이 어디에서 왔는지 안다."라고 자랑하듯 말한다. 이는 예수의 출신 지역(나사렛 예수)이나 부모(요셉의 아들)를 통해 그의 정체성을 안다고 한 것이다. 그러나 사실상 그들은 제대로 예수를 알지 못하고 있음을 드러내고 있을 뿐이다. "그리스도께서 오실 때에는 어디서 오시는지 아는 자가 없으리라."라고 말한 것에서도 드러난다. 메시아가 신비한 인물일 것이라는 것을 막연하게 전제하고 있는 것은 나사렛에서 선한 것이 날 수 없다는 나다나엘의 무지와 상통한다(1:46). 이해했다고 하지만 실제로는 모르고 있는 **오해의 주제**(motif)는 요한복음에 자주 나타나는 수사법이다(예: 니고데모와 사마리아 여인은 각각 "거듭"과 "생수"라는 이중의미를 가진 단어를 오해함).

예수는 그들이 예수의 출신(지역 및 부모)에 따라 그를 아는 것은 맞지만 진정한 그의 정체성을 모르고 있다고 비판한다. 왜냐하면 예수는 스스로 온 자가 아니라 하나님의 보냄을 받아 온 자이기 때문이다. 예수는 그를 하나님과 연합한 자(보냄을 받은 자는 보낸 자와 동일시됨)임을 주장함으로써 신성모독의 죄를 범하고 있다. 유대인들은 예수를 체포하고자 하였지만 실천에 옮기지는 못하였다. 왜냐하면 그의 "때"(ὥρα/호라)가 아직 이르지 않았기 때문이다(30절). 그의 때는 초막절이 아니라 유월절이 될 것이다.

유대인의 무리 가운데 예수를 믿게 된 사람들이 생겨났다(31절; 8:30 참조). 예수가 행한 많은 표징이 그들을 믿음으로 인도했지만(많은 기적을 행한 모세와 엘리야와 같은 예언자로 간주한 듯), 구원에 이를 만한 믿음이라기보다는 예수의 말과 행동을 믿음직하게 생각한 정도였다고 보아야 할 것이다. 왜냐하면 이들은 결국 예수를 비방하고 죽이려는데 가담하고 있기 때문이다(7:44; 8:20,37,48,59). 예수에 대한 의견이 나뉘고 신뢰하는 사람들도 생겨난다는 것을 바리새인들이 듣게 되었다. 산헤드린을 주도하고 있던 대제사장들과 바리새인들이 "아랫사람들"(ὑπηρεται/후페레타이; 이들은 성전 경비대를 가리킴)을 보내 체포하도록 조치한다.

예수는 이들을 만나 수수께끼 같은 말을 하여 위기를 모면한다. "조금 있다가 나를 보내신 이에게로 돌아갈 것이다."라는 말은 다른 지방으로 가거나 여행을 떠날 것이므로 체포할 필요가 없을 것이라고 안심시키는 신호가 될 수 있었다. "너희가 나를 찾아도 만나지 못할 터이요, 나 있는 곳에 오지도 못하리라."는 말은 많은 궁금증을 불러일으키기에 충분했다("부지런히 나를 찾아도 나를 만나지 못하리라"고 한 잠 1:28 참조). 유대인들은 예수가 디아스포라 헬라인들에게 가서 가르치려고 한다고도 했고, 자결한다고 추정하기도 하였다(8:22 참조). 이러한 수수께끼 같은 말은 위기를 모면하는 기지(wits)요 지혜(wisdom)였다. 그의 때가 되지 않았기에 예수의 지혜와 기지가 통하고 있다.

2.3.3. 초막절 끝날 강화 1(7:37-52)

예수는 초막절 끝날을 맞아 사람들 가운데 서서 외쳤다. 초막절은 특별한 절기였다. 솔로몬이 초막절에 성전을 봉헌했기 때문에(왕상 8:2) 성전과 관계가 깊다(열왕기상에 나오는 에다님월은 티슈리월과 같다). 초막절은 이스라엘 백성이 광야에서 초막(hut/booth/tent/tabernacle)을 짓고 지낸 것을 기념하는 것이기 때문에 장막절(feast of tabernacle)이라고도 한다. 종려나무 가지(lulab)와 나무 열매(ethrog) 등을 가지고 할렐(찬송)을 부르며 전제를 지낸다. 여인의 뜰에서는 네 개의 촛대에 불을 붙여 온 예루살렘을 환하게 비추도록 했다.

초막절 "끝날"을 "큰 날"이라고 한 것은 초막절 칠일 째 되는 날을 가리키는 것 같다. 레 23:36에는 신 16:13과 달리 팔일 째도 지킬 것을 명령하고 있다. 그렇게 함으로써 혹시 디아스포라 유대인들이 초막절에 참여할 때 시차 때문에 절기 달력을 잘못 계산하는 문제를 해결하는 방법이 될 수 있었을 것이다. 절기 첫 날을 안식일과 같이 지키라고 한 것처럼 팔일 째도 안식일처럼 지키라고 하였다(레 23:35-36). 팔일 째는 축제보다는 안식하는 날이었다. 절기의 칠일 째 되는 날은 절기의 피날레를 장식하는 날로서 여러 가지 행사가 진행되었다. 대표적인 것이 곧 다가오는 농사철에 비가 오기를 기원하면서 실로암에서 물을 길어와 제단에 붓는 **전제**(water libation)와 여인의 뜰에서 행하는 네 **촛대에 불을 밝히는 행사**였다. 전제와 촛대 밝히기는 매일 행하였고, 전제의 경우 칠일 째는 일곱 번 왕복하며 부었다고 한다.

초막절을 맞아 예수는 이 두 가지 주요 행사에 대한 영적 의미를 강조하고자 하였다. 그 첫 번째(두 번째는 8:12에 나옴)로 유대교 초막절 절기 의식으로 행하던 전제를 보면서, "누구든지 목마르거든 내게로 와서 마시라."고 외치셨다. 마치 사마리아 여인이 매일 물을 길으러 와야 하는 것을 보고 생수를 주겠다고 한 것처럼, 매해 전제를 드리며 기우제를 지내는 것을 보고 생수를 주겠다고 하신 것이다. "나를 믿는 자는 성경(잠 18:4; 사 58:11 참조)에 이른 바와 같이 그 배에서 **생수의 강**이 흘러나오리라."고 한 것이다. 고대에 "배"(belly)는 감정이 자리 잡은 곳으로 인식되었기 때문에, 마음(heart)으로 읽어도 된다. 요한복음은 생수를 성령이라고 해석하여 준다(39절). 아직 예수가 영광을 받지 않았기 때문에(16:7 참조; 예수가 죽은 후에야 보혜사가 온다), 성령이 임하지 않았을 뿐이다. 예수는 그의 죽음을 통해 보혜사 성령을 생수의 강처럼 풍족하게 허락할 것이라고 약속하고 있다. 요한복음에는 출애굽 이야기에서 취한 표상들이 많은데(1:29 어린양; 3:14 놋뱀; 6:31 만나; 6:16-21 홍해 건넘), 여기에서 예수는 출애굽기에 나오는 샘솟는 바위/신령한 반석으로 표상되고 있다(출 17:6; 고전 10:4 참조). 예수는 여기에서 초막절의 전제를 대체/능가하고 있다.

예수의 이 말은 충격적이어서 듣는 사람들 사이에 논쟁이 일어났다. 어떤 사람은 예수를 "예언자"라고 했으며, 어떤 사람은 "그리스도"라고 하였다. 이에 반해 어떤 사람들은 갈릴리에서는 그리스도가 나올 수 없다고 반박하였다. 그들은 성경 지식을 자랑하면서 "그리스도는 다윗의 씨로 또 다윗이 살던 마을 베들레헴에서 나오리라."(미 5:2; 마 2:5-6)고 근거를 제시하였다. 이는 예수가 베들레헴에서 탄생했기 때문에 그들 스스로 예수가 그리스도라고 증언하고 있는 셈이다(아이러니). 무리 중에 쟁론이 발생하자 그들 중 어떤 이들은 예수를 체포하려고까지 하였다.

이때 산헤드린이 보낸 "아랫사람들"(성전 경비대)이 돌아왔다. 이들을 명절 중간에(7:32)에 보낸 것으로 본다면, 사나흘 후에 돌아온 셈이다. 아무 성과 없이 돌아온 그들에게 "어찌하여 잡아오지 아니하였느냐?"라고 질책하였다. 성전 경비대는 예수의 놀라운 말씀에 대하여 증언하며 책임을 면해보려고 하였다. 그러자 바리새인들이 "너희도 미혹되었느냐?"라고 재차 질책하면서, "당국자들(산헤드린 지도자들)이나 바리새인 중 믿는 자가 있느냐?"라고 확신에 차서 말하였다. 그러나 바로 이어서 등장하는 산헤드린 회원 니고데모가 숨은 그리스도인이라고 볼 수 있는데, 그렇다면 바리새인들의 말이 잘못임이 드러난 셈이다. 또한 "율법을 알지 못하는 이 무리는 저주를 받은 자들이다"라고 한 바리새인들에게 니고데모가 "우리 율법은 사람의 말을 듣고 그 행한 것을 알기 전에 심판하느냐?"라고 반론을 제기함으로써, 바리새인들 스스로 율법을 제대로 알지 못하고 있는 자들임을 폭로하고 있다. 율법은 일방적 주장만으로 사람을 죽이는 것을 금하고 있다(신 1:16 참조). 이에 바리새인들은 니고데모에게 "너도 갈릴리에서 왔느냐? 찾아보라. 갈릴리에서는 선지자가 나지 못한다."라고 말하면서 억지를 부린다. 이러한 주장 역시 성경을 제대로 모르고 한 말이다. 적어도 요나는 갈릴리 가드헤벨 출신의 예언자이기 때문이다(왕하 14:25 참조).

2.3.4. 간음 현장에서 잡힌 여자 이야기(7:53–8:11)

이 단락은 요한복음에 나중에 삽입된 것으로 보고 있다. 그 근거는 몇 가지가 있다.

첫째, 초기의 중요한 사본들(א, P^{66}, P^{75}, A, B, L 등)에 이 단락이 없다. 헬라 교부들의 글에도 언급되지 않고 있다.

둘째, 이 단락이 나타나고 있는 것은 주후 400년경 베자사본(D)에서다. 이 단락을 포함하고 있는 것은 주로 서방교회(옛 라틴역)에 국한되고 있다. 표준적인 헬라사본(F,G,H,K 등)에 나타나기 시작하는 것은 주후 900년경이다.

셋째, 어휘와 문체가 누가적이다. 어떤 중요한 사본(f^{13})에는 이 단락이 눅 21:38 이후에 실려 있다. 이 이야기가 오래된 전승임에도 불구하고, 초기 사본들에 실리지 않은 것은 간음 현장에서 잡힌 여인을 용서하는 내용이 오히려 도덕적 해이를 방조할 수 있는 우려가 있으며 참회를 강조하는 교회 전통에 잘 맞지 않았기 때문일 것이다. 그럼에도 불구하고 이 이야기는 진실한 내용을 담고 있어서 나중에라도 후기 사본들에 실리게 된 것으로 보인다. 이 단락을 담고 있는 요한복음 사본들에도 실린 위치가 세 곳으로 나뉜다: 7:52 이후, 7:36 이후, 21:25 이후(끝). 그러므로 이 단락은 삽입된 채로 해석하되, 요한복음 내용을 이야기의 흐름을 따라 다룰 때는 7:52에서 8:12로 이어서 보도록 권장한다.

7:53-8:2은 앞 단락과의 연결을 위한 전이구절(transition passage)이다. "서기관들"(요한복음에서 이곳에 처음이자 마지막으로 등장한다)과 바리새인들이 간음 현장에서 잡힌 여자를 끌고 와서 백성들 가운데 세우고 예수께 질문하고 있다. 이 여인은 결혼한 여자로서 다른 남자와 "간음"(μοιχεια/모이케이아)하였다. 결혼하지 않은 여자가 범한 죄는 "음행"(πορνεια/포르네이아)으로서 둘은 구별된다. 음행의 경우 사형에 해당하지만 정상참작이 되는 경우가 있었다(신 22:25-29).

여기에 서기관들과 바리새인이 함께 등장하고 있는 것으로 보아 산헤드린이 배후에 있음을 짐작할 수 있다. 산헤드린은 이미 이 여자의 죄에 해당되는 벌을 알고 있었겠지만, 예수를 함정에 빠뜨리려는 의도에서 공개적인 자리에 데리고 온 것이다. 그런데 여자와 간음죄를 지은 남자는 현장에서 사라졌다. 율법대로 한다면 그 남자도 사형죄에 해당된다. 이 여인의 남편도 아내를 버리고자 꾸며낸 공모자였는지도 모른다. 이 여자가 잘못한 것은 맞지만 억울한 측면도 있었다. 산헤드린은 모세의 율법 규정(레 20:10; 신 22:22-24)을 들어 돌로 쳐 죽여야 한다고 하면서 예수의 의견을 묻는다. 만약 예수가 이 여자를 놓아주라고 하면 모세의 율법을 어기는 것이 되고, 모세의 율법대로 돌로 쳐 죽이라고 하면 로마법을 어기는 것이 된다. 예수가 진퇴양난에 빠진 것은 가이사에게 세금을 바쳐야 하는가의 문제를 가지고 바리새인들과 헤롯당원들이 예수를 함정에 빠뜨리려고 했던 것과 유사하다(막 12:13). 당시 로마제국은 산헤드린에 생사여탈권을 허락하지 않았다.

예수는 그들이 시험하기 위해 불쌍한 여자를 볼모로 잡아온 것을 알았다. 그는 무엇인가 대답을 내놓아야 하는 처지로 내몰리고 있었다. 예수는 몸을 굽혀 손가락으로 땅에 무엇인가를 썼다. 예수가 취한 행동을 보면 한편으로 엉뚱하고 다른 한편으로는 지혜로운 것을 알 수 있다.

무엇이라고 썼을까? 고발하는 사람들의 죄를 쓰고 있었을까?(제롬) 로마제국의 예를 따라 선고하기 전에 그 내용을 썼던 것처럼 "너희 중에 죄 없는 자가 먼저 돌로 치라."라고 썼을까? 위증에 관해 경고하는 출애굽기의 말씀, 즉 "너는 거짓된 풍설을 퍼뜨리지 말며 악인과 연합하여 위증하는 증인이 되지 말라."(출 23:1)는 내용을 썼을까? 아니면 군중심리에 빠져 당장이라도 돌을 들어 치려고 하는 백성들의 흥분한 마음을 가라앉히기 위해 무엇인가 쓰는 시늉을 하며 시간을 끌고 있었던 것일까? 우리는 다만 이것저것 짐작해 볼 수 있을 뿐이다. 중요한 것은 이러한 행동을 통해 예수는 곤경을 벗어날 수 있는 기회를 얻었다는 것이다.

서기관들과 바리새인들은 끈질기게 질문을 계속함으로써 그들의 의도를 관철하려고 하였다. 예수가 드디어 입을 열고 말했다. 모두가 그의 입을 주목하였다. 예수는 "너희 중에 죄 없는 자가 먼저 돌로 치라."고 말하고서 다시 몸을 굽혀 손가락으로 땅에 쓰고 있었다. 잠시 침묵이 흘렀을 것이다. 순간적으로 모든 사람들의 양심이 흔들렸다. 자신들의 죄가 생각나자 누구 하나 선뜻 나서는 사람이 없었다. 그들 중 많은 사람도 간음죄를 이미 저질렀는지도 모른다. 어른부터 시작하여 젊은이까지 하나씩 자리를 떠났다. 상황이 급변한 것이다.

예수와 이 여자만 홀로 남자, 예수께서 일어나서 "여자여, 너를 고발하던 그들이 어디 있느냐? 너를 정죄한 자가 없느냐?"라고 물었다. 입이 열 개라도 할 말이 없는 여자에게 단답형으로 대답할 수 있게 배려하고 있다. 여자는 간신히 입을 열어 "주여, 없나이다."라고 대답하였다. 예수는 "나도 너를 정죄하지 않는다. 가서 다시는 죄를 범하지 말라."고 말하는 것으로 이 이야기는 끝이 나고 있다.

이 이야기는 간음 현장에서 잡힌 여인과 침착한 태도를 견지하며 그녀를 용서하고 있는 예수를 교묘하게 대조시키고 있다. 조연으로 서기관들과 바리새인들, 그리고 백성들이 등장한다. 조연들은 율법을 형식적으로 적용하려 했고, 예수를 시험하여 곤경에 빠뜨리려고 했을 뿐이다. 죄인을 무자비하게 사형에 처하도록 하는 것이 율법의 목적은 아니다. 율법은 사람(그가 죄인이라고 하더라도)을 살리기 위해 주어진 것이다. 예수는 죄는 미워하였지만(다시는 죄를 짓지 말라고 하심), 죄인은 용서하였다. 가장 사악한 의도를 가진 사람들에게도 분노와 싸움으로 문제를 해결하지 않았고, 그들까지 용서의 품으로 안으셨다.

2.3.5. 초막절 끝날 강화 2(8:12-30)

앞에서 말한 것처럼, 8:12는 7:52에서 이어지는 내용이다. 초막절을 배경으로 이야기가 전개되고 있다. 초막절에서 행한 의식 가운데 영적 의미를 부여하고 있는 두 번째 내용은 "빛"에 관한 강화이다. 초막절 기간 동안 여인의 뜰에서는 네 촛대에 불을 밝히는 의식을 행하였다. 촛대에 불을 밝혀 예루살렘 도시 전체를 비추었다. 이 촛대에 붙은 불은 이스라엘 백성이 광야를 지날 때 하나님이 기적으로 보내준 '불기둥'과 같은 것이었다. "빛"은 서언에서 중요하게 언급된 주제였다(1:4,5,7,8,9). 그 빛의 주제가 여기 8:12에서 두 번째로 등장하며, 이후 9장에서 다시 한 번 등장한다.

예수는 "성전 헌금궤"(γαζοφυλακιον/가조뿔라키온) 앞에서 사람들에게 말하고 있었다. γαζοφυλακιον은 보물 창고(treasury)로도 해석이 가능하지만, 사람들이 많이 모인 곳에 있던 헌금궤로 보는 것이 더 낫다. 여인의 뜰에서 이스라엘의 뜰로 들어가려면 15개의 계단을 올라가야 했다. 계단을 올라가 '니카노르 문'을 통해 이스라엘 남자들만 성전으로 들어갈 수 있었다. 여인의 뜰에는 니카노르 문이 있는 벽면을 제외한 삼면에 13개의 나팔 모양으로 된 헌금궤가 있었고, 네 개의 큰 촛대가 있어서 레위인들이 사다리를 타고 올라가 올리브 기름을 채워 초막절 축제 기간 동안 불이 꺼지지 않도록 했다. 여인의 뜰에 촛대와 헌금궤가 가까이 위치해 있었다. 예수는 성전 헌금궤 앞에서 **"나는 세상의 빛이다."**라고 선언하였다. 이 말은 7:37–38에 이어 침묵하다가 초막절 끝날에 두 번째로 한 말씀이다. 그때는 어떤 특정 장소를 언급하지 않았지만, 두 번째 말씀은 헌금궤 앞에서 하였다고 언급하고 있다(8:20). 첫 번째 말씀도 비슷한 장소에서 하지 않았을까 짐작해 볼 수 있다. 전제 의식도 실로암 연못에서 물을 길어와 여인의 뜰을 지나 성소 제단으로 갔기 때문에, 여인의 뜰의 니카노르 문 근처 높은 곳에서 말했다고 보는 것이 적절할 것이기 때문이다.

예수는 계속하여 "(세상의 빛인) 나를 따르는 자는 어둠에 다니지 아니하고 생명의 빛을 얻으리라."라고 말하였다. "생명의 빛"은 서언에서 말한 "이 생명은 사람들의 빛"이라고 한 것과 맥을 같이 한다. 구약성경에 나오는 "생명의 빛"(욥 33:30; 시 56:13)이라는 표현과 하나님을 빛(시 27:1)이라고 고백한 것과 비교해 볼 수 있다. 여기에서는 빛과 어둠을 이원론적으로 대조시키고 있다는 점에 주목하게 된다(쿰란문서인 1QS 3:20–21 참조). 바로 예수를 적대하고 있는 유대인들을 어둠으로 보고 있다.

예수의 이 같은 선언은 논쟁을 유발하였다. 유대인들을 대표하여 성경학자인 바리새인들이 나선다. 바리새인들은 예수 자신만의 주장임을 내세워 참된 증언이 아니라고 논박하였다. 두세 증인의 증언이 필요하다는 것을 근거로 제시한 것이다(신 17:6; 19:15 참조). 예수는 그가 어디서 오며 어디로 가는지 알고 있기 때문에 혼자만의 증언으로도 참되다고 대답한다. 더 나아가서 아버지 하나님이 증언하고 있기 때문에 율법의 두세 증인 규정에도 부합한다고 덧붙인다. 바리새인들은 육체(인간적 기준)를 따라 판단(평가)하고 있지만, 예수는 그러한 판단은 하지 않는다고 말한다. 예수의 판단은 다만 구원과 정죄에 관한 궁극적 판단(심판)과 관계될 뿐이다(5:22; 9:39 참조).

바리새인들은 예수의 대답에 말꼬리를 잡고 "네 아버지가 어디 있느냐?"고 묻는다. 육신적인 아버지인 요셉에 관해서 묻고 있는 것처럼 말한다. 요셉이 이미 죽었다고 본다면 예수가 대답할 말이 없을 것이라고 생각했을 것이다. 이렇게 생각했다면 그들이 예수의 정체성에 관해 전혀 모르고 있다는 것을 폭로한 셈이다. 예수는 "너희가 나를 알지 못하고 내 아버지도 알지 못한다. 나를 알았더라면 내 아버지도 알았으리라."(14:7; 16:3 참조)라고 대답한다. 바리새인들은 외모로 사람을 판단하고 있지만(7:24 참조), 예수는 영적 차원에서 말하고 있다. 예수는 성전 구역 내에 있는 헌금궤 앞에서 말하고 있었지만, 아무도 예수를 체포하려고 하지 않았다. 아직 그의 때가 이르지 아니하였기 때문이다.

예수의 성전 강화는 계속된다. 바로 앞 8:14에서 말한 주제인 "가다"(ὑπαγω/후파고)와 관련하여 강화를 이어간다. 예수는 그가 곧 갈(=죽을) 것이지만, 유대인들은 그의 정체를 모르기 때문에 그를 죽이기 위해 찾으려고 하다가 죄 가운데 죽을 것이며, 그가 가는 곳에 오지 못할 것이라고 말한다. 유대인들은 그 말을 이해하지 못하고 자결하려는 것인가 하고 의문을 가진다. 예수의 죽음과 그 의미를 알지 못하고 있기 때문에 예수의 정체성에 대해서도 무지하다. 예수는 다시 한 번 그의 정체성과 관련하여 "너희는 아래에서 났고 나는 위에서 났으며, 너희는 이 세상에 속하였고 나는 이 세상에 속하지 않았다."라고 말한다. 유대인들의 육체적인 차원과 예수의 영적인 차원을 대조해 준다. 예수는 "너희가 만일 '내가 그'(Εγω Ειμι/에고 에이미)인 줄 믿지 아니하면 너희 죄 가운데서 죽으리라."고 선언한다(24절; 28절과 58절에도 Eγω Eιμι가 나옴).

유대인들은 예수의 말을 이해하지 못하고 계속하여 "네가 누구냐?"라고 질문한다. 예수는 "나는 처음부터 너희에게 말하여 온 자"라고 하면서 "나를 보내신 이"와의 관련성을 강조한다. 이 주제는 초막절의 첫 번째 강화인 명절 중간 강화(7:14-36)에서 강조되었던 내용이다. 그러나 유대인들은 예수를 보내신 이가 "아버지"(하나님)인 줄을 깨닫지 못하였다(27절). 예수를 보내신 자와 아버지가 같은 분임을 깨닫지 못한다. '아버지와 아들의 관계'(Father-Son relationship)로서 예수를 파악하게 된다면 그를 믿을 수 있을 것이다. 하나님을 아버지로 칭하는 내용은 명절 끝날 강화 2의 전반부(8:12-24)에 나오는데, 후반부(8:25-30)에서 이를 깨닫지 못한다고 하는 것은 의아스럽기 짝이 없다. 그리하여 '아버지와 아들'의 주제는 마지막 강화(8:31-59)에서 다시 한 번 등장하여 강조되고 있다.

그래서 예수는 유대인들에게 그를 보내신 이가 아버지가 되심을 설명하여 준다. "인자를 '든'('ὑψοω/훕쏘오'는 이중의미를 가진 단어로서 십자가에 들려 죽는다는 뜻임) 후에 '내가 그'(Eγω Eιμι)인 줄 알게 될 것이다."라고 말하고, 예수가 오직 아버지께서 가르쳐 준대로 말한 것을 알게 될 것이라고 하였다. 또한 예수는 그가 아버지와 함께 하고 있음을 밝히고 아버지가 기뻐하는 일을 행한다고 증언하였다. 예수가 이렇게 말하자 많은 사람이 그를 믿었다. 여기에서 "믿었다"라고 한 것은 예수를 그리스도로 믿었다는 의미라기보다는 '보내신 자=아버지'라는 사실을 알게 되었고, 예수를 죽이려고 하던 마음에서 벗어나 약간의 신뢰관계가 형성되었다는 의미 정도로 받아들여야 할 것이다. 왜냐하면 이후에 전개된 내용(8:31-59)을 보면 그들은 예수와의 논쟁에서 그를 비방할 뿐만 아니라, 죽이려고 하는 시도를 결코 포기하지 않고 있기 때문이다(33, 37, 48, 59절 참조).

2.3.6. 초막절 끝날 강화 3(8:31-59)

이 단락은 진리이신 예수와 거짓의 자녀인 유대인들 사이에 있었던 논쟁을 다루는데, 세 부분으로 나눌 수 있다. 첫째, **자유와 종**의 개념을 가지고 논쟁하는 부분이다(31-41a절). 여기에서는 아브라함이 유대인들의 아버지가 아니라고 논증한다. 둘째, **참된 아버지와 거짓의 아비**를 주제로 논쟁하는 부분이다(41b-47절). 여기에서는 하나님이 유대인들의 아버지가 아니라고 논증한다. 셋째, **귀신 들림**의 문제를 중심으로 논쟁하는 부분이다(48-59절). 여기에서는 예수의 정체성을 드러낸다. 세 부분 모두에 전체적으로 아브라함(33, 37, 39, 52, 53, 56, 57, 58절)이 논쟁의 중심에 서 있다.

a. 자유와 종의 개념에 관한 논쟁(31-41a절)

예수는 그를 "믿은" 유대인들과 약간의 신뢰관계가 형성된 것을 토대로 그들이 "제자"가 되는 데까지 발전하기를 희망하였다. 그래서 "너희가 내 말에 거하면 참으로 내 제자가 되고, 진리를 알지니 진리가 너희를 자유롭게 하리라."라고 말하였다. "진리"(αληθεια/알레쎄이아)라는 단어는 성전 강화에서 이 단락에만 나오는 주제어이기도 하다(32, 40, 44, 45, 46절 참조). "진리"는 예수의 계시(가르침)를 가리키며, 결국 예수 자신이라고 말할 수 있다(8:36; 14:6 참조). 예수의 교훈은 그의 말(가르침/계시)에 거하면(믿으면) 진리를 알게 되고, 진리가 자유롭게 할 수 있다는 것이다.

그러나 예수를 믿었다는 이들이 곧바로 예수의 말에 거부 반응을 보인 것은 의외다. 유대인들은 아브라함의 자손으로서 한 번도 남의 종이 된 적이 없는데, 어찌하여 자유롭게 될 것이라고 가르치느냐고 맞받아친다. 사실 유대인들은 다른 나라들(앗시리아, 바빌론, 페르시아, 그리스, 로마)의 정치적인 지배를 받은 바 있다. 그러나 이것을 종이 된 것과 다르다고 보고 있다. 타국의 지배를 받아도 자유를 빼앗기지 않았다는 자부심을 엿볼 수 있다. 주후 73년 로마와 싸웠을 때 맛사다에서 최후를 맞이한 열심당원들을 연상하게 한다. 그렇다면 유대인들이 말한 자유는 정치적인 자유를 말한 것이 아니라 정신적/신앙적인 자유를 말하고 있다.

예수는 이에 대해 한 걸음 더 나아간다. 유대인들이 더 이상 핑계를 대지 못하도록 죄를 범하는 자마다 죄의 종이라고 한 것이다. 유대인들은 인종적으로 이스라엘인으로 태어나기만 해도 하늘나라에 분깃을 얻게 된다고 믿었다. 나사로의 비유에서도 그러한 사상을 엿볼 수 있다. 아브라함의 자손이라면 영원한 집(하늘나라)에 거할 수 있다고 생각한 것이다. 그러나 예수는 죄를 지음으로써 종이 된 사람은 영원한 집에 거하지 못하며, 아들은 영원히 거할 수 있다고 했다. 그리하여 아들(예수)이 그들을 자유롭게 하면 그들도 참된 자유를 얻게 된다고 말했다. 그러나 아브라함의 자손이라고 하면서도 예수의 말을 그들의 마음에 받아들이지 못했다. 오히려 예수를 죽이려고 하였다. 성전 강화가 계속되는 동안 예수에 대한 죽음의 위협은 계속되고 있다(7:19,20,25,44; 8:20,37,40,59).

38절에서 예수는 "내 아버지"와 "너희 아비"를 대조시킨다. "본 것"과 "들은 것"도 대조되고 있다. 보는 것이 듣는 것보다 근원적인 관계라는 것을 말해주려는 것 같다. 그러나 40절에서 "하나님께 들은 진리"라고 한 것을 보면, 큰 차이는 없다고 보아야 한다. 여기에서 "너희 아비"가 누구인가에 대해서는 모호성을 유지하고 있다. 아브라함일 수도 있고 44절에서 말한 것처럼 마귀일 수도 있다. 예수는 후자를 암시한 것처럼 비쳐진다. 그러자 유대인들은 "우리 아버지는 아브라함"이라고 명확히 하고자 한다. 예수는 그들이 핑계를 댈 수 없도록 아브라함의 자손이면 아브라함이 행한 일들을 해야 하는데(창 18장 참조), 그를 죽이려고 한다고 지적한다. 그들의 주장이 거짓이라는 것을 폭로하고 있다.

b. 참된 아버지와 거짓의 아비에 관한 논쟁(41b-47절)

이 단락에서는 앞에서 거짓의 아비에 관해서 암시만 되었던 것이 명백하게 논증을 통해 드러난다. 유대인들은 예수의 논조가 그들이 아브라함의 자손이 아니라는 투로 말하는 것을 파악하고, "우리가 음란한 데서 나지 않았다."고 논박한다. "음란"(πορνεια/포르네이아)은 합법적인 자식이 아니라는 것을 뜻하는데, 유대인들은 아브라함이 아닌 다른 조상에서 나온 것이 아니라는 것을 적극적으로 방어하고 있다. 그들은 아브라함의 자손이라는 것을 증명하기 위하여 한 분 하나님에 대한 전통적인 신앙고백을 덧붙인다(신 32:6; 사 63:16 참조). 이는 한편으로 아브라함의 자손이라는 논쟁적인 이슈보다 아무도 부정할 수 없는 하나님을 아버지로 믿는 전통적인 신앙 문제를 거론함으로써 그들에게 유리한 논쟁으로 이끌어가고자 한 것으로 보인다.

그러자 예수는 이에 지지 않고 논쟁을 확대해 나간다. 유대인들이 하나님이 아버지라고 하니, 그렇다면 그를 사랑하였을 것이라고 말한다. 예수가 자신은 하나님으로부터 나온 존재이자 아버지께서 보낸 자라고 하면서 어찌하여 그의 말을 깨닫지 못하느냐고 탄식한다. 예수는 급기야 44절에서 그들이 예수의 말을 들을 수 없는 근본적인 이유를 제시한다. 그들이 "너희 아비 마귀에게서 났기 때문이다."라고 말한 것이다. 이것은 회심의 반격(counter punch)에 해당된다고 할 것이다. 이어서 마귀의 본질과 속성에 대해 열거한다. 마귀는 처음부터 살인한 자이며, 진리가 그 속에 없기 때문에 스스로 거짓을 말하는 거짓말쟁이요 거짓의 아비라고 갈파한다. 이에 비해 예수는 진리를 말한다고 하면서, 그들이 하나님께 속하지 아니하기 때문에 예수의 말을 듣지 않고 믿지 않는 것이라고 단언한다. 이로써 예수는 유대교를 마귀의 종교로 만들고 있는 셈이다.

c. 귀신 들림에 관한 논쟁(48-59절)

예수의 논리 정연한 주장에 유대인들은 논쟁의 패자가 될 처지에 놓였다. 그러자 유대인들은 감정적인 대응으로 나온다. 바로 예수가 귀신에 들린 것이라고 억지를 부렸다. 예수를 **"사마리아 사람"**이라고 낮추어 부른 것은 악한 영에 사로잡힌 사람이라는 의미이다. 예수는 오직 그의 아버지를 공경함에도 불구하고 일방적으로 그들이 귀신 들렸다고 비방한다고 말한다. 예수는 스스로 영광을 구하지 않지만 하나님께서 영광스럽게 하시며, 그의 행동이 옳다고 판단해 주신다고 증언한다.

예수는 계속하여 "사람이 내 말을 지키면 영원히 죽음을 보지 아니할 것이다."라고 말함으로써 전선을 확대하고 있다. 유대인들은 예수가 이런 말을 하는 것을 볼 때 귀신 들린 것이 분명하다고 생각한다. 비로소 승기를 잡은 느낌이 들었을 것이다. 아브라함과 선지자들도 죽었는데, 영원히 죽지 않는다고 말하는 것은 아브라함이나 선지자들보다 더 큰 자라는 것이냐고 공격한다. 예수는 스스로 영광을 구하지 않지만 그들의 하나님인 "내 아버지"가 그를 영광스럽게 한다고 주장한다. 그들은 하나님을 알지 못하지만 예수는 그를 알기에, 거짓말쟁이가 아니며 오히려 그의 말을 지킨다고 덧붙인다.

예수는 마지막으로 "너희 조상 아브라함은 나의 때 볼 것을 즐거워하다가 보고 기뻐하였다."라고 말함으로써 새로운 논란거리를 제공한다. 새로운 주장을 계속 내어놓음으로써 스스로 궁지에 빠지는 것 같지만 오히려 주도적으로 논쟁을 이끌어나가고 있다. 이것은 치명적인 결과를 낳을 수가 있는 과감한 주장이었다. 유대인들은 "네가 아직 오십 세(누

3:23 참조)도 못 되었는데 아브라함을 보았느냐?"라고 직설적으로 따져 묻는다. 예수는 아랑곳하지 않고 "아브라함이 나기 전부터 '내가 있느니라'(Eγω Eιμι/에고 에이미)."라고 선언한다. 이 말은 예수의 정체성을 알지 못하고 있는 유대인들에게 정신 나간 소리로 들릴 만하였지만, 예수가 유대인들을 향해 날린 최후의 일격(finish blow)인 셈이었다. 예수는 하나님의 이름인 Eγω Eιμι를 그의 이름으로 사용함으로써 신성모독(blasphemy)의 죄를 피해갈 수 없게 된다.

유대인들이 돌을 들어 치려고 한 것은 그들 편에서 보면 당연한 수순이다. 십계명은 하나님의 이름을 망령되이 일컫는 자는 죽어 마땅하다고 판결하고 있다. 산헤드린은 당시 생사여탈권을 행사할 수 없었지만, 군중의 폭동에 의한 사형(lynch law)까지 막을 수는 없었을 것이다(행 7:59의 스데반의 경우 참조). 예수는 이제 논쟁을 끝낼 때가 된 줄 아셨다. 돌로 침을 당할 수 있는 험악한 상황에서, 자신의 몸을 숨겨 성전에서 나가셨다. 이로써 예수는 "은밀하게"(εν κρυπτῳ/엔 크룹토) 성전에 들어왔다가(7:10), "숨어"(εκρυβη/에크루베) 성전에서 나왔다(8:59). 성전 강화 전체를 통해 예수의 정체성이 신비에 쌓여 있음을 보여준다. 예수는 초막절을 맞아 두 가지 중요한 의식(물을 붓는 전제와 촛대에 불붙이기)을 보면서, 자신이 그러한 의식을 본질적으로 대체/능가하는 분임을 보여주었다. 이처럼 예수는 초막절을 대체하고 있다.

2.4. 날 때부터 맹인이 된 사람의 치유(9:1-41)

7-8장이 초막절에 성전에서 행한 강화라면, 9:1-10:21은 성전 주변에서 초막절의 주제를 확장시키는 내용을 담고 있다. 먼저 9장 전체는 날 때부터 맹인 된 사람을 고친 기적 이야기(1-7절)와 그에 따른 논쟁(8-41)으로 구성되어 있다. 9장은 성전을 중심으로 기록된 7-8장과는

구별된다. 그러나 9장에는 바리새파의 격렬한 적대감이 표출되고, **실로암**('보냄을 받은 자'인 예수를 가리키며, 예수가 구원하는 물이 됨을 뜻함) 못이 등장하며, 빛의 주제(초막절과도 연관됨)가 나타나고 있기 때문에(5절), 이것은 초막절 이후 성전 주변에서 일어난 사건으로 볼 수 있다.

맹인 치유에 대한 이야기는 공관복음서에 많이 나타난다.
여리고 근처에서 바디매오 소경을 고치고(막 10:46-52; 눅 18:35-43; 마 20:19-34 두 맹인),
갈릴리에서 두 맹인을 고치고(마 9:27-31),
갈릴리에서 말 못하는 맹인을 고치고(마 12:22-23),
벳새다에서 침을 뱉어 고치며(막 8:22-26; 마 15:30에는 침을 뱉는 내용이 없음),
예루살렘 성전 청결 기사 말미에 맹인과 저는 자들을 고치는 이야기가 나온다(마 21:14).

그러나 요한복음에 나오는 맹인 치유 이야기는 공관복음서에 나오는 것들과 다른 특이한 내용이 언급되어 있다; 날 때부터의 맹인, 진흙의 사용(반죽은 안식일 규정을 어기는 것임), 실로암(보냄을 받은 자=예수) 연못에 가서 씻으라는 내용, 심문을 통한 기적의 의미 추구, 부모에 대한 심문(출교의 상황을 배경으로 함. 9:22; 12:42; 16:2; 눅 6:22 참조).

2.4.1. 기적 이야기(1-7절)

9장은 전체가 날 때부터 맹인이 된 사람을 치유한 이야기로 구성되어 있다. 1절은 앞 장과의 연결을 위한 전이구절이다. 예수께서 성전에서 나와 길을 가실 때에 한 맹인을 보게 되었다. 미리 계획된 만남이 아니었다. "길을 가실 때에"(παραγων/파라곤)라는 표현은 요한복음에서 이곳에만 나오는데, 공관복음서에는 흔치 않게 나오는 단어이다(막 1:16; 2:14; 마 9:27 참조). 사건은 맹인 된 것이 누구의 죄 때문인지에 관해 제자들이 질문함으로써 촉발되고 있다. 유대교에서는 병과 불행이 누구의 죄(책임) 때문인가에 대하여 관심이 많았던 것 같다. 이 맹인을 두고도 제자들은 그 자신의 죄 때문인지, 부모의 죄 때문이지 묻고 있다. 예수는 의외의 대답을 내놓았다. 그 누구의 죄도 아니라는 것이다. 오히려 예수는 "하나님께서 하시는 일을 그에게서 드러내시려는 것"이라고 말씀하심으로써 과거보다는 현재와 미래에 초점을 맞추고 있다. 예수는 맹인의 사건을 들어 자신이 할 일을 설명하는 경우로 삼고 있다. 때가 아직 "낮"이므로 "보내신 이"의 일을 하여야 하며, "밤"이 되면 일할 수 없게 될 것이라고 하였다. 그리고 8:12에서 말한 바 있었던 "나는 세상의 빛이다"라는 말씀을 반복하고 있다. 이 말씀으로 볼 때 맹인 치유 기적에서도 초막절의 주제가 연장되고 있다고 말할 수 있다. 즉, 맹인의 눈을 뜨게 하는 기적에서 신학적인 이유가 기적 자체보다 더 중요하다는 점을 시사한다.

1–5절이 기적이 일어나게 된 배경을 설명하고 있다면, 기적 행위는 6–7a에 기록되고 있다. 기적 행위는 침을 뱉어(spitting), 진흙을 이겨 눈에 바르는 방식으로 이루어지고 있다. 침을 뱉어서 치료한 경우는 마가복음(7:33; 8:23)과 요한복음에만 나온다. 침을 뱉어 치료하는 행위가 마술적인 것으로 보일 수도 있었을 것이다. 이러한 이유로 마태와 누가가 이를 생략한 것이 아닌가 하고 추측하기도 한다. 당시에 아침 먹기 전 첫 번째 타액(fast spittle)이 치료 효과가 있다는 민간 신앙이 있었던 것 같다.

땅에 침을 뱉어 진흙을 이겨 맹인에게 바르고, 실로암에 가서 씻으라고 하였더니, 밝은 눈으로 회복되는 결과(7b)가 나타났다고 기록하고 있다. 실로암(Σιλωαμ)은 히브리어 '쉴로아흐'(שִׁלוֹחַ)에서 음역된 말로서 "보냄을 받았다"는 뜻을 가지고 있다. 실로암 연못은 성 밖에 있는 기혼 샘으로부터 533m에 이르는 히스기야 터널 수로를 통해 예루살렘 성 안으로 물을 끌어들여 만든 것이다. 실로암은 그 원어의 뜻 때문에 "보냄을 받은 자"인 예수와의 연관성이 생기게 되었다. 실로암에 가서 씻으라는 말은 결국 예수에게 가서 고침을 받으라는 의미이기도 하다. 예수만이 날 때부터 맹인 된 사람을 고칠 수가 있기 때문이다. 참고로, 구약에는 맹인의 눈을 뜨게 한 기적이 없다. 더군다나 "날 때부터" 맹인 된 사람을 고친다는 것은 하나님의 능력이 아니면 일어날 수 없는 일이었다.

2.4.2. 논쟁(8-41절)

1-7절에는 기적 이야기 양식으로서 'need + miraculous act + result/response'의 요소가 나타나고 있다. 이것은 공관복음서의 기적 이야기에서 흔히 볼 수 있는 양식이다. 이에 더해 요한복음은 8-41절에서 기적의 의미에 관한 논쟁(여기서는 심문 형식)이 따라오면서 예수의 정체성을 드러내는 데 초점을 두고 있다(표징이라고 불리는 이유임). 심문은 네 단계로 이루어지고 있다: 이웃과 지인들의 심문(8-12절); 바리새인들의 1차 심문(13-17절); 맹인의 부모에 대한 심문(18-23절); 유대인들의 2차 심문(24-34절). 심문이 종료된 후, 예수는 바리새인들과 맹인에 대하여 평가를 내린다(35-41절).

a. 이웃과 지인들의 심문(8-12절)

날 때부터 맹인 된 사람의 치유 사건은 가까운 사람들에게 먼저 알려졌다. 이웃과 지인들은 맹인이 눈을 다시 보게 된 것을 발견하였다. 그들은 그를 "앉아서 구걸하던 자"라고 인식하고 있었다. 맹인은 보지 못하므로 구걸하는 것 말고는 생계를 유지할 방도가 없었을 것이다. 당시에 사회보장제도는 마련되어 있지 않았다. 그들 사이에서 맹인의 신원에 관하여 시비가 일어난 것은 도저히 일어날 수 없는 기적이 일어났기 때문일 것이다. 왈가왈부하는 사람들을 향해 맹인은 "내가 그다"(εγω ειμι/에고 에이미)라고 명확하게 대답하여 주었다. 여기에서 εγω ειμι라고 말한 것은 일반적인 의미에서 신원을 확인해 준 것이다. 여기에서 ειμι는 연결동사/계사(copula)로 사용되고 있는데 비해, 예수의 이름(Εγω Ειμι)에서 Ειμι는 '존재하다'의 의미로 사용되고 있다(8:24,28,58 참조).

맹인이 자신임을 확인해 주자, 이웃과 지인들은 맹인에게 눈을 어떻게 뜨게 되었느냐고 질문할 수밖에 없었다. 맹인은 "예수라고 하는 사람"(아직 그를 제대로 알지 못하고 있음)이 낫게 해주었다고 대답하자, 이제는 예수가 어디 있느냐고 묻는다. 맹인은 모른다고 한다. 맹인이 눈을 뜨게 된 것은 그의 요청에 의한 것이 아니었다. 예수가 그를 불쌍히 여겨서 또는 그를 통해 하나님이 하시는 일을 나타내고자 일방적으로 고쳐준 것이었다.

b. 바리새인들의 1차 심문(13-17절)

맹인의 이웃과 지인들은 그를 바리새인들에게 데리고 갔다. 너무나도 놀라운 일인데다가 안식일에 일어난 일이라서 율법의 권위자인 바리새인들의 판단을 받아보아야 한다고 생각했음직하다. 진흙을 "이기는"(kneading) 행위는 안식일 규정에 따르면 해서는 안 될 '일'에 해당되었다. 구전을 후대에 기록으로 남긴 탈무드에도 안식일에 침을 뱉어 치료하는 행위를 금하였는데, 이는 이와 같은 행위가 예수 당시에도 적용되었음을 암시한다. 먼저 바리새인들은 사안의 경위를 맹인으로부터 직접 다시 듣는 절차를 가졌다(15절은 11절의 반복). 그 후 바리새인들은 안식일을 지키지 않고 금지된 일을 한 것을 보니, "이 사람"은 하나님께로부터 온 자가 아니라고 결론을 내렸다. 그러나 일부는 엄청난 표징(구약성경에도 없는)으로 볼 때 예수가 죄인일 수 없다고 반론을 제기함으로써 쟁론이 일어났다. 이에 바리새인들은 맹인에게 눈을 뜨게 해 준 그를 어떤 사람으로 생각하느냐고 재차 묻는다. 맹인은 당당하게 "선지자"라고 대답한다. 구약성경에서 기적을 행한 대표적인 선지자가 엘리야와 엘리사인데, 여기에서는 특히 엘리사가 아람의 군대장관 나아만에게 요단강에 가서 씻으면 나을 것이라고 한 이야기를 연상하게 한다(왕하 5:1-14 참조). 예수를 선지자로 고백한 것은 이웃과 지인들에게 "예수라고 하는 사람"(11절)이라고 말한 것보다 발전된 형태이다.

c. 맹인의 부모에 대한 심문(18-23절)

이제까지 바리새인들이 심문하는 주체였는데(13,15,16절), 지금부터는 "유대인들"로 바뀌고 있다(18,22절 참조). 요한복음에서 "유대인들"은 예수를 적대하는 사람들을 일컫는 통칭으로 사용되고 있는데, 바리새인들이 전면에 등장한 이유는 그들이 적대적인 세력을 주도하고 있을 뿐만 아니라, 안식일 규정을 어긴 문제를 율법적으로 해석하는 역할이 있었기 때문이다.

바리새인들이 심문에 성과를 거두지 못하자, 유대인들이 그 부모를 불러 심문하였다. 맹인이 그들의 아들이 맞는지, 어떻게 해서 보게 되었는지에 관해서 묻고 있다. 부모가 아들이 맹인으로 태어난 것은 맞지만, 누가(who), 어떻게(how) 눈을 뜨게 했는지는 모른다고 대답한다. 아들이 장성한 사람이니 그에게 직접 물어보라고 하면서 사안에 직접 관여하려고 하지 않는다. 그것은 그럴 만한 이유가 배후에 있었다. 당시 유대인이 예수를 그리스도로 시인하면 유대교로부터 출교(excommunication) 당할까봐 유대인들(당국자들)을 두려워했기 때문이다. 실제로 1세기 후반에 바리새인들을 중심으로 유대교 재건 운동을 일으킬 때, 90년경 얌니아(Jamnia)에서 출교에 관해 결의한 바 있었다. 18기도문('쉬모네 에슈레') 가운데 12번째 기도는 유대인으로서 기독교인이 된 자에게 저주가 임하도록 기도하는 내용이 나온다.

d. 유대인들의 2차 심문(24-34절)

부모를 위협하였지만 실패하자, 유대인들은 치유된 맹인을 다시 불러서 보게 된 것에 대해 오직 하나님께 영광을 돌리라고 회유했다. 안식일을 범한 예수를 죄인이라고 판결하였기 때문에, 그에게 공을 돌리고 싶지 않았다. 그러자 맹인이 "그가 죄인인지 내가 알지 못하나, 한 가지 아는 것은 내가 맹인으로 있다가 지금 보는 그것입니다."라고 담대히 증언하였다. 이로써 예수가 다시 보게 해주었다는 것은 변개할 수 없는 사실이라는 점을 확인하여 주었다.

유대인들은 "그 사람이 네게 무엇(what)을 하였느냐? 어떻게(how) 네 눈을 뜨게 하였느냐?"라고 질문하였는데, 이는 이미 바리새인들이 심문할 때(15절) 대답한 내용이다. 맹인은 너무나 답답하여 "당신들도 그의 제자가 되려 하나이까?"라고 넌지시 비아냥거린다. 이에 그들은 욕을 하며 "너는 그의 제자이나, 우리는 모세의 제자이다."라고 받아넘긴다. 모세를 들먹이는 것은 모세가 유대인들의 자랑이기 때문이다. 유대인들의 비난이 오히려 맹인을 은연 중에 예수의 제자로 부각시킨다. 그는 한때 구걸하던 처지로 보잘 것 없는 존재였었지만, 이제 신앙적인 영웅으로 묘사되기에 이른다.

유대인들은 예수가 어디서 왔는지 알지 못한다고 털어놓는다. 이는 그들이 이전에 예수의 부모를 알고(6:42), 출신 지역을 알고 있다

(7:27,41)고 말한 것과 대조된다. 이러한 점을 알아채기라도 한 듯, 맹인이 "이상하다. 이 사람이 내 눈을 뜨게 하였으되, 당신들은 그가 어디에서 왔는지 알지 못한다."라고 말해준다. 이것은 유대인들이 예수의 부모나 출신지를 모른다는 것이 아니라, 오히려 예수의 정체성을 알지 못한다는 것을 암시한다(아이러니). 계속하여 맹인은 이 장에서 가장 길게 말한다. 하나님이 죄인의 말을 듣지 않으시는 것이 분명하므로, 경건하며 하나님의 뜻을 행하는 자인 예수의 말을 듣는다는 것과, 창세 이후 타고 난 맹인의 눈을 뜨게 했다는 것은 금시초문이므로, 이 사람이 행한 것은 하나님께로부터 왔기 때문이라는 것을 확인해주고 있다. 여기에서 31절의 "우리가 아나이다"(οιδαμεν/오이다멘)이라는 공동체 고백 문구는 24절에서 유대인들이 사용한 동일한 문구와 대비를 이루고 있다. 위협적인 유대인들/바리새인들의 거듭된 심문에도 불구하고, 맹인은 이에 굴하지 않고 당당하고 길게 신앙고백을 하는 모습을 보여준다. 여기에서 맹인은 신앙적 영웅으로 우뚝 서 있다. 유대인들은 맹인의 당당한 모습에 더 이상 어쩌지 못하고, "죄인인 주제에 우리를 가르치느냐?"고 힐문하며 심문장에서 내쫓아버리고 만다.

e. 예수의 평가(35-41절)

예수는 맹인이 쫓겨난 후 그를 만났다. 그리고 자신을 증언하여 "네가 인자를 믿느냐?"라고 묻는다. 맹인이 유대인들 앞에서 스스로 신앙을 증언할 기회를 준 후에, 비로소 자신을 드러낸 것이다. 예수는 "인자"라는 칭호를 사용하고 있는데, 이는 39-41절의 심판 문맥과 잘 어울리기 때문인 것 같다. 맹인은 예수를 알고자 하며, 그를 믿고자 하는 의향을 드러낸다. 예수와 더 깊이 인격적인 관계를 가지고자 한다. 이때에 예수는 비로소 자신을 "지금 너와 말하는 자"로 계시한다. 맹인은 마침내 예수를 "주"라고 고백한다(36절의 "주"가 일반적인 존칭이라면, 38절의 "주"는 신앙적 고백이다). "절한다"(προσκυνεω/프로스쿠

네오)는 단어는 '무릎을 꿇는다'는 의미로서 맹인의 예배 행위를 가리킨다.

9장 전체를 통해 맹인은 **어둠에서 빛으로** 나아간다. 그것은 예수에 대한 신앙고백적 칭호를 통해 확인된다. 처음에는 "예수라고 하는 사람"(11절)이라고 했다가, "선지자"(17절)이라고 고백하였고, "하나님께로부터 온"(33절) 것을 고백하더니, "인자"(35-37절)와 "주"(38절)로 바뀌고 있다. 점점 더 신앙의 단계가 높아져 가는 것을 볼 수 있다. 이에 비해, 바리새인들/유대인들은 더욱 **더 짙은 어둠으로** 나아간다. 처음에는 맹인이 보게 된 사실을 받아들이는 것 같았고(15절), 일부는 예수를 옹호하는 듯하였으며(16절), 맹인의 평가를 들으려고 하는 자세를 취하는 것처럼 보였다(17절). 그러다가 부모를 심문할 때부터 분위기가 적대적으로 확 바뀐다. 맹인으로 있다가 보게 된 것을 의심하고(18절), 하나님께만 영광을 돌리라고 회유하고(24절), 예수께서 하늘로부터 온 것을 거부하며(29절), 죄인인 주제에 가르치느냐고 억지를 부린다(34절).

예수는 심판하기 위해 이 세상에 왔다고 밝히면서, "보지 못하는 자들은 보게 하고, 보는 자들은 맹인이 되게 하려 함이라."고 하였다. 맹인을 고친 것은 바로 이러한 목적을 위해서였다. 예수와 함께 있던 바리새인들이 이에 "우리도 맹인인가?"라고 자문하였다. 이것은 그들이 맹인이라는 것을 자인한 것에 다름 아니라는 것을 보여주는 수사법이다. 예수가 그들에게 최종적인 선고를 내린다: "너희가 맹인이 되었더라면 죄가 없으려니와, 본다고 하니 너희 죄가 그대로 있느니라." 9장은 날 때부터 맹인 된 사람이 누구의 죄 때문에 그렇게 되었는가의 문제로 시작되었다. 이제 맹인은 보게 되었고, 따라서 당연히 죄와의 연관성은 사라져 버렸다. 바리새인들은 죄가 없다고 주장했던 사람들이었는데, 마지막에는 스스로 본다고 생각함으로써 죄를 벗어나지 못하고 있다. 맹인은 '**시력**'(sight)을 회복한 것이지만, 그것은 영적인 시력, 즉 '**빛**'(light)에 거하게 된 것임을 보여준다. 이에 예수는 맹인에게 빛을 주시는 분(lightgiver)으로 나타난다. 9장에서 맹인은 이름이 없이 나오는 미력한 사람이었지만, 종국에는 신앙의 영웅이요 이상적인 제자로 묘사된다. 익명의 맹인이 신앙적 영웅이 되는 것은 기독교(교회)와 유대교(회당)의 갈등 상황에 비추어 볼 때 더욱 잘 이해가 된다. 이에 반해, 바리새인들/유대인들은 육체적인 시력은 가지고 있었지만, 영적으로 보지 못하는, 즉 '어둠'(darkness)에 갇힌 사람들로 판명되고 있다.

날 때부터 맹인 된 사람을 치유한 이야기는 초대교회에서 세례의 의미를 가진 것으로 받아들여졌다. 카타콤에는 세례 장면에 대한 묘사로서 이 맹인 치유 그림을 그려놓은 것이 일곱 개나 발견되고 있다. 그러면 어떤 요소가 세례와 연관되는 것으로 보았던 것일까?

첫째, 실로암 물에 가서 씻으라고 한 것에서 찾는다. 물이 가진 치유 능력을 세례와 연관시키는 것은 자연스럽다. 또한 "보냄을 받았다"는 의미를 가진 실로암은 하나님으로부터 보냄을 받은 예수와 동일시하기가 용이했다. 4장의 사마리아 여인과의 대화에서도 예수는 물로 상징되고 있지 않은가?

둘째, 치유 받은 사람이 날 때부터 맹인(born blind)이라는 점에서 찾는다. 육체적으로 보지 못하는 상태는 영적인 어둠으로 해석될 수 있는 소지가 크다. 복음서에서 맹인 치유 이야기가 많이 나오는 것은 영적 무지와 연관성이 깊다(예: 막 8:22-26의 벳새다 맹인의 치유와 막 10:46-52의 바디매오 맹인의 치유 참조). 영적 어둠에 갇혀 있던 불신자가 세례를 받고 영적으로 광명을 찾는다는 의미가 잘 표현될 수 있었다.

셋째, "바르다"는 단어에서 찾는다. 6절과 11절에서 "바르다"는 '에피크리오'(επιχριω)를 사용하고 있는데(15절은 'επιτιθημι/에피티쎄미'를 사용), 이는 기름을 바르며 세례를 행하는 것을 나타내는 용어인 '크리오/χριω'(anoint)나 '크리스마/χρισμα'(anointing)에서 기원하고 있다(요일 2:20,27의 "기름부음/χρισμα" 참조). 이처럼 세례와 연관된 맹인 치유 이야기는 영적 어둠에서 영적 광명(거듭남)으로 다시 태어난다는 신학적 의미를 잘 드러내 준다.

2.5. 양의 문과 선한 목자로서의 예수(10:1–21)

10장은 9장과 같이 성전 주변에서(특히 10:22–23) 일어난 일을 기록한 것으로 보인다. 10:1–21은 앞의 장들과 독립적인 내용으로 보이지만, 10:21에서 맹인의 눈을 뜨게 한 사건을 언급하고 있는 것을 볼 때 9장에서 이어진 계속된 논쟁으로 볼 수 있다. 또한 10:1–21의 강화는 10:26–27의 목자와 양에 관한 언급으로 볼 때, 7–8장의 초막절보다는 수전절에 가까운 시기에 이루어진 것으로도 볼 수 있다. 개략적으로 말한다면, 10:1–21은 초막절과 수전절 사이에 행해졌던 강화로서, 9장과 10:22–42(수전절)을 연결해 주는 전이적인(transitional) 기능을 하고 있다. 10장은 예수를 적대시하던 유대인들/바리새인들을 염두에 두고 말한 내용인 듯하다(삯군과 선한 목자의 대조 참조).

> 10장은 두 부분으로 나뉜다. 1-21절은 예수가 '양의 문'이요 '선한 목자'라고 계시하는 내용이며, 22-42절은 '수전절/봉헌절'(Feast of Dedication/Consecration)에 있었던 논쟁이다. 수전절 이야기에도 '목자와 양'의 주제를 포함하고 있어서(10:26-27) 10장 전체가 하나의 문맥을 이룬다.

10장은 목자와 '도둑(절도)/강도'를 비교하면서 시작한다. '도둑(절도)'은 '클레프테스'(κλεπτης)로서 남의 것을 무단으로 훔치는 자(thief)를 가리킨다. 일반적으로 폭력을 사용하지 않는다는 점에서 강도(λῃστης/레스테스; robber/bandit)와 구별된다. '도둑/강도'는 문을 통하여 양의 우리(fold)에 들어가지 않고 다른 데(담/울타리)로 넘어간다. 남의 것을 훔치려는 자가 정문을 통해 들어갈 리는 없을 것이다. 이와 달리 양의 목자는 문으로 들어간다. 여기에서 목자와 도둑/강도의 마음과 행동 양식을 비교해 볼 수 있다. 목자는 예수를 가리키지만 '도둑/강도'가 누구인지는 수수께끼다. 문맥으로 볼 때 예수의 대적자로 드러난 바리새인들과 유대인 당국자들을 가리킨다고 볼 수 있다(19절 참조).

목자가 양의 우리로 다가오면 문지기가 목자에게 문을 열어준다. 공관복음서에서 문지기는 주인의 집을 지키는 중요한 역할을 맡고 있다(막 13:34 참조). 이를 두고 유대지도자들이 문지기 역할을 잘 해야 한다는 암시를 줄 수 있지만, 이 장에서 중심인물은 아니다. 목자가 양의 이름을 부르면, 양들은 목자의 음성을 듣고 인도함을 받는다. 이름을 부른다는 것은 친밀함을 나타낸다. 목자들은 양들에게 각각 이름('흰둥이' 나 '얼룩이' 같은)을 붙여주고 부르는 것이 일반적이기도 하다. 양들은 목자의 음성을 듣고 따라가지만, 낯선 사람(도둑/강도)의 음성은 알지 못하기 때문에 따라가지 않고 오히려 도망간다.

예수는 '비유/비사'(παροιμια/파로이미아)로 말했기 때문에 청중은 알아듣지 못했다. 여기에서 청중은 누구인가? 1절에서는 "너희에게" 말하고 있는데, 19절에서 "유대인들"이 등장한다. 유대인들을 청중으로 보는 것이 옳을 것 같다. 요한복음의 '비유/비사'는 παροιμια(6절)로 표기되어 있다. 이는 공관복음서에 나오는 '비유'(παραβολη/파라볼레)와 차이가 있다. 이 단어들은 히브리어 '마샬'(משׁל)에서 번역된 것이기 때문에 같은 의미 영역에 있기는 하다. 공관복음서의 '파라볼레'와 구별하기 위하여, 요한복음의 '파로이미아'를 때때로 '비사'로 부르기도 할 것이다. 공관복음서의 '파라볼레'가 직유(simile)라면, 요한복음의 '파로이미아'는 알레고리적인 성격을 가진 은유(metaphor)로 볼 수 있다. '파로이미아'는 수수께끼적인 면모가 있어 더 어렵게 느껴질 수 있다.

'비유/비사'(1–5절)에 대한 설명은 두 부분으로 나누어져 있다. 양의 문에 대한 설명(7–10절)과 뒤따라 나오는 선한 목자에 대한 설명(11–18절)이 그것이다. 먼저 예수는 '나–말씀'(I-saying)의 형식을 가지고 **"나는 양의 문이다"**라고 선언한다. 예수보다 먼저 온 자는 다 절도요 강도라고 규정한다. 이들은 유대지도자들/바리새인들로 대표되는 거짓 교사들이다. 예수가 유일한 문이기 때문에 양들이 생명의 양식을 얻으려면 예수를 통하지 않으면 안 된다(구원의 유일성과 배타성을 보여줌). 10절은 결론적으로 악한 역할을 하는 도둑과 양의 문으로서의 예수를 대조시키고 있다. 도둑의 목적은 양들을 도둑질하고 죽이고 멸망시키려는 것뿐인데 비해, 예수의 목적은 양들로 생명을 얻게 하고 더 풍성하게 얻게 하려는 것임을 밝힌다.

11절에서 예수는 **"나는 선한 목자이다"**라고 선언한다. "선한"에 해당되는 헬라어는 '아가쏘스'(αγαθος)가 아니라 '칼로스'(καλος)가 사용되고 있다. '칼로스'는 도덕적인 의미보다는 고귀하고 희생적인 행동에 초점을 맞추고 있다. 어떻게 예수가 양의 문이면서 동시에 선한 목자일 수 있을까? 일부 목자들의 행태에서 발견되는 것처럼, 만약 목자가 입구에 누워 양들을 출입하게 한다면 동시에 두 가지 역할을 하는 것이 될 것이다. 예수가 자신을 선한 목자라고 한 것은 악하고 이기적인 목자와 달리 그의 목숨을 버리기 때문이다. 자기희생이 없으면 선한 목자가 될 자격이 없다. 이와 달리, "삯군"(μισθωτος/미스쏘토스)은 이리가 오는 것을 보면 양을 버리고 도망간다. 자기 양이 아니기 때문이다. 결국 이리가 양을 물어가고 해치게 방임한다. 삯군은 '삯/임금'(μισθος/미스쏘스)을 받고 일하는 고용인에 불과하다. 주인의식이 없다.

목자 이미지는 구약적 배경을 가지고 있다. 족장들과 모세와 다윗 등은 목자였다. 목자는 지도자상을 보여준다. 특히 겔 34장에는 악한 목자에 대한 비판이 매우 강하게 나타나 있다. 하나님은 악한 목자들을 내칠 것이며, 이스라엘의 거짓 목자들이 양들을 제대로 돌보지 않으면, 하나님 자신이 목자가 되어 양들을 풍성하게 먹이며 돌볼 것이라는 약속이 나온다(겔 34:11-15 참조). 하나님은 양과 염소 사이에서 심판할 것이며, 종 다윗을 목자로 삼아 다스리게 할 것이라고 말한다(겔 34:17-24). 이를 참고하면, 10:1-18은 하나님과 다윗의 목자 이미지를 가지고 예수를 묘사하고 있다고 볼 수 있다. 문제는 유대지도자들이 그러한 목자 이미지로 묘사된 예수의 메시아상을 이해하지 못했다는 것이다.

14절에서 다시 "나는 선한 목자이다"라는 선언이 반복되고 있다. 앞의 11절에서 '선한 목자상'을 자기희생과만 연관시키고 있다면, 여기에서는 목자와 양이 서로 친밀하게 **'아는'**(γινωσκω/기노스코; **ידע**/야다) 관계라는 것까지 강조한다. '알다'라는 동사는 인격적이고 신비한 연합을 가리킨다. 그런 관계는 둘 사이에서만 알 수 있는 관계이다. 선한 목자와 양들이 서로 아는 것을 예수와 하나님 아버지가 서로 아는 것과 같다고 함으로써, '하나님-목자-양'의 하나 됨을 나타내고 있다. 그러한 관계이기 때문에 선한 목자이신 예수는 양들을 위하여 기꺼이 목숨을 내어놓는다.

16절은 **"우리에 속하지 않은 다른 양들"**에 관해 새롭게 소개하고 있다. 이 양들은 우리에 들지 않은 양이다. 예수는 그들까지도 구원의 대상으로 보고 있다. 이들은 누구를 가리키는 것일까? 두 가지 가능성이 있다. 첫째, 이방인 그리스도인들로 보는 것이다(11:52 참조). 그들은 아직 우리에 들지 못한 상태이지만, 후에 구원 공동체에 가입하게 될 것이다. 예수에게는 여러 우리가 있다. 둘째, 요한공동체의 다른 그룹이나 2세대 그리스도인들로 보는 것이다(17:20; 20:29 참조). 그들은 보지 않고 믿게 될 미래의 신자들이다. 예수는 우리에 들지 않은 다른 양들도 한 목자에 속한 하나의 무리(flock)로 만들 것이라고 하였다. 예수는 한 목자(one shepherd)로서 여러 우리(many folds)에 속한 양들을 한 무리(one flock)로 삼을 것이다.

이 시점에서 요한복음의 교회론에 대해서 세 가지로 간단하게 살펴본다.
1) 그리스도 중심적이다-목자와 양, 포도나무와 가지로 표현된다. 예수가 참 이스라엘이자 교회다. 바울에게는 그리스도가 교회의 머리인데 비해, 요한에게는 예수 자신이 곧 교회다.
2) '알다'의 개념을 강조하며 개인적 관계를 중시한다. 바울은 몸과 지체 간의 수평적인 관계를 중요시한다면, 요한은 그리스도와 신자 개인 간의 수직적인 관계를 중요시한다.
3) 민주적 직제를 강조한다. 요한복음에는 21장을 제외하고 교회 직제에 관한 언급이 없다. 열두 제자 언급되지만 특별한 제자단을 구성하지 않는다. 오히려 사마리아 여인, 막달라 마리아, 베다니의 마리아와 마르다, 예수의 어머니는 이상적인 여성 제자의 모습을 보여주며, 익명으로 등장한 38년 된 중풍병자, 날 때부터 맹인 된 자, 사랑하는 제자 역시 이상적인 남성 제자의 모습을 보여준다. 이와 대조적으로 이름을 가지고 등장하는 인물들(니고데모, 나사로, 베드로)은 오히려 적극적인 신앙을 보여주지 못하거나 실패하고 있다.

17절은 오해를 불러일으킬 수 있는 구절이다. 예수가 목숨을 버리는 것이 "다시 얻기 위함"이며, 이 때문에 "아버지께서 나를 사랑하시는 것"이라고 했기 때문이다. 이것은 너무 계산적이어서 동기가 순수하지 못하다고 비난을 받을 여지가 있다. "목숨을 버리는" 주제는 이 장에서 반복해서 강조되고 있는 것인데(11,15절), 그 의미가 퇴색될 수 있다. 그러나 '죽음—부활—승천'을 분리될 수 없는 하나의 사건으로 보면, 목적절로 해석하지 않아도 된다. "다시 얻기 위하여"에 사용된 접속사 '히나'(ἵνα)는 결과절로도 해석할 수 있다. 그렇다면 17절은 다음과 같이 번역해도 무방하지 않을까? "이로 말미암아 아버지께서 나를 사랑하신다. 왜냐하면 내가 내 목숨을 버리기 때문이다. 그 결과 나는 다시 목숨을 얻게(부활) 될 것이다."

예수는 누군가 강제적으로 그의 목숨을 취하기 때문에 빼앗기는 것이 아니라, 자발적으로 목숨을 내놓는 것이라고 강조한다. 예수는 목숨을 버릴 수도 있고, 다시 얻을 수도 있다고까지 말한다. 공관복음서는 예수가 스스로 부활한 것이 아니라(Jesus did not rise from the dead by himself.), 하나님이 그를 부활시키셨다(God raised him up from the dead.)라고 기록하고 있다. 이에 비해, 요한복음에는 예수가 하나님과 동등한 권세를 가지고 있기 때문에(10:28-30 참조) 그의 목숨을 능동적으로 버리거나 취할 수 있음을 보여준다. 예수가 목숨을 버리는 것은 아버지의 계명/명령이기도 하다. 예수는 아버지 하나님의 뜻에 따라 목숨을 버리기 때문에, 아버지가 그의 목숨을 다시 주실 것임을 알고 있다. 16절의 "다시 얻기 위하여"가 이기적인 동기에 의한 것이 아니라, 아버지의 뜻에 순종한 결과가 될 것임을 확인하여 준다.

예수는 양들이 풍성한 생명을 얻게 하기 위한 "문"이 되며, 그의 목숨을 버리는 "선한 목자"가 됨을 설명하였다. 유대인들이 이를 듣고 "다시"(παλιν/팔린) 분쟁이 일어났다. 이 "다시"가 가리키는 것은 어떤 분쟁일까? 요한복음에서 이보다 앞서 유대인들 사이에 "분쟁"(σχισμα/스키스마)이 일어난 경우는 초막절 끝날 강화에서 예수의 정체성을 두고 무리 중에서 발생한 분쟁(7:43)과 안식일에 날 때부터 맹인 된 사람의 눈을 뜨게 해 준 표징을 두고 바리새인들 중에 일어난 분쟁이 있었다(9:16). 10:21에서 맹인의 눈을 뜨게 해 준 사건을 언급한 것으로 볼 때, 후자의 경우를 가리키는 것임을 알 수 있다.

분쟁은 두 가지 의견으로 나뉘었다. 하나는 예수가 귀신 들려 미쳤다고 한 의견이었고, 다른 하나는 맹인의 눈을 뜨게 해 준 것으로 보아 귀신 들린 것이 아니라는 의견이었다. 귀신이 들렸다라고 비난한 것은 앞에서도 언급된 바 있다(7:20; 8:48). 20절에서는 귀신이 들렸다고 한 뒤에 "미쳤다"(μαινομαι/마이노마이)고도 기록하고 있다. 이것은 한 가지 현상을 다르게 표현한 것으로서 미친 것을 귀신 들림의 결과로 보고 있다. 예수가 자신을 "문"과 "선한 목자"로 계시한 것이 유대인들 사이에 분쟁을 일으켰다. 예수는 유대지도자들과 적대적이 될 수밖에 없었음을 보여준다.

2.6. 수전절을 능가하는 예수(10:22-42)

"수전절"(εγκαινια/엥카이니아)은 헬라화 정책을 강요하던 셀류시드 왕조에 대항하여 일으킨 마카비 전쟁(주전 167-164년)을 통해 성전을 회복한 것을 기념하는 절기이다. 마카비 전쟁은 안티오커스 에피파네스 4세가 예루살렘 성전 제단에 제우스 신상을 세우고, 돼지 머리를 놓고 제우스 신에게 제사를 지내고, 성전 보물을 탈취해 간 것에 격분해서 일어났다. 주전 164년 키슬레브(Chislev)달 25일에 더럽혀진 예루살렘 성전을 다시 봉헌(dedication/consecration)하였다. 수전절은 크리스마스 시즌과 겹치는 겨울철에 오는 절기로서 초막절과 3개월 정도의 차이가 있다. 이 절기는 봉헌의 뜻을 가진 '하누카'(Hanukkah)라고도 부른다. 성전은 유대교에 있어서 이처럼 매우 중요하였다. 사실상 유대교는 성전 유대교였다. 유대인들이 매해 수전절을 자랑스럽게 지키며 성전의 의미를 되새겨보았을 것이다.

10:22-42는 초막절에 시작된 논쟁이 수전절에까지 이어지고 있음을 보여준다. 수전절 논쟁(10:24-39)은 두 가지 의문을 중심으로 전개된다. 첫 부분(24-31절)은 **'예수는 그리스도인가?'**(24절)에 대한 논쟁이다. 둘째 부분(32-39절)은 **'예수는 자신을 하나님 또는 하나님의 아들이라고 주장했는가?'**(33절)에 대한 논쟁이다. 두 개의 논쟁은 각각 25-30절과 34-38을 통해 두 질문에 대답하고 있는데, 둘은 유사한 구조를 보여준다:

첫째, 처음에 정체성을 제시한다. 첫 부분은 그리스도, 둘째 부분은 하나님/하나님의 아들로서의 정체성에 관한 것이다.

둘째, 예수의 사명을 보여준다. 첫 부분은 하나님의 일을, 둘째 부분은 아버지의 일을 행하는 것이다.

셋째, 예수의 본질에 관한 것이다. 첫 부분은 아버지와 하나 됨에 관해서, 둘째 부분은 아버지와의 상호 내주를 말한다.

넷째, 유대인들의 반응에 관한 것이다. 첫 부분은 예수를 돌로 치려 하였고, 둘째 부분은 그를 체포하려 하였다. 논쟁이 끝난 후에는 예수의 공생애에 대한 잠정적인 결론(40-42절)이 덧붙여지고 있다.

2.6.1. '예수는 그리스도인가?'에 대한 논쟁(24-31절)

예수는 수전절에 성전 안 솔로몬 행각에서 거닐고 있었다. 솔로몬 행각은 성전 동쪽의 긴 벽에 붙여 세워진 주랑이었다. 순례객들이 모이기 좋은 곳이었다. 그때에 주변에 있던 유대인들이 예수를 에워쌌다. 그리고 불확실하게 말하지 말고 그리스도인지 아닌지 분명하게 밝히라고 요구하였다. 앞 단락(10:1-21)에서 예수는 자신의 메시아상을 "문"과 "선한 목자"라는 '비유'(παροιμια/파로이미아)를 가지고 말한 바 있다. 유대인들은 이를 계기로 분쟁이 일어났기 때문에(10:19), 에둘러 말하지 말고 직설적으로 말해줄 것을 요구한 것이다. 참고로, 수전절에는 목자와 양에 관해 말하는 에스겔 34장을 예언서 본문으로 채택하여 낭독했다. 26-27절과 연관성을 보여준다.

예수는 이미 말했어도 믿지 않았다고 하면서, "내가 내 아버지의 이름으로 행하는 일들이 나를 증거한다."라고 대답한다. 이 '일들'은 무엇을 가리키는가? 38년 된 병자를 고친 일을 말하는가(5:19 참조)? 오병이어의 기적을 말하는가(6:29 참조)? 날 때부터의 맹인을 고친 일을 말하는가(9:3)? 바로 앞 문맥과 연관되어 있다고 본다면, 아버지의 계명대로 예수의 목숨을 버리는 것(10:18)을 가리키는 것 같기도 하다. 그러나 유대인들은 예수의 양이 아니기 때문에, 예수의 음성(가르침)을 듣지 않고 그를 따르지 않는다고 지적한다. 이들과는 달리, 예수는 자기 양들에게 영생을 주는데, 그들은 멸망하지 않을 뿐 아니라 그에게서 빼앗아가지도 못한다고 말한다. 양들을 그에게 준 아버지는 만물보다 크신 분이기 때문에 빼앗아갈 수 없다. 마지막으로, "나와 아버지는 하나이다."라고 선언한다. 이는 인격적으로 하나라는 뜻으로서 신성모독에 해당하는 말이다. 이 말을 들은 유대인들은 "다시"(8:59 참조) 돌을 들어 치려고 하였다.

2.6.2. '예수는 자신을 하나님 또는 하나님의 아들이라고 주장했는가?'에 대한 논쟁(32-39절)

31절과 32절은 새로운 단락을 가리킬 만큼 분명하게 구분되지 않는다. 돌을 들어 치려 한 것을 가지고 논쟁이 지속되고 있기 때문이다. 그러나 이 부분은 앞의 논쟁을 확장하여 예수가 하나님(33절) 또는 하나님의 아들(36절)이라고 주장한 것을 다루고 있기 때문에 구분한 것이다. 예수는 그가 아버지로부터 비롯된 "선한"(καλος) 일들을 행했는데도 돌로 치려고 하는 이유가 무엇이냐고 묻는다. 유대인들은 '선한 일'

때문이 아니라, 사람이 되어 자칭 하나님이라고 주장하였기 때문이라고 반박한다.

예수는 새로운 논리로 논쟁을 이어간다. 유대인들의 율법(여기에서는 시 82:6을 가리킴)에 "내가 너희를 신이라 하였다"고 기록된 것을 들어, 아버지께서 "거룩하게 하사 세상에 보내신 자"가 자신을 하나님의 아들이라고 하는 것이 어떻게 신성모독이 되느냐고 따진다. 원래 시 82편은 불공정한 재판을 하는 재판관들을 비판하는 문맥이다. **시 82:6**은 불의한 재판관들을 "신들(gods)"과 "지존자의 아들들(children of the Most High)"이라고 칭하고 있다. 재판관을 "신"이라고 한 것은 재판관이 하나님의 말씀을 위탁 받은 자이기 때문이다. 그렇다면 하나님의 말씀 자체이신 예수가 "하나님/하나님의 아들"이 된다고 하는 것은 자명한 논리의 귀결이라 할 수 있다. 또한 재판관이 되신 예수(5:22; 9:39)는 당연히 신이라고 불릴 수 있다는 논리 전개가 가능하다. 예수는 누구와도 비교될 수 없는 재판관/심판관이기 때문이다(8:15-16 참조). 그러나 유대인들은 예수가 소문자 'g'가 아닌 대문자 'G'를 의미한 것을 알았기 때문에 신성모독(blasphemy)이라고 한 것이다. 그러나 예수는 랍비의 해석법(작은 것으로부터 큰 것을 유추하여 증명하는 방법)을 활용하여 너희가 gods라면 하나님의 말씀(로고스)인 예수는 말할 것도 없이 God라는 논리로 대응한 것이다.

여기에서 사용된 **"거룩하게 하사"**(ἡγιασεν/헤기아센; consecrate/sanctify)이라는 단어는 수전절의 의미와 상통한다. 수전절이 성전을 거룩하게 하는 봉헌식인 것과 같이, 예수는 하나님께서 거룩하게 하신 하나님의 아들인 것이다. 헬라어 번역 성경인 칠십인역에는 모세가 장막을 거룩하게 하는 것을 '하기아조'(ἁγιαζω) 동사로 나타냈고(민 7:1), 제단을 "봉헌"하는 것에는 '엥카이니조/εγκαινιζω'(dedicate) 동사를 사용하였다(민 7:10-11). 민 7장은 수전절에 읽는 성경 말씀이었다.

17:19에서 예수는 "나 자신을 거룩하게 한다"고 하였고, 6:69에서 베드로는 예수를 "하나님의 거룩하신 자"(God's Holy One; 예수를 대제사장으로 본 히브리서와 비슷한 주장임)라고 고백하였다. 민수기에서 성전(장막과 제단으로 표현된)을 거룩하게 봉헌한 것을 기록하였고 수전절에 민 7장을 읽은 것에서 보듯이, 하나님이 수전절에 예수를 거룩하게 한 것은 예수가 수전절의 성전을 대체하는 분임을 보여주는 것이다. 예수는 새 장막(1:14)이며 새 성전(2:21)으로 제시된다.

예수가 그를 적대하는 유대인들에게 "나의 말을 믿지 못할지라도, 내가 행하는 아버지의 일은 믿으라"(14:11 참조)고 한 것은 유대인들의 무지에 대한 답답함의 표현이자, 그를 믿을 수 있는 근거에 대한 최소한의 가능성에라도 호소하는 것이다. 여기에서 "일"은 기적을 가리킨다. 기적은 그가 하나님께로부터 온 자라는 것을 증언한다. 이는 초기 기독교의 변증을 반영하는 듯하다. 기적은 단지 외적 증거가 아니라 신앙의 직접적인 대상으로 제시된다. 기적의 배후에는 "영광"(δοξα/독싸)이 나타나기 때문에 "심판"(κρισις/크리시스)의 기능을 가진다. 예수는 하나님이 보내신 자(36절)이기 때문에, 그가 하는 일은 하나님께서 보증하신다. 보냄을 받은 자는 보낸 자를 대신하여 일하는 것이기 때문에, 보낸 자와 그 권위와 능력을 공유한다. 그러한 면에서 둘은 하나이다. "일"은 드러난 것으로서 부인하기 어려운 사실에 속하기 때문에, 마음을 열고 예수의 하신 일을 받아들이면 "아버지께서 내 안에, 내가 아버지 안에 계신 것을 깨달아 알 수 있을 것이다."라고 한 것이다. 그러나 유대인들은 예수를 다시 체포하고자 시도하였고, 예수는 그들의 손에서 벗어나 나가실 수밖에 없었다. 예수는 이제 예루살렘 성전과 성전 주변에서 물러났다. 예수의 때인 유월절(12:12)이 오기 전까지 약 3개월 동안 예루살렘을 떠나 있게 되었다.

2.6.3. 잠정적인 결론(10:40-42)

예수는 예루살렘을 떠나 "다시" 요단강 건너편으로 가서 거기 머물렀다. 공관복음서도 예수가 예루살렘에 올라가기 전에 요단강 건너편에 머물러 있었던 것을 말해준다(막 10:1; 마 19:1 참조). "다시"라고 한 것은 그곳이 전에 세례자 요한이 처음 세례를 베풀던 장소였기 때문이다(1:28). 그런데 1:28에서는 그곳 이름을 **"베다니"**라고 부르고 있다. 베다니는 예루살렘 근처 올리브 산 동쪽 기슭에 위치한 마을인데, 이곳에서는 "요단강 건너편"이라고 되어 있어서 두 곳의 베다니를 언급한다. 아마 세례자 요한의 활동 무대였던 요단강 건너편에서 예수가 공생애를 시작하였다는 것을 상기시키려고 그렇게 한 것이 아닌가 생각된다. 예수는 요단강 건너편에서 세례자 요한의 증언을 통해 공생애를 시작하였는데, 유대인들이 그를 믿지 않고 적대시하는 상황에서 요단강 건너편으로 이제 다시 건너감으로써 그의 정체성을 사람들에게 확인시키고자 했던 것으로 추정하게 된다.

요한복음에 따르면, 예수는 초막절(7:1-2)에 예루살렘에 올라갔다가 갈릴리로 다시 내려오지 않는다. 예루살렘에 계시면서 잠시 근처에 있는 요단강 건너편(10:40)이나 에브라임(11:54)에 머물러 계시다가 예루살렘으로 올라간 적이 있을 뿐이다. 그렇다면 예수는 초막절에서 다음 유월절까지 약 6개월을 예루살렘과 그 지경에 머물러 계셨다고 볼 수 있다. 이는 공관복음서에서 예수가 마지막 1주일 동안 예루살렘에 머물러 있었다고 본 것과 차이가 난다. 예루살렘에서도 많은 사건이 일어났기 때문에, 적어도 이 부분에 있어서는 요한복음의 내용이 더 역사적이라고 말할 수 있을지 모르겠다.

예수가 요단강 건너편에 머무르는 동안 많은 사람들이 예수께로 왔다. 그들은 세례자 요한은 아무 표징도 행하지 않았지만 예수를 가리켜 말한 것은 진실한 것이라고 증언하여 주었다. 요한은 예수에 관하여 **두 가지 증언**을 하였고 나중에 성취되었다. 첫째, 그는 세상 죄를 지고 가는 하나님의 어린양이라고 하였다(1:29). 그러나 아직 세상의 죄를 해결하기 위한 그의 수난과 죽음은 일어나지 않았다. 18장 이후에 구체화될 것을 예기하고 있다. 둘째, 그는 성령으로 세례를 줄 것이라고 하였다(1:33). 그러나 아직 성령이 임하지 않았다(7:39). 예수가 영광(죽음)을 받지 않았기 때문이다. 성령은 그가 죽고 부활하였을 때 임하고 있다(20:22). 세례자 요한이 예수에 대하여 증언한 것은 모두 이루어질 것이기 때문에(요한복음이 기록될 당시에는 이루어진 이후임) 참된 증언으로 판명되었다. 이로써 많은 사람들이 예수를 믿게 되었다.

이러한 결론은 서언(1:11-12)에서 예수의 공생애 사역을 요약하여 주고 있는 부분과 일치한다. 또한 삽화적 성격을 가진 11-12장이 후에 첨가된 내용이라고 한다면, 10:40-42은 5-10장의 결론일 뿐만 아니라, 예수의 공적 사역(1:19-12:50)에 대한 실질적인 결론의 역할을 한다고 말할 수 있다.

지금까지 설명한 5-10장의 논의를 아래와 같이 종합해 볼 수 있을 것이다. 한마디로, 5-10장은 유대교 절기를 능가/대체하는 예수의 정체성을 보여준다.

예수를 적대하던 유대인들은 예수의 정체가 무엇인가를 계속 물으면서 예수에게 압박을 가한다.

5장에서 유대인들은 안식일에 고침을 받은 38년 된 병자에게 "너에게 자리를 들고 걸어가라 한 사람이 '누구'냐?"(5:12)고 묻고 있으며, 신성모독의 죄를 물어 죽이려고 하였다(5:18).

6장에서 유월절에 오병이어 기적을 보고도 믿지 않는 유대인들은 "그러면 우리가 보고 당신을 믿도록 행하시는 표징이 '무엇'이니이까? 하시는 일이 '무엇'이니이까?"(6:30)라고 묻고 있으며, 하늘에서부터 내려온 떡인 예수에 관해 수군거렸으며(불평과 불신을 나타냄), 결국 "그때부터 그의 제자 중 많은 사람이 떠나가고, 다시 그와 함께 다니지 않게 되었다"(6:66).

7장에서 초막절에 예수가 올라올 것으로 기대하고 유대인들이 예수를 찾으면서 "그가 '어디' 있느냐?"(7:11)라고 묻고 있으며, 예수를 체포할 기회를 계속해서 엿보고 있다(7:30,44; 8:20,59).

10장에서 수전절에 유대인들은 예수를 에워싸고 "그리스도이면 밝히 말하라"(10:24)고 다그치고 있으며, 예수를 돌로 치려고 했으며(10:31) 재차 체포하고자 하였다(10:39). 유대인들은 그들의 절기를 존중하지 않는 예수를 제거하려고 했지만, 예수는 그것을 계기로 그의 정체성을 계시하는 기회로 삼았다. 그 결과 예수는 유대교 절기를 대체/능가하는 분으로 드러나고 있다(5장에서는 안식일, 6장에서는 유월절의 만나, 7-8장에서는 초막절의 물과 빛, 10장에서는 수전절의 성전을 대체하고 있음).

3. 예수의 죽음에 대한 예고(11:1–12:50)

3.1. 나사로의 소생기적과 예수의 죽음 예고(11:1–57)

나사로를 소생시키는 이야기는 요한복음에 나오는 마지막 일곱 번째 표징이다. 첫 번째 표징인 물로 포도주를 만드신 표적과도 상응하면서 **포괄적 구조**(inclusio)를 이루고 있다. 왜냐하면 첫 번째와 일곱 번째 표징에서 "영광"이 드러나고(2:11; 11:4), 그로 인해 많은 사람들이 믿음에 이르게 되었기 때문이다(2:11; 11:45).

나사로의 죽음은 예수의 죽음을 예시하는 역할을 하기도 한다. 공관복음서는 성전 정화 사건을 예수의 죽음을 초래한 직접적인 원인으로 보고 있지만, 요한복음은 나사로의 죽음이 그 역할을 대신하고 있다. 실제로 요한복음에는 성전 정화 사건이 복음서 서두에 나타나 있기 때문에, 예수의 수난 이야기와 직접 연결시키는 것은 물리적으로 불가능하다. 요한복음 저자는 나사로 소생기적을 마지막에 위치시킴으로써, 예수의 죽음과 자연스럽게 연결시킨다.

복음서에는 죽은 자를 살리는 기적이 세 번 나타난다. 야이로의 딸을 살리신 것(막 5:22-43; 마 9:18-26; 눅 8:40-56), 나인성 과부의 아들을 살리신 것(눅 7:11-16), 그리고 나사로를 살리신 이곳의 본문이다. 9장에서 맹인의 눈을 뜨게 한 기적(날 때부터 맹인 된 사람은 차치하고라도)이 구약성서에 한 번도 기록된 적이 없다고 지적한 바 있는데, 이보다 더 불가능한 것은 죽은 자를 살리는 기적일 것이다. 요한복음 저자는 나사로를 살리는 한 가지 기적을 결정적으로 묘사함으로써, 예수가 생명의 주가 되심을 나타내고자 하였다.

또한 나사로 소생기적은 **9장과 구조적인 유사성**을 보여준다. 하나님의 영광을 위한 목적(9:3; 11:4)과 예수의 죽으심에 대한 암시(9:4 이하; 11:9 이하)가 나타나는 점에서 그러하다. 11장은 빛(1:4; 9:5; 11:9)과 생명(1:4; 11:25)의 주제가 나타나는 점에서 9장 및 서언과도 연결된다. 서언에서는 "그 안에 생명이 있었으니 이 생명은 사람들의 빛이라"(1:4)고 천명한다. 어둠에 갇혀 있고, 죽음에서 벗어나지 못하는 인간에게 가장 필요한 것은 바로 빛과 생명이기 때문이다.

3.1.1. 배경(11:1–6)

나사로 소생기적 이야기에는 등장하는 인물들이 먼저 소개되고 있다. 나사로라고 하는 이름의 한 병자가 주인공이다. 그는 베다니에 살고 있으며, 그는 마리아와 마르다라는 두 누이를 두고 있다. 요한복음에 따르면, 두 장소가 베다니로 언급된다. 10장 마지막에서 수전절에 모인 유대인들이 예수를 죽이고자 체포하려고 할 때, 예수는 그들의 손을 벗어나 요한이 처음에 세례를 주던 요단강 건너편, 즉 베다니(1:28)로 피신하였다고 하였다. 그곳은 예루살렘에서 하룻길의 거리였던 것 같다. 왜냐하면 나사로가 죽었을 때 사람들을 보내어 예수에게 알린 후 예수는 이틀을 더 머문 후 나사로를 살리기 위해 나흘 만에 왔기 때문이다. 오고 가는 시간을 하루씩 잡으면 나흘이 되기 때문에 상당한 거리(20마일 정도)를 두고 위치해 있었다. 한편, 나사로의 동네인 베다니는 예루살렘에서 오리쯤(2마일이 채 안됨) 떨어진 가까운 곳에 있었다(11:18). 예수는 예루살렘에 왕래할 때 베다니에 있던 나사로의 집에 체재한 일이 꽤 있었던 것으로 보인다. 다시 말해, 예수는 공생애 초기에 등장하는 요단강 건너편 베다니에서 공생애 말기에 등장하는 예루살렘 근처 베다니로 이동한 셈이다(from Bethany to Bethany). 이것은 시사하는 바가 크다. 예수는 공생애의 긴 시간을 지나왔지만, 그의 정체성은 변하지 않았음을 보여주려고 한 것 같다. 예수의 공생애가 베다니에서 시작하여 베다니에서 끝나는 포괄적 구조(inclusio)를 보여주고 있다.

나사로의 두 누이들에 대한 소개도 주목을 끈다. 누가복음에 이미 소개된 바 있는 두 사람은 마르다가 먼저 나온다(눅 10:38). 그러나 본문에서는 마리아가 먼저 소개된다. 마리아가 더 중요한 인물이라는 것을 암시한다. 또한 11:2에 나오는 마리아에 관한 부가적 설명, 즉 '서사적 방백/이야기-토'(narrative aside)와 잘 연결하기 위해서 자연스럽게 먼저 소개된 것이기도 하다. 마리아는 아직 요한복음에 등장한 적이 없고 12:3에 가서야 비로소 "향유를 부은 여인"으로 소개되고 있기 때문에, 11:2의 언급은 예시(prolepsis)의 역할을 하는 부가적 설명임을 알 수 있다. 이러한 수사법(rhetoric)은 서사이야기(narrative) 전체의 전개를 알고 있는 해설자(narrator)의 존재를 의식하게 만들어 준다. 또한 2절에서 "병든 나사로는 그의 오라버니더라"는 언급은 이미 1절에서 "마리아와 그 자매 마르다의 마을 베다니에 사는 나사로라"는 설명과 중복되고 있기 때문에 부가적 성격을 확실하게 드러낸다.

두 누이들은 예수께 사람을 보내어 나사로의 중병을 알렸다. 그 사람(하인?)은 하룻길을 가서 예수께 "당신이 사랑하시는 자(ὅν φιλεις/혼 삘레이스)가 병들었다"고 긴급하게 알려드렸다. 여기에서 나사로는 **"사랑하시는 자"**로 호칭되고 있다. 이러한 호칭은 요한복음에서 중요한 의미를 지닌다. 왜냐하면 요한복음을 기록한 사람을 "사랑하시는 제자"(13:23; 21:24)라고 언급하며(이를 근거로 나사로와 the Beloved Disciple을 동일시하기도 한다), 예수의 말씀을 지키는 그리스도들을 '사랑하는 친구'(15:14)로 부르고 있기 때문이다. 예수와 그의 제자들은 사랑으로 하나가 된다(17:21-23). 마치 아버지와 아들이 사랑으로 하나이듯이, 예수의 그의 제자들도 사랑으로 하나가 될 것이기 때문이다. 또한 나사로라고 하는 이름 자체가 주는 의미도 놓칠 수 없다. "나사로"는 "엘르에셀"(אלעתר)의 축약형(첫번째 자음 탈락)이다. 그 이름의 뜻은 "하나님께서 도우신다"는 것이다. 하나님께서 도우셔서 나사로를 죽음에서 살리신다는 뜻을 내포하고 있다. 이름 자체가 상징적 의미를 암시하고 있는 것이다. 이를 확장해서 생각해 보면, 예수께서 "사랑하시는 자"인 나사로를 살리신 것은 예수를 사랑하는 그리스도인들(제자들)을 살리실 것을 예표적으로 보여준 것이다.

예수는 나사로의 병이 "죽을 병이 아니라 하나님의 영광을 위함이요, 하나님의 아들이 이로 말미암아 영광을 받게 하려 함"이라고 말씀하신다. 이 말은 날 때부터 맹인이 된 사람에 대하여 말한 것을 상기시킨다. 예수는 그가 맹인된 것이 "하나님의 하시는 일을 나타내고자 함"(9:3)이라고 말하였다. 나사로의 죽음은 하나님의 하시는 일(영광)을 나타내시려고 발생한 것이다. 그것은 어떻게 이루어질 것인가? 실제로 요한복음에서 나사로의 소생 사건이 예수의 죽음을 촉발시키고 있기 때문에(11:53), 죽음을 통한 영광을 가리키고 있다. 하나님의 아들인 예수는 죽음으로써 영광을 얻게 된다. 요한복음에서 예수의 죽음은 패배자의 그것이 아니라 승리자의 승귀(exaltation)로 규정된다. 공관복음서에서 후반부가 '수난의 책'(특히 마가복음)인데 비해, 요한복음에서는 후반부를 '영광의 책'이라고 부르는 이유가 그것이다.

5절에서 예수는 마르다와 그의 동생 마리아와 나사로를 "사랑했다"(ηγαπα/에가파)고 언급한다. 여기에 사용된 '아가파오'(αγαπαω) 동사와 3절에서 사용된 '삘레오'(φιλεω) 동사의 의미 차이는 없다. 흔히 αγαπαω가 하나님의 사랑을 가리킨다면 φιλεω는 친구간의 우정을 가리킨다고 말하지만, 두 단어는 실제로 상호교환적으로 사용되고 있는 경우가 많다. 5:20에서 아버지께서 아들을 사랑한다고 할 때도 φιλεω 동사를 사용한 것을 보아도 그것을 알 수 있다. 예수는 그가 사랑하는 나사로가 병들었다는 급박한 소식을 듣고도 즉시 유대 땅으로 가지 않고 이틀을 더 요단강 건너편 베다니에 머물러 계셨다. 여기에서 "**이틀**"은 갈릴리 가나에서 첫 번째 표징을 행할 때의 시간 표지인 "사흘째 되던 날"(2:1), 즉 이틀이 지난 후와 연관성을 가지며, 사마리아 사람들을 전도하시고 "이틀"을 머문 것을 연상시킨다(4:40). 이것은 **부활**을 암시하며, 생명의 시간을 가리킨다. 예수는 무덤에서 이틀을 머문 후에 부활하셨다. 예수가 성전을 헐면 사흘 동안에 일으키겠다고 말한 것도 이와 연관된다(2:19). 이틀은 완전한 어둠의 시간, 죽음의 시간이기도 하다. 그 시간이 지나야만 부활과 생명의 시간이 찾아온다. 예수는 의도적으로 이틀을 더 머물렀다. 하나님의 영광이 드러나려면, 그래서 하나님의 아들이 이로 말미암아 영광을 받게 되려면, 이틀이라는 죽음의 시간이 더 필요했다.

3.1.2. 유대로 이동(11:7-16)

나사로가 중병에 걸린 이야기를 듣고 이틀을 더 머문 후에, 예수는 비로소 제자들에게 "유대로 다시 가자"고 말하였다. 제자들은 예수가 유대(예루살렘)로 다시 가지 않을 줄로 생각한 듯하다. 유대에서는 예수를 죽이려는 음모가 진행되고 있었고, 돌로 쳐서 죽임을 당할 뻔 한 일도 두 번(8:59; 10:31)이나 있었기 때문이다.

유대인들이 예수를 죽이려고 하는 첫 번째 음모는 안식일에 38년 된 병자를 고치신 일 때문에 발생하였다(5:18). 오병이어 기적을 행한 후에는 제자들 중에서도 많은 사람이 예수를 떠날 정도로 불신이 깊어졌다(6:66). 유대인들의 적대감 때문에 예수는 초막절이 되었지만 갈릴리에 머물면서 유대 땅으로 가려고 하지 않았다(7:1). 초막절 때 예수는 몰래 유대로 가셨다. 이는 예수께서 세 번째로 예루살렘에 올라가신 것인데, 이것이 마지막 여행이 되었다. 예수는 유대 땅에서 계속하여 유대인들의 적대감에 시달렸다. 그래서 예루살렘에서 잠시 동안 피신하는 이야기가 반복되고 있다. 초막절에 예수께서 성전에서 가르칠 때 대제사장들과 바리새인들이 그를 체포하려고 경비병들을 보냈지만 손을 대지 못하였으며 예수는 감람산으로 피신하였다(7:44-45,53). 유대인들이 그들이 경외하던 아브라함을 예수가 모욕한 것으로 생각하여 돌로 치려고 하였으나, 예수는 몸을 숨기고 성전에서 피신하였다(8:59). 예수가 하나님과 하나라고 말하자 유대인들이 신성모독(blasphemy)으로 간주하여 돌로 치려고 하며 체포하려고 하였으나, 예수는 그들의 손을 벗어나 요단강 건너편으로 피신하였다(10:30-31,39-40). 나사로를 살린 것 때문에 산헤드린이 예수를 죽이려고 결의하자, 예수는 에브라임으로 피신하였다(11:54). 이와 같이 십자가에 처형되기 위해 예루살렘에 입성하기까지 예수는 여러 번(네 번) 피신하여 죽음의 고비를 넘긴 것을 알 수 있다.

예수를 죽이려는 음모가 진행되는 시간은 어둠의 시간이었다. 예수는 낮이 12시간 지속하는 동안 사람이 다니면 이 세상의 빛(태양)을 보기 때문에 실족하지 않는다고 말하면서, 밤에 다니면 빛이 그 사람 안에 없어서 실족한다고 묘한 말씀을 하신다. 낮에 다니는 사람은 '외부에 있는' 세상의 빛(태양)을 본다고 하면서, 밤에 다니는 사람은 그 사람 '내부에 있는' 어둠 때문에 보지 못한다고 말하기 때문이다. 여기에서 우리는 산상보훈에서 예수께서 "눈은 몸의 등불이니 그러므로 네 눈이 성하면 온 몸이 밝을 것이요, 눈이 나쁘면 온 몸이 어두울 것이니 그러므로 네게 있는 빛이 어두우면 그 어둠이 얼마나 더하겠느냐?"(마 6:22-23)라고 하신 말씀을 떠올리게 된다. 이에 따르면, 눈은 단지 시력을 말하는 것이 아니라 마음을 의미한다. 그렇게 본다면, 9절에서 언급한 세상의 빛은 단지 눈에 보이는 태양이 아니라, 세상의 빛(8:12)이 되신 예수를 가리키고 있다.

예수는 빛에 대한 상징적인 말씀을 하신 후에, "잠든" 나사로를 깨우러 가자고 하신다. 제자들과 "잠든 것"과 "죽은 것"에 관해 토론한 내용(11:11-14)을 길게 기록하고 있는 것은 죽음이 가진 이중적 의미를 부각시키려고 한 것이다. 나사로는 확실하게 '육체적으로' 죽은 것이지만, '영적으로' 자고 있는 것임을 드러낸다. 예수가 나사로와 관련하여 나타내고자 한 것은 단지 육체적인 생명을 살리는 것만이 아니었다.

예수는 나사로가 죽을 때 함께 있지 아니한 것을 기뻐하고 있다. '확실하게' 죽은 나사로를 살림으로써 제자들을 믿음으로 인도하게 될 것을 내다보았기 때문이다. 그러나 제자들은 그 의미를 제대로 깨닫지 못하고 있다. 디두모라고도 하는 **도마**가 제자들을 대표하여 예수의 말씀을 오해하고 있기 때문이다. 도마는 히브리어로 '토암'(תואם)으로서 쌍둥이라는 뜻이며, 이에 대한 그리스 음역은 '쏘마스'(θωμας)이다. '쏘마스'는 그리스어로 디두모(διδυμος)라고도 하였다. 이러한 이름의 뜻을 가진 도마는 요한복음에서 '의심하는 도마'(doubting Thomas)로 특징 지워지고 있다(20:27). 의심한다는 것은 한 가지 생각에 확신을 갖지 못하고 이중적인 면을 드러낸다는 것이다. 여기에서도 도마는 "예수와 함께 죽으러 가자"고 말함으로써 예수의 말을 오해한다. 예수는 나사로를 살리러 가자고 말한 것인데, 도마는 거꾸로 생각한 것이다. 그러나 도마는 결과적으로 죽음을 통하여 진정으로 살아나게 될 것임을 증언하고 있다(irony).

3.1.3. 마르다와의 대화(11:17-27)

예수가 베다니에 도착하여 보니 나사로가 무덤에 있은 지 나흘이 지났다. 이는 나사로의 누이들이 사람을 예수께 보냈을 때 중병에 걸린 나사로가 바로 죽었다는 것을 알 수 있다. 예수는 이를 알고도 이틀을 더 지체했다. 베다니는 예루살렘으로부터 2마일이 안 되는 가까운 곳이었기 때문에 예루살렘에서 많은 유대인들이 문상을 하러 왔다.

마르다는 예수의 도착 소식을 접하자 바로 자리에서 일어나 예수를 맞이하러 나갔다. 마르다가 주도적이며 행동파라는 것을 보여준다. 그것은 아마 마리아의 언니로서 당연한 처신을 했다고 볼 수 있다. 이에 비해 마리아는 집에 "앉아 있었다." 이는 눅 10:39에서 예수의 발 앞에 앉아 그의 말씀을 듣던 마리아를 연상하게 한다. 집에 남아 있던 이유가 당시 관습이었던 곡(wailing)을 하기 위해서였을 수도 있다. 많은 유대인들이 문상을 와 있는데 곡을 하지 않는다는 것은 예법에서 벗어나는 일이었기 때문이다.

21-27절은 마르다와 예수의 대화가 '마르다-예수-마르다-예수-마르다'의 순으로 기록되어 있다. 마르다는 "주께서 여기 계셨더라면 내 오라버니가 죽지 아니하였겠나이다."라고 첫마디를 내뱉었다. 그것은 불만에 찬 것이었다. 화를 삼키고 예의를 지켰지만, 아쉬움이 짙게 묻어난다. 이어서 22절에서 마르다는 예수가 하나님께 구하면 무엇이든지 이루어질 것이라고 말하고 있다. 이것은 앞뒤가 맞지 않는 내용 같아 보인다. 지금이라도 나사로가 소생할 것을 믿는다는 의미인가? 그러나 예수가 마르다에게 "네 오라비가 다시 살아나리라."라고 말했을 때 예수의 말을 오해한 것을 보면, 마르다가 온전한 믿음을 가지고 있었던 것 같지는 않다. 마르다는 당시 바리새인들이 믿고 있던 미래의 부활만을

받아들이고 있었던 것에 비해, 예수는 현재의 부활을 의미하면서 "나는 부활이요 생명이니 … 무릇 살아서 나를 믿는 자는 영원히 죽지 아니하리니, 이것을 네가 믿느냐?"라고 반문하고 있기 때문이다. 마르다는 그때에야 "주는 그리스도시오, 세상에 오시는 하나님의 아들이신 줄을 내가 믿나이다."라고 고백한다. 이러한 **마르다의 신앙고백**은 공관복음서에서 베드로가 "주는 그리스도시오, 살아계신 하나님의 아들이시니이다."(마 16:16)라고 말한 고백과 유사하다. 초대교회의 신앙고백도 이와 같았을 것이다.

3.1.4. 마리아와의 대화(11:28-33)

마리아는 집안에 머물고 있었는데(곡하느라고?), 마르다가 예수가 부르신다는 전갈을 듣고 즉시 일어나 예수를 만나러 나간다. 개인적으로 가만히 전갈을 전달하였기 때문에, 문상을 왔던 유대인들은 마리아가 곡하러 무덤에 가는 줄로 생각하고 따라나섰다. 당시 상주와 문상객이 함께 곡을 하는 것은 유대인의 관습이었다. 예수는 아직 마을 입구에 머물러 있었기 때문에, 마리아는 예수를 입구까지 가서 예수의 "**발 앞에**" 엎드려 영접하였다. 마리아는 마르다가 첫마디로 내뱉은 말("주께서 여기 계셨더라면 …")을 똑같이 반복할 뿐 그 이상의 진전은 보이지 않는다. "발 앞에 엎드린" 마리아의 모습이 특별히 부각될 뿐이다(눅 10:39; 요 12:3 참조). 마리아는 마르다와 같은 신앙고백도 하지 않고 울기만 하였다. 예수는 마리아와 같이 온 유대인들이 곡을 하는 것을 보고, 심령에 비통히 여기시고 불쌍히 여기는 마음이 들어 눈물을 흘리셨다. 이는 예수가 죽음 앞에 무력한 인간의 현실에 큰 슬픔을 표현한 것이며, 동시에 나사로의 죽음을 관장하고 있는 사탄의 권세에 분개하는 모습이다. 여기에서 "불쌍히 여기다"라는 동사는 헬라어 '타라소'(ταρασσω)인데, 이는 감정이 크게 동요하여 억제할 수 없는 상태가 되는 것을 나타내는 말이다. 이 단어가 사용된 두 곳(13:21과 14:1,27)에서 각각 예수가 유다의 배반에 괴로워하는 모습과 제자들이 예수의 죽음을 앞두고 괴로워하고 근심하는 모습을 나타내고 있는 것과 비교할 수 있다. 그것은 겟세마네 동산에서 예수가 최후의 기도를 드릴 때의 모습과 흡사하다(막 14:33 참조).

3.1.5. 나사로의 소생(11:34–44)

마음이 움직인 예수는 행동에 나서고 있다. 나사로를 안치한 무덤으로 가서 돌을 옮겨놓으라고 말한 뒤, 하나님께 기도한 후 나사로에게 나오라고 외친다. 예수가 나사로를 살리기까지는 세 가지 장애물이 있었다. 첫째, **불신앙**이다. 어떤 사람이 "맹인의 눈을 뜨게 한 이 사람이 그 사람은 죽지 않게 할 수 없었더냐?"라고 말하면서 불신앙을 드러낸다. 9장에서 날 때부터 맹인 된 사람의 눈을 뜨게 한 것은 구약성경에도 유례를 볼 수 없는 메시아적 표징이었다. 그렇다면 죽은 사람을 살리는 것은 더욱 놀라운 표징이 될 것이다. 둘째, **돌**이다. 무덤은 돌로 막아놓은 상태였다. 돌로 무덤 문을 막아놓은 것을 보면 수평 동굴보다는 입구가 작은 수직 동굴이었을 가능성이 있다. 돌은 기적이 필요한 상황 가운데 인간 편에서 해야 할 일이 있음을 암시한다. 예수는 사람들에게 돌을 옮겨놓으라고 말했다. 기적을 바란다면 사람 편에서도 준비가 되어야 한다. 셋째, **냄새**다. 나사로는 죽은 지 나흘이나 되었기 때문에, 시신이 썩어 냄새가 진동했다. 냄새는 인간의 죄악으로 인한 형벌을 암시한다. 인간의 죄로 인한 심판의 현실은 모든 것을 포기하고 불가능을 받아들이는 것밖에 없다고 보게 만든다. 그러나 바로 이러한 때에 기적은 일어난다.

예수는 "네가 믿으면 하나님의 영광을 보게 될 것이다."라고 말한다. 첫 번째 표징과 마지막 일곱 번째 표징에서 기적은 하나님의 영광을 나타내는 수단이 되었다(2:11; 11:40). 두 가지 기적 모두 예수의 죽음을 내포하고 있다. 죽음만이 영광으로 이끈다. 죽음만이 생명으로 이끈다. 예수는 주위의 사람들이 믿음을 가질 수 있도록 감사의 기도를 드린 후 나사로를 살린다. 예수의 기도에는 이 엄청난 기적이 일어나기를 위해 간구한 내용이 없다. 하나님에 대한 무한한 신뢰와 감사만이 있을 뿐이다.

예수는 큰 소리로 "나사로야, 나오라"고 외치셨다. 그것은 사탄의 권세를 깨뜨리는 능력의 말씀이었다. 죽었던 나사로가 수족을 베로 동이고 얼굴은 수건으로 싼 채로 무덤에서 나왔다. 그는 이제 자유롭게 돌아다닐 수 있게 되었다. 나사로의 소생(resuscitation)은 부활(resurrection)을 예시한다. 한 가지 특이한 점은 나사로는 살아있을 때나 다시 살아났을 때나 아무 말이 없다는 것이다(요한복음과 동일인물이 아닌 눅 16:19-31의 부자와 나사로의 비유에서도). 말이 없이 존재만으로써 생명을 상징하는 인물로 설정되어 있다. 그 이름의 뜻대로 "하나님이 도와주셨다." 나사로는 하나님의 도움으로만 죽음에서 생명으로 옮겨질 수 있는 우리 인간을 대표하고 있는 인물이다.

3.1.6. 산헤드린의 모의(11:45-53)

마리아에게 문상 왔던 유대인들 중에 많은 이들이 믿었으나, 일부는 예수를 붙잡으려고 하는 바리새인들에게 가서 고자질을 했다. 기회를 노리던 대제사장들과 바리새인들이 예수 고발 건을 다루고자 산헤드린 공의회를 "소집하였다"(συνηγαγον/수네가곤). 산헤드린 소집에 바리새인들이 개입한 것은 이례적이다. 왜냐하면 산헤드린은 대제사장들과 원로들(장로)과 서기관들(율법학자)이 회원으로 되어 있었기 때문이다. 율법학자 중 바리새인들이 많이 있었기 때문에 이들이 언급된 것이 잘못된 것은 아니지만, 예수를 정죄하는 이곳의 문맥에서 율법학자로서보다는 바리새인 종파로서의 역할이 더 강조되고 있다고 볼 수 있다. 예루살렘 중앙정치를 장악하고 있는 대제사장들과 원로들이 지방에서 더 영향력을 가지고 있었던 바리새인들과 예수를 정죄하기에 급급한 나머지 손을 잡고 있는 모습이다.

이들이 염려하던 것은 두 가지였다. 첫째, 모든 사람이 예수를 믿을 것이라고 염려하였다. 그렇게 되면 종교적 권위를 독점하고 있던 이들의 위치가 흔들릴 것이라고 생각했던 것 같다. 그들에게 예수는 눈에 가시였다. 둘째, 로마인들이 유대 땅과 민족을 빼앗아갈 것을 염려하였다. 로마인들의 최대 관심사는 정치적 소요와 혼란이었기 때문에, 예수로 말미암아 군중들이 동요하면 이를 정치적 소요로 의심해 유대 민족에게 해악이 발생할지도 모른다고 생각한 것이다. 여기에서 "땅"(ὁ τοπος/토포스; 일차적인 의미는 the place)이라고 번역된 말은 예루살렘 도시(신 12;5)나 예루살렘 성전(4:20; 행 6:13; 행 7:7)을 뜻하는 것으로 볼 수도 있다.

산헤드린 회의에서 염려하는 마음이 커가는 것을 본 가야바 대제사장(주후 18-36년 재위)이 "한 사람이 백성을 위하여 죽어서 온 민족이 망하지 않게 되는 것이 너희에게 유익한 줄을 생각하지 아니하는도다."라고 말하면서 그들을 안심시키고 있다. 이 말은 그가 스스로 한 말이 아니라 부지중에 말한 것으로서 하나의 예언이 되었다. 이것은 **아이러니**(irony)이다. 가야바가 예수의 죽음의 의미를 꿰뚫어 보고 좋게 말하기 위해 한 말이 아니기 때문이다. 그는 당시의 대제사장으로서 예수의 대속적 죽음의 의미를 부지중에 밝히는 역할을 하였다.

52절은 산헤드린의 소집과 대조되는 하나의 소집이 있을 것에 관해 말하여 준다. 그것은 마지막 때에 일어날 것이다. 예수의 죽음은 이스라엘 백성뿐 아니라 흩어진 하나님의 자녀(이방인 그리스도인들)를 모아 하나가 되게 할 것이다. 마지막 때에 이방인들이 하나님의 자녀가 될 것이라고 예언한 구약성경의 많은 말씀이 이를 지지한다(렘 23:3; 31:8-11; 사 11:12; 미 2:12; 겔 34:16 등).

산헤드린이 소집된 날로부터 대제사장들과 바리새인들은 예수를 죽이기로 모의하였다. 그들이 직접 예수를 죽일 권한은 없었으나, 이와 같은 결의를 모아 빌라도를 압박할 수는 있었다. 예수는 나사로를 살렸지만, 산헤드린은 예수를 죽이려고 하였다. 나사로의 죽음이 예수를 죽음으로 인도한 셈이다. 이것이 하나님과 예수가 영광을 받는 길이었다. 죽음을 통한 생명의 길이었다.

3.1.7. 에브라임으로 피신(11:54-57)

유대인들이 예수에게 적대적인 태도를 보이자, 예수는 드러나게 유대 땅을 다닐 수 없었다. 예수는 예루살렘을 떠나 광야가 가까운 에브라임이라는 동네로 피신하여 제자들과 함께 머물렀다. 에브라임 동네가 어디인지는 정확하게 알 수 없지만, 요단강에 못 미친 예루살렘 북동쪽일 것이라고 추측하는 정도이다. 예수는 유대 땅을 완전히 벗어나지 않고 예루살렘 근처에 몸을 숨기고 있었다.

유월절은 유대교의 3대 명절의 하나로서 많은 순례자들이 매해 예루살렘 성전에 와서 예배를 드렸다. 당시 예루살렘의 인구가 2만 5천 명 정도 되었는데, 10만 명을 넘나드는 순례자들이 찾아왔다고 한다. 유월절이 코앞에 다가왔기 때문에 벌써 많은 순례자들이 예루살렘에 넘쳐나고 있었다. 그들은 예수에 관한 소문을 익히 듣고 그를 만나보기 위해 찾아다녔다. 예수가 유월절에 예루살렘에 나타날 것인가 하는 것은 당시의 핫이슈였다. 대제사장들과 바리새인들은 예수를 찾게 되면 즉시 신고하도록 밀명을 내려놓은 상태였다. 긴장감이 감도는 유월절이었다. 사람들은 예수를 만나보고 싶어 하였고, 유대지도자들은 예수를 체포하여 죽이려고 하였다. 과연 예수는 이러한 때에 예루살렘에 올 것인가? 예수는 절기 때마다(5장의 안식일, 6장의 유월절, 7-9장의 초막절, 10장의 수전절) 죽음의 위협을 받았으나, 아직 죽을 때가 되지 않아 붙잡으려는 손을 피하거나 몸을 숨겨왔다(5:18; 6:15; 7:30; 8:59; 10:39; 11:54). 그러나 이제 그가 영광을 받을 때, 즉 십자가에서 죽을 때가 왔다. 이제 더 이상 피할 수 없게 되었다. 과연 예수는 유월절에 죽기 위해 나타날 것인가?

3.2. 향유 부음과 예수의 죽음 예고(12:1-11)

3.2.1. 공관복음서의 내용 비교

향유 사건은 공관복음서(막 14:3-9; 마 26:6-13; 눅 7:36-50)에 모두 기록되어 있다. 누가복음은 죄 많은 여인이 갈릴리에서 향유를 부은 것으로 되어 있어서 다른 두 복음서와 차이를 보이고 있다. 마가와 마태가 예루살렘 근처 베다니에서 예수의 죽음을 앞에 둔 시점에 이 사건을 기록하고 있는데 비해, 누가는 갈릴리에서 예수의 죽음과는 거리가 먼 시점에 이 사건을 기록하고 있다. 따라서 마가와 마태는 예수의 죽음을 예비한 한 여인의 예비적이고 상징적인 행위에 초점을 맞추고 있으며, 이에 비해 누가는 죄 많은 여인의 죄를 용서하여 주는 내용을 강조하고 있다. 이 외에도 많은 차이들이 존재하고 있기 때문에 이를 다음과 같이 도표로 정리해 볼 수 있을 것이다.

	마가복음	마태복음	누가복음
시기	유월절 이틀 전	유월절 이틀 전	갈릴리 사역 중에
장소	베다니 나병환자 시몬의 집	베다니 나병환자 시몬의 집	바리새인 시몬의 집
주인공	익명의 여인	익명의 여인	죄 많은 여인
향유	옥합에 담은 순전한 나드로 만든 향유	옥합에 담은 매우 귀한 향유	옥합에 담은 향유
향유를 부은 위치	머리	머리	발(발에 흘린 눈물을 머리털로 닦고 입을 맞춘 후)
사람들의 반응	어떤 사람들(제자들?)이 화를 냄	제자들이 화를 냄	시몬이 의문을 품음
값어치	300데나리온이 넘는 값	비싼 값	
예수의 행동	예수께서 여인을 옹호하심	예수께서 여인을 옹호하심	예수께서 여인을 용서하심
낭비에 대한 평가	"가난한 자들은 항상 너희와 함께 있다"	"가난한 자들은 항상 너희와 함께 있다"	
목적	예수의 장례를 위한 것(여인의 행위가 온 천하에 알려질 것임)	예수의 장례를 위한 것(여인의 행위가 온 천하에 알려질 것임)	죄 용서에 관한 교훈

이 도표를 보면, 마가복음과 마태복음의 내용은 큰 차이가 없고, 다만 마가복음에 나오는 순전한 나드로 만든 향유라는 표현과 300데나리온이 넘는 값어치가 있는 향유라는 내용이 마태복음에는 빠져 있다(화를 낸 사람들에 있어서는 큰 차이가 없다고 볼 때). 이에 비해 누가복음은 마가복음/마태복음과 차이가 많다. 다른 차이들에 관해서는 위에서 언급하였기 때문에, 여기에서는 죄 많은 여인이 예수의 발 곁에 서서 눈물을 흘리고, 머리털로 예수의 발을 닦고, 그 발에 입맞춤을 한 것과, 향유를 머리가 아닌 발에 부은 것을 덧붙일 수 있을 것이다.

이 시점에서 우리는 공관복음서마다 향유를 머리나 발에 붓는 행위 자체를 묘사한 단어에서 차이가 있음을 발견하게 된다. 마가복음과 마태복음은 향유를 머리에 "부었다"(κατεχεεν/카테게엔)고 했는데, 누가복음은 향유를 발에 "발랐다"(ηλειφεν/엘레이뻰; 미완료 형태)고 표현하였다. 여기에 사용된 '카타케오'(καταχεω)는 '붓는다'(pour over)는 일차적 의미를 가진 단어이며, '알레이뽀'(αλειφω)는 '바른다'(anoint)는 일차적 의미를 가진 단어이다. 그렇지만 anoint의 의미는 붓는 행위에도 확장되어 사용된 듯하다. '메시아'(그리스도)라는 단어가 '기름부음을 받은 자'(the Anointed One)로 풀이되는 예에서도 이를 확인할 수 있다. 이외에 왕의 대관식이나 사제 서품식 등에서도 기름을 붓는 행위를 anointing이라는 단어를 가지고 나타내었다. 이처럼 두 단어가 비슷한 의미로 사용되곤 했다 하더라도, 서로 다른 단어를 가지고 동일한 행위를 표현했다는 것은 주목해 볼만한 사항이다.

3.2.2. 요한복음의 특징적 묘사

그렇다면 요한복음은 공관복음서와 비교하여 어떤 특징을 드러내고 있을까? 결론부터 말하면, 전체적으로 요한복음은 누가복음과 가장 유사성을 보인다. 그리고 부분적으로 마가복음과 유사한 부분도 존재한다. 이것은 요한복음이 공관복음서를 알고 있었을 가능성을 높여주는 것이다. 그러나 요한복음 저자는 그의 목적에 맞게 향유 붓는 사건을 요한적 특징을 드러내는 방향으로 기록하고 있다고 볼 수 있다. 여기에서는 요한복음과 공관복음서를 서로 비교해서 도표로 제시한다. 마태복음은 마가복음과 큰 차이가 없기 때문에 생략한다.

	마가복음	누가복음	요한복음
시기	유월절 이틀 전	갈릴리 사역 중	유월절 엿새 전
장소	베다니 나병환자 시몬의 집	바리새인 시몬의 집	베다니 나사로의 집
주인공	익명의 여인	죄 많은 여인	마리아
향유	옥합에 담은 순전한 나드로 만든 향유	옥합에 담은 향유	순전한 나드 한 근으로 만든 향유
부은 위치	머리	발(눈물을 흘리고 머리털로 닦고 입맞춤)	발(머리털로 발을 닦음)
사람들의 반응	어떤 사람들이 화를 냄	시몬이 의문을 품음	유다가 화를 냄
값어치	300데나리온이 넘는 값		300데나리온
예수의 행동	예수께서 여인을 옹호하심	예수께서 여인을 용서하심	예수께서 마리아를 옹호하심
낭비에 대한 평가	"가난한 자들은 항상 너희와 함께 있다"		"가난한 자들은 항상 너희와 함께 있다" 유다는 도둑이며, 돈 궤에서 훔쳐가는 자

	마가복음	누가복음	요한복음
목적	예수의 장례를 준비함	죄 용서에 관한 교훈	예수의 장례를 위해 간직하도록 함
여인에 대한 대우	"그녀를 가만 두어라" 여인의 행위가 온 천하에 알려질 것임		"그녀를 가만 두어라"

이 도표를 보면, 요한복음의 내용은 예수의 **"발"**에 향유를 "바른"(이곳에서는 '엘레입센/ηλειψεν'으로서 'aroist/부정과거' 형태를 사용함) 점에서 **누가복음과 가장 뚜렷한 유사성**을 보인다. 발을 머리털로 닦은 점은 유사하기는 한데, 누가가 발에 흘린 눈물을 닦은 것이라면 요한은 향유를 바른 발을 머리털로 닦은 점에서 차이를 보인다. 그렇지만 '가난한 사람들의 복음서'라는 별명을 가진 누가복음에서 마가와 요한에 나오는 "가난한 자들은 항상 너희와 함께 있다"라는 표현을 하고 있지 않은 점은 의외이다. 그리고 요한복음만이 유월절 "엿새" 전을 향유 사건의 시점으로 기술하고 있는데, 이것이 예수의 수난 이야기가 본격적으로 시작되는 18장까지 기록한 내용이 많아서였는지, 공생애 초기에 일주일(1:19–2:11의 내용에서 1:19,29,35,40,43; 2:1의 시간 표지를 보면 일주일 정도의 시간을 추정할 수 있다)을 보낸 것과 상응하도록 하기 위한 조치였는지 그 의미가 불분명하다.

그러나 요한복음은 어떤 부분에서는 오히려 **마가복음과 유사성**을 보여준다. 향유가 순전한 나드로 만들어졌다는 것, 그 값어치가 300데나리온에 해당한다는 것, 그리고 여인의 행위가 예수의 장례를 위한 것이라는 내용이 대표적이다. 이밖에도 "가난한 자들은 항상 너희와 함께 있다."와 "그녀를 가만 두어라"는 표현이 공통적으로 들어 있음을 언급할 수 있다. 그러나 세세한 표현을 보면 유사성 가운데서 차이점도 드러낸다. 요한복음은 나드가 한 근('λιτρα/리트라'; 약 326그램)임을 밝혀주는데 비해, 그 향유가 옥합에 담겨 있다는 표현은 나타나지 않는다. 마가복음은 향유가 300데나리온이 "넘는다"고 말하는데 비해, 요한복음에는 그러한 표현이 나오지 않는다. 요한복음은 향유를 다 쏟아붓지 않았기 때문에 향유를 장례할 날을 위하여 "간직해 두라"고 말한다. 그런데 나중에 실제로 몰약과 침향 섞은 것 백 근(리트라)을 준비한 사람은 니고데모였다(19:39).

요한복음만의 특징이라고 하면 무엇보다도 마리아와 유다라는 실명이 등장한다는 점이다. 마르다와 나사로도 실명으로 등장하지만 중요한 역할은 하지 않는다. **마리아**의 등장으로 인하여 마가와 누가에 나왔던 시몬이라는 이름은 나타나지 않는다. 요한복음은 바로 앞 11장에서 나사로의 소생기적을 다루면서 마리아를 등장시켰기 때문에, 12장 향유 사건을 마리아와 연결시키는 것이 자연스럽다고 생각했을 것이다. **유다**는 곧 이어 전개될 수난 이야기에서 중요한 역할을 하기 때문에 예시(prolepsis)로 등장한 듯하다. 유다는 13장 최후의 만찬 석상에서 예수를 배반할 것이라는 예언(13:21)과 실제적인 행동(18:2-3)을 통해 중요한 역할을 하게 된다. 요한복음의 향유 사건이 예수의 죽음을 예비하고 있기 때문에, 스승을 죽음으로 내몬 유다의 등장은 이야기의 흐름에 잘 들어맞는다. 누가복음(22:3)과 더불어 요한복음은 사탄이 예수를 죽이기 위해 유다에게 들어갔음을 시사한다(13:2,27). 오병이어 기적을 서술하면서 유다를 마귀/사탄이라고 부르기도 했다(6:70). 다른 복음서들이 유다가 대제사장에게 돈을 받고 예수를 배반했다고 서술하고 있는데 비해, 요한복음은 유다가 돈궤에서 돈을 상습적으로 훔쳐가곤 했다는 언급으로 대체하고 있다(12:6). 이는 유다가 돈 때문에 예수를 배반했다는 것을 더욱 확실하게 말한 것이라고 볼 수 있다. 이것은 유다가 향유를 낭비한 것에 화를 낸 진정한 이유였음을 보여준다.

요한복음만이 향유를 부은 여인이 **베다니의 마리아**였다는 사실을 언급한다. 그녀는 11장에서 예수의 "발" 앞에 엎드려 나사로의 죽음을 애통해 했던 인물이다. 12장에서 그녀가 등장하여 향유로 예수의 "발"에 바른 것은 잘 맞아떨어지고 있다. 이어서 13장에 예수가 제자들의 "발"을 씻은 것도 같은 유비(analogy)로 볼 수 있다. 요한복음은 이처럼 "발"을 강조하고 있으므로 **'발의 신학'**을 보여준다고 하겠다. 마가와 마태가 예수의 머리에 향유를 부었기 때문에 그가 메시아(왕)로서 예루살렘에 입성하는 것을 강조하고 있다면, 누가와 요한은 발에 향유를 바름으로써 예수의 장례를 예시하고 있다고 하겠다. 왜냐하면 살아있는 사람의 발에 기름을 바르는 것은 이상한 일이기 때문이다. 마리아는 일 년치 임금에 해당되는 값비싼 향유를 아끼지 않고 예수를 위해 내놓았다. 마리아는 예수의 죽음을 예견한 것일까? 예수가 자신의 장례 때까지 남은 향유를 간직해 두라고 말하고 있기 때문이다. 그런 의미에서 마리아는 예수의 죽음을 무의식적으로 예고한 상징적 행동을 한 것이다. 그런데 마가복음과 마태복음에 마리아의 행위를 칭찬한 내용이 요한복음에는 나오지 않는다. 아마 마리아가 향유를 예수의 발에 발라 "향유 냄새가 집에 가득하게 된 것"(12:3)이 그녀의 행위가 온 천하에 널리 알려지게 될 것임을 나타낸 것이기 때문인지 모른다.

많은 유대인들이 베다니로 모여들었다. 나사로를 살린 예수를 보러 온 것뿐만 아니라, 살아난 나사로를 직접 보고자 했기 때문이다. '보는 것이 믿는 것이다'(Seeing is believing.)라는 생각으로 증거를 확인하기 위해서였을 것이다. 대제사장들은 나사로까지 죽이려고 음모를 꾸몄다. 많은 사람들이 나사로 때문에 예수를 믿게 되었기 때문이다. 대제사장들은 둘 다 제거하는 것만이 골칫거리를 없애는 것이라고 확신했을 것이다.

3.3. 예루살렘 입성과 예수의 죽음 예고(12:12-50)

3.3.1. 초라한 예루살렘 입성(12:12-19)

향유 사건이 일어난 이튿날에 예수는 예루살렘에 들어가신다. 이 날은 일요일로 추산되기 때문에(12:1의 "유월절 엿새 전" 참조) 전통적으로 종려주일(Palm Sunday)로 불리고 있다. 큰 무리가 예수의 예루살렘 입성을 환영하기 위해서 종려나무 가지를 들고 "맞으러"(εις ὑπαντ ησιν/에이스 후판테신) 나왔다. 예루살렘에 거주하던 이 무리는 종려나무 가지를 가지고 '호산나'를 외치며 환영하였다.

여기에서 사용된 '후판테시스'(ὑπαντησις)라는 단어는 왕을 맞이하는 것을 말할 때 사용된 단어라고 한다. 그렇다면 예루살렘에서 온 무리는 나사로를 살리신 예수를 이스라엘 민족을 해방할 메시아로 생각하고 열렬히 환영한 것으로 볼 수 있다. 민족주의적이고 정치적인 움직임이 강한 분위기 가운데서 예수는 이 무리를 만나게 되었다. 호산나(Ὡσαννα)는 히브리어로 '호쉬아 나'(시 118:25 참조)를 음역한 것이다. '호쉬아'(*hoshia*)는 '구원'을 의미하며, '*na*'는 전접어(enclitic)로서 소원과 기원의 뜻을 표현하기 때문에, 두 단어가 결합하여 '구원하소서'라는 의미를 나타내게 된 것이다. 이 말은 원래 초막절에 비가 내리기를 바라면서 기도하던 말이었는데, 탄성을 지르거나 누구를 환영할 때 사용하기도 하였다.

무리가 호산나를 외치면서 부른 찬양, 즉 "찬송하리로다! 주의 이름으로 오시는 이, 곧 이스라엘의 왕이시여"는 슥 9:9을 인용하고 있다. 이 찬양은 종려나무 가지와 더불어, 슥 14:16("예루살렘을 치러 왔던 이방 나라들 중에 남은 자가 해마다 올라와서 그 왕 만군의 여호와께 경배하며 초막절을 지킬 것이라")의 내용으로 미루어 볼 때 유월절보다는 초막절과 관련이 깊다. 예수는 유월절에 죽게 되므로 대속적인 죽음을 강조하는데 비해, 무리는 나사로의 소생에 고무되어 초막절의 축제를 즐기는 사람들처럼 들떠 있었던 것 같다. 슥 14:4은 하나님께서 종말의 때에 감람산 쪽에서 나타나실 것이라고 예언하고 있다. 그런데 예수가 베다니를 거쳐 예루살렘으로 들어왔기 때문에 예루살렘 동편에 있는 감람산 쪽에서 왔음을 알 수 있다. 이것은 예수가 메시아(왕)으로서 예루살렘에 입성함을 보여주고 있다.

예수는 나귀 새끼를 타고 예루살렘에 들어왔다. 15절에서 "시온 딸아 두려워하지 말라. 보라, 너의 왕이 나귀 새끼를 타고 오신다."라고 한 것도 슥 9:9을 인용한 것이다("두려워하지 말라"와 "나귀 새끼" 부분에서 일부 수정된 가운데). 스가랴서에 따르면, 나귀를 타고 온 것은 겸손함을 나타내려는 것이다. 당시에 일반적으로 왕의 입성은 권세와 위용을 과시하는 행렬이었지만, 예수는 세상의 군왕들과는 달리 섬기는 종의 모습을 보여주고 있다. 예수는 하나님 아버지로부터 "주의 이름으로 오시는 이"(He who comes in the Lord's name)라는 칭호(17:11-12 참조)를 얻은 자였지만, 왕처럼 입성하지 않았다. 사람들은 예수를 왕으로 삼고 싶었는지 모르지만(6:15 참조), 예수는 십자가에 죽기 위해 입성하고 있다. 겉으로는 나귀를 타고 왕처럼 입성하고 있지만, 실제로는 한 알의 밀알(유월절 어린양)로 죽기 위해 입성한 것이다(12:24).

제자들은 무리가 종려나무 가지를 들고 호산나를 외친 것과 예수가 나귀를 타고 입성하신 뜻을 당시에는 깨닫지 못하고, 예수가 영광을 얻으신 후(죽으시고 부활하신 후)에야 비로소 알게 되었다. 요한복음 저자는 2:22의 경우와 마찬가지로 이러한 서사적 방백(narrative aside)

을 가지고, 예루살렘 입성에 담긴 숨겨진 의미를 독자와 공유하기를 바라고 있다.

예수가 예루살렘에 입성할 때 함께 왔던 사람들이 예루살렘에서 환영하기 위해 나온 무리에게 나사로의 소생기적에 관해 증언하여 주었다(12:17). 예루살렘 사람들이 예수를 환영한 것이 나사로를 살린 표징에 관해 들었기 때문이라고 한 것은 전후관계가 뒤바뀐 것처럼 보인다. 예루살렘에서 나온 무리가 베다니에서 나사로를 보기 위해 온 무리(12:9)와 서로 같지 않으므로, 예루살렘에서 온 무리가 예수를 환영하기 전에 이러한 설명을 했다면 논리적으로 이해하기 쉬웠을 것이다. 그러한 의미에서 12:16-18은 이전에 일어난 사건을 회상하게 하는 서사적 방백으로 볼 수 있다. 이 단락의 초점은 19절로 모아진다. 바리새인들은 대제사장들과 더불어 예수를 없애려고 혈안이 되어 있었으나, "온 세상"이 예수를 따라가는 것을 목도하고 절망하고 있다.

3.3.2. 헬라인들과의 만남과 영광의 때(12:20-36)

여기에 갑자기 **헬라인**이 등장한다. 그들은 유월절에 예배하러 온 이방인 개종자들임이 분명하다. 그들은 이방인들과 동질감을 갖고 있는 갈릴리 벳새다 사람 빌립(헬라식 이름)에게 예수를 만나볼 수 있는가를 타진하고 있다(마 4:15에서 "이방의 갈릴리"라고 한 것 참조). 빌립은 단짝 안드레와 함께 가서 예수에게 그 말을 전한다. 이때에 예수는 "인자가 영광을 얻을 때가 왔다"고 선언하신다. 이방인의 개종을 자신의 죽을 때와 연관시키고 있는 것이다. 나사로의 죽음으로 인한 결과를 보게 된다는 의미이기도 하다(11:4). 구약성경에는 주의 날이 오면, 열방이 하나님께로 나아오며, 예루살렘으로 모여든다고 하는 예언이 다수 나온다(겔 34:16; 미 4:1-2; 슥 14:16). 예수는 헬라인들이 찾아온 것이 이러한 **예**

언의 성취라고 보았다.

이제까지는 때가 되지 않았었지만(2:4; 7:30; 8:20), 이제는 때가 되었다. 예수는 그가 영광을 얻을 때가 된 것을 아시고, 죽음에 관해 본격적으로 말하기 시작한다. "한 알의 밀이 땅에 떨어져 죽지 아니하면 한 알 그대로 있고, 죽으면 많은 열매를 맺는" 것과 같이 예수는 한 알의 밀이 되어 죽을 것을 예고한다. 이것은 25절에서 자신의 목숨에 연연해하지 않는다는 의미로 달리 표현되어 있다. 이 세상에서 자신의 목숨을 희생하는 자야말로 영원토록 그 생명을 보존하게 될 것이다. 예수의 제자가 되려는 사람은 섬기는 자가 되어야 하고, 섬기는 자는 제자가 되어 하나님께 인정을 받을 것이다. 섬김의 핵심은 죽는 데 있다(막 10:45 참조).

27-28절은 죽음을 앞둔 예수의 기도를 기록하고 있다. 이 중에 나오는 "내 마음이 '괴롭다'(ταρασσω/타라소)"(막 14:34)라는 표현과 "이 때를 면하게 하여 주옵소서"(막 14:35-36)라는 표현은 마가복음에 나오는 **겟세마네 기도**와 매우 흡사하다. 이 부분은 「새번역」이 보여주는 바와 같이 앞 절에 붙여 "무슨 말을 할까? 이 때를 면하여 달라고 말할까?"와 같이 번역할 수도 있다. 그렇게 하면 예수가 죽음의 순간을 피하려고 한다는 인상을 덜 주게 된다. 또한 "아버지여, 아버지의 이름을 영광스럽게 하옵소서"라는 간구는 **주기도문**의 내용과 흡사하다. 이에 덧붙여 요한복음에는 공관복음서에는 없는 기도에 대한 응답을 기록하고 있다. 이는 하늘에서 들려오는 소리(예언자들에게 임한 '**בת קול**/바트 콜'과 비슷하지만, 여기에서는 보다 직접적인 하나님의 현현의 방식으로 묘사됨)로 나타나고 있다. "내가 이미 (그 이름을) 영광스럽게 하였고 또 다시 (그 이름을) 영광스럽게 하리라"(목적어를 보충할 필요가 있음)고 응답한 것은 성취된 영광(십자가 죽음)과 성취될 영광(exaltation을 말

하는 13:31-32 참조)을 가리키는 것이다. 두 가지 영광은 결국 하나의 영광이다. 이것은 예수의 죽음이 가져올 열매("모든 사람을 내게로 이끌 것이다"; 12:32)를 하나님께서 보증하고 있음을 보여준다. 곁에서 들은 무리는 천둥이 울었거나 천사가 말했다고 생각했다. 그들은 소리는 들었지만, 그들에게 그 내용을 아는 것은 허락되지 않았다. 소리가 난 것은 예수를 위한 것이 아니라, 무리를 위한 것이었다. 이는 예수가 세례 받을 때 하늘에서 소리가 난 것이 둘러선 사람들을 위해서였던 것과 같다(마 3:17). 그들은 예수의 세례나 죽음의 증인이 되고 있다(각각 긍정적 의미와 부정적 의미에 있어서).

아들이 죽음으로 인해 영광을 얻게 되면, 이 세상 임금(14:30; 16:11 참조)인 사탄에 대한 심판과 추방이 뒤따르게 될 것이다. 예수의 죽음은 사탄의 지배를 종식시키는 결정타가 될 것이다. 예수의 죽음은 사탄의 최종 권세인 죽음을 이기는 것이다. 죽음으로 죽음을 이기는 것이다. 인간은 죽지 못하지만, 하나님은 자신의 죽음을 통해 그가 하나님이 되심을 증명하였다. 이와 같이 예수는 땅에서 들려야 한다. **"들린다"**(ὑψοω/휩쏘오; lift up, exalt)는 단어는 이중의미를 가진 말이다(3:14; 8:28 참조). 이는 단순하게 들어 올리는 것만이 아니라 십자가에 높이 달리는 것(부활의 개념을 포괄적으로 나타냄)을 가리킨다. 십자가의 죽음을 통해 예수는 모든 사람을 그에게로 이끌 것이다(6:44 참조). 무리가 이 말의 뜻을 이해한 것처럼 보이는 것은 놀랍다. 왜냐하면 34절에서 "그리스도께서 영원히 계신다"고 거론하면서 인자가 들린다는 말을 메시아 개념과 연결시키고 있기 때문이다. 그러나 율법(구약성경)에 그리스도의 영존함에 대한 똑같은 인용문은 찾을 수 없다. 다만 다윗 가문이 왕적 통치를 계속 이어갈 것이라는 말씀은 다수 나온다(시 89:4,36; 시 110:4; 사 9:7; 겔 37:25). 영존성은 하나님의 속성이다. 여기에서 요한복음 저자는 그리스도를 하나님과 동일시하고, 나아가서 인자와 동일시하고 있다. 예수가 자신을 인자라고 한 것은 헬라인을 만나는 문맥에서였는데(12:23), 무리가 그 사실을 알고 있었다고 가정해야만 34절에서 무리가 예수를 인자라고 지칭한 것을 이해할 수 있다. 이 무리는 예루살렘에서 환영 나온 사람들로서 예수를 줄곧 뒤따르고 있었던 것으로 보인다. 이들이 "이 인자는 누구냐?"고 질문한다. 이를 통해 예수가 보통사람(인자)이 아니라 메시아적 인물(에녹서의 묵시적 인자)이라고 하는 점을 암시하고 있다.

예수는 무리에게 "빛이 있을 동안에" 빛을 믿으라고 말한다. 빛은 곧 예수 자신이다(8:12; 9:5). 예수는 그가 곧 죽을 것을 암시하면서, 어둠에 속하지 말고 빛에 속하라고 촉구한다. 어둠의 아들이 될 것인가, 아니면 빛의 아들이 될 것인가는 그들의 선택에 달려 있다. 12:35-36에서 **"빛을 믿으라"**(12:36)고 한 것은 12:44-50의 말씀과 더불어 예수의 공적 사역(1-12장)의 **결론적 선포**(discourse)에 해당된다. 두 부분(35-36절과 44-50절)은 "빛, 어둠, 믿다"는 공통어를 가지고 있어서 주제면에서 서로 일치하기 때문에, 그 사이에 있는 내용(12:37-43)은 괄호 속에 들어갈 수 있는 이야기(narrative)이다. 예수는 이 말씀을 하시고 그들을 떠나 숨는다(8:59 참조). 이는 예수가 잠시 동안 빛으로 이 세상에 머물게 될 것임을 나타내는 상징적 행동인 동시에, 그의 공적 사역을 마무리하고 있음을 보여주는 것이다.

3.3.3. 공적 사역의 요약(12:37-50)

저자는 예수의 공적 사역을 마무리하면서 사람들이 믿지 아니한 이유(12:37-43)와 믿으라고 하는 마지막 선포(44-50)를 덧붙이고 있다. 서언(1:11-12)에서 이미 밝힌 대로, 사람들은 많은 표징(말씀과 기적을 통해 표현된)에도 불구하고 예수를 믿지 아니하였다. 이것은 결과적으로 구약성경의 예언(사 6:10)을 성취한 것이다. 사 6장은 하나님의 영광을 보고 말한 것인데, 요한복음 저자는 이를 예수에게 관련시킨다. 이와 같은 기독론적 해석은 이스라엘 백성이 하나님의 출애굽 기적을 보고도 믿지 못한 것처럼(신 29:2-4), 예루살렘 사람들(유대인)이 예수의 많은 표징을 보고도 믿지 못한 것에서 연결점을 찾게 된다. 그런데, 구약성경을 아람어 역본인 탈굼은 "주의 영광"을 "주의 '쉐키나/shekinah'의 영광"으로 번역하고 있다. 여기에서 shekinah는 볼 수 없는 하나님이 볼 수 있게 나타난 형체(천사, 모세에게 나타난 불붙은 떨기나무, 출애굽 때의 불과 구름 기둥, 법궤 등)를 말한다. 이는 사람들 사이에 거하는 하나님의 임재를 가리켰다. 요 1:14에서 "말씀이 육신이 되어 우리 가운데 '거하시매'(σκηνοω/스케노오; shekinah와 어근이 같음) 우리가 그 영광을 보았다"고 한 것에서 우리는 예수가 하나님의 shekinah임을 추론할 수 있다. 예수는 하나님의 형체였다.

대부분의 유대인들이 예수를 믿지 않았지만, 아이러니칼하게도 요한복음 저자는 유대인 관리들 가운데 믿는 자들이 많이 있었다는 점을 언급한다. 여기에서 '관리'(αρχων/아르콘)는 산헤드린 회원을 말하는 것 같다(눅 18:18). 산헤드린 관리들 가운데 예수를 믿은 사람은 니고데모(3:1)와 아리마대 요셉(막 15:43)이 있다. 사람들이 안 보는 밤에 예수를 찾아온 니고데모의 경우에서 보는 것처럼(3:2), 믿은 관리들은 그들의 신앙을 공개적으로 드러내지 못하였다. 저자는 그 이유를 바리새인들이 주도하는 출교를 두려워했기 때문이라고 밝히고 있다(9:22 참조). 결국 믿음을 가졌던 관리들조차 신앙을 숨기고 있었기 때문에, 유대인들이 믿지 않았다고 한 표현은 정당성을 확보한다(12:37). 그들은 하나님의 영광보다 사람의 영광을 더 중요하게 생각하였다.

예수는 이제 마지막으로 외친다. 그 선포의 핵심은 아버지와의 관계에서 자신의 사역을 보고 있는 것이다. ① 나를 믿는 자는 아버지를 믿는 것이다(44절). ② 나를 보는 자는 아버지를 보는 것이다(45절). ③

내가 말한 것은 아버지께서 말씀한 것이다(50절). 이렇게 말할 수 있는 근거는 그가 **아버지로부터 보냄을 받은 자**(one sent by the Father)이기 때문이다(44, 45, 49절). 예수는 아버지와 아들의 분명한 관계를 통해서 자신의 사역이 가진 정당성을 증명한다. ①과 ②에 나오는 믿는 자와 보는 자는 결국 같은 의미이기 때문에, 이 단락은 예수가 말한 것을 믿는 것에 강조점을 두고 있다. 예수는 빛으로 오셨기 때문에 '볼' 수 있는 존재였다. 예수는 그의 말을 듣고 지키지(=믿지) 않는다고 하더라도 심판하지 않는다. 그러나 예수의 말은 아버지께서 주신 말씀이기 때문에, 아버지가 심판하게 될 것이라고 한다. 예수가 이 세상에 온 목적은 심판하러 온 것이 아니라 구원하기 위해서 왔지만(3:17 참조), 하나님이 보내신 예수의 말을 믿지 아니함으로 심판을 받게 된 것이라고 결론짓는다. 여기에서 하나님은 심판자(공의의 화신), 예수는 구원자(사랑의 화신)의 이미지로 묘사된다. 하나님은 죄의 문제를 해결하기 위하여 창세전부터 고차원적 구원방정식에서 그 역할을 나누어 맡고 있었다. 하나님을 아버지, 예수를 아들의 이미지와 호칭으로 형상화함으로써 아들이 아버지에게 종속되어 있는 느낌을 주게 된 것은 어쩔 수 없는 부산물인 셈이다. 하나님은 보이지 않는 영으로, 예수는 보이는 인간(말씀이 육신을 입음)으로 나타나서 인간 세계의 구원에 관여하게끔 태초부터 계획되어 있었다고 볼 수 있다.

또 한 가지 흥미로운 점은 예수가 마지막으로 선포한 말이 **모세의 고별 강화**를 연상시킨다는 것이다. 하나님께서는 마지막 날에 모세와 같은 예언자를 일으키어 하나님의 말씀을 그의 입에 둘 것이며, 그 말을 듣지 아니하면 벌을 받을 것이라고 하였다(신 18:18-19). 예수는 '모세와 같은 예언자'(Moses-like-prophet)로 이 세상에 오셨다(1:21 참조). 이처럼 예수는 모세가 그의 고별 강화를 마친 것처럼(신 32:45) 그의 공적 사역을 마치고 있다.

Ⅲ. 영광의 책(13:1–20:31)

1. 세족식과 고별강화(13:1–17:26)

2. 수난 이야기(18:1–19:42)

3. 예루살렘 부활 현현(20:1–31)

Ⅲ 영광의 책(13:1-20:31)

1. 세족식과 고별강화(13:1-17:26)

1.1. 세족식(13:1-30)

1.1.1. 죽음의 상징으로서의 세족식(13:1-11)

이제 예수는 공적 사역(public ministry)을 마치고 죽음의 길로 들어선다. 13장 이하는 주로 제자들과 함께 마지막 시간을 보내는 사적 사역(private ministry)의 성격을 가지고 있다. 예수는 "유월절 전에" 죽을 것(세상을 떠나 아버지께로 돌아갈 것)을 아셨다. 하늘로부터 **"내려온"**(καταβαινειν/카타바이네인) 인자는 하늘에 계신 아버지께로 **"올라갈"**(αναβαινειν/아나바이네인) 것이다. 그래서 세상에 있는 자기 사람들(제자들, 백성들)을 사랑하시되 "끝까지"(εις τελος/에이스 텔로스) 사랑하였다. "자기 사람들"(οἱ ιδιοι/호이 이디오이)은 서언(1:11)에서 그를 영접하지 않은 "자기 백성"(οἱ ιδιοι)을 대신하게 될 새로운 신앙공동체를 의미했다. **"끝까지"**(εις τελος)라는 문구는 두 가지 의미를 나타낼 수 있는데, ① '완전하게'와 ② '죽기까지'가 그것이다. 자기 백성을 사랑했기 때문에, 죽음으로써 그 사랑을 완성하게 된다는 의미이다. 죽는 것은 사랑의 표현이었다.

2절에서 이 죽음의 드라마에서 악역을 담당하게 될 두 인물이 등장한다. 마귀(사탄)와 가룟 유다이다. 마귀가 일찍이 시몬의 아들 가룟 유다의 마음에 예수를 팔아넘기려는 생각을 심어버렸던 것이다. "가룟"(the Iscariot)은 아마 '가리옷(Kerioth)이라는 마을 출신의 남자'(히브리어로 '이쉬/אִישׁ')를 가리키는 것 같다. '가리옷'은 유대 남쪽지방에 있는 마을이기 때문에, 갈릴리 출신의 다른 제자들과는 달리 유대 출신의 제자로 볼 수 있다. 그런데 유다는 다른 제자들을 감쪽같이 속이고 은밀하게 대제사장들과 예수를 죽일 모의에 가담하였던 것이다(막 14:10-11 참조). 스승조차 속이려고 했으나 그것은 실패했다. 이렇게 죽음의 드라마가 펼쳐질 배경이 설정되었다.

예수는 3-6절에서 최후의 만찬 도중에 제자들에게 **세족식**을 행하고 있다. 요한복음은 공관복음서에 나오는 성만찬 제정 기사 대신에 세족식에 대한 이야기를 기록하고 있다. 그런데 요한복음에 나오는 최후의 만찬은 유월절 식사가 아니다. 이에 비해 마가복음은 최후의 만찬을 유월절 식사와 연결시키면서 성만찬 제정 이야기로 발전시키고 있다(막 14:12-25). 그렇다면 마가는 예수의 십자가 처형이 유월절이 시작하는 날(니산월 15일)에 일어난 것으로 보고 있다는 말인가? 이에 비해 요한은 안식일 예비일(니산월 14일)에 예수의 십자가 처형이 이루어졌음을 분명히 밝히고 있다(19:31). 그렇지만 마가도 안식일 예비일에 십자가 처형이 이루어졌음을 덧붙이고 있기 때문에(막 15:42), 한 가지 남은 문제는 유월절 식사를 한 날짜와의 부조화를 설명해야만 한다. 아마 마가는 요한복음의 기록과 마찬가지로 유월절 하루 전에 최후의 만찬을 했지만, 유월절과 연결시키면서 성만찬 제정의 의미를 밝히려고 했기 때문에 혼선을 주게 된 것으로 보인다.

예수는 세족식을 통해서 자신의 **죽음에 대한 교훈**을 주고자 한다. 아버지께서 돌아가실 때(죽을 때)를 언급하고 난 직후에 세족식을 행한 것에서도 이를 알 수 있다. 이것은 무화과나무를 저주한 이야기(막 11:12-14)와 같이 하나의 **행동 비유**이다. 마치 예레미야나 호세아 같은 예언자들이 행동을 통해 예언의 말씀을 전했던 것과 유사하다. 발을 씻는 것은 만약 실제로 행한다면 주인이 아니라 종이 할 일이었다. 스승이 아니라 제자가 할 일이었다. 그런데 스승이신 예수는 제자들의 발을 한 사람씩 씻어나갔다. 난처한 입장이었지만 아무도 스승의 행동에 토를 달 분위기가 아니었다. 스승이 너무나 엄숙하고 진지했기 때문이었을 것이다. 다른 제자들은 그렇게 다 발을 맡겼다. 이제 베드로의 차례가 되었다. 아마 마지막 차례였던 것 같다. 베드로는 그냥 지나칠 수 없었다. 불같은 그의 성격이 발동하여 발 씻기를 그냥 허락할 수 없었다. 베드로는 예수께 "주(스승)께서 내 발을 씻으시니이까?"라고 하면서 거부하는 마음을 드러낸다. 베드로의 항변은 충분히 납득이 가는 행동이었다. 식사하기 전에 손을 씻는 것이라면 정결법을 따르는 것이겠지만, 이것조차 스승이 대신해 주지는 않는다. 발을 씻는 것은 엉뚱한 일이며, 그것도 만찬 도중에 발을 씻는 것은 상식에도 어긋난다.

그렇다면 예수는 왜 이러한 비상식적인 행동을 한 것일까? 예수는 이에 관해 두 가지 교훈을 주고 있다. 7-11절에서 예수는 첫 번째 교훈으로서 베드로와의 대화를 통해 발을 씻는 행위가 어떠한 의미를 가지고 있는지 밝히고 있다. 예수는 베드로에게 지금은 알지 못하지만 나중에 깨닫게 될 것이라고 하면서, "내가 너를 씻어주지 아니하면, 네가 나와 상관이 없다."라고 말씀하셨다. "네가 나와 상관이 없다"는 것은 "네가 나와 함께 '분깃/몫'(μεροϛ/메로스)을 갖지 못한다."라는 말이다. 그것은 영생에 참여하지 못한다거나 하늘나라를 상속받지 못한다는 의미를 갖는다. 이것은 발을 씻는 행위가 예수의 구속적 죽음에 참여함을 상징하고 있음을 보여준다. 여기에서 "씻는" 행위는 나아가서 세례를 암시하기도 한다. 초대교회는 세례를 통해 예수를 믿고 그와 하나가 됨(구원)을 고백하였다. 세례는 예수의 죽음과 부활을 신자 개인의 것으로 받아들이는(믿는) 의식이었다. 예수는 세족식을 통하여 그의 죽음이 가지는 구원의 복음을 깨닫기를 바랐다.

베드로는 한술 더 떠서 "내 발뿐 아니라 손과 머리도 씻어주옵소서."라고 요청한다. 베드로는 예수가 발을 씻어준 상징적인 의미를 깨닫지 못하였기 때문에 이렇게 말한 것이다. 이에 대해 예수는 "이미 목욕한 자는 [**발밖에**] 씻을 필요가 없다."라고 대답하고 있다.

"발밖에"(ει μη τους ποδας/에이 메 투스 포다스; except for the feet)라는 문구는 사본비평적인 문제를 가지고 있다. "발밖에"가 들어간 사본과 들어가지 않은 사본이 존재하기 때문이다. "발밖에"를 넣어서 해석하면, 세례(baptism)를 통해 원죄를 용서받은 사람은 자범죄에 대한 참회(penance)만이 지속적으로 필요하다는 뜻으로 보게 된다. 이는 기독교의 교리에도 잘 맞았기 때문에 많은 사본과 교부들의 지지를 받았다. '목욕하다'(λουω/루오)라는 동사가 몸 전체를 씻는 것이라면, '씻다'(νιπτω/닙토)라는 동사는 몸의 부분을 씻는 것으로 사용되는 것이 일반적이었다. 그러나 "발밖에"가 들어가지 않은 사본들에서는 두 단어를 동일한 행위를 가리키는 것으로 보게 되기 때문에, 세례를 통해 받은 구원은 충분하다는 의미가 된다. 여기에서 '목욕하다'는 '세례 받다'라는 개념으로 쓰인 것으로 보인다. 신약성경 다른 곳(행 22:16; 딛 3:5)에서 λουω가 세례를 가리키는 단어로 사용되고 있는 것에서도 증거를 찾을 수 있다. 이와 같은 해석은 베드로의 오해를 불식시키는 것과 적절하게 조화를 이룬다. 사본의 지지에 관해서 말하자면, "발밖에"가 들어가지 않은 사본의 수는 많지 않지만, 신뢰성이 높은 고대 사본(시내사본)이 포함되어 있다.

"발밖에"가 들어있지 않은 본문으로 읽게 되면, 예수께서 그 다음에 "너희가 깨끗하나 다는 아니니다."라고 한 말씀과 잘 들어맞는다. 왜냐하면 스승을 배반하게 될 유다로 인해 예수의 제자단이 모두 구원 받은 무리에 속하지 않았기 때문이다. 더군다나 예수는 그러한 유다의 발도 씻어주었다! 발을 씻는 것은 세례를 받는 것이고, 예수의 대속적 죽음을 믿고 구원을 얻는 것이다. 발을 씻는 것은 목욕을 한 것을 가리킨다. 따라서 10절 상반절은 "이미 목욕한 자는 씻을 필요가 없다."라고 읽는 것이 맞다.

1.1.2. 겸손의 상징으로서의 세족식(13:12-20)

예수는 세족식을 끝내고 다시 식사 자리에 앉아 두 번째 교훈을 주시고 있다. 두 번째 교훈은 스승이 제자들의 발을 씻은 것처럼 자신을 낮추고 서로를 섬기라는 것이다. 이 교훈은 첫 번째 교훈처럼 심오한 상징을 내포하지 않고 있다. 예수의 세족 행위가 보여주는 분명한 예대로 서로를 섬기라는 단순하고 명확한 당부로 볼 수 있다. 그것은 마치 예수가 첫 번째 교훈을 통해 죽음의 상징으로서 세족식을 행한 의미를 도덕적인 의미로 약화시키는 것 같아 보이기도 한다. 이것은 아마 예수가 첫 번째 교훈을 잘 깨달을 수 없었던 제자들에게 실제적인 교훈이라도 남기려고 했던 것이 아닐까? 그리고 서로 섬기는 자세로 살아가다 보면 예수의 심오한 가르침도 깨닫게 될 날이 올 것이라고 내다보았던 것이 아닐까? 이는 공관복음서에 나오는 교훈과도 일맥상통한다. 예수가 죽기 위해 예루살렘으로 올라가는 도중에도 제자들끼리 서로 높아지고 군림하려고 했던 것을 보면서, "인자가 온 것은 섬김을 받으려 함이 아니라 도리어 섬기려 하고 자기 목숨을 많은 사람의 대속물로 주려 함이니라"(막 10:45)고 교훈하고 있지 않은가? 이로써, **겸손의 상징은 죽음의 상**

징이 되고 있다. 최고의 섬김은 대신 죽는 데 있다. 예수는 "이것을 알고 행하면 복이 있을 것이다."라고 말했다. 무엇을 알고 행하라는 의미인가? 이것은 예수의 죽음의 의미를 알아야만 한다는 것을 강조한 것이라고 볼 수 있다. 죽음이 가진 대속적 의미를 깨달아야만 복된 사람이 될 수 있다. 이러한 복의 선언은 도마에게 "보지 못하고 믿는 자들은 복되다."(20:29)고 말씀과 더불어 요한복음에 두 번만 기록되어 있다. 그만큼 죽음의 의미는 믿는 자들에게 중요하다. 그것이 복음이기 때문이다.

이 단락은 16절과 20절에서 "보내다"와 "영접하다"의 문맥을 보여준다. 이는 마태복음의 선교강화인 10장과 유사함을 확인할 수 있다. 보냄을 받은 자(one who is sent)인 예수가 제자들을 세상으로 보내어 복음을 전함에 관해 말하려고 한다. 예수가 보낸 제자를 영접하는 자는 예수를 영접하는 것이며, 예수를 영접하는 자는 예수를 보낸 하나님을 영접하는 것이다(마 10:40 참조). 선교 현장에서 제자로서의 본분을 다할 때, 섬김과 겸손은 예수의 죽음을 가장 잘 나타낼 수 있는 표지가 된다. 예수는 이 모든 교훈을 사건이 발생하기 전에 미리 예고해 두었다고 하였다. 이는 구약성경의 예언을 성취하기 위해서(18절), 그리고 "내가 그인 줄 너희가 믿게 하려는"(19절) 목적이 있었기 때문이다. "내 떡을 먹는 자가 내게 발꿈치를 들었다"고 한 시편(41:9)의 말씀은 압살롬이 아히도벨과 함께 다윗에게 반기를 든 내용을 배경에 두고 있는데(삼하 15:12 참조), 이를 유다의 배신행위에 적용시키고 있다. 다윗과 같은 메시아로 오신 예수에 대한 배반의 성격에 잘 맞았기 때문일 것이다. "내가 그인 줄"이라는 문구는 'I AM'(εγω ειμι/에고 에이미)으로서 예수의 신적 정체성을 드러낸다. 만약 서술부를 보충한다면 '메시아'라는 단어가 들어갈 수 있을 것이다('I am the Messiah.'). 예수는 자신의 죽음을 통해 그가 어떠한 분이며 어떤 사명을 가지고 이 세상에 오신 분인가를 보여주고 있다.

1.1.3. 유다의 배반에 대한 예고(13:21-30)

앞에서 몇 번(13:2,11,18)에 걸쳐 유다의 배반에 대한 암시가 있었지만, 본 단락에 와서는 자세하게 서술된다. 예수는 유다의 배반에 심령으로 괴로워하였다. 이미 나사로의 죽음(11:33)과 자신의 죽음(12:27)을 두고 괴로워하였던 예수였다. 모두 '타라소'(ταρασσω)라는 단어를 사용하고 있다. ταρασσω는 마음이 무거워서 요동치는 상태에 있음을 표현해 주는 단어이다(시 42:5-6 참조). 나사로와 자신의 죽음을 대면하면서, 그리고 유다의 배반을 알게 되어 예수의 마음은 고통과 슬픔으로 가득 차 있다. 두 문맥(12:24; 13:21)에서는 모두 "진실로, 진실로"(아멘, 아멘)가 사용되고 있는 점도 눈여겨 볼 일이다. 그만큼 절박한 마음을 표현하고 있다고 보아야 할 것이다.

최후의 만찬을 함께 할 때, 좌석 배치가 어떻게 되어 있었는지 정확하게 알 수는 없다. 레오나르도 다 빈치가 그린 그림에서처럼 하나의 식탁에 13명이 다 앉아서 식사를 했는지, 당시 로마식으로 세 개의 식탁(*triclinium*)에 나누어 앉았는지 우리는 잘 모른다. 하나의 큰 식탁보다는 아마도 후자였을 가능성이 크다. 세 개의 식탁에 나누어 앉았다면, 가운데 식탁에 예수를 중심으로 제자들 중 우월적 위치에 있었던 사랑하는 제자와 유다가 앉았고, 좌우 식탁에 다섯 명씩 앉는 방식이었을 것으로 추측할 수 있다. 왜냐하면 이어지는 대화를 보면, 예수와 가장 가까운 곳에 사랑하는 제자와 유다가 있었다고 보는 것이 자연스러우며, 베드로는 멀리 떨어진 곳에 있었다고 간주되기 때문이다.

최후의 만찬석상에서 또 한 사람의 중요한 인물은 여기에서 처음으로 등장하는(1:35 참고) **"사랑하는 제자"**(the Beloved Disciple)이다. 그는 요한복음에 여섯 번(13:23-26; 19:25-27; 20:2-10; 21:7,20-23,24) 등장하고 있는데, 모두 후반부인 '영광의 책'에 나온다. 아마 잘못된 제자의 극단적인 예가 되는 가룟 유다와 대조시키려는 의도에서였을지 모른다. 사랑하는 제자는 대부분 베드로와 경쟁적 관계를 보여주는 문맥에서 등장한다. 사랑하는 제자와 베드로는 친밀하였지만, 둘 중 누가 더 예수와 가까운 사이인가 하는 것은 다른 문제였다. 함께 등장하는 문맥에서 사랑하는 제자는 수제자로 간주되던 베드로보다 더 중요한 위치에 있었던 것으로 기술된다. 그것은 요한공동체가 그들의 대표자인 사랑하는 제자가 전해준 복음 전통을 소중하게 받아들이고 있었음을 보여주는 것으로 간주된다.

예수는 식사 중에 마음이 괴로운 나머지 견디지 못하고 "너희 중 하나가 나를 팔 것이다."라고 털어놓았다. 제자들은 깜짝 놀라 스승이 누구를 두고 한 말씀인지 궁금해 했다. 사랑하는 제자가 예수의 '품'(1:18 참조)에 의지하여 누워 있는데(유월절 식사와 같은 중요한 만찬 때는 누워서 식사했음), 시몬 베드로가 머릿짓으로 누구를 가리키는 것인지 알아보라고 신호를 보냈다. 이는 요한복음에서 사랑하는 제자가 베드로보다 더 중요한 인물로 부각되고 있음을 보여준다(18:15-16; 20:4; 21:7,20-24 참조). 예수와 한 식탁에 앉아 있었던 사랑하는 제자는 가슴에 의지한 채로 예수께 "주여, 누구니이까?"라고 속삭이듯이 물었을 것이다. 예수는 대답하는 대신에 유다가 배반자라는 것을 가리키는 의미로서 떡 한 조각(배반자와 연관된 13:18과 상응하고 있음)을 적셔서 주셨다. 예수가 많은 제자 중에서 유독 유다를 선택하여 떡 조각을 건넨 것은 사랑의 표현으로 볼 수도 있었다(13:1의 "끝까지 사랑하였다" 참조). 유다는 회개하여 돌이킬 수 있는 기회를 마지막으로 가졌던 셈이다. 그러나 유다는 사탄의 편에 섰다.

떡 한 조각을 먹고 난 후 사탄이 유다 속으로 들어갔다. 성만찬에 참여했던 자가 그 은혜를 저버린 것과 같다. 사탄이 이미 가룟 유다의 마음에 예수를 배반할 생각을 넣어두었는데(13:2), 이제 실행하기 위하여 행동으로 옮기고 있다. 이는 유다가 사탄의 하수인으로 전락하였음을 보여준다. 예수는 유다에게 "네가 하는 일을 속히 하라."고 말씀하신다. 유다가 예수의 허락을 받고 현장을 떠난 것은 예수가 여전히 자신의 운명의 주인인 것을 나타내고 있다. 비밀스러운 신호를 주고받았던 사랑하는 제자와 베드로를 제외한 다른 제자들은 예수가 어떤 의미로 그렇게 말하였는지 알 수 없었을 것이다. 재정 담당인 유다에게 유월절을 앞두고 쓸 물품을 사라거나(이는 최후의 만찬이 유월절 식사가 아닌 증거일 수 있음), 가난한 자들에게 구제하라고 말한 것으로 짐작할 뿐이었다. 유다는 예수가 배반당할 것이라는 사실을 알지 못한다고 생각하였을 것이다. 즉, 스승을 감쪽같이 속였다고 판단하고 있었을지 모른다. 유다는 떡 한 조각을 받고는 곧 방에서 나갔는데, 밖은 어두운 **밤**이었다. 유월절 식사는 늦은 오후에 시작된 일반적인 만찬과 달리 밤에 이루어졌기 때문에(고전 11:23 참조), 당연히 밖은 밤이었을 것이다. 그럼에도 불구하고 구태여 밤이라고 언급한 것은 유다가 어둠의 세계(사탄)에 속한 사람임을 암시한다(3:2과 비교). 이것은 또한 어둠의 권세가 세력을 떨칠 때가 되었음을 보여준다(눅 22:53과 비교). 이제 유다는 밤중에 예수를 체포하기 위하여 겟세마네 동산에 나타날 때까지(18:3) 등장하지 않는다.

1.2. 고별강화(13:31-17:26)

고별강화는 13:31에서 시작하여 17장까지 지속된다. 이 중에서 17장은 대제사장의 기도를 보여주고 있어서 다른 부분들과 구별된다. **고별강화의 주제**는 ① 예수가 이 세상을 떠나 아버지께로 가는 것, ② 그가 떠나면 보혜사 성령이 와서 그를 대신하게 될 것, ③ 그 동안 제자들은 서로 사랑하고 계명을 지킬 것, ④ 그리고 아버지께 제자들을 보호하여 주실 것을 간구함을 중심 내용으로 하고 있다. 이러한 주제들은 구약성경(모세, 여호수아, 다윗의 고별강화 등)이나 중간시기 문헌(토빗, 열두족장, 에녹, 에스라, 바룩, 노아, 아브라함의 고별강화 등)에서 많이 발견할 수 있는 유언문학(testament literature)의 장르와 유사하다.

요한복음의 고별강화는 공관복음서의 **종말강화**(막 13장; 마 24–25장; 눅 21장)를 대체하고 있는 것처럼 보인다. 요한복음 저자는 종말강화 대신에 고별강화를 통해 예수의 종말론적 관점을 해석해 주고 있다. 요한복음에는 공관복음서의 종말강화에서 보는 것과 같은 묵시적 색채는 드러나지 않으며, 미래적 종말론보다 실현된 종말론의 관점이 강조된다. 요한복음은 공관복음서에 없는 긴 고별강화를 보여주고 있기는 하지만, 공관복음서와 공유하는 내용도 많다. 특히 공관복음서의 최후의 만찬이나 겟세마네 기도 장면과의 공통점이 눈에 띈다. 베드로의 부인 예고(눅 22:31–34; 요 13:38)나 "일어나라. 여기를 떠나자"(막 14:42; 요 14:31)는 문구가 공통적이며, 기도의 내용 가운데는 "아버지"라는 호칭(막 14:36; 요 17:1), "때"에 관한 언급(막 14:35; 요 17:1), 그리고 아버지의 뜻대로 순응하고자 하는 내용(막 14:36; 요 14:31)을 들 수 있다.

고별강화는 내용적으로 중복된 부분(특히 13:31-14:31과 16:4b-33)이 나타나며, 15장이 내용적으로 전후문맥(특히 1-6절의 포도나무와 가지에 관한 '파로이미아/παροιμια')과 다르기 때문에 13:31-14:31과 15:1-17:26의 두 부분으로 나누어보기도 한다. 여기에 17장의 내용의 독립성을 고려하여 세 부분(13:31-14:31; 15:1-16:33; 17:1-26)으로 나누기도 한다. 또한 고별강화는 시간적 표지와 내용에 따라 크게 네 부분으로 나누기도 한다. 그렇게 본다면, 첫 번째 고별강화 부분은 13:31("그가 나간 후에")에서 시작하여 14:31("일어나라. 여기를 떠나자")에서 끝난다. 두 번째 고별강화 부분은 15:1-16:4a로서 시간적 표지가 없이 등장하며 내용면에서 앞뒤 부분과 구별된다. 세 번째 고별강화 부분은 16:4b("처음부터")에서 시작하여 내용적으로 17장의 대제사장의 기도가 시작되기 전인 16:33까지 해당된다. 네 번째 고별강화 부분은 17:1("이 말씀을 하시고")과 18:1("이 말씀을 하시고")의 시간적 표지에 의해서 구분되며, 내용적으로도 대제사장의 기도를 보여주는 17장 전체가 해당된다. 여기에서는 중복된 부분이 가지는 의미를 고려하여 후자를 택하고자 한다. 그런데 두 번째와 세 번째 고별강화의 분기점을 어디에 둘 것인가 하는 것이 구조적으로 가장 첨예한 부분이다. 두 번째 고별강화가 끝나는 시점을 15:25에 두기도 하고, 보혜사 파송에 관해 말하는 15:27에 두기도 하며, 첫 번째와 세 번째 고별강화의 중복된 내용에 초점을 맞추어 16:4a에 두기도 한다. 여기에서는 마지막 견해를 따르기로 한다.

1.2.1. 첫 번째 고별강화(13:31-14:31)

유다가 예수를 죽음에 넘기기 위해 방을 나간 후, 예수는 제자들에게 긴 강화를 시작한다. 첫마디는 영광스러운 죽음의 의미를 부각시키는 말씀이었다. "지금 인자가 영광을 받았다"는 것은 인자가 죽음으로써 영광을 받게 되었다는 의미이다. 죽음이 영광스러운 사건으로 인식되고 있다. 그런데 "하나님도 인자로 말미암아 영광을 받으셨다"고 한다. 그것은 인자가 죽음을 택한 순종을 통해 하나님의 영광을 드러내셨다는 의미이다. **"영광"**은 놀라운 기적 안에서 하나님의 위엄을 볼 수 있게 된 것을 말한다. 예수의 죽음과 부활은 가장 놀라운 기적이었다. 이를 통해 하나님의 영광이 드러나게 된 것이다.

예수는 제자들을 "작은 자들아"(τεκνια/테크니아)라고 부른다. 요한일서는 이 단어를 일곱 번 사용하고 있는데, 요한복음에서는 이곳이 유일하다. 애정 어린 최후의 당부를 하고 있음을 보여준다. 왜냐하면 예수는 이제 "잠시" 그들과 함께 세상에 머물 것이기 때문이다. 예수가 제자들에게 한 첫 번째 당부(계명)는 "서로 사랑하라"는 것이다. "사랑하라"는 것이 계명으로 명명되고 있다. **어떻게 사랑이 계명이 될 수 있을까?** 구약성경은 십계명에 관해 말하고 있다. 십계명은 당시에 '하나님을 사랑하고, 이웃을 자기 몸과 같이 사랑하라'는 두 계명으로 요약될 수 있었다(마 22:34-40과 평행구절 참고). 요한복음에는 하나님 사랑과 이웃 사랑의 대조를 보여주는 방식으로 제시되어 있지는 않다. 요한복음 후반부에서 '사랑'은 가장 뚜렷하게 반복하여 강조되고 있는 단어와 개념이다. 그것은 단지 이웃 사랑만을 가리키지 않는다. 그것은 하나님의 제자 사랑(14:21; 17:23), 하나님의 예수 사랑(15:9; 17:23), 예수의 제자 사랑(13:1; 15:12), 제자들의 예수 사랑(14:15), 제자들 사이의 사랑(15:12)을 포괄적으로 표현하고 있는 개념이다. 사랑으로 하나님과 예수와 제자들은 하나로 묶여 있다. "서로 사랑하라"는 것은 제자들 사이의 독립적인 관계를 말하는 것이 아니라, 하나님과 예수와 함께 유기적으로 연결되어 있는 사랑의 연장선에 존재한다. 사랑은 하나님의 가장 중요한 계명이 될 수밖에 없다. 사랑을 떠나서 하나님과 예수, 예수와 제자들의 관계를 설명할 수 있는 것은 없기 때문이다.

"서로 사랑하라"는 계명은 **"새" 계명**이다. 구약성경에도 하나님을 사랑하고(신 6:5) 이웃을 사랑하라(레 19:18)는 계명이 나타나 있기 때문에, 사랑이 새로울 수는 없다. 그런데 예수는 새 계명으로 규정한다. 구약성경에서 "이웃을 사랑하라"고 말했을 때, 유대인들은 이웃을 동족 유대인에게만 국한시키는 개념으로 이해했다(눅 10:29 참조). 그런데 예수는 이웃의 개념을 이방인을 포함한 모든 사람에게로 확장시켰다. 그렇다면 단지 구약성경과의 대조적 개념으로서 "새" 계명이라고 말한 것일까? 그것은 보다 깊은 차원을 보여주고 있다. 예수는 34절에서 "내가 너희를 사랑한 것 같이"라는 차원을 끌고 들어온다. 그 사랑은 예수가 십자가의 죽음으로써 보여주신 사랑이다(13:1 "'끝까지' 사랑하였다" 참조). 십자가 죽음 이전에도 하나님의 사랑은 존재했고 이웃을 서로 사랑하라는 계명도 존재했으나, 예수의 죽음은 차원을 달리 하는 계기가 되었다. 무조건적 사랑과 자발적 희생에 기초한 예수의 죽음을 통해 하나님의 사랑은 완전하게 표현되었으며 또한 성취되었다. 이 새 계명은 예수의 피로 세운 **"새 언약"**이다(눅 22:20). 그것은 이스라엘 백성이 깨뜨린 하나님의 언약을 새롭게 하게 될 언약이다(렘 31:31-33). 이 새 언약, 새 계명을 통해 새로운 하나님의 백성이 탄생하게 된다. 이들은 전혀 다른 차원에서 서로 사랑함으로써 세상으로부터 예수의 제자, 즉 새로운 공동체임을 증명하게 될 것이다.

첫 번째 고별강화는 베드로의 부인을 예고하는 장면에서 강화의 흐름이 잠시 끊기고 있다. 이 장면은 예수의 강화만 나오지 않고 베드로의 말도 나오며, 대화의 표지("시몬 베드로가 이르되," "예수께서 대답하시되" 등)도 기록되어 있다. 또한 14:1-31에 이어서 나오는 강화가 앞에 나온 13:31-35의 강화와 주제면(떠나감, 사랑, 계명, 영광)에서 잘 연결되고 있기 때문에 베드로의 부인 장면은 괄호의 성격을 가지고 있다. 한편, 마태복음과 마가복음은 베드로의 부인 예고 장면이 최후의 만찬 후 감람산으로 가는 도중에 기록되고 있는데 비해, 요한복음의 베드로 부인 예고는 누가복음과 마찬가지로 최후의 만찬석상에서 이루어지고 있다는 점에서 차이를 보인다.

베드로의 부인 예고는 앞 단락에서 예수가 잠시 동안만 제자들과 함께 할 것이라고 말한 다음에, 바로 베드로의 "주여, 어디로 가시나이까?"(Quo vadis, Domine?)라는 질문이 이어지고 있기 때문에 자연스러운 문맥을 형성한다. 예수는 "내가 가는 곳에 네가 지금은 따라올 수 없으나 후에는 따라오리라."고 대답함으로써 베드로가 그의 죽으심을 아직 이해하지 못하고 있음을 보여준다. 베드로는 "주를 위하여 내 목숨을 버리겠나이다."라고 장담한다. 이는 공관복음서와 달리 요한복음에만 나오는 특징적인 표현으로서, 예수가 선한 목자로서 양들을 위하여 "목숨을 버리는"(10:11,15,17) 것에 관해 말한 것을 상기시킨다. 베드로는 예수의 모범에 따라 행동할 각오를 피력한다. 그러나 예수는 베드로가 닭이 울기 전에 세 번 부인하게 될 것이라고 냉정하게 예고한다. 이는 인간의 결심과 실행 능력 사이에는 천지 차이가 있음을 보여준다.

앞에서 지적한 대로, 14장은 13:31-35의 내용을 이어받고 있다. 14장은 크게 세 부분으로 나누어 볼 수 있다. 예수가 아버지께로 떠나감(1-14절), 사랑과 계명에 관한 말씀과 첫 번째 보혜사 파송(15-24절), 그리고 평안과 기쁨에 관한 말씀과 두 번째 보혜사 파송(25-31절)이 그것이다. 14장에서 **세 사람의 질문자**(5절의 도마, 8절의 빌립, 22절의 유다)는 그 서사적 전개에 있어서 다소 엉뚱한 질문을 통해 예수의 정체성과 역할을 밝히는데 중요한 역할을 하고 있다.

① 아버지께로 떠나감(1-14절)

예수는 아버지께로 떠나가면서 제자들이 마음에 "근심할"(ταρασσω/타라소) 것을 염려하고 있다(11:33; 12:27; 13:21 참조). 그래서 근심하지 말고 하나님과 예수에 대한 믿음을 가지라고 당부한다. 예수가 떠나가는 것은 제자들이 아버지 집에 거할 곳을 예비하러 가는 것이며, 다시 와서 그 거처로 데리고 가겠다고 약속한다. 여기에서 "거할 곳"(μονη/모네)과 "거처"(τοπος/토포스)는 하나님 아버지가 계시는 곳으로서 근심하지 않고 평안하게 지낼 수 있는 장소를 가리킨다. 그러나 이러한 단어들이 천상적 장소만을 가리키지 않고 하나님의 임재를 의미하는 것도 같다. 예수는 그를 사랑하고 그의 말을 지키는 자에게 가서 그와 함께 거처(μονη)를 함께 할 것이라고 약속하고 있기 때문이다(14:23). 그것은 하나님 임재 안에 머무는(indwelling) 자만이 하나님의 집에 거하게(dwelling) 될 것이라는 것을 말한다. 어쨌든 예수는 떠나가면서 불안하고 근심에 싸여있는 제자들에게 이러한 당부와 약속을 함으로써 그들을 안심시키고 위로하고 있다.

예수는 거처를 예비하면 "다시 와서" 제자들을 "내게로 영접하여 나 있는 곳에 너희도 있게 할" 것이라고 약속하고 있다. 여기에서 "다시 온다"는 것은 무엇을 의미하는가? 첫째, **재림**할 때를 가리키는 것으로 볼 수 있다. 비록 시간적으로 확정되지는 않았지만, 다른 많은 곳에 재림에 대한 말씀이 나오기 때문에 안전한 해석이 될 수 있다. 그러나 너무 먼 미래라고 하면 큰 위로가 되지 못할 것이라는 문제가 있다. 둘째, 제자들이 **죽을 때** 하늘나라로 맞아들인다는 것을 가리키는 것으로 볼 수 있다. 이는 베드로에게 "지금은 따라올 수 없으나 후에는 따라오리라"(13:36)고 한 것과 잘 어울린다. 그러나 이는 예수의 주도적인 약속과 잘 맞지 않는다. 셋째, 예수를 대신해 올 **보혜사**를 가리키는 것으로 볼 수 있다. 보혜사는 예수가 떠나가야 올 것이며(16:7), 그가 오면 영원히 제자들과 함께 있을 것이며(14:16), 예수의 말씀을 생각나게 할 것이다(14:26). 이는 현재 문맥과 무리 없이 통한다. 예수는 보혜사를 통해 제자들 안에 임할 것이며, 예수가 하던 일을 대신할 것이기 때문이다.

4절에는 **"길"**(ὁδος/호도스)에 대한 주제가 등장한다. 아버지가 계신 곳으로 가는 것이 언급되다보니 그곳으로 가는 길에 대한 주제로 자연스럽게 연결되고 있다. 이는 **도마**의 질문을 촉발시킨다. 요한복음에서 도마("쌍둥이"라는 뜻)는 그 이름의 뜻대로 오해를 통해 진리를 드러내는 인물(character)로 가끔 등장한다. 여기에서도 "주여, 주께서 어디로 가시는 지(목적지가 어디인지) 우리가 알지 못하거늘, 그 길을 어찌 알겠습니까?"라고 질문한다. 예수가 가는 목적지(아버지 하나님)를 알면서도 모르는 체한다. 그것은 예수가 아버지께로 가는 "길"임을 드러내기 위한 것이다. 왜냐하면 예수는 바로 하나님의 계시 자체이기 때문이다(요 1:18 참조).

예수는 도마의 질문에 "내가 곧 길이요 진리요 생명"이라고 대답하신다. 이것은 여러 가지 해석 방식이 가능하다. 문자 그대로 길, 진리, 생명을 **동등하게 해석**하는 것이다. 예수는 길도 되고, 진리도 되고, 생명도 된다. 그런데 예수가 진리(8:32)이며 생명(11:25)이 됨은 이미 언급된 바 있지만, 길은 처음 나오는 개념인 것에 주목할 필요가 있다. 또는 마지막 단어인 **생명을 강조**하여, 생명으로 인도하는 참된 길(the true way to life)로 해석할 수도 있다. 이것은 영지주의자들과 같이 길을 공간적으로 보는 것이다. 그렇게 되면 길 자체는 중요하지 않고, 참된 생명으로 인도하는 통로가 될 뿐이다. 그러나 여기에서는 처음 단어인 **"길"을 강조**하면서, 진리와 생명은 길을 설명하는 기능을 한다(the true way of life)고 볼 수 있다. 길은 진리의 길이며, 생명의 길이다(시 86:11 참조). 예수가 길이라는 것은 예수가 진리(18:37 참조)를 증거하며, 생명(10:10 참조)을 주시는 분이기 때문이다. 6절 후반부에 "나로 말미암지 않고는 아버지께로 올 자가 없다."라고 한 말씀도 "길"을 강조한다. 이는 예수가 하나님께로 인도하는 길이 되는 것을 인지하지 못하는 제자들과 세상을 향해 한 말씀이다. 예수는 제자들이 그를 알았다면 하나님을 안 것이며, 그를 보았다면 하나님을 본 것이라고 덧붙인다. 왜냐하면 구약성경의 예언자 전통에 따라 보냄을 받은 자는 보낸 자와 동일하게 대접을 받았기 때문이다. 요한복음 저자는 "길"을 말하면서 특별히 유대교와 구약성경의 개념을 대체하는 의미로서 사용하고 있다고 생각된다. 왜냐하면 이미 요한복음 저자는 예수 자신이 유대교의 성전을 대체하는 참 성전(2:21)이며, 참 이스라엘 양떼를 인도하는 선한 목자(10:11)라고 밝힌 바 있기 때문이다.

정관사를 동반한 "길"은 절대적인 의미로 사용되었다. 당시 진리와 생명으로 인도하는 길이라고 주장하는 많은 종교와 사상들이 있었다. 영지주의 사상, 신비주의 사상(Hermeticism), 헬라 사상 등이 각자 하나님과의 합일이나 초월에 관해 나름대로의 주장을 펼치는 가운데서, 요한복음 저자는 예수야말로 유일한 길이 됨을 보여준다. 쿰란문서에 보면, 의의 교사(Teacher of Righteousness)가 가르친 교훈을 "길"(the Way)로 명명하고 있다. 요한복음은 이러한 전통을 배경으로 하고 있는 것으로 보인다. 신약성경의 다른 곳에서도 "길"에 관한 언급이 나온다. 마가복음에는 진리로써 하나님의 길(도)을 가르치는 예수에 관해 말하고 있으며(막 12:14), 사도행전에도 기독교를 "길/도"(the Way)라고 지칭하고 있다(행 9:2; 16:17; 18:25, 26; 19:9,23; 22:4; 24:14,22).

예수가 그를 본 자는 하나님을 본 것이라고 7절에서 분명히 말했음에도 불구하고, **빌립**은 "아버지를 보여 주옵소서."라고 재차 요구한다. 빌립은 예수의 말씀에 만족하지 못하고 있다. 예수는 답답한 나머지 그 자신이 아버지 하나님의 현현이며, 그와 아버지는 하나라고 천명한다. 빌립은 하나님을 보여주는 표징을 원하고 있는데, 예수는 말로 대신하고 있다. 예수의 **"말"**(ρηματα/레마타)은 하나님이 예수 안에서 행하는 **"일"**(εργα/에르가)이라고 밝혀준다. 예수에게는 말이면 충분하였지만, 제자들에게는 일(표징)이 더 중요하였다. 예수는 그의 말을 못 믿겠으면 그가 행한 일을 통해 그를 믿으라고 말한다. 하나님을 보고 싶지만, 인간은 그의 육체적인 눈으로 하나님을 볼 수는 없다. 그가 듣고 볼 수 있는 것은 예수의 말과 일뿐이다. 이 지점에서 빌립도 답답하고, 예수도 답답하다. 불가능한 것을 요구하는 빌립이기에 답답하고, 가시적인 현상을 가지고 불가시적인 하나님을 설명해 주기 어려운 예수이기에 답답하다. 그럼에도 불구하고 예수를 믿는 자에게는 믿는 자의 현상(일)이 나타날 것이다. 심지어 예수가 한 일보다 더 큰 일도 하게 될 것이다. 실제로 이후에 제자들은 예수가 행하지 않은 기적들도 행하였다(마 21:21; 막 16:17-18; 행 5:1-11; 9:34,40 참고). 이것은 믿는 자들이 예수보다 더 위대하다는 것을 증명하는 것이 아니라, 아버지의 영광이 드러나게 하기 위하여 하나님이 하시는 일임을 보여주려는 것이다. 기적을 행하는 것이 중요한 것이 아니라, 예수가 행한 기적이 하나님께서 하신 일이라는 것을 깨닫는 것이 중요하다. 그러한 의미에서 더 큰 기적들은 '심판하고 생명을 살리는' 종말론적 성격을 드러내고 있다(5:19-22 참조).

그런데 그와 같은 일들은 **"내 이름으로"** 구할 때만 가능하다고 말한다. "내 이름으로"라는 문구는 고별강화에 일곱 번(14:13,14,26; 15:16; 16:23,24,26) 나오는데, 여기에 처음으로 등장한다. 14:26을 제외하면 모두 "내 이름으로" "구할 때 받는" 것과 관련되어 사용되고 있다. 그런데 14:26은 예수가 아버지께 구하여(14:16) 아버지께서 주실 보혜사에 관해 말씀하고 있기 때문에 "구하고 받는" 주제를 공유한다. 14:13,14는 예수께서 "내 이름으로 내게 무엇이든지 구하면 내가 행할(줄) 것이다."라는 약속을 보여준다. 15:16은 예수께서 "내 이름으로 무엇이든지 아버지께 구하면 아버지로부터 다 받을 것이다."라고 약속하며, 16:23,24,26도 아버지께 "내 이름으로" 구하면 다 받게 될 것이라는 약속을 보여준다. 14장은 제자들에게 예수께 직접 구하면 예수가 주실 것이라고 약속하고 있다면, 15장과 16장은 "내 이름으로" 아버지께 구하면 (예수의 중재/간구를 통해?) 아버지로부터 받을 것이라고 약속하고 있다. 이 모든 약속은 예수가 세상을 떠나 아버지께로 가기 때문에, 홀로 남겨진 제자들이 근심에 싸여 불안하여 할 때 "내 이름으로" 구하는 것은 다 받게 될 것이라고 약속함으로써 제자들을 안심시키고 믿음을 굳세게 하려는 것이다.

② 사랑과 계명에 관한 말씀과 첫 번째 보혜사 파송(15-24절)

이 단락은 "사랑"과 "계명(말)을 지킴"을 중심으로 묶여 있다(15,21, 23,24절). 계명과 말은 여기에서 혼용되고 있는데, 이는 일찍이 십계명이 "말"(דבר/다바르)로 표현되기도 한 것과 같다(출 20:1; 신 5:5,22). 예수를 사랑하면 그의 계명(말)을 지킬 것이라고 주장하는 맥락 안에서 첫 번째 보혜사 파송에 관한 약속이 주어져 있다(16-17절).

그런데 15절은 사본들 간에 다른 읽기를 보여준다. 15절에 나오는 두 개의 동사인 "사랑하다"와 "지키다"가 "내게 구하면"이라는 조건절에 속한다고(접속사 'εαν/에안'의 지배를 받는다고) 보는 사본들이 있는가 하면, "사랑하다"만 조건절에 속하고, "지키다"는 귀결절에 속한다고 보는 사본들도 있기 때문이다. 전자를 지지하는 사본들 중에는 시내사본(א)과 같은 신뢰도가 높은 사본들이 포함되어 있다. 전자를 택하면 15절과 16절은 다음과 같은 하나의 문장이 된다: "너희가 나를 사랑하고 나의 계명을 지키면, 내가 아버지께 구하여 그가 또 다른 보혜사를 너희에게 주사 영원토록 너희와 함께 있게 할 것이다." 그렇게 되면, 이 단락 전체는 예수가 떠나간 이후에 오실 보혜사를 약속하는 내용이 된다.

보혜사는 예수의 요청으로 하나님이 파송하는 방식이 될 것이다. 여기에서 우리는 삼위 하나님이 모두 관여하는 것을 볼 수 있다. 성령은 **"또 다른 보혜사"**(αλλος παρακλητος/알로스 파라클레토스)로 지칭되고 있다. 여기에서 문법적인 문제가 제기될 수 있다. '알로스'(αλλος)와 '파라클레토스'(παρακλητος)를 동격으로 보면(another, that is, Paraclete), 그보다 앞선 보혜사를 배제하는 해석이 된다. 일반적으로 해석하듯이 αλλος가 παρακλητος를 수식하는 것으로 보면(another Paraclete), 그보다 앞선 보혜사(즉, 예수)를 전제하는 해석이 된다. 요한복음 14장과 16장에서 보혜사가 예수를 대신하는 역할을 하는 것과 더불어, 같은 요한문서인 요일 2:1에 예수를 보혜사(대언자)로 지칭하고 있기 때문에 후자의 해석이 설득력을 얻고 있다.

예수는 떠나지만 그를 대신하여 보혜사가 올 것이며, 그는 제자들과 영원히 함께 있을 것이다. 그는 영이기 때문에 언제나 함께 있을 수 있다. 그는 또한 **"진리의 영"**(το πνευμα της αληθειας/토 프뉴마 테스 알레쎄이아스)이다. 여기에서 속격(της αληθειας/테스 알레쎄이아스)은 병렬적 속격(appositive genetive; the Spirit is truth)이라기보다는 목적격적 속격(objective genetive; the Spirit tells truth)으로 사용되고 있다. 예수에게 적대적인 "세상"은 보혜사를 영접할 수 없다. 왜냐하면 세상은 그를 "볼"(θεωρεω/쎄오레오) 수도 없고 알지도 못하기 때문이다. 세상은 영인 보혜사를 물리적으로도 볼 수 없고, 보혜사 안에 내주하지 않기 때문에 영적으로도 알 수 없다. 그러나 제자들은 보혜사가 그들과 함께 머물고 있고 그들 안에 계시기 때문에 영적으로 보혜사를 알 수가 있다(영이기 때문에 볼 수는 없다고 해도).

예수는 17절에서 보혜사가 제자들과 함께 거할 것이요, 그들 속에 계실 것이라고 약속한다. 이것은 **성령의 내주**(indwelling)를 가리킨다. 14장은 성령의 내주와 더불어 신자들이 예수와의 상호 내주(20절) 및 아버지와 아들의 내주(23절)를 경험하게 될 것임을 말해준다. 이러한 내주는 신비인 것은 맞지만, 신비주의자들의 주장처럼 선택된 자에게만 해당되는 것이 아니라 모든 믿는 자에게 보편적으로 해당된다는 사상을 보여준다. 제자들은 이처럼 삼중 내주를 경험하게 됨으로써 고아처럼 버려진 존재가 될 수 없다.

요한복음 저자는 성령을 보혜사라는 새 이름으로 소개한다. 이러한 점에서 그는 창조성을 발휘하고 있다. 하나님을 "아버지"로, 예수를 "말씀"(로고스)으로, 성령을 "보혜사"로 지칭하고 있는 것은 요한복음만의 독특한 면이다. 하나님을 아버지로 본 것이 특이한 것은 아닐지 모르지만, 하나님과 예수의 관계를 아버지와 아들의 관계로 보았다는 점에서 특이한 것이 사실이다. "보혜사"라고 번역된 헬라어 '파라클레토스'(παρακλητος)는 글자의 조합으로는 '곁에 부름을 받아 서 있는 자'라는 뜻이며, 당시 변호사를 가리키는 법정 용어였다. 변호사가 하는 일은 의뢰인을 대변하고 그를 법률적으로 돕는 것이다. 요한복음 저자가 성령을 보혜사로 지칭한 것은 성령이 영적으로 신자를 대변하고 하나님의 법정에서 그의 죄를 위해 변호하기 때문이라고 본 것 같다.

여러 영어 성경 번역본들을 보면, 파라클레토스를 번역하면서 위로자(Comforter), 중재자(Intercessor), 대언자(Advocate), 중보자(Mediator), 돕는 자(Helper), 상담자Counselor), 탄원자(Supplicator), 친구(Friend) 등의 다양한 시도를 보여주고 있다. 우리말 "보혜사"는 보호하고 은혜로 감싸는 분이라는 의미를 담은 것 같은데, 일상생활에서 사용하지 않는 단어라서 생소하고 어려운 느낌을 준다. 요한복음 14장과 16장에서 보혜사는 변호사의 기능보다 예수를 대신하는 역할에 초점이 맞추어져 있다.

보혜사가 예수를 대신하는 역할을 한다는 것은 보혜사에 관해 말한 부분(15-17절)과 예수에 관해 말한 부분(18-21절)에서 보이는 공통적 요소를 통해서도 확인된다. 보혜사가 제자들이 예수를 사랑하고 그의 계명을 지키면 오게 되는 것처럼(15절), 예수도 그의 계명을 지키는 자만이 그를 사랑하는 자라고 말한다(21절). 아버지가 보혜사를 보내는 것과 같이(16절), 예수는 다시 올 것이다(18절). 세상이 보혜사를 보지도 알지도 못하는 것과 같이(17절), 조금 있으면 세상은 예수를 볼 수 없다(19절). 그러나 제자들이 보혜사를 알게 될 것처럼(17절), 예수를 보게 될 것이다(19절). 마지막으로, 보혜사가 제자들 속에 계시게 될 것처럼(17절), 예수도 그들 안에 계실 것이다(20절). 이러한 점들은 예수가 떠남과 거의 동시에("조금 있으면"; 따라서 이 말의 의미는 재림보다는 부활과 연결시켜 해석하는 것이 낫다) 보혜사가 와서 그를 대신하게 될 것임을 보여준다(16:7 참조).

예수는 18절에서 제자들에게 다시 올 것을 약속한다. 제자들을 고아와 같이 버려둘 수 없기 때문이다. 예수는 "조금 있으면" 세상이 볼 수 없게 떠날 것이다. 그러나 제자들은 그가 떠나도 그를 볼 수 있다. 왜냐하면 예수가 살아있고 제자들도 살아있을 것이기 때문이다. 이 말은 부활을 통해 영적으로 살아있다는 의미이며, 20절에서 언급하고 있는 대로 영적으로 임재하고 내주하고 있음을 나타낸다. 이는 예수를 대신하여 올 보혜사를 통해 가능하게 되었다. 그러나 보혜사를 통하여 예수를 볼 수 있는 가능성은 아무에게나 열려 있지 않다. 그것은 "나를 사랑하고 나의 계명(말)을 지키는 자에게만" 허락된 일이다. 이것은 일방적인 조건이 아니라 상호적 관계에 근거한다. 예수를 사랑하는 자는 아버지께 사랑을 받고, 예수도 그를 사랑하여 자신을 나타낼 것이기 때문이다. 여기에서 "나타내다"(εμφανιζω/엠빠니조; 21,22절)라는 단어는 영적으로 계시적인 차원을 가리킨다. **가룟인 아닌 유다**는 예수의 형제들이 그렇게 했던 것처럼(7:4 참조) 예수가 자신을 세상에 나타내지 않는 것에 불만을 가지고 있다. 유다를 위시하여 제자들은 여전히 예수가 모든 사람들이 볼 수 있게 기적을 행하기를 바랐으며, 이스라엘이 정치적으로 회복되는 것을 바랐던 것 같다. 그러나 예수는 내주(indwelling)을 통해서만 자신을 나타내고자 했다.

그러나 세상은 예수를 사랑하지 않기 때문에 그의 말을 지키지 않는다. 그러므로 세상은 예수를 볼 수 없고 알 수 없다. 세상은 예수의 계명(말)이 아들을 보내신 아버지의 말씀이라는 것을 알지 못하고 있다. 여기에서 계명(말)은 "서로 사랑하라"는 새 계명을 가리키는 동시에 예수의 가르침 전반을 포함한다(이 문맥에서 '계명'이라는 단어는 단수와 복수로 번갈아 나온다). 예수를 사랑하고 그의 계명을 지키는 자만이 하나님의 사랑을 받을 수 있고, 아버지와 아들의 내주를 경험하게 될 것이다.

③ 평안과 기쁨에 관한 말씀과 두 번째 보혜사 파송(25-31절)

첫 번째 고별강화를 마치면서 예수는 보혜사 파송에 관한 두 번째 약속을 주고 있다. **"내가 … 이 말을 (너희에게) 하였다"**(ταυτα λελαληκα/타우타 렐랄레카)는 문구는 고별강화에 일곱 번(14:25; 15:11; 16:1,4a,6,25,33) 나온다. 주로 예수가 이미 말한 내용을 요약하는 형식으로 단락을 마무리할 때 사용된다. 그래서 이 구절은 단락을 마칠 때(16:4a,33)나 단락을 마치기 몇 절 전(14:25; 15:11; 16:1,25)에 나타난다. 중간에(16:6) 나타나는 경우는 드물다. 14:25-31은 첫 번째 고별강화의 결론으로 볼 수 있기 때문에 전체를 마치는 기능을 한다고 볼 수도 있다. 그러나 또한 14:25은 사랑과 계명의 주제를 중심으로 하는 앞 단락이 끝난 후에, 과도적인(transitional) 역할을 통해 새로운 단락을 시작하고 있다고 말할 수도 있다. 14:25이 새로운 느낌을 주는 것은 14:1-20에서 이인칭 복수인 "너희"를 대상으로 말하던 내용이 14:21-24에서 전체적으로(22절과 24b는 대상이 2인칭으로 볼 수 있기 때문에) 대상이 3인칭으로 바뀌었다가, 14:25-31에서 2인칭 복수로 다시 대상이 바뀌고 있는 것에서도 확인된다.

여기에서 보혜사는 아버지가 "내 이름으로" 파송한다고 언급된다. 이는 14:16에서 예수의 요청으로 아버지가 파송하는 것과 어구에 있어서 약간 차이는 있지만 근본적 의미는 동일하다. 보혜사가 와서 하게 될 일은 "가르치고, 생각나게 하는" 것이다. 이 둘에 차이가 있는 것이 아니라 "가르쳐서 생각나게 하는" **한 가지 역할**을 가리킨다. 보혜사는 독자적인 가르침을 주러 오는 것이 아니라, 예수가 말한 것을 가르치고 생각나게 할 것이다. 철저하게 예수 중심적이다. 철저하게 예수를 대신하는 역할이다(16:7 참조). "모든 것"을 가르친다고 한 것은 부활이 일어나기 전 예수께서 가르칠 때 미처 깨닫지 못한 것까지 의미를 깨우치게 한다는 것을 말하는 것으로 보인다(요일 2:27 참조).

예수는 제자들을 떠나면서 **"평안"**(ειρηνη/에이레네)을 선물로 준다. 평안은 히브리어로는 샬롬(**שלום**)이다. 샬롬은 보통 인사할 때 사용하는 말이지만, 여기에서는 '구원' 또는 '구원으로 인한 평안'의 의미로 사용되고 있다. 예수가 떠나가는 상황에서 제자들은 근심하고 두려워하게 되었다. 평안이야말로 제자들이 가져야 할 은혜로운 선물이었다. 이것은 예수에 대한 참된 믿음이 있을 때만 해당되는 선물이었다. 왜냐하면 믿음이 없으면 근심하게 되고, 두려워하게 되기 때문이다.

제자들은 예수가 떠나간다고 하자 근심과 두려움에 빠졌다. 예수는 그들에게 오히려 기뻐하는 것이 낫다고 말한다. 16:7의 말씀대로 예수가 떠나는 것이 제자들에게 유익이 되기 때문이다. 여기에서는 **"아버지가 나보다 크시기 때문이다"**라는 이유를 제시한다. 이 말이 비정통적인 견해들처럼 아들 예수가 하나님 아버지보다 열등하다는 것을 나타내는 것이라면 기독론이나 삼위일체론에서 심각한 문제가 생길 수 있다. 이 말은 그런 뜻이 아니다. 아버지가 예수보다 크다는 것은 13:16에서 말한 것처럼 "보냄을 받은 자가 보낸 자보다 크지 못하다."라는 말씀을 연상하게 한다. 보냄을 받은 자는 보낸 자를 대변하며 동등한 대우를 보장 받았다. 보냄을 받은 자와 보낸 자 사이에 우열의 관계를 논하는 것은 이러한 문맥에 맞지 않는다. "아버지가 나보다 크시다"는 것은 보냄을 받은 예수가 하나님이 부여한 사명을 완수하는 역할을 맡은 것과 연관시켜 해석하는 것이 적절하다. 아들 예수는 아버지와 동등한 분이지만 사명을 위해 낮은 인간의 몸으로 이 세상에 오셨다. 그러나 이제 원래의 자리로 돌아가는 상황에서 보낸 자의 역할에 초점을 맞추어 "아버지는 나보다 크시다"라고 말한 것이다. 그러므로 제자들은 기뻐해야 한다. 예수가 사명을 마치고 아버지께로 돌아가기 때문이다. 예수는 제자들에게 평안을 선물하며 떠나고, 제자들은 이에 믿음으로 반응하면서 기뻐해야 하는 것이다.

그러나 제자들은 이를 알지 못하며 믿지 못하였다. 예수가 "일이 일어날 때에 너희로 믿게 하려 함이라."라고 말한 것을 보면 이를 알 수 있다. 제자들이 예수의 말과 행동을 알고 믿게 된 때는 예수가 부활하고 보혜사가 와서 가르쳐 준 이후이다. 이제 예수는 말을 제자들과 말을 많이 할 수 없는 때를 맞이하게 된다. 예수를 죽음에 넘기려는 "이 세상의 임금," 즉 사탄이 (하수인 유다를 통해) 그의 역할을 수행할 때가 다가오기 때문이다(눅 22:53의 "어둠의 권세" 참조). 그러나 사탄이 진정한 의미에서 예수를 통제할 수 있는 것은 아니었다. 사탄의 권세는 위임 받은 권한일 뿐이다(19:11 참조).

신약성경에서 예수가 하나님을 사랑한다는 표현은 31절에 유일하게 나온다. 하나님은 사랑의 원천이며, 창세전부터 예수를 사랑하셨다(17:24). 여기에서는 예수가 하나님을 사랑하는 것과 하나님이 명하신 것을 행하는 것이 서로 연결되어 있음을 보여준다. 예수는 하나님을 사랑하였기 때문에 하나님의 명령을 순종하였다. 예수가 죽음으로 나아가는 행동은 하나님의 뜻에 따른 것이었다. 예수는 이제 그때가 된 것을 알았고, 세상이 이를 알기를 바랐다.

예수는 강화를 마치고 **"일어나라. 여기를 떠나자."**라고 말씀하신다(막 14:42 참조). 이 내용만 보면, 예수의 수난 이야기가 곧 시작될 것 같은 느낌을 준다. 그러나 실제로 수난 이야기는 18:1에 가서야 시작되며, 그 중간에 15–17장의 내용이 삽입되어 있다. 그래서 예수가 일어나서 떠나는 것이 물리적인 의미가 아니고 영적인 의미를 나타낸다고 보기도 한다. 그러나 여기에서는 저자가 수난에 관한 예시(prolepsis)를 보여준 후, 현재의 배열처럼 추가적인 고별강화의 내용을 덧붙이고 있다고 보아야 할 것이다.

1.2.2. 두 번째 고별강화(15:1–16:4a)

이 단락은 14:31에서 장면이 바뀌는 것을 보여주고 있고, 15장에서 새로운 내용이 제시되고 있기 때문에 구별하여 취급한다. 이 단락은 내용적으로 두 부분으로 나뉜다. 15:1–17은 가지가 포도나무에 붙어있듯이 제자들에게 사랑 안에 거하라는 내용이고, 15:18–16:4a는 세상이 제자들을 미워하는 것에 관한 내용이다. 즉, **사랑과 미움의 대조**를 보여준다.

① 사랑 안에 거하라(15:1–17)

이 단락은 참포도나무와 가지에 관한 '파로이미아'(παροιμια; 1–6절)와 그것에 대한 해석(7–17절)로 구성되어 있다. 비사(παροιμια; figure of speech)는 은유(A=B)에 바탕을 둔 수사적 표현이라면, 비유(παραβολη; parable)는 직유(A≒B)에 바탕을 둔 수사적 표현이다. 그러나 이 둘은 히브리어 마샬(משׁל)에 속한다. 다시 말하면, 요한복음의 비사는 공관복음서에 나오는 비유(παραβολη/파라볼레)와 다르기는 하지만,

다같이 마샬이라는 하나의 범주에 속한다. 요한복음에는 두 가지 비사, 즉 양의 문과 선한 목자에 관한 비사(10장)와 참포도나무와 가지에 관한 비사(15장)가 있다.

예수가 생명을 공급하는 생수(4장)이며 생명의 빵(6장)이듯이, 여기에서는 생명을 공급하는 나무로 등장한다. 생수와 생명의 빵의 은유를 통해 믿음을 상징하였다면, 여기에서는 포도나무와 가지의 은유를 통해 사랑을 상징한다. 포도나무는 성만찬과 연결되어 포도주의 상징으로 작용하기도 한다. 포도나무와 가지에 관한 마샬은 예수의 죽음 직전에 위치하고 있기 때문에 그렇게 해석될 수 있는 여지가 크다.

1–6절은 예수와 제자들의 관계를 포도나무와 가지의 관계로 비유한다. 둘의 "붙어있음"(εν εμοι/엔 에모이)은 상호내주로 설명되고 있는데(4–5절), 이는 indwelling을 가리킨다. 아버지(=하나님)를 농부로 등장시키고 있지만, 초점은 포도나무와 가지에 있다. 아버지에 관한 언급은 해석 부분에 가서야 다시 등장한다(8,9,10,16절). 1–6절에는 고별강화의 주제어들(떠남, 근심, 보혜사, 다시 옴, 사랑, 계명, 평안 등)이 나타나지 않는다. 제자들은 예수 안에 있고 계속하여 그 안에 머물고 있는 것으로 묘사된다. 고별강화의 주제는 해석 부분(7–17절)에 가서 분명하게 나타난다. 구하면 이루어짐(7,16절), 아버지께서 영광 받으심(8절), 아버지의 예수 사랑과 예수의 제자 사랑(9절), 사랑과 계명의 결합(10,14절), "내가 이것을 너희에게 말했다"(11절), "서로 사랑하라"(12,17절), 목숨을 버리는 사랑(13,14절), 종과 주인의 유비(15절), 제자 선택(16절) 등은 고별강화의 분위기에 어울리는 주제이다. 그 대신 해석 부분에는 포도나무와 가지의 주제가 별로 드러나지 않는다(7절의 "내 안에 거하고", 8절과 16절의 "열매 맺음" 정도).

포도나무나 포도원은 구약성경에서 자주 이스라엘을 상징하고 있다(사 5:1-7; 27:2-6; 렘 5:10; 12:10-11; 호 10:1; 14:8; 겔 15:1-6; 17:5-10; 시 80:8 등). 공관복음서에는 포도원(vineyard)을 주제로 한 비유들(막 12:1-11; 마 20:1-16; 눅 13:6-9)이 나오는데 비해, 여기에서는 포도나무(vine)가 등장한다. 구약성경에서 포도원과 포도나무는 이스라엘 백성을 상징하고 있지만, 요한복음에서는 예수 개인에게 적용시키고 있는 점에서 구별된다. 그러나 가지는 포도나무에 붙어있기 때문에 동일체로 본다면, 포도나무와 그 가지인 예수와 제자들은 새로운 이스라엘을 상징하고 있다고 볼 수 있다. 구약성경에서 이스라엘은 하나님을 배반하여 쇠락하게 되지만, 참 이스라엘인 예수와 제자들은 상호 내주를 통해 열매를 맺음으로써 생명력을 과시한다.

1절에서 예수는 자신을 **참 포도나무**(I am the true vine.)라고 말한다. 아버지를 농부로 등장시킴으로써 그 사실을 보증한다. "참"(αληθινος/알레씨노스; true, real)을 언급한 것은 "거짓된" 포도나무를 전제하고 있다. 열매를 맺지 못하는 유대교나 유대교 지도자들을 염두에 두고 있는 것 같다. 이와 같은 해석은 예루살렘 성전 안에 황금으로 된 포도나무 장식이 있으며, 1차 유대인 전쟁을 기념한 동전에 포도나무가 새겨져 있는 것에서도 추론할 수 있다.

2절에는 포도나무 가지에 대한 하나님 아버지의 두 가지 다른 조치를 언급하고 있다. 첫째, 열매를 맺지 않는 가지에 대한 조치이다. 그것은 죽은 가지이다. 그러한 가지는 **"제거해"**(αιρεω/아이레오) 버린다. 잘라 버린다는 말이다. 제자단에서 배제된 가룟 유다나 요한공동체에서 나간 '이탈자들/적그리스도들'(요일 2:18-19)과 같은 자들에 대한 조치를 떠올리게 한다. 둘째, 열매를 맺는 가지도 **"깨끗하게 한다"**(καθαιρω/카싸이로). 그것은 죽은 가지는 아니지만 충실하지 않은 가지이다. 이러한 가지도 가지치기를 필요로 한다. 그렇게 해야 더 많은 열매를 맺을 수 있기 때문이다. 보통 팔레스틴에서 포도나무를 경작할 때, 이른 봄(2–3월)이 되면 열매를 맺을 수 없을 것 같은 쓸모없는 가지를 제거하고, 여름(8월)에는 더 좋은 열매를 얻기 위해 한 번 더 가지치기를 해준다고 한다. 이러한 포도나무 농사법을 여기에 적용하고 있다고 볼 수 있다.

그렇다면 열매를 맺는 가지라도 가지치기를 한다는 것은 무엇을 의미하는 것일까? 어떻게 해야 열매를 더 맺게 되는 것인가? 그것은 제자들이 서로 사랑하여 목숨까지도 내놓을 만큼 되어야 하는 경지를 일컫는 것 같다(12–13절). 그렇게 될 때 아버지께서 영광을 받게 되며, 예수의 참 제자가 될 것이다(8절). 열매를 항상 맺게 하는 것이 제자를 선택한 이유다(16절).

그렇다면 열매를 맺는다는 것은 무엇을 의미하는가? 전도의 열매 같은 외형적 성과를 가리키는 것인가? 아니면 성령의 열매(갈 5:22–23)와 같은 내면적 성숙을 가리키는 것인가? 두 가지를 상호배타적으로 볼 필요는 없을 것이다. 하나님과의 하나 됨을 바탕으로 영원한 생명을 가진 사람이라면, 그것을 다른 사람들에게 확장하는 것은 지극히 자연스러운 일일 것이기 때문이다. 따라서 열매를 맺는 것은 내면적 성숙과 선교적 과제를 다함께 포괄하는 개념이 된다.

그런데 예수는 3절에서 제자들이 이미 "깨끗하게"(καθαρος/카싸로스) 되었다고 선언하신다. 이는 앞서 행한 세족식을 연상시킨다(13:10). 제자들은 예수의 죽음을 상징하는 세족식을 통하여 그들이 구원받은(깨끗하게 된) 것을 깨닫게 되었다(나중에 가서야 알게 되었지만). 세족식은 하나의 상징적인 행위였다. 그 의미를 깨닫게 된 것은 예수의 가르침(말)을 통해서 이루어졌다. 여기에서 말과 행위는 서로 분리되지 않는다. 제자들은 '말/행위'를 통해 깨끗하게 된 것이다.

4절에서 열매 맺음은 상호내주를 필요로 한다고 말한다. 제자들은 예수 안에 거해야 하며, 그럴 때 예수는 제자들 안에 거할 것이다. 이 두 가지 필요조건이 충족될 때, 그것은 열매를 맺기 위한 충분조건이 된다. 5절은 4절을 다시 한 번 반복한다. "나를 떠나서는 너희가 아무것도 할 수 없다."는 것이 강조된다. 스스로 열매를 맺을 수는 없다.

6절은 열매 맺지 못하는 가지가 겪게 될 운명을 심판의 언어로 설명하여 준다(겔 15:4-6; 19:12; 사 40:8 참조). "밖에 버려지고, 말라지고, 불에 던져 살라지게 되는" 삼단계의 조치를 당하게 된다. 모두 끔찍한 결과를 보여준다(마 13:30 참조). 그런데 문제는 이미 깨끗하게 된 제자들도 "내 안에 거하지 아니하면" 이러한 심판에 포함된다고 말하고 있는가 하는 것이다. 여기에서는 교리적으로 두 번째 회개의 불가능함(히 6:6 참조)을 말하려고 한 것이 아니라, 종말론적인 의미에서 경고의 의미를 담고 있다고 보아야 할 것이다.

7-17절은 1-6절에 대한 해석을 보여준다. 먼저 7-8절은 1-6절과 9-17절을 연결시켜 주는 역할을 한다. "안에 거하다"(μενω εν/메노 엔)와 "열매를 맺음"이 양쪽에 모두 나타나 있기 때문이다. 거한다는 것은 내주(indwelling)를 가리키는데, 이것은 예수의 말('계명'과 동의어로 사용됨)과 밀접하게 연관되어 있다. 예수의 계시(말), 즉 그의 계명에 순종할 때 열매를 맺게 된다. 열매 맺음의 주제는 16절에서 다시 한 번 강조되고 있다. 13:35에서 "서로 사랑하면" 사람들이 예수의 제자인 줄 알게 된다고 하였는데, 8절에서는 "열매를 많이 맺으면" 예수의 제자가 된다고 말하고 있다. 서로 사랑하는 것과 열매를 많이 맺는 것은 분리되지 않는다. 둘은 각각 내면적인 것과 외형적인 것을 가리키는 것 같지만 결국 하나의 실체다. 둘은 하나님과의 하나 됨을 바탕으로 결합되어 있다.

1-6절이 **'거함'**(indwelling)을 주제로 하고 있다면, 9-17절의 내용은 **'사랑'**이라는 주제어를 중심으로 묶여 있다. 여기에서 말하는 사랑은 무엇을 의미하는가? 적어도 감정적인 차원을 넘어선다. 9절은 "아버지께서 나를 사랑하신 것 같이 나도 너희를 사랑하였다."라고 말한다. 이것은 12절에서 "내가 너희를 사랑한 것 같이 너희도 서로 사랑하라."고 연결된다. 즉, 사랑은 '하나님의 예수 사랑 → 예수의 제자 사랑 → 제자의 상호 사랑'으로 연쇄적인 관계를 보여준다.

그런데 이 사랑은 자동적으로 발생하는 것이 아니다. 10절에서 "내가 아버지의 계명을 지켜 그의 사랑 안에 거하는 것 같이, 너희도 내 계명을 지키면 내 사랑 안에 거하리라."고 말한다. 계명을 지키는 것이 사랑의 필수 조건이다. 그렇다면 여기에서 계명은 무엇을 말하는가? 12절에서 "내 계명은 곧 내가 너희를 사랑한 것 같이 너희도 서로 사랑하라."는 것이라고 한 말씀을 주목하게 된다. 여기에서 계명의 내용은 "너희도 서로 사랑하라"는 것이지만, "내가 너희를 사랑한 것 같이"가 전제되어 있다는 것이 중요하다. 예수의 사랑은 13절에서 구체적으로 제시되어 있다. 즉, **"친구를 위하여 자기 목숨을 버리는 것"**으로 설명한다(요일 3:16 참조). 이것보다 더 큰 사랑은 없다. 예수는 친구인 우리를 위하여 그의 목숨을 버렸다. 사랑은 달콤한 말이 아니라 희생적인 행위였다. 제자들이 서로에게 이러한 사랑을 표현할 때, 사랑 안에 거하게 된다. 사랑은 일반적으로 생각하듯이 감상적인 것도 아니고, 영지주의자들이 주장하듯이 신비적인 것도 아니다. 사랑은 목숨을 버리는 행위다. 목숨을 버릴 정도로 사랑하라는 계명에 순종하는 것이 사랑이다. 그러므로 사랑과 계명, 또는 사랑과 (계명에) 순종은 서로 밀접하게 연결되어 있다. 9-17절에서 사랑을 중점적으로 말하면서도 계명을 반복해서(10,12절) 거론하고 있는 이유가 여기에 있다. 이처럼 **사랑, 계명, 순종, 희생**은 개념적으로 순환적인 고리를 형성하고 있다.

예수가 사랑 안에 거하라고 말한 이유는 "내 기쁨이 너희 안에 충만하게 되기를" 바랐기 때문이다. **"기쁨"의 주제**는 14:28에서 잠깐 등장했다가 이곳에서 재차 언급이 되고 있으며, 16:20-24에서 충분하게 설명될 것이다. 그런데 흥미로운 것은 기쁨이라는 단어가 역설적으로 예수의 죽음과 연관되어 나온다는 것이다. 예수의 죽음이 근심과 슬픔을 가져오는 것이 아니라 궁극적으로 기쁨을 초래할 것이다. 왜냐하면 예수의 죽음은 구원을 이루어낼 것이기 때문이다(3:29; 4:36; 8:56; 11:15 참조).

14-15절은 사랑을 **친구와 종**의 개념으로 설명해 준다. 예수는 친구였던 나사로를 살리고(11:11) 그로 인해 자신을 죽음에 넘긴 것처럼(11:53), 친구인 우리를 위하여(15절) 목숨을 버렸다. 우리도 그와 같이 우리의 친구를 위하여 목숨을 버리면 예수의 친구가 된다(14절). 제자들은 예수의 계명에 순종한 친구가 되었기 때문에 더 이상 그들을 '종'이라고 부르지 않겠다고 말한다. 그만큼 친밀한 관계가 되었기 때문이다. 친구끼리 비밀이 없는 것처럼, 예수는 하나님께 들은 것을 제자들에게 다 알려주었다.

16절은 친구의 관계를 **제자**의 개념으로 설명한다. 예수의 선택에 의해 제자가 된 사람들은 열매를 맺는 것이 사명이다. 그리고 제자들이 "내 이름으로" 무엇을 구하든지 하나님께서 다 들어주실 것이다. 여기에는 선교적 문맥이 자리 잡고 있다. 제자들은 "선택"을 받아 "가서" 열매를 맺는 자들로 묘사된다. 그 자리는 결국 목숨을 버리는 자리이다.

17절은 12절의 서로 사랑하라는 명령을 다시 한 번 언급하면서 7-17절의 전체 결론으로서 마무리된다. 예수의 친구이며 제자인 그들이 서로 희생적 사랑으로 사랑한다면, 예수의 죽음(떠남)으로 인한 위기적 상황을 결국 극복하게 될 것이기 때문이다.

② 세상의 미움(15:18-16:4a)

이 단락은 앞의 단락이 사랑을 주제로 하여 전개된 것과 대조적으로 **미움**이라는 주제어를 중심으로 전개된다. 세상이 믿는 자들을 미워하는 것은 세상에 속하지 아니하기 때문이다(15:19). 그래서 사람들(세상)이 주인이 되시는 예수를 박해한 것처럼, 종이 되는 믿는 자들을 박해할 것이다(15:20). 예수를 미워하는 자는 아버지를 미워하는 자이다(15:23). 세상 사람들은 믿는 자들을 출교하고 죽일 것이다(16:2).

이 단락은 내용에 따라 네 부분으로 나눌 수 있다: <u>미움과 박해</u>(15:18-21); <u>세상의 죄</u>(15:22-25); <u>보혜사의 파송과 증언</u>(15:26-27); <u>출교와 박해</u>(16:1-4a). 먼저 첫 부분(18-21절)에는 네 개의 조건문("세상이 너희를 미워하면", "너희가 세상에 속하였으면", "사람들이 나를 박해했으면", "내 말을 지켰으면")이 연이어 나온다(개역개정판의 번역과 비교). 이를 통해 세상, 제자들, 예수의 상관관계를 설명한다. "세상이 너희를 미워하면, 너희보다 먼저 나를 미워한 줄을 알라."(18절)고 함으로써, 제자들만 세상의 미움을 받은 것이 아님을 상기시킨다. 요한복음은 세상과 예수를 이원론적인 구도로 설정한다. 예수를 사랑하지 않는 세상은 예수를 따르는 제자들을 미워할 수밖에 없다. 세상이 미워하지 않는 것이 이상하다(요일 3:13 참조). 세상의 미움을 받는 제자들에게 스승이 먼저 미움을 받은 것을 알고 위로를 받으라고 한 것이다.

그렇기 때문에 "너희가 세상에 속하였으면, 세상이 자기의 것을 사랑할 것이나 … 세상이 너희를 미워하느니라."(19절)라고 말하는 것은 당연한 귀결이다. 세상은 자기에게 속한 자들을 사랑하며, 자기에게 속하지 않은 자들은 미워한다. 예수는 세상에 속했던 제자들을 세상에서 빼내어 선택하였기 때문에, 세상은 제자들을 미워할 수밖에 없다. 여기에서 세상은 "이 세상의 임금"(14:30)인 사탄과 동일하다. 사람들은 세상에 속할 것인가, 아니면 하나님께 속할 것인가 하는 기로에 서 있다.

이원론적 세계관을 보여준다. 하나님께 속한 제자들이 미움과 박해를 피할 수 없다는 것은 당연한 논리다(요일 4:5-6 참조).

종이 주인보다 더 크지 못한 것처럼(13:16 참조), "사람들이 나를 박해하면, 너희도 박해할 것"(20절)임은 자연스러운 현상이다. 또한 "사람들이 내 말을 지켰다면, 너희 말도 지킬 것"(20절)임도 얼마든지 예상할 수 있는 행동이다. 앞의 세 조건문과 달리 마지막 조건문은 유독 세상의 긍정적 태도를 암시하는 듯하기 때문에 혼란을 준다. 이들은 예수의 말을 지키지 않았다. 인접문맥인 21절이나 22절을 보아도 그들은 박해에 따른 정죄를 받고 있지 않은가? 따라서 이 조건문은 사실에 반대되는 상황을 전제로 하고 있다. 세상 사람들은 예수의 말을 지키지 않았던 것처럼, 그들의 속성상 제자들의 말을 지킬 수 없었다. 이처럼 제자들이 예수를 전할 때 박해를 받게 됨은 지극히 당연하다. 이는 예수가 세상의 일들을 악하다고 정죄하였기 때문이다(7:7 참조).

21절은 결론적으로 세상 사람들이 박해한 근본 이유를 적시한다. 그들은 예수의 이름을 적대시하였기 때문에 이 모든 일(미움과 박해)을 제자들에게 행하였다. 이는 그들이 예수를 보내신 이, 즉 하나님 아버지를 알지 못했기 때문이다. 그렇다면 무지로 인한 박해는 정상참작이 되는가? 그것을 의미하는 것 같지는 않다. 그들은 하나님을 알려고 해도 알 수 없는 근원적인 소외 상태에 놓여 있었다고 말해야 옳을 것이다. 무지 자체가 죄가 되며, 이는 예수를 하나님이 보내신 자로 믿지 않는 데서 비롯된 것이다. 예수를 본 것은 아버지를 본 것이며, 예수를 믿으면 아버지를 믿는 것인데, 예수를 부인하므로 아버지를 부인한 것과 같기 때문이다(8:19; 10:30; 12:44; 14:9 참조).

두 번째 부분인 15:22-25절은 예수를 믿지 않고 제자들을 박해한 세상에 대한 정죄를 보여준다. 세상 사람들이 무지를 핑계로 삼으려고 하더라도 하나님의 법정에서 정죄를 피할 수 없다. 왜냐하면 예수께서 명명백백하게 말(진리)로 증언했기 때문이다. 그들은 하나님을 미워한 것은 아니라고 강변할지 모르지만, 예수를 미워한 것이 아버지를 미워한 것인지를 모르고 있기 때문에 정죄를 받는다. 사실 그들은 예수가 행한 놀라운 일들을 보았기 때문에, 예수를 알았고 아버지를 본 것이나 다름없다. 그럼에도 불구하고 예수와 하나님을 미워한 것 때문에 정죄를 받는 것이다.

이러한 세상의 행동은 이해할 수 없는 일이다. 이렇게 된 것은 다르게는 설명이 안 된다. 오직 율법을 성취하기 위한 것이라는 저자의 설명 방식밖에는 없다. 악의 본성과 실체를 어떻게 다 설명할 수 있겠는가? 악의적이고 고의적인 핑계를 어떻게 합리적으로 설명할 수 있을 것인가? 25절의 말씀대로, "이유 없이 나를 미워하였다"(시 35:19; 69:4)고 할 수밖에 없다. "까닭 없이 나를 미워하는 자가 나의 머리털보다 많다."(시 69:4)고 한 것과 같이, 세상은 수많은 이유를 대면서 박해한다. 그러한 악의에 일일이 대항하지 않고 하나님의 뜻대로 이루어지기를 바라는 것이 기독교의 위대함이다. 어느 교부가 한 말대로, "기독교는 얼마나 설득력을 가지고 설명할 수 있는가가 아니라, 세상으로부터 미움을 당할 때 참으로 위대함을 보여줄 수 있는가로 판별된다."(Ignatius of Antioch, *Romans* 3:3).

세 번째 부분(15:26-27)은 보혜사의 파송과 증언에 관한 내용을 보여준다. 14장에서는 예수가 떠나는 문맥에서 보혜사의 파송을 언급하였다면(15-17절, 26절), 이곳에서는 박해의 문맥에서 보혜사의 파송을 언급하고 있다. 14장에서는 아버지가 보혜사를 파송하고 있는데 비해, 이곳에서는 예수가 파송하고 있다. 이곳에서도 보혜사가 아버지에게서 나온다고 언급하고 있기는 하지만, **예수가 파송의 주체**로 등장하는 것 때문에 교회사에서 주요 논쟁거리가 되기도 했다. 이것은 삼위 간의 우열의 문제가 아니라 역할의 문제이며, 삼위 하나님은 서로 간에 상호성과 내재성을 통해 관계하고 있음을 보여주고 있다.

이곳에서 **보혜사의 등장과 박해의 문맥** 간의 관계는 매우 중요하다. 보혜사 파송 전후 문맥이 모두 박해와 관련되어 있음을 알 수 있다. 구조적으로 교차평행법적이다. 15:18-16:4a를 네 단락으로 나누면, a) 박해(18-21절); b) 정죄(22-25절); b') 보혜사 파송(26-27절); a') 박해(16:1-4a)가 되는데, 이는 abb'a'의 교차평행법적 구조가 된다. 한편, 보혜사가 세상의 정죄에 관여한다고 보아 b와 b' 부분을 하나로 묶으면, aba'의 교차평행법적 구조가 된다. 어쨌든 중간에 나오는 보혜사 파송에 관한 말씀은 박해의 문맥 안에 놓인 것을 알 수 있다. 보혜사는 예수가 떠나고 제자들이 홀로 선교활동을 하며 박해를 받을 때 그들을 위해 사역하고 있다. 보혜사는 "진리의 영"(το πνευμα της αληθειας/토 프뉴마 테스 알레쎄이아스)으로서 박해하는 세상 사람들의 생각과 행위가 잘못되었음을 밝히 드러냄으로써 세상을 정죄한다. 보혜사는 악의 세력에 맞서 예수의 말과 행위가 하나님께로부터 온 것임을 증언한다. 보혜사와 더불어 제자들은 예수와 처음부터 함께 있었기 때문에 예수의 증인이 되었고 증인이 되어야 한다. 예수는 떠나고 보혜사는 영이기 때문에, 이 땅에 남아 있는 제자들이 가시적인 예수의 증인이 될 수밖에 없다. 보혜사는 박해 받는 제자들 곁에서 증인의 역할을 잘 수행할 수 있도록 도와주고 변호할 것이다. 보혜사와 제자들은 분리된 존재가 아니라 동일한 예수의 증인의 역할을 하는 것이다. 보혜사는 원래 법정 용어로서 변호사의 의미를 가지고 있었기에, 제자들과 더불어 하나님의 법정에서 거짓과 진리를 구별하는 증인의 역할을 수행하게 된다.

네 번째 부분인 16:1-4a는 제자들이 받는 박해를 구체적으로 적시한다. 출교하고 죽이는 일이 발생할 것이다. 이러한 박해를 받을 때, 제자들은 실족할 가능성이 있었다. "실족하다"(σκανδαλιζω/스칸달리조)라는 말은 참된 신앙을 버리고 기독교 공동체로부터 떨어나가는 것을 가리킨다. 가롯 유다처럼 배교하는 일을 가리킨다. 당시 요한복음이 기록된 1세기 말에는 재건을 시도하던 유대교와 교회 간에 첨예한 갈등이 일어났다. 예수를 믿는 유대인들(Jewish Christians)은 이단으로 간주되어 회당으로부터 축출(출교)되었다. 스데반(행 7장)이나 야고보의 순교(행 12장)에서 볼 수 있듯이, 그들은 죽음의 위협을 받고 있었다. 그러면서도 바울의 경우에서 보는 것처럼(행 7:58-8:1), 박해자들은 이를 하나님을 위한 종교적 헌신으로 확신하였다. 예수는 이러한 미래의 박해에 관해 미리 말해줌으로써, 그러한 때가 오면 제자들이 예수의 말을 기억하고 실족하지 않기를 바랐다. 여기에 보혜사의 역할이 등장한다. 왜냐하면 예수의 말을 기억나게 하는 것은 보혜사의 중요한 역할 가운데 하나이기 때문이다(14:26). 이 단락은 한 단락을 마칠 때 사용하는 특징 문구인 "내가 이 말을 (너희에게) 하였다"(ταυτα λελαληκα/타우타 렐랄레카)라는 문구로 끝난다(14:25의 설명 참조).

1.2.3. 세 번째 고별강화(16:4b-33)

① 예수의 떠나심과 보혜사의 오심(16:4b-15)

세 번째 고별강화가 16:4b에서 시작한다고 보는 것은 16:4a의 "오직 너희에게 이 말을 한 것은"이라는 '타우타 렐랄레카'(ταυτα λελαληκα)의 언급과 16:4b의 "처음부터 이 말을 하지 아니한 것은"이라는 언급이 서로 상반되고 있기 때문이다. "이 말"은 제자들이 겪게 될 박해에 관한 예고를 가리킨다. 예수는 이 세상을 떠나 아버지께로 가는 상황에서 제자들이 그것도 견디기 어려운데, 그들에게 장차 닥쳐올 박해에 관해서까지 말하는 것은 그들을 더욱 힘들게 하는 것이 될까 염려하였던 것 같다.

세 번째 고별강화는 첫 번째 고별강화(13:31–14:31)과 내용과 구조에 있어 많은 **공통점**을 보여준다. 둘 다 예수가 곧 떠나갈 것에 관해 말하며(14:28; 16:5–7), 그가 어디로 가는지에 관한 질문(13:36/14:5; 16:5)과 그로 인한 슬픔을 언급한다(14:1; 16:6). 둘 다 보혜사 성령에 관해 두 번 언급하며(14:15–17/26; 16:7–11/13–15), 제자들이 예수를 곧 보게 되며(14:19; 16:16) 아버지가 그들을 사랑할 것이라고 약속한다(14:21,23; 16:27). 둘 다 예수의 이름으로 무엇이든지 구하면 주실 것이라고 약속한다(14:13–14; 16:23–24). 둘 다 제자들의 질문이 나오고(13:36/14:5,8,22; 16:17–18), 예수를 버리고 흩어질 것을 예고한다(13:38; 16:32).

그러나 세 번째 고별강화와 첫 번째 고별강화는 서로 **차이점**도 많이 보여준다. 첫 번째 고별강화에 나오는 많은 단어와 표현들이 세 번째 고별강화에 나오지 않는데, 다음과 같은 것들이 있다: 인자가 영광 받음(13:31–32), "잠시 너희와 있겠다."(13:33), "작은 자들아"(13:33), "찾을 수 없을 것"이라는 언급(13:33), "서로 사랑하라"는 새 계명(13:34–35), 거처를 예비하고 제자들을 데리러 올 것이라는 약속(14:2–3), 길과 진리와 생명 되신 예수(14:6), 아버지를 아는 것이 예수를 아는 것(14:7), 예수를 본 자는 아버지를 봄(14:9), "나는 아버지 안에, 아버지는 내 안에"(14:10), 예수는 아버지의 말과 명령을 따름(14:10,24,31), "아버지가 내 안에 계셔서 그의 일을 하시는 것"(14:10), "행하는 그 일로 말미암아 나를 믿으라"(14:11), "더 큰 일도 하리라"(14:12), "나를 사랑하면 내 계명을 지킴"(14:15), 진리의 영이 제자들과 함께/속에 있음(14:17), "내가 아버지 안에, 너희가 내 안에, 내가 너희 안에"(14:20),

"일어나라, 여기를 떠나자"(14:31). 이 중에서 새 계명에 대한 말씀과 내주(indwelling)에 관한 말씀이 없는 것에 주목하게 된다.

이러한 공통점과 차이점은 공통된 전승에 기인한 것이라고 설명할 수도 있고, 다른 손(편집자)에 의해 기록되었기 때문이라고 설명할 수도 있을 것이다. 그러나 비슷하면서도 다른 특징을 보여주는 두 번의 강화를 통해 예수가 제자들을 떠난 후의 상황에 잘 대처하게 하려고 세심하게 배려하고 있는 것만은 분명하다.

예수는 5절에서 제자들에게 "너희 중에서 나더러 어디로 가는지 묻는 자가 없다."라고 말하고 있는데, 이는 첫 번째 고별강화에서 베드로와 도마가 이미 물었던 적이 있었기 때문에(13:36; 14:5) 어색함을 느끼게 한다. 이것은 세 번째 고별강화가 시간이 지난 후 다른 손에 의해 기록된 것을 나타내는지도 모른다. 그러나 본문을 있는 그대로 본다면, 예수가 제자들을 곧 떠나가야 하는 애절한 심정을 표출하고 있다고 볼 수 있다.

예수는 떠나가면서 제자들이 박해를 당할 것에 대하여 말하지 않을 수 없었고, 이로 인해 제자들은 근심(슬픔)이 가득하게 되었다. 그러나 예수는 그가 떠나가는 것이 제자들에게 **오히려 유익**할 것이라고 말한다(14:28 참조). 그래야만 보혜사가 올 수 있기 때문이다. 부활하신 예수와 보혜사가 함께 세상에 있지 못하는 것은 보혜사는 예수의 부재를 대신하는 존재이기 때문이다("예수께서 아직 영광을 받지 않으셨으므로, 성령이 아직 그들에게 계시지 아니하시더라"고 한 7:39 참조). 첫 번째 고별강화에서는 아버지가 보혜사를 보내는 것으로 기술하고 있는데 비해(14:16,26), 여기에서는 예수가 직접 보혜사를 보낸다(15:26 참조). 예수가 떠나가야 보혜사가 온다는 것을 계속하여 강조하는 것은 요한공동체가 예수가 안 계신 세상 속에서 믿음을 지켜나가는 데 보혜사가 필요하고, 또 실제적으로 보혜사를 경험하고 있었던 것과 관련되어 있음을 알 수 있다.

8-11절은 보혜사가 와서 **죄**와 **의**와 **심판**에 관하여 제자들이 알게 되도록 법적인 판정을 내려주게 될 것이라고 말하고 있다. 보혜사의 역할은 특히 예수의 죽음의 의미를 올바로 해석하는 것에 초점이 맞추어져 있다. 보혜사는 예수를 적대시하는 세상이 잘못되었음을 밝혀줄 것이다. 세상은 예수를 믿지 아니하기 때문에 정죄를 받게 된다. 세상은 바로 예수를 믿지 않았기 때문에 그를 정죄하고 죽였다.

예수가 아버지께로 돌아간 것은 하나님께서 예수가 죄인이 아니라 의로운 자였음을 확증하여 준 것이다. 유대인들은 예수가 아버지 하나님과 하나라고 한 것을 두고 그를 신성모독의 죄를 범한 죄인으로 보았지만, 예수는 아버지께로 돌아가 그와 더불어 하나가 되었으며 하나님의 아들로 높임을 받았다. 십자가상에서 죽은 예수는 죄인이 아니라 의인이었다. 제자들이 예수를 더 이상 보지 못하는 것이 그의 의로움을 나타낸다는 것은 일견 역설인 것 같지만, 그것은 보혜사가 제자들(교회)과 함께 현존하고 있음을 말하며, 육체적으로는 보지 못하지만 성령을 통해서 영적으로 예수의 의로움을 보고 믿게 됨을 의미한다.

또한 예수가 이 세상을 떠나고 보혜사가 옴으로써 이 세상 임금인 사탄이 심판받았다. 세상은 심판이 없다고 주장하거나 심판을 거부하는 태도를 보일지 모르지만, 예수가 와서 십자가에 죽은 것은 사탄의 통치를 종식시키고 그를 심판하여 무력하게 만들기 위한 것이었다. 세상은 예수를 정죄하고 심판했지만, 사실은 예수를 죽인 세상이 심판을 받은 것이다. 고난과 죽음의 때에 예수는 이 세상 임금과 영적인 전투를 벌이고 있었고(12:31; 14:30), 그 전투에서 죽음을 극복하고 사탄에게 승리하였다.

예수는 아직 제자들에게 알려줄 것이 많이 있지만 지금은 감당(이해)하지 못할 것이라고 하였다(12절). 그것은 견디기 힘든 박해가 있을 것임을 예고한 것으로 볼 수 있다. 박해 중에는 회당에서의 출교와 죽임에 넘기는 일이 포함될 것인데(16:2 참조), 무엇이 하나님을 바르게 섬기는 일인지에 관해 혼란이 있을 것이다. 그러나 "진리의 성령"인 보혜사가 오면 확신이 없고 혼란스러운 제자들을 진리로 인도하고 가르쳐 줄 것이다. 보혜사에 관한 두 번째 구절인 13-15절에는 보혜사라는 단어가 나오지 않고 "진리의 성령"이라는 표현만 나오며, 보혜사에 관한 첫 번째 구절인 7-11절과 너무 가깝게 위치하여 있어서, 7-15절 전체를 보혜사 파송에 관한 하나의 말씀으로 보기도 한다(12절은 삽입으로 봄). 이는 첫 번째 고별강화에서 보혜사 파송에 관한 두 번의 말씀(14:16-17과 14:26)이 확실히 구별되어 있는 것과 비교가 된다.

8절에 이어 13-15절에서 진리의 성령인 보혜사의 역할이 구체적으로 설명되고 있다.

첫째, 보혜사는 제자들을 **진리로 인도**한다. 그것은 가르치는 선생의 역할이다(14:26 참조). 보혜사는 스스로 말하지 않고 예수가 말한 것을 생각나게 하고 그 뜻을 올바로 가르칠 것이기 때문이다. 보혜사는 새로운 계시를 덧붙이지 않고, 예수가 계시한 것을 가르치는 역할만을 한다. 그런데 13절 마지막에 "장래 일"을 알려준다는 것은 새로운 계시를 가리키는 것 같기 때문에 앞에서 말한 내용과 배치가 되는 듯하다. 그러나 "장래 일"이 알려지지 않은 내용을 가리키는 것이 아니라 예수가 이미 예언/예고한 내용을 가리키는 것이라고 하면 문제가 없다. 또한 13-15절에서 세 번이나 반복해서 사용되고 있는 "알리다"(αναγγελω/아낭겔로)라는 동사는 예수 그리스도 안에서 이미 계시된 것에 대한 해석을 나타내는 단어로 볼 수 있다(요일 1:2,3). "알리다"라는 동사는 미래에 일어날 일에 대한 예고가 아니라, 8–11절에서 보는 것처럼 예수가 말하고 행한 것들을 깨달을 수 있도록 더 깊게 해석하는 것과 관련된다(4:25–26 참조). 이것은 보혜사의 예언적 기능이며, 요한공동체에서는 이러한 성령의 예언적 활동이 활발하였던 것으로 보인다.

둘째, 보혜사는 예수의 영광을 제자들에게 나타낸다. 보혜사는 예수를 제자들에게 알려줌으로써 **예수를 영화롭게** 한다. 보혜사는 독자적으로 활동하는 것이 아니라 예수에게서 받은 것을 가지고 활동한다. 보혜사는 예수가 누구인지를 제자들에게 가르치고 예수의 증인이 되게 함으로써(15:26–27 참조) 예수를 세상에서 영화롭게 한다. 이 영광은 종말에 나타나는 것이 아니라, 보혜사 성령을 통해 예수의 임재 속에 나타난다(실현된 종말론). 15절은 아버지의 것이 모두 예수에게 속한 것이라고 함으로써 아버지와 아들의 하나 됨을 강조한다. 보혜사는 아버지의 것이면서 동시에 예수의 것을 가지고 알려준다. 보혜사는 아들을 영화롭게 함으로써 아버지 하나님을 영화롭게 한다. 아들이 아버지의 파송을 받았듯이, 보혜사 성령은 아버지와 아들로부터 파송을 받아 일한다. 이것은 삼위의 우열을 말하는 것이 아니라, 삼위 하나님 간에 서로 분리될 수 없는 하나 됨의 소통을 의미한다.

② 예수를 다시 봄과 제자들의 기쁨(16:16–33)

이 단락은 앞에 나온 16:4b–15과 구분되는데, 그 증거로는 앞 단락이 보혜사 파송을 다루고 있는데 비해 여기에서는 그러한 주제가 나타나지 않는다는 것과, 앞 단락이 예수의 강화인데 비해 여기에서는 제자들과의 대화 형식으로 되어 있다는 점을 들 수 있다. 그렇다고 해서 두 단락(16:4b–15과 16:16–33)을 독립적인 자료로 볼 필요는 없다. 한때 서로 독립적인 자료였다고 하더라도 지금은 하나로 엮여 있다. 특히 10절에서 언급한 '내가 아버지께로 가면 너희가 보지 못할 것이다'라는 주제가 17절에서도 이어진다.

16-19절은 **"조금 있으면 너희가 나를 보지 못하겠고, 또 조금 있으면 나를 볼 것이다."**(16절)라는 의미가 무엇인지를 캐묻는 과정을 보여준다. 이와 같은 표현은 이미 앞에서도 나온 것으로서 요한복음의 주요 주제가 된다(7:33,35; 8:33; 14:19,28). 16절은 서로 상반되는 내용을 포함하고 있기 때문에 모호함이 나타난다. 16절 이후에는 예수의 수수께끼 같은 말에 제자들이 궁금하게 생각한 것을 예수가 답하는 형식을 보인다. "조금 있으면 … 보지 못하고, 조금 있으면 … 볼 것이다"라는 내용은 16-19절에서 네 번이나 반복되고 있는데, 이러한 반복은 결국 그 의미의 중요성을 강조하게 되는 결과로 나타난다. 그러나 정작 16절에서 예수가 한 말의 의미는 이후에도 시원하게 밝혀지지 않고 있다.

의미가 모호한 16절은 네 가지 가능한 해석을 낳았다.

첫째, 16절의 전반부("조금 있으면 나를 보지 못하고")와 후반부("조금 있으면 나를 볼 것이다")가 각각 예수의 죽음과 부활 현현을 의미한다고 보는 것이다. 제자들은 예수가 부활한 뒤 그를 만났다. 이 설명은 부활 현현이 일시적인 현상이라는 점에서 약점을 보인다.

둘째, 그래서 보다 영속적인 상태를 가리키는 예수의 죽음과 재림으로 보는 것이다. 그러나 이 설명 역시 재림이 임박하지 않다면 "조금 있으면"이라는 조건과 맞지 않는다.

셋째, 그래서 예수의 죽음과 부활 및 재림을 다함께 가리킨다고 보는 것이다. 일시적이라는 약점과 "조금 있으면"이라는 조건을 다같이 충족시킬 수 있기 때문이다.

넷째, 예수의 죽음과 보혜사의 오심을 가리킨다고 보는 것이다. 이것은 본문의 문맥으로부터 도출한 것이다. 앞 단락에서 보혜사의 오심에 관해 두 번(7-11절, 13-15절)이나 강조해서 말한 뒤에 본문이 기록되고 있기 때문에, 이와 같은 해석이 잘 들어맞는 것 같다.

예수는 제자들을 떠나가면서 그들이 겪게 될 슬픔과 근심(20,22절)을 걱정하였다. 그들을 고아와 같이 버려두지 않고 다시 올 것(14:18)이라고 약속하며 위로하였다. 곧 죽게 될 예수가 곧 다시 오겠다고 하는 말은 누구도 이해하기 힘들었을 것이다. 또한 예수가 계시지 않은 상황을 살아가고 있던 요한공동체는 조금 있으면 다시 오겠다고 한 말의 의미를 이해하려고 노력했을 것이다. 네 번에 걸친 "조금 있으면" 구절의 반복을 통해, 예수의 말이 가진 모호함에 대한 제자들의 당혹감이 고스란히 묻어나고 있다.

제자들은 예수의 모호한 말의 내용을 이해하지 못하여 두 번에 걸쳐 궁금증을 나타낸다. 제자들은 궁금해 하는 것을 예수께 직접적으로 질문하지 못한 채 계속하여 자기들끼리 서로 의문시하는 대화를 나누고 있다. 예수는 제자들의 이와 같은 속마음을 아셨다. 속마음을 읽는 예수의 능력은 종종 등장하는데(2:24-25; 4:17-18 참조), 이것은 신적 능력을 가졌다는 표시이기도 하다(30절 참조). 이제 예수가 제자들의 의문에 답할 차례다.

예수는 20-24절에서 제자들의 의문에 직접적인 답을 주지 않고 **비유적**으로 말하며, 마지막 날에 제자들에게 허락될 선물을 약속하고 있다. 20-24절에서 "기쁨"(χαρα/카라)은 동사와 명사 형태로 모두 6번이나 기록되고 있다. 제자들이 지금 슬퍼하고 애통하고 있는 가운데 세상은 기뻐하고 있지만, 때가 되면 제자들의 근심이 기쁨으로 바뀔 것이라고 약속한다. 그것은 마치 비유하건대 임신한 여자가 해산할 때가 되면 해산의 고통이 있지만, 아기를 낳으면 "사람"(ανθρωπος/안쓰로포스) 난 기쁨으로 인해 고통을 잊어버리게 되는 것과 같다(여기에서 "사람"은 창 4:1의 '이쉬'(איש)를 반영하고 있는데, 인자의 오심에 대하여 암시한다). 이 "고통"(θλιψις/쓸립시스)은 종말이 오기 직전에 성도들이 겪어야 할 환난을 상징한다(33절 참조). 여기에서 종말의 때는 "그 날"(23,26절)로 표현되고 있다. 그 날은 예수가 다시 제자들을 보게 되는 때이다(22절). "그 날에는"(εν εκεινη τη ἡμερα/엔 에케이네 테 헤메라) 아들의 이름으로 구하는 모든 것은 아버지께서 다 주실 것이기 때문에 더 이상 질문할 필요가 없을 것이다. 예수는 그 날이 오면 제자들이 근심하지 않고 기뻐하게 되며, 질문의 답을 알게 되고, 필요한 것을 구하는 모든 것에 응답을 받게 될 것이라고 약속하고 있다. 이러한 약속은 보혜사 성령의 역할과 밀접하게 연결된다. 예수는 스스로 말한 16절의 수수께끼 같은 말에 간접적으로 대답하고 있다. 그가 죽으면 보혜사 성령이 올 것인데, 예수가 보혜사로 인해 제자들과 함께 하는 것이기 때문에 제자들의 근심이 기쁨으로 바뀌게 되고, 보혜사 성령이 모든 질문에 대해 알게 해 줄 것이기 때문에 더 이상 질문할 필요가 없게 될 것이다. 그러므로 '기쁨'과 '깨달음'과 '기도 응답'은 보혜사가 옴으로써 제자들이 받게 될 선물이 될 것이다.

예수는 25절에서 이제 "비유"(παροιμια/파로이미아)로 말하지 않고 **밝히** 말하기 시작한다. "밝히"는 '파레시아'(παρρησια)를 번역한 것인데, 명사 παρρησια는 '공개적 태도, 자신감, 담대함, 솔직함'를 뜻하는 단어이다. 나사로가 잠들었다고 한 말을 제자들이 오해했을 때, 나사로가 죽었다고 "밝히" 말할 때도 사용되었다(11:14). 이 단어는 특히 사도행전에서 전도할 때 담대한 증언과 관련하여 종종 언급된다(행 2:29; 4:13,29,31; 28:31 참조). 이는 예수가 떠난 후 밝히 증언하여야 할 제자들의 상황과 잘 맞아떨어지는 개념이다. 모두 성령의 충만함을 필요로 하는 상황이다. 결론적으로, 예수는 "내가 아버지에게서 나와 세상에 왔고, 다시 세상을 떠나 아버지께로 간다."(28절)고 명백하게 말하고 있다. 이 말을 듣고 제자들은 25절의 내용을 29절에서 다시 한 번 반복한다.

26절은 23절과 더불어 오해를 불러일으킬 수 있다. 왜냐하면 제자들이 기도할 때 예수의 중재를 거치지 않아도 되는 것처럼 비쳐질 수 있기 때문이다. "그 날"은 보혜사 성령이 임재한 현실을 반영하고 있는데, 그 때에는 보혜사로 인하여 제자들이 예수 안에 있고, 예수는 제자들 안에 있게 될 것이기 때문에, 예수께 물을 필요가 없고 예수가 제자들을 위하여 간구할 필요도 없다. 제자들이 기도하는 것은 예수가 직접 아버지께 구하는 것이나 마찬가지일 것이기 때문이다. 아버지가 아들을 사랑하는 것과 같이, 아버지가 친히 제자들을 사랑하기 때문에 모든 간구를 들어주실 것이다. 아버지와 아들과 제자들은 하나가 될 것이다(17:23-26 참조).

제자들은 보혜사 성령의 도움으로 예수가 하나님께로부터 온 것을 믿는다고 고백한다(30절). 예수는 제자들의 늦깎이 믿음에 대해 만시지탄의 심정을 표현하면서, 그들의 믿음이 굳세게 되려면 시련을 극복해야 할 것이라고 예고한다. 그들은 예수가 수난 당하게 될 시련 앞에서 다 각각 흩어질 것이기 때문이다. 요한복음에는 제자들이 모두 십자가 고난을 앞두고 흩어지는 모습이 분명하게 나오지는 않는다. 사랑하는 제자는 끝까지 십자가 아래에서 예수와 함께 하고 있으며(19:26-27), 예수가 부활한 날에도 제자들은 한 곳에 모여 있었다(20:19). 다만 21장에서 베드로를 위시한 일곱 제자가 디베랴 호수로 고기를 잡으러 간 것이 이에 해당되는 것으로 볼 만하다.

예수는 제자들이 그를 다 버릴지라도 아버지께서는 함께 하신다고 하는 확신을 보여준다. 그는 패배자가 아니라 죽음에 대한 승리자로서 스스로 십자가의 수난을 선택하였다. 요한복음의 이러한 기술 방식은 공관복음서와 다르다. 공관복음서는 예수가 "나의 하나님, 나의 하나님, 어찌하여 나를 버리셨나이까?"(막 15:34; 마 27:46)라고 절규하면서 하나님을 절대적으로 신뢰하지 못하는 것처럼 기록하고 있는데(이는 시 22:1의 인용으로서 신뢰하지 못함을 나타내는 것은 아니다), 요한복음은 있을 수 있는 이러한 오해를 바로잡으려는 의도를 보여준다.

33절은 세 번째 고별강화를 마치면서 첫 번째 고별강화와의 유사성을 보여준다. 첫 번째 고별강화에서 예수는 떠나가면서 제자들에게 평화를 선물로 남겨주고(14:27) 세상 임금에 대한 승리(14:30)를 선언한 것과 같이, 세 번째 고별강화에서도 제자들에게 평화를 선물로 주며 세상을 이기었다고 선언하고 있다. 그러나 이러한 평화는 자동적으로 임하는 것이 아니라, "환난"(θλιψις/쓸립시스)을 이겨내는 것을 필요로 한다. 예수가 세상(세상 임금)을 이겼기 때문에 제자들에게 담대하게 환난에 맞설 수 있다는 자신감을 불어넣어주고 있다. 그 환난은 종말이 오기 직전에 임할 메시아적 환난(messianic woes)이다(21절 참조). 제자들은 예수를 대신하여 온 보혜사 성령의 임재를 통하여 환난과 박해를 가하는 세상을 이길 수 있게 될 것이다.

1.2.4. 네 번째 고별강화(17:1-26)

17장은 전체가 예수의 고별기도이다. 고별강화에서 제자들을 위해 기도하는 것은 자연스러운 마침이다. 신 33장에 보면 모세가 죽으면서 이스라엘 백성을 위해 기도하며 축복하는 내용이 나온다. 이와 마찬가지로 예수는 제자들을 위해 유언(testament)처럼 기도하며 고별강화를 마치고 있다. 17장은 제자들을 위한 중보의 기도를 드리고 있기 때문에 대제사장의 기도(priestly prayer)라고 불린다(히 7:24-26과 롬 8:34 참조). 예수는 자신의 영광을 구하는 기도(1-8절)을 드리고 난 후에, 현재의 제자들(9–19절)과 미래의 제자들(20–26절)을 위해 간구한다. 이는 대제사장 아론이 먼저 자신과 가족을 위해 기도하고 난 후에, 이스라엘 백성을 위한 기도를 드리고 있는 것과 비교된다(레 16:11–17 참조). 그러나 예수는 자신의 죄를 위하여 속죄제를 드린 것은 아니다(히 5:2–3 참조). 또한 그가 드릴 희생제물은 바로 자기 자신이었다(히 7:27 참조).

17장의 대제사장의 기도는 바로 뒤 문맥인 예수의 수난 이야기에 앞서 나오고 있기 때문에 공관복음서의 겟세마네 기도와 비교될 수 있다(마 26:36–46; 막 14:32–42; 눅 22:39–46). 그러나 문맥과 위치면에서는 관련성을 찾을 수 있을지 모르지만 내용면에서는 사뭇 서로 다르다. 겟세마네에서는 홀로 슬픔과 근심에 싸여 기도하고 있지만, 17장에서 예수는 고난을 피하게 해달라는 기도 대신에 세상에 남아 있는 제자들을 위해 그리고 아버지와 아들의 영광을 위해 기도하는 가운데 자신에게 닥친 수난을 당당하게 받아들이는 태도를 보이고 있다. 내용적으로는 헬라인들이 찾아왔을 때 자신의 "때"(12:23)가 된 것을 아시고 그 심경을 기도로 표현하고 있는 12:27과 연관성을 보여준다.

요한복음에만 나오는 대제사장의 기도는 어쩌면 **유언문학**이라는 특별한 문학 양식을 빌어 요한공동체가 처한 상황을 반영하고 있는지도 모른다. 당시 요한공동체는 유대교 회당과 갈등관계 속에서 박해와 회당에서의 출교 위협(9:22; 12:42; 16:2 참조)을 겪으면서, 예수가 이미 세상에 대해 승리하였고(16:33) 하나님의 영광을 드러내신 것(17:4)을 선언하고자 하였다. 그래서 현재 고난당하고 있는 요한공동체가 보존되고 미래의 제자들의 일까지도 지켜줄 것이라는 것을 보여주려고 하였다. 그렇다면 요 17장은 기도의 형식을 통해 요한공동체의 현재와 미래를 위해 계시한 것이라고 말할 수 있다.

또한 17장은 여러 가지 면에서 **13장과 유사성**을 보인다: "때"에 관한 언급(13:1; 17:1), 아들의 영광에 관한 언급(13:31-32; 17:1,4-5), 끝까지 완수하심에 대한 언급(13:1; 17:4), 세상에 있는 제자들에 대한 언급(13:1; 17:11), 모든 것을 맡기심에 대한 언급(13:3; 17:2), 사탄의 도구와 멸망의 자식인 유다에 관한 언급(13:2,27; 17:12), 배반에 대한 성경의 성취에 관한 언급(13:18; 17:12)에서 유사성이 나타난다. 이를 통해 고별강화의 시작과 끝이 서로 상응함을 볼 수 있다.

17장은 또한 **서언(1:1-18)과 유사성**을 보인다: 둘 다 산문적 삽입(1:6-8,15; 17:3,12)과 함께 시적 구조(1:1-5,9-14,16-18; 17:1-2,4-5,6-8,9-11,12-14,15-19,20-23,24-26)를 가지고 있으며, 영광의 주제(1:14; 17:1,4-5)를 공유하고 있다. 그래서 서언과 대제사장의 기도를 기록한 편집자가 같은 사람/집단이라는 것을 시사하고 있다고 보기도 한다. 어쨌든 서언과 대제사장의 기도가 요한복음의 핵심 사상을 보여준다는 점에 있어서는 이의가 없다.

17장의 구조는 누구를 위하여 기도하느냐 하는 것을 기준으로 파악하는 것이 좋다. 이미 말한 대로, 17장은 <u>예수 자신을 위한 기도</u>(1-8절)와 <u>현재의 제자들을 위한 기도</u>(9-19절)와 <u>미래의 제자들을 위한 기도</u>(20-26절)의 삼등분으로 보는 것이 가장 합리적이다. 여기에서 6-8절이 제자들에 대한 언급을 하고 있기 때문에, 예수 자신을 위한 기도에 포함시킬 것인지, 아니면 현재의 제자들을 위한 기도에 포함시킬 것인지에 관해 논란이 있을 수 있다. 그러나 6-8절의 내용은 "내게 하라고 주신 일"(4절)의 구체적인 내용을 설명한 것으로서 예수가 자신의 영광을 구하는 근거가 되고 있기 때문에, 예수 자신의 기도에 포함시키는 것이 타당해 보인다. 9절에는 새로운 대상을 위해 기도하는 용어인 "비옵나니"(ερωταω/에로타오)가 등장하고 있기도 하다.

삼등분된 각 단락에 모두 나타나는 공통적인 요소들은 다음과 같다:

	첫 단락 (1-8절)	둘째 단락 (9-19절)	셋째 단락 (20-26절)
간구 및 기도 문구로 시작	1절	9절	20절
영광의 주제	1,4-5절	10절	22절
아버지의 이름을 부름	1,5절	11절	21,24,25절
아버지가 아들에게 준 사람들	2절	9절	24절
예수가 제자들에게 아버지에 대한 계시를 나타냄	6절 (아버지의 이름)	14절 (아버지의 말씀)	26절 (아버지의 이름)

삼등분된 단락 사이에는 부분적으로 공통적인 요소들이 나타나기도 한다:

	첫 단락	둘째 단락	셋째 단락
창세 전 아버지와의 연합	5절		24절
한 일과 할 일의 대조	4-5절	12-13절	
하나 됨의 주제		11절	21-23절
'아버지'를 형용사로 꾸밈		11절 (거룩하신 아버지)	25절 (의로우신 아버지)

① 예수 자신의 영광을 구하는 기도(1-8절)

1-5절은 예수가 자신의 영광을 구하는 기도이다. 예수는 이제까지의 긴 강화를 끝내고 기도로 마치고자 한다. 예수는 하늘을 우러러 간절

하게 기도한다. "눈을 들어 하늘을 우러러" 기도하는 것은 자연스러운 기도의 자세이다(눅 18:13; 막 6:41; 요 11:41 참조). 첫 번째 기도는 이제 "때"가 이르렀기 때문에, 아들을 영화롭게 해 달라는 것이다. 이 "때"는 죽을 때를 말하며, 죽음을 통해서만 영광을 얻게 된다는 것을 암시한다(12:23; 13:1 참조). 영광스럽게 되는 것은 "때"의 개시와 더불어 시작되었지만, 아직 완성되지는 않았다(13:31-32 참조).

1-2절에서 아들이 영광을 받아야 하는 이유는 두 가지로 제시되어 있다.

첫째, 아버지를 영화롭게 하기 위해서이다.

둘째, 아버지께서 아들에게 주신 모든 사람에게 영생을 주게 하려는 것이다.

이 두 가지는 상호 연결되어 있다. 아들이 영광을 받게 되면 아버지와 다시 하나가 될 것이며, 믿는 자들이 영생을 얻게 되면 하나님을 아버지로서 받들어 영화롭게 할 것이다. 예수가 영광을 구하는 것은 자신의 유익을 위한 것이 아니라 아버지와 제자들을 위한 것이다. 언뜻 보면 이미 영광 중에 있으며(1:14) 또한 이전에 영광을 나타내신(2:11; 12:28) 예수께서 다시 영광을 구하는 것이 엉뚱해 보이기도 한다. 그러나 예수의 영광은 그의 죽음과 부활과 승천을 통해서 온전하게 인식될 것이다.

3절은 기도문이 아니라 2절에서 말한 **"영생"**에 대한 해설이다. 이것은 저자가 첨가한 사항이다. 예수께서 기도하며 자신의 이름을 들어 설명하는 것은 자연스럽지 않기 때문이다. 영생은 하나님과 예수 그리스도를 "아는" 것이라고 말한다. "믿다"라는 동사 대신에 "알다"라는 단어를 사용하고 있어서, 영지주의적인 지식으로 구원을 받는다는 주장으로 오해되는 수도 있다. 그러나 여기에서 아는 것은 단지 관념적인 지식을 말하는 것이 아니라, 행동과 삶의 방식에 있어서까지 하나님과 친밀하게 함께 하는 것을 포함한다(히브리어 'ידע/야다' 참조). 하나님은 참되고 유일하신 분이며, 예수 그리스도는 하나님이 보내신 자라고 하는 수식어구가 붙어 있다. 하나님과 예수는 보낸 자와 보냄을 받은 자의 관계로 설정되어 있다.

> 표징의 책(1-12장)에서 15회나 빈번히 언급된 "영생"이란 단어가 영광의 책(13-21장)에서는 2-3절에 2회만 등장한다. 여기에서 "영생"(ζωη αιωνιος/조에 아이오니오스)은 시간적으로 연장되는 생명(everlasting life)이라기보다 질적으로 다른 생명(eternal life)을 가리킨다. 이 생명은 하나님과 예수 그리스도의 관계를 바로 아는 것에 달려 있다. 하나님은 그의 아들이신 예수 그리스도를 통하여 그리고 그의 안에 존재한다. 예수를 믿음으로 유일하고 참되신 하나님을 알게 된다. 그러므로 영생은 예수께서 이 세상에 있게 될 제자들에게 주신 것이다. 예수는 떠나가지만, 제자들은 영생을 선물로 받고 누릴 수 있게 되었다.

영생을 **"아는"**(γινωσκειν/기노스케인) 것과 연결시킨 것은 요한복음의 독특한 면이다. 그러나 무비판적으로 영지주의와 관련시키는 것은 피상적인 이해에 불과하다. 이 지식은 예수의 죽음과 부활이라는 역사적 사실에 근거하고 있기 때문이다. 오히려 우리는 구약에서 영생을 지식과 연결시킨 배경을 찾을 수 있다. 예레미아는 하나님의 언약을 갱신하게 될 때에는 모든 이스라엘 백성이 하나님을 알게 될 것이라고 했다(렘 31:33-34). 하박국은 종말의 때에 하나님의 영광을 인정하는 것이 세상에 가득하게 될 것이라고 했다(2:14). 하나님을 바로 아는 것이 영생인 것이다.

4-5절은 예수와 하나님이 서로를 영화롭게 하는 것에 관해 언급하고 있다. 예수는 하나님이 주신 사명을 이룸으로써 하나님을 영화롭

게 하였다. “이루다”는 ‘텔레이오오’(τελειοω)로서 13:1에 나온 “끝”(τελος/텔로스)과 같은 어근을 가진 단어이다. τελειοω는 예수가 십자가에서 죽는 것을 가리킬 때도 사용된다(19:28). 예수는 이 세상에 보냄을 받은 사명인 죽음을 통해 하나님을 영화롭게 하였다. 예수는 이에 근거하여 하나님께 창세전에 “함께 가졌던”(1:18의 “아버지 품속에 있는 외아들이신 하나님” 참조) 영광을 갖게 해달라고 간구한다. 하나님은 창세전부터 예수를 사랑했기 때문에 그의 영광, 즉 하나님의 영광을 예수에게 줄 것이다(24절 참조). 사랑했기 때문에 죽을 수 있었으며, 죽었기 때문에 영화롭게 될 수 있었던 것이다.

6-8절은 4절에서 언급한 “아버지께서 내게 하라고 주신 일”에 대한 구체적인 설명이다. 예수는 제자들에게 아버지의 이름을 나타내었고, 아버지의 말씀을 주었다. 이에 제자들은 아버지의 말씀을 지켰고, 모든 것이 아버지로부터 왔으며, 또한 예수가 아버지로부터 나온 줄을 알고 아버지의 보냄을 받은 자라는 것을 믿게 되었다.

아버지의 이름을 계시하여 주었다는 명시적인 표현은 요한복음에서 여기에 유일하게 나오는데, 이름은 정체성과 권능(예수께서 “내가 그다”라고 말할 때 사람들이 물러가서 엎드러진 18:5-8 참조)을 가지고 있기 때문에 중요하게 받아들여졌음을 알 수 있다. 하나님의 이름은 아무나 알 수도 없고, 말할 수 없었다. 예수의 이름도 그 자신밖에는 알지 못했는데, “하나님의 말씀”(계 19:12-13)이라고 계시하여 주었다. 하나님의 이름은 “나는 스스로 있는 자”(I am that I am)로 계시되었다(출 3:14; 사 52:6). **요한복음에서 예수는 하나님의 이름인 “I AM”으로 계시된다**(6:20; 8:24,28,58; 13:19; 18:5). 예수는 하나님의 이름을 알려줄 뿐만 아니라, 그 자신이 하나님의 이름을 공유함으로써 신적 정체성을 가지고 있음을 계시하였다. 동시에 예수는 하나님의 보냄을 받은 자(모세와 같은 예언자)로서 아버지에게 철저하게 의존하고 있다는 것을 보여준다. 이와 같은 예수의 말씀을 통해서 제자들은 예수의 정체성에 관해 알고 믿을 수 있었다.

② 현재의 제자들을 위한 기도(9-19절)

9절은 기도의 용어로 해석될 수 있는 '에로타오'(ερωταω) 동사로 시작한다. 예수는 세상을 위하여 기도하지 않고, 아버지께서 그에게 준 제자들을 위해서 기도한다. 여기에서 "세상"(κοσμος/코스모스)은 더 이상 사랑과 구원의 대상이 아니라(3:16 참조), 사탄에게 속하여 하나님을 대적하는 악한 존재로서 정죄의 대상이다(16:8 참조). 예수는 다만 그를 믿는 제자들로 말미암아 영광을 받았다. 10절의 "내 것"과 "아버지의 것"에서 사용된 중성명사("것"; τα)는 '사람들'(9절)을 가리킨다.

예수의 그의 제자들을 위하여 구체적으로 네 가지를 기도한다:

첫째, 예수께서 세상에 계실 때 제자들을 보전하고 지킨 것과 같이(12절), 아버지의 이름으로 **보전**하여 줄 것을 구한다(11절). 멸망의 자식(가룟 유다)이 망한 것은 성경을 응하게 하려는 것이었을 뿐이다. 예수는 세상에서 제자들을 데려가 달라는 것이 아니라, 다만 악에 빠지지 않게 해달라고 기도한다(15절). 제자들은 세상에서 환난을 피할 수 없지만, 악에게 지지 않을 수는 있기 때문이다.

둘째, 하나님과 예수가 하나인 것과 같이 제자들도 **하나(=일치)**가 되게 하여 줄 것을 간구한다(11절). 아버지와 아들은 모든 것을 공유한다(10절). 하나 됨은 대제사장의 기도에서 가장 중요한 주제이다(21-23절). 예수가 떠난 세상에서 제자들은 하나가 되어 위기를 극복해야 하기 때문이다.

셋째, 제자들이 예수의 **기쁨**을 충만하게 가질 수 있도록 기도한다(13절). 예수가 세상에 계시지 않는 부재 상황에서 기뻐할 수 있는 근거는 보혜사 성령이 예수를 대신하여 제자들과 함께 할 것이기 때문이다

(14:28; 16:20-24 참조).

넷째, 제자들을 진리로 **거룩**하게 하여 줄 것을 간구한다(17절). 예수는 스스로 거룩하여졌으며, 이로 인하여 제자들도 거룩하게 될 수 있게 되었다(19절). 제자들은 세상에 속하지 않았기 때문에 거룩하여질 수 있었다(16절). 진리로 거룩하게 된다는 것은 예수의 말씀과 진리의 영이신 보혜사 성령으로 거룩하게 됨을 가리킨다. 예수는 이미 거룩한데도 불구하고 스스로 거룩하게 되어야 하는 이유는 그가 제자들의 죄를 사하기 위해서 희생제물로 드려져야 하기 때문이다(히 9:12-14 참조). 죄를 두고서는 거룩하게 될 수 없고, 거룩하게 되지 않고서는 세상으로 파송될 수가 없다(18-19절).

③ 미래의 제자들을 위한 기도(20-26절)

9절과 마찬가지로 20절에서도 기도를 가리키는 '에로타오'(ερωταω) 동사로 시작한다. 여기에서는 미래의 제자들, 즉 교회를 위해 기도하고 있다. 세상에 먼저 보냄을 받은 제자들이 있었기 때문에(18절), 교회가 세워질 수 있었다. 교회의 "하나"(ἑν/헨) 됨의 목표가 세상으로 하여금 믿게 하고(21절), 알게 하려는(23절) 데 있다는 것은 교회의 선교 사명을 가리킨다. 여기에서 믿는다는 것은 세상이 예수를 영접한다는 의미라기보다는 예수가 하나님이 보내신 자라는 신앙에 도전을 받는다는 의미로 받아들여야 한다. 한편, 이곳에는 "아버지여"가 세 번(21,24,25절)이나 사용되고 있어서 기도의 간절함을 나타낸다. 특히 25절의 "의로우신 아버지여"는 "거룩하신 아버지여"(11절)와 함께 세상에 속하지 않은 거룩한 구별됨이 아버지 및 예수와 하나 됨에 있어서 가장 중요한 요소임을 보여준다.

예수가 미래의 제자들을 위해 빈 기도는 크게 두 가지다.

첫째, 아버지와 아들이 하나가 된 것 같이, 교회도 **하나(=일치)**가 되게 하여 달라는 것이다(20-23절). 하나 됨의 주제는 앞의 11절에서 언급이 되었지만, 미래의 제자들에게 말하는 이곳에서 매우 뚜렷하게 부각된다. 21-23절에서 하나 됨은 네 번이나 언급되며 강조되고 있다. 교회가 하나님과 예수 안에서 하나가 되면, 세상은 아버지께서 아들을 보내신 것을 믿게 되며(21절), 하나님이 교회를 사랑함을 알게 될 것이다(23절). 하나 됨은 아버지와 아들의 하나 됨을 모델로 하고 있다. 그렇다면 하나 됨의 실체는 무엇인가? 교회 조직에서 하나가 되어야 한다는 것인가(초교파)? 다툼 없는 연합 활동을 말하는가? 공통의 선교 목표인가? 성만찬적 신비를 말하는가? 하나님과의 신비주의적 합일인가? 공통적인 신조인가? 아버지와 아들의 하나 됨은 이 모든 것을 뛰어넘는 사랑의 연합을 가리킨다(23,26절). 사랑의 연합은 수직적으로 하나님과의 연합과 수평적으로 다른 신자들과의 연합을 포함한다. 이 연합은 세상이 믿음을 갖도록 도전하는 결과를 낳을 만큼 강력하기 때문에 단순한 영적 연합을 넘어서는 것이다.

둘째, 제자들이 예수와 **함께 있게** 해달라는 것이다(24-26절). 미래의 제자들은 예수와 천국에서 함께 있게 됨으로써 예수의 영광을 보게 해 달라고 기도한다(24절). 그 결과 제자들은 예수가 하나님께로부터 보냄을 받은 것을 알게 되며(25절), 하나님의 사랑이 그들 안에 있고 예수가 그들 안에 있게 될 것이다(26절).

24절에서 예수의 영광을 보기를 "원한다"(θελω/쎌로)는 것은 유언적인 의미를 담고 있어서, 고별강화를 예수의 유언으로 보게 한다. 예수의 영광은 무엇을 말하는가? 그것은 죽음을 통해 얻은 영광으로서, 제자들은 예수의 부활 이후에 그의 영광을 분명하게 보게 되었지만, 그들이 죽은 후에 예수가 있는 곳에 있게 되면 명명백백하게 그의 영광을 보게 될 것이다. 같은 요한학파의 저작인 요한일서에서는 하나님을 있는 그대로 보게 될 것이라고 말한 것에 비해(요일 3:2), 요한복음에서는 하나님이 예수에게 준 영광을 보게 될 것이라고 말한다.

25절에서 하나님은 "의로우신" 분으로 나타난다. 그것은 심판의 이미지인데, 의로우신 하나님 앞에 아버지를 알지 못하는 세상과 아버지께서 보내신 예수를 안 제자들이 대조되고 있다.

26절에서 예수가 미래의 제자들에게 아버지의 이름을 알게 하였다는 것은 시간적으로 맞지 않지만, 그의 제자들을 통하여 이루어질 것을 미래적 완료의 의미로 말한 것이다. 또 아버지의 이름을 알게 할 것이라는 미래 시제는 분명히 보혜사 성령의 사역을 가리킨다. 마지막으로, 아버지의 이름을 알게 된 것은 하나님의 사랑이 제자들 가운데 있고, 예수도 그들 안에 있게 하려는 것이다. 하나님의 사랑과 예수의 임재는 분리되지 않는다. 제자들 안에 있는(indwelling) 하나님의 사랑과 예수의 임재는 보혜사 성령의 역할로 가능해진 것이다. 고별강화의 시작(13:34)과 끝(17:26)은 각각 **사랑의 새 계명**과 **사랑의 내주**(indwelling)로 연결되고 있다. 시내산에서 나타났던 하나님의 영광(출 24:16)은 제자들에게 나타날 것이다(17:24). 회막/성막 가운데 하나님이 임재하여 그의 이름을 알게 하였던 것처럼(출 29:45-46), 이제 아버지를 알았던 예수가 하나님의 이름을 그의 제자들에게 알게 할 것이다. 예수는 그의 죽음 이후 아버지의 이름을 알게(=믿게) 된 그의 제자들 안에 내주할 것이라고 약속함으로써 고별강화를 마무리한다.

2. 수난 이야기(18:1-19:42)

요한복음과 공관복음서 간의 공통점이 가장 많이 나타나는 곳이 바로 수난 이야기이다. 예수의 체포, 심문, 베드로의 부인, 십자가 처형, 장례는 공통적인 요소로서 모든 복음서에 나온다. 그러나 요한복음은 공관복음서에 없는 수난 이야기의 전승을 포함하고 있기 때문에, 공관복음서와 어떤 문학적 의존관계가 있는지에 관해서 다양한 견해가 개진되었다. 공관복음서 중 마가복음과 마태복음은 서로 가장 비슷하고, 요한복음은 마가복음을 기본으로 하면서 누가복음과도 유사성을 보이지만, 독자적인 구성을 보이고 있다. 네 복음서 사이의 공통점과 차이점은 다음과 같다:

마가복음	마태복음	누가복음	요한복음
감람산으로 감	감람산으로 감	감람산으로 감	기드론 시내 건너편 동산
베드로의 부인예고	베드로의 부인예고	(부인예고는 성만찬 석상)	(부인예고는 최후의 만찬석상)
겟세마네 기도	겟세마네 기도	감람산 기도	
체포	체포	체포	로마군대 지원
대제사장의 종의 귀를 벰	대제사장의 종의 귀를 벰	칼로 벤 종의 귀를 치유	대제사장의 종 말고의 귀를 벰
청년이 벗은 몸으로 도망			
밤에 산헤드린 심문	밤에 산헤드린 (가야바)심문	밤에 대제사장의 집	밤에 안나스 심문

마가복음	마태복음	누가복음	요한복음
베드로의 세 번 부인	베드로의 세 번 부인	베드로의 세 번 부인	베드로의 첫번째 부인과 두번째/세번째 부인 사이에 안나스 심문 삽입됨
새벽에 산헤드린 모임	새벽에 산헤드린 모임	새벽에 산헤드린 심문	가야바가 새벽에 빌라도에게 인도
	가룟 유다의 자살		
빌라도 심문	빌라도 심문	빌라도 심문	빌라도 심문 (드라마틱한 구성)
대제사장과 서기관의 고발	대제사장과 서기관의고발	무리의 고발	유대인들의 고발
"네가 유대인의 왕이냐?"	"네가 유대인의 왕이냐?"	"네가 유대인의 왕이냐?"	"네가 유대인의 왕이냐?"
		헤롯의 심문	
바라바를 대신 방면	바라바를 대신 방면	민란과 살인한 자(바라바)를 방면	바라바를 대신 방면
오전 9시에 십자가에 못 박힘			
로마 군인들의 희롱	로마 군인들의 희롱	로마 군인들의 희롱	로마 군인들의 희롱
구레네 시몬	구레네 시몬	구레네 시몬	
			"내가 목마르다"
몰약을 탄 포도주	쓸개 탄 포도주		
옷을 제비뽑음	옷을 제비뽑음	옷을 제비뽑음	옷을 제비뽑음

마가복음	마태복음	누가복음	요한복음
유대인의 왕이라는 죄패	유대인의 왕이라는 죄패	유대인의 왕이라는 죄패	유대인의 왕이라는 죄패
		"저들의 죄를 사하소서"	
			마리아와 사랑하는 제자에게 각각 아들과 어머니로 부탁
두 강도	두 강도	두 강도("나와 함께 낙원에 있으리라")	
행인들의 희롱	행인들의 희롱	행인들은 구경	
대제사장과 서기관의 희롱	대제사장과 서기관의 희롱	관리들의 희롱	
12시-3시까지 어둠	12시-3시까지 어둠	12시-3시까지 어둠	
"엘리 엘리 라마 사박다니"	"엘리 엘리 라마 사박다니"		
		"내 영혼을 아버지 손에 부탁하나이다"	
해면에 신 포도주, 갈대	해면에 신 포도주, 갈대	신포도주	해면에 신 포도주, 우슬초
오후 3시에 운명	오후 3시에 운명	오후 3시에 운명	
			"다 이루었다"
			다리를 꺾지 않음
			물과 피가 나옴

마가복음	마태복음	누가복음	요한복음
성전 휘장이 찢어짐	성전 휘장이 찢어짐		
	땅이 진동하고 바위가 터짐		
	무덤이 열리고 성도들이 일어남		
하나님의 아들로 백부장 고백	하나님의 아들로 백부장 고백	의인이라고 백부장 고백	본 자의 참된 증언
멀리서 세 여인이 바라봄	멀리서 세 여인이 바라봄	멀리서 여인들이 바라봄	
아리마대 요셉	아리마대 요셉	아리마대 요셉	아리마대 요셉
			니고데모
백부장에게 확인 후 시신 내줌			
세마포로 싸 바위 무덤 안치	세마포로 싸 바위 무덤 안치	세마포로 싸 바위 무덤 안치	세마포로 싸 바위 무덤 안치
두 마리아가 예수 둔 곳을 봄	두 마리아가 무덤을 향하여 앉음	여자들이 무덤과 시신을 확인	

공관복음서에는 공통적으로 나타나지만 요한복음에는 나오지 않는 **차이점**은 다음과 같다: 겟세마네의 기도, 가룟 유다의 입맞춤, 구레네 시몬, 행인들의 희롱, 대제사장과 서기관의 희롱, 군인들의 신 포도주, 두 강도, 12-3시까지 어둠, "엘리 엘리 라마 사박다니", 오후 3시 운명, 성전 휘장이 찢어짐, 여인들이 멀리서 바라봄, 여인들의 무덤 확인 등.

공관복음서에는 나오지 않지만 요한복음에만 나오는 **독특한 요소**들도 있다: 체포할 때 로마 군대의 지원, 안나스의 심문, 극적인 빌라도의 심문 구성, "내가 목마르다," 마리아와 사랑하는 제자에게 각각 "당신의 아들"과 "네 어머니"로 삼을 것을 부탁, "다 이루었다," 성경을 이루기 위해 다리를 꺾지 않음, 창으로 찌를 때 물과 피가 나옴, 장례 시 니고데모의 역할 등. 이러한 점들을 감안할 때, 요한복음은 공관복음서 전승과 공통적인 요소들을 공유하면서도 '독자적인 전승'을 가지고 있었거나 신학적 의미를 드러내기 위해 '독자적인 구성'을 하였다고 볼 수 있다.

요한복음의 수난 이야기를 이해하는 데 있어서 또 하나의 문제는 예수의 죽음에 누가 얼마나 영향을 끼쳤는가에 관한 것이다. 예수의 죽음에 로마(빌라도)와 유대교(산헤드린)의 역할이 어떠했는지에 관해서 다양한 견해가 제시되었다. 크게 네 가지 견해가 있다: 유대교의 주된 책임; 로마의 주된 책임; 유대교와 로마의 반반책임; 유대교의 미미한 책임.
이러한 견해들은 산헤드린이 밤에 모여 심문 절차를 진행한 것이 맞는지, 사형 언도와 집행이 로마 총독의 고유한 권한인지 여부에 따라 다양하게 제시될 수 있다.

첫째, **유대교에 주된 책임이 있다는 견해.** 유대교 지도자들은 예수를 적대시하였기 때문에 빌라도를 부추겨 예수를 십자가형에 처하는데 주도적인 역할을 했다고 본다. 유대교 지도자들은 예수가 메시아라고 주장하였고, 율법을 어기고 신성모독을 하였으며, 성전을 모독하고 군중을 선동하였다고 보았다. 그래서 빌라도를 압박하여 사형 언도를 내리게 했다는 것이다. 사형 언도와 집행은 원래 로마 총독의 권한이었지만, 실질적으로는 유대교 지도자들이 이스라엘 백성에게 영향력을 행사하고 있었기 때문에 빌라도로서도 그들의 말을 따르지 않을 수 없었다는 것이다. 유대교 지도자들은 종교적인 이유(19:7에서 예수가 "하나님의 아들"이라고 주장했다고 말함으로써)로 예수를 궁지로 몰려고 했지만 여의치 않자 정치적인 협박(19:12에서 예수를 놓으려고 하는 빌라도에게 "가이사의 충신이 아니다"라고 말함으로써)을 가하기도 했다.

둘째, **로마에 주된 책임이 있다는 견해.** 황제 직속주를 다스리던 로마 총독 빌라도의 최대 관심은 정치적인 안정을 유지하는 것이었기 때문에, 순례객들이 많이 모이는 유월절 같은 절기에는 긴장을 늦출 수 없었다. 그 당시에는 혁명적인 행동을 하던 열심당 같은 무리가 있었고, 이들을 선동하는 거짓 메시아들이 출현하고 있었다(행 5:36-37 참조). 예수의 제자들 가운데 열심당 출신이 포함되어 있었고, 예수는 가장 혁명적인 성향을 지닌 갈릴리 출신이었기 때문에, 로마 당국이 예수와 그를 따르는 무리를 주목하고 있었다고 본다. 유대교 지도자들이 실제로 힘을 가지지 못했거나 발휘하지 못했다는 입장을 보여준다. 유대교 지도자들이 종교적인 문제에 있어서 백성에게 막대한 영향력을 가지고 있었다고는 하지만, 법적이고 정치적인 구속력을 가진 행위는 로마 총독의 고유 권한이었다. 산헤드린 회원 가운데 대제사장과 일부 사두개인들이 예수의 체포와 심문에 관여하였고, 종교적 산헤드린보다는 정치적 산헤드린만이 이에 동조하였다고 본다. 또한 산헤드린은 유월절이나 유월절 전야에 야간 심문을 할 수 없다는 미쉬나 규정이 있었기 때문에, 공식적인 산헤드린 심문으로 볼 수도 없다고 말한다. 그렇다면 산헤드린 회원 모두가 예수의 죽음에 책임이 있다고 말하는 것은 무리가 있다. 니고데모(요 7:50-51)나 아리마대 요셉(눅 23:50-53), 그리고 가말리엘(행 5:33-39)은 온건한 입장을 가졌던 것으로 보이기 때문이다.

셋째, **유대교와 로마에 반반 책임이 있다는 견해.** 유대교 지도자들은 예수를 제거해야 할 종교적 이유가 있었고 빌라도는 예수를 제거해야 할 정치적 이유가 있었기 때문에, 서로 협력하였다고 본다. 십자가 처형에 관한 권한이 없는 유대교 지도자들은 빌라도의 권한이 필요했고, 빌라도는 잠재적인 불안의 근원이 되는 예수를 제거하는 데 빌미를 제공해 줄 유대교 지도자들이 필요했다.

넷째, **유대교에 책임이 없거나 미미하다는 견해**. 요한복음의 기록은 역사적 신빙성이 없고, 로마의 책임을 변호하려는 의도에서 사실을 왜곡시켰다고 한다. 이러한 견해는 서구의 반유대적인 조류에 대항하여 유대교를 지키려고 하는 움직임 속에서 부상하였다. 그러나 이러한 입장은 성경과 유대 역사가들의 기록을 볼 때 유지되기 어렵다.

요한복음은 로마(빌라도)의 책임보다는 유대교(산헤드린)의 책임이 더 큰 것으로 기록하고 있다. 요 18:28–19:16에 보면, 빌라도는 어떻게 해서든지 예수를 방면하고자 나름 노력하고 있다. 이는 공관복음서도 비슷한 입장이다(마 27:19,24–25; 막 15:6–15; 눅 23:4,14,22). 요한복음은 빌라도의 이러한 입장을 극적인 구성을 통해 더욱 돋보이게 만들고 있다.

2.1. 체포(18:1–12)

긴 고별강화를 끝내고 예수는 제자들과 함께 **기드론 시내 건너편**(감람산)으로 가셨다. 이러한 1절의 설명은 14:31에서 "일어나라. 여기를 떠나자."라고 하신 말씀을 이어받고 있는 것처럼 보인다. 예수가 기드론 시내를 건너간 것은 다윗이 압살롬을 피해 기드론 시내를 건너간 것을 연상시킨다(삼하 15:14,23). 이는 예수가 다윗과 같은 왕의 모습으로 그려지고 있음을 보여주는 것이다. 기드론 시내 건너편에는 **"동산"**(κηπος/케포스)이 있었다. 여기에서 "동산"(garden)을 언급한 것은 에덴동산과의 조합을 통해 예수가 사탄(가룟 유다는 하수인)과 최후의 투쟁을 벌이게 될 것임을 암시한다. 마가복음과 마태복음은 이 동산이 겟세마네라 하는 곳이라고 언급한다. "겟세마네"는 감람 골짜기(oil valley)나 올리브기름을 짜는 곳(oil press)이라는 뜻을 가지고 있는데, 이는 겟세마네가 감람산 기슭에 있는 동산임을 말해준다. 누가복음에는 겟세마네라는 이름은 나오지 않지만, 예수가 기도할 때 고뇌(agony)라는 단어가 사용되고 있다(눅 22:44). 겟세마네는 고뇌의 동산으로 묘사된다. 그러나 요한복음에는 고뇌하는 장면이 나오지 않는다. 이는 이미 영광을 받으신(12:28) 예수가 죽음을 앞두고 고뇌하는 모습이 어울리지 않다고 생각했거나, 겟세마네 동산에서 고뇌하며 기도한 내용에 대해 알지 못했기(세 제자는 잠자고 있었음) 때문이었던 것 같다. 이를 나중에 알게 되어 고뇌하며 기도하는 내용을 삽입하고 있지만(12:27), 정작 체포를 앞두고 고뇌하며 기도하는 장면은 나오지 않는다.

공관복음서는 예수가 예루살렘에 입성한 후, 성전을 정화하고 유대 지도자들과 논쟁을 벌이며 종말강화와 성만찬 제정 기사를 싣고 있는 데 비해, 요한복음은 예수가 이미 6개월 전 초막절에 예루살렘에 올라가 있었기 때문에(7:10) 공관복음서와 다른 내용이 많이 기록되어 있다. 성전 정화 사건은 복음서 첫머리로 옮겨가고, 종말강화와 성만찬 제정 기사는 세족식과 고별강화로 대치되고 있다.

예수는 제자들과 감람산(공관복음서의 표현대로)에 가끔 가곤 했기 때문에, 가룟 유다가 그것을 알고 사람들의 눈을 피해 밤에 예수를 체포하러 왔다. 가룟 유다는 **"로마 군대"**(σπειρα/스페이라)와 성전 경비대를 대동하고 나타났다. 성전 경비대는 대제사장들과 바리새인들이 보낸 자들이었다. 대제사장이 복수로 기록된 것은 당시 가야바가 대제사장이었지만, 이전에 대제사장이었던 안나스 등도 생존해 있었기 때문이다(행 4:6 참조). 요한복음은 성전 경비대 중 "아랫사람들"(ὑπηρεται/후페레타이)이 온 것으로 되어 있지만, 누가복음은 22:52에서 성전의

"경비대장들"(στρατηγοι/스트라테고이)을 언급하고 있다. 원래 성전 경비대는 사두개인들의 관할인데, 여기에 공관복음서와 달리 바리새인이 등장하는 것은 의외이다. 이것은 산헤드린의 주요 구성원인 바리새인들이 예수를 체포하는 데 있어서 사두개인들과 원활하게 협력하고 있었음을 보여준다. 공관복음서와 달리 요한복음은 로마 군대가 체포대에 합류하고 있었음을 명기한다. 빌라도로서는 소동이 일어날 개연성이 높은 상황에서 미리 대비하는 것이 현명하다고 판단하였을 것이다. 빌라도가 예수를 심문하는 장면에서 예수를 석방시키기 위해 우호적인 입장을 보였던 것과 달리, 로마 군대를 보내 예수를 체포하게 했다는 것은 상반되는 내용이다. 로마 군대의 존재가 로마(빌라도)의 책임을 말하는 것이 사실이라고 한다면, 빌라도의 심문은 신학적 의미를 더하기 위한 극적인 구성으로 볼 수 있을 것이다.

요한복음은 유일하게 체포대가 **'등과 횃불'**을 가지고 왔다고 기록하고 있다. 유월절은 보름달이 뜰 때라서 등과 횃불이 필요하지 않을 수도 있었을 것이다. 그러나 감람나무가 우거져 어두운 그늘에 숨을 수도 있었기 때문에 만반의 준비를 하고 온 듯하다. 또한 체포대가 '밤'에 온 것은 소동이 일어날 것을 우려했기 때문인 동시에, 그들이 악의 세력임을 나타내려는 의도가 있었던 것 같다. 체포대를 인도한 가룟 유다는 사탄의 도구가 되어 밤에 속한 자였다고 언급된 바 있다(13:27,30). 그는 어둠 속으로 사라졌다가 어둠 속에서 나타났다. 체포대는 '무기'(ὁπλον/호플론)를 가지고 왔다. 공관복음서는 마치 예수를 강도(열심당과 같은 혁명주의자)처럼 생각하여 구체적으로 칼과 '몽치'(ξυλον/크술론)를 가지고 잡으러 왔다고 기록하고 있다. 로마 군인은 '칼'(μαχαιρα/마카이라)를 소지했고, 성전 경비대는 몽치(club)를 휴대했기 때문에, 공관복음서도 로마 군대와 성전 경비대가 다같이(온 세계?) 온 것을 암시한다. 요한복음은 두 집단을 구체적으로 적시한 반면, 그들이 소지한 무기에 대해서는 뭉뚱그려 말하고 있다.

예수는 수난 장면(체포, 심문, 십자가 처형, 죽음, 장례)에서 피해자와 같이 소극적으로 임하지 않고 왕처럼 당당하게 행동하거나 예우를 받고 있다. 이런 맥락에서 볼 때, 예수는 체포를 당하는 상황에서도 **주도적으로 행동**하고 있음을 보여준다.

첫째, 예수는 그가 당할 일을 다 "아셨다"(4절). 예수의 예지력은 그가 신적 능력을 가지고 있었음을 보여준다(6:6; 13:1 참조). 미리 알고 있었기 때문에, 당황하거나 놀라지 않았다.

둘째, 체포대 앞으로 "나아가" 누구를 찾느냐고 물었다(4절). 그는 숨거나 피하지 않고, 제자들 앞에서 책임지는 모습을 보였다. "너희가 누구를 찾느냐?"(Τινα ζετειτε;/티나 제테이테?)라고 질문한 것은 요한의 제자들이 예수를 찾아왔을 때 "너희가 무엇을 구하느냐?"(Τι ζετειτε;/티 제테이테?)라고 질문한 내용을 상기시킨다. 첫 제자들이 생명을 구하였다면, 유다를 비롯한 체포대는 예수의 죽음을 구하고 있다. 예수는 생명과 죽음을 모두 내어준다. 한 번은 십자가의 죽음으로 생명을 기꺼이 내어놓으며, 또 한 번은 세상과 타협하지 않고 죽음을 주저 없이 선택하고 있다.

셋째, 체포대가 나사렛 예수를 찾는다는 대답에 대해 "내가 그니라"(Εγω Ειμι/에고 에이미)라고 말하며 정체를 밝히자, 체포대는 마치 그를 경배하듯이 "물러가서 땅에 엎드러졌다"(6절). Εγω Ειμι는 예수가 하나님의 이름을 가지고 행동하였으며, 그 이름에 능력이 있었음을 보여준다. 요한복음은 적대자들이 예수에게 함부로 손을 대지 못했다는 것을 여러 차례 언급한다(7:30,44; 8:20,59; 10:39; 12:36).

넷째, 제자들의 안전을 선제적으로 확보하였다(8절). 환난 중에서 제자들을 보호하고자 하는 스승의 깊은 마음을 헤아리게 된다. 이로써 하나님께서 주신 자들 중 하나도 잃지 않으리라는 성경 말씀이 응하게 되었다.

다섯째, 폭력으로 확산될 수 있는 계기를 만들지 않았다(11절). 충동적인 성격의 베드로가 대제사장의 종인 말고(베드로와 말고의 이름은 요한복음에만 명시됨)의 오른쪽(누가와 요한만 언급) 귀를 칼로 베어버렸을 때, 베드로의 태도를 책망하고 있다(누가복음에는 칼로 베인 귀를 치유한 내용도 나온다). 원래 칼은 열심당원이 소지하고 다녔었기 때문에, 베드로도 그런 집단에 속한 것으로 간주되기도 한다. 그러나 예수는 폭력을 지지하지 않았으며, 십자가의 죽음(12절의 "잔" 참조)으로 사명을 완수하려는 그의 의지가 왜곡되는 것을 원하지 않았다.

이러한 예수의 주도적 움직임으로 볼 때, 그가 허락하지 않고서는 체포하기가 어려웠던 것으로 보인다(10:18; 19:11 참조). 가룟 유다로 하여금 자신을 배반하라고 허락한(13:27) 예수가 이제는 그를 체포하도록 허락한다. 예수가 허락하자, 로마 군대와 천부장과 성전 경비대("아랫사람들")가 예수를 붙잡아 결박하였다. "천부장"(χιλιαρχος/킬리아르코스)은 600명의 '부대'(σπειρα/스페이라; cohort)를 지휘하는 지휘관을 말하는데, 그렇게 많은 군인들이 체포대로 온 것은 아닐 것이기 때문에 과장된 듯하다. 그는 10명 남짓의 부대를 지휘하는 '데쿠리오'(decurio)이었을 가능성이 높다. 그러나 천부장이 핵심 체포조를 이끌고 왔을 가능성을 완전히 배제할 수는 없다. 체포대는 예수의 허락 하에 목표를 달성한다.

2.2. 베드로의 부인과 안나스의 심문(18:13-27)

체포대는 예수를 먼저 **안나스**에게 데려간다. 체포대가 로마 당국이 아니라 안나스에게 예수를 데려갔다는 것은 둘의 협력관계를 짐작하게 한다. 공관복음서는 로마 군대에 대한 언급이 없기 때문에 대제사장에게 데려가 심문을 받게 한 것이 자연스럽게 느껴진다. 마태복음만이 심문한 대제사장이 가야바였다고 밝힌다(26:57). 마가복음과 누가복음은 그냥 대제사장이라고만 말한다. 대제사장들은 협의체처럼 활동하였던 것으로 보이기 때문에(행 4:6 참조), 심문의 주체가 누구였는지 밝히는 것이 그렇게 중요한 것이 아닐 수 있다. 마태는 그 당시의 대제사장이 가야바였기 때문에 정확성을 기하려고 한 것으로 보인다.

안나스는 당시의 대제사장이었던 가야바의 장인이었다. 가야바가 유대인들에게 "한 사람이 백성을 위하여 죽는 것이 유익하다"라고 권고했다는 내용(11:50)은 나중에 편집자에 의해 삽입된 설명으로 보인다. 안나스는 자신도 대제사장을 지냈을 뿐만 아니라 사위 가야바와 자신의 다섯 아들들을 대제사장으로 세워 세습시킨 실권자였다. 그래서 안나스가 가야바를 대신하여 예수를 심문한 것 같다. 안나스의 본격적인 심문은 베드로의 부인 장면 후 19-23절에 기록되어 있다.

안나스의 심문은 베드로의 부인 장면과 대조되어 있다. 베드로의 부인 장면은 공관복음서와 달리 안나스의 심문 장면에 의해 두 부분으로 나뉘어져 있다. 안나스는 유대교를 대표하는 자(대제사장)로서 집 안에서 예수를 심문하고 있는데, 베드로는 제자들을 대표하는 자로서 집 밖에서 예수를 부인하고 있다(**'안'과 '밖'의 대조**). 베드로의 일차 부인 장면을 먼저 살펴보기로 한다. 15절에서 시몬 베드로와 다른 제자 한 사람이 예수가 심문을 받는 장소까지 따라올 만큼 예수를 사랑하였음을 보여준다. "다른 제자"(ό αλλος μαθητης/호 알로스 마쎄테스)는 예수께서 "사랑한 제자"(ό μαθητης τον ηγαπα/호 마쎄테스 톤 에가파)임이 분명하다. 베드로와 예수께서 사랑한 제자는 라이벌 관계를 보여주면서 자주 같이 등장한다(13:23-26; 20:2-10; 21:7,20-23 참조). 이 제자는 대제사장과 친척지간이었기 때문에 대제사장의 집 "뜰"(αυλη/아울레)로 곧바로 들어갈 수 있었다. 그러나 아무런 연고가 없는 베드로는 집 안으로 들어가지 못하고 문 밖에 서 있을 수밖에 없었다(공관복음서는 이러한 어려움에 대해 언급하지 않는다). 그래서 그 제자가 문을 지키는 여종에게 말하고 나서야 베드로를 데리고 들어갈 수 있었다. 사랑하시는 제자는 안뜰까지 들어갈 수 있었던 반면에, 베드로는 아랫뜰에 머물렀던 것으로 보인다(막 14:66). 문을 지키는 여종이 베드로에게 "너도 이 사람의 제자 중 하나가 아니냐?"고 질문하자, 베드로는 너무나도 쉽게 아니라고 부인한다. 여종의 질문은 부정적인 대답을 예상하게 하는 부정어 '메'(μη)로 시작하고 있다. 대제사장의 친척이 아는 사람이기 때문에 베드로가 예수의 제자가 아니라고 생각한 듯하다. 베드로는 "나는 아니다"(Ουκ ειμι/우크 에이미)라고 대답하고 있는데, 이는 예수가 "Εγω Ειμι/에고 에이미"(5,6,8절)라고 대답한 것과 대조된다. 예수는 그의 정체를 분명히 밝히고 있는데, 베드로는 그의 제자가 아니라고 명백하게 부인하고 있다. 베드로는 두려움을 느끼고 있다. 그런 다음에 아무 일 없는 듯이 종들 및 "아랫사람들"(성전 경비대)과 함께 추위를 피하기 위해 불을 쬐고 있다. 봄철에 예루살렘의 밤은 추위를 느끼게 했다. 그런데 요한복음은 유일하게 "숯불"(ανθρακια/안쓰라키아)을 피웠다고 말한다(18절). 숯불은 베드로를 회복시키는 장면에서도 등장한다(21:9). 숯불은 나무를 태운 후에 두 번째 사용하는 것이기 때문에 상징성을 가지고 있는 듯이 보인다. 여기에서 숯불은 베드로의 부인을 확인해 주는 증거가 되고 있다. 함께 불을 쬐고 있던 종들과 아랫사람들은 스승인 예수를 체포할 때 왔던 사람들인 것 같은데, 베드로가 그들 틈에 끼어 불을 쬐고 있다는 것은 그의 대담한 성격을 말함인가? 아니면 짐짓 자신의 정체를 속일 수 있다고 본 어리석음인가? 어쨌든 베드로는 예수를 부인한 것을 심각하게 생각하지 않고 있다.

베드로와 함께 등장한 예수의 사랑하시는 제자가 누구인지에 대해서도 여러 가지 추측이 제기되었다. 어떻게 대제사장의 친척이 예수의 제자가 될 수 있었을까? 만약 그가 예수의 제자임이 알려졌다면, 어떻게 대제사장의 집에 무사통과할 수 있었을까? 오래된 전통에서 전해 내려온 것처럼, 사랑하시는 제자가 세베대의 아들 요한이라면, 어떻게 갈릴리 촌놈이 예루살렘의 권력자의 친척이 될 수 있었을까? 이러한 문제로 인하여 사랑하시는 제자는 예루살렘에 거주하면서 예수의 제자임이 알려지지 않은 니고데모로 추정하기도 한다. 그러나 이는 순전히 추정에 불과하다.

안나스의 본격적인 심문이 19절에서 시작되고 있다. 안나스가 예수에게 그의 제자들과 그의 교훈에 대해 물었다. 예수와 그에 속한 무리에 대해 의구심을 드러내고 있다. 예수가 말한 교훈이 비밀스러운 것이거나 체제 전복적인 것이라고 생각하고 있었을지 모른다. 예수는 이에 대해 그가 유대인들이 모이는 회당(6:59)과 성전(2:14; 7:14,28; 8:20; 10:23)에서 항상 **"공개적으로"**(παρρησια/파레시아) 가르쳤으며(사 45:19 참조), 불온한 것을 가르친 것이 아니었다고 당당하게 대답한다. 예수는 당시 심문 시 요청되는 겸손한 태도 대신에 증인을 내세운 정식 재판을 요구하고 있다(21절). 이러한 태도는 요한복음에서 보여주는 예수의 당당한 모습과 통한다. 예수는 드러내 놓고(παρρησια) 말했지만(7:26), 유대인들은 숨기지 않고 정체를 드러내라고(παρρησια) 요구하였다(10:24). 그러나 그의 정체가 드러나게 되자, 드러내 놓고(παρρησια) 유대 땅을 다닐 수 없게 되었다(11:54). 예수의 거침없는 대답에 대해 하위 계급에 속한 군인이 대제사장에게 어떻게 이렇게 당당한 태도로 말할 수 있느냐고 말하면서(출 22:28 참조; 행 23:4-5와 비교) 손으로 얼굴을 쳤다. 손으로 얼굴을 치는 행위는 다른 신체적인 상해보다 더 모욕적인 행위였다. 이에 대해 예수는 잘못한 말이 있으면 증언해 보라고 지적한다(8:46 참조). 공관복음서와 달리, 예수의 이와 같은 반응은 악한 세력에 굴하지 않고 맞서는 모습을 통하여 사탄의 지배를 거부하는 신학적 의미를 담고 있다. 사실 예수는 드러내 놓고 말했지만, 그 내용은 알기 어려운 것들이 많았다. 보혜사 성령의 가르침이 없으면 그 뜻을 밝히 알 수 없었기 때문에, 예수를 대하는 유대인들은 혼란에 빠질 수밖에 없었을 것이다.

예수가 안나스(가야바)와 빌라도에게 심문을 받으면서 당한 수난은 네 복음서에 자세하게 기록되어 있다. 때로는 대제사장과 산헤드린에 의해서, 때로는 헤롯에 의해서, 때로는 빌라도(군인들)에 의해서, 때로는 행인들이나 함께 못 박힌 강도들에 의해서 행해졌다. 이를 표로 제시해 보면 다음과 같다:

마태복음	마가복음	누가복음	요한복음
산헤드린, 거짓 증인들을 내세움(26:60)	산헤드린, 거짓 증인들을 내세움(14:56)		
산헤드린, 얼굴에 침을 뱉고 주먹으로 치고 손바닥으로 때림(26:67)	산헤드린, 침을 뱉고 얼굴을 가리고 주먹으로 치고 손바닥으로 침(14:65)	군인들, 희롱하고 때림(22:63)	한 군인, 손으로 침(18:22); 손으로 때림(19:3)

마태복음	마가복음	누가복음	요한복음
선지자 노릇 하라고 조롱(26:68)	선지자 노릇하라고 조롱(14:65)	눈을 가리고 선지자 노릇하라고 조롱(22:64)	
		많은 말로 욕함(22:65)	
쓸개 탄 포도주를 마시게 함(27:34)	몰약을 탄 포도주를 줌(15:23)		
빌라도(군인), 채찍질 함(27:26)	군인들, 채찍질 함(15:15)	때려서 놓겠다고 함(23:16,22)	빌라도, 채찍으로 침(19:1)
옷을 벗기고 홍포를 입힘(27:28)	자색 옷을 입힘(15:17)	헤롯과 군인들, 희롱하고 빛난 옷을 입혀 빌라도에게 보냄(23:11)	자색 옷을 입힘(19:2)
가시관을 씌움(27:29)	가시관을 씌움(15:17)		군인들, 가시관을 씌움(19:2)
갈대로 머리를 침(27:30)	갈대로 머리를 침(15:19)		
갈대를 손에 들리고 "유대인의 왕이여, 평안할지어다" 라고 조롱(27:29)	경례하며 "유대인의 왕이여, 평안할지어다" 라고 조롱(15:18)	유대인의 왕이면 자신을 구원하라고 조롱(23:37)	"유대인의 왕이여, 평안할지어다" 라고 조롱(19:3)
침뱉음(27:30)	침을 뱉음(15:19)	관리들, 자신을 구원하라고 조롱(23:35)	
	꿇어 절하며 조롱(15:19)	군인들, 희롱(23:36)	

마태복음	마가복음	누가복음	요한복음
옷을 제비뽑아 나눔(27:35)	옷을 제비뽑아 나눔(15:24)	옷을 제비뽑음(23:34)	옷을 제비뽑아 나눔(19:23-24)
죄패 : 유대인의 왕 예수(27:37)	죄패 : 유대인의 왕(15:26)	죄패: 유대인의 왕(23:38)	죄패 : 나사렛 예수 유대인의 왕(19:19)
해면에 신포도주를 적시어 갈대에 꿰어 마시게 함(27:48)	해면에 신포도주를 적시어 갈대에 꿰어 마시게 함(15:36)	신포도주를 줌(23:46)	해면에 신포도주를 적시어 우슬초에 매어 줌(19:29)
행인들, 머리를 흔들며 모욕(27:39), "십자가에서 내려오라"(27:40)	행인들, 머리를 흔들며 모욕(15:29), "십자가에서 내려오라"(15:30)		
대제사장들/서기관들/장로들, 희롱(27:41), "십자가에서 내려오라"(27:42)	대제사장들/서기관들, 희롱(15:31), "십자가에서 내려오라"(15:32)		
함께 못박힌 강도들, 욕함(27:44)		한 강도의 비방(23:39)	
엘리야가 와서 구원하나 보자고 조롱(27:49)	엘리야가 와서 구원하나 보자고 조롱(15:36)		

안나스는 예수의 정식 재판 요구에 예수를 결박한 채 대제사장 **가야바**에게 보낸다. 이제 가야바는 산헤드린 회의를 소집하여 공식적으로 예수를 심문할 차례다. 그러나 요한복음에는 가야바의 심문에 대한 언급이 없다. 그래서 어떤 학자들은 24절이 13절 다음에 놓여야 한다고 주장한다. 그렇게 되면 19-23절은 가야바가 주재하는 산헤드린에 의한 공식적인 심문 내용이 된다. 이것은 가야바의 심문에 대해서만 말하고 있는 공관복음서와 조화를 이룬다(마 26:57과 평행구절 참조). 공관복음서는 이튿날 새벽에도 산헤드린이 모인 것으로 기록하고 있는데 비해(막 15:1과 평행구절 참조), 요한복음에는 새벽에 모인 공의회에 관한 내용이 없다(28절). 19-23절의 심문 시에도 산헤드린의 소집에 관한 내용은 없다(28절에서 "그들"에 대한 언급만 나옴). 어쨌든 안나스의 조치에 따라 예수는 성전 구내에 있는 가야바의 집이나 산헤드린의 회집 장소로 이동한다.

이제 예수의 심문 장면이 바뀌어 베드로가 예수를 부인하는 장면이 나온다. 대제사장에게 심문을 받는 장면을 사이에 두고 베드로의 부인 장면이 배치되어 있는 것은 두 사건이 동시적으로 일어난 것을 시사하면서 그 내용을 대조시키려는 의도에서 비롯된 것이다. 시몬 베드로는 서서(마태와 누가에는 앉아 있다고 말함) 불을 쬐고 있다. 서 있다는 것이 가지는 특별한 의미는 없다. 단지 그가 불을 쬐는 현장에 있었다는 것을 말해준다. 이번에는 불을 같이 쬐던 주위 사람들(18절의 종들과 아랫사람들?)이 "너도 그 제자 중 하나가 아니냐?"고 묻는다. 여기에서도 부정적인 대답을 기대하게 하는 부정어 '메'(μη)가 사용되고 있다. 그들은 아직 베드로가 예수의 제자가 아닐 것이라고 생각하고 있었던 것 같다. 베드로는 이에 대해 "나는 아니다"(Ουκ ειμι/우크 에이미)라고 대답함으로써 예수가 '에고 에이미'(Εγω Ειμι)라고 당당하게 대답한 내용과 대조를 보여준다. 그러자 바로 이어서 베드로에게 귀를 잘렸던 말고의 친척이 "네가 그 사람과 함께 동산에 있는 것을 내가 보지 아니하였느냐?"고 다그쳐 묻는다. 여기에서는 긍정적인 대답을 기대하게 하는 부정어 '우크'(ουκ)가 사용되고 있다. 더 이상 부인할 수 없는 상황이지만, 베드로는 재차 부인한다. 그러자 바로 닭이 울었다(새벽 3시경).

요한복음을 포함한 복음서들은 예수가 **'안'**에서 심문을 받고 있는데, 베드로는 **'밖'**에서 예수를 부인하고 있는 대조적인 모습을 보여준다. 예수의 심문과 베드로의 부인에 관한 복음서들의 기록에는 많은 차이가 있다. 마가복음은 베드로가 아랫뜰에서 예수를 부인하고 있다고 말하는데(막 14:66), 마태복음은 바깥뜰에서 예수를 부인하고 있다고 기록하고 있다(마 26:69). 누가복음은 대제사장의 집이라고만 언급하는데(눅 22:54), 요한복음은 대제사장의 집 "뜰"(αυλη/아울레)이라고 말한다. 누가복음은 닭이 울었을 때 예수가 돌이켜 베드로를 보았다고 언급하고 있어서(눅 22:61), 멀리 떨어지지 않은 곳에서 심문을 받았던 것으로 보인다. 마태와 마가는 밤과 새벽에 산헤드린이 모인 것으로 보도하고 있는데 비해, 누가복음은 오직 새벽에 한 번 산헤드린의 회집을 보도하고 있다(눅 22:66). 산헤드린은 공식적으로 밤에 소집할 수 없었기 때문에 누가복음의 기록이 오래된 전통을 반영하는 듯하다. 그러나 요한복음에는 산헤드린의 소집에 대한 언급이 없다. 요한복음에는 밤에 안나스가 비공식적인 예비 심문을 한 내용만 나온다. 가야바의 집에서 예수를 새벽에 빌라도의 관정으로 보냈다는 기록만 나온다. 다른 복음서들은 새벽에 산헤드린의 소집에 관해서 언급하고 있지만, 요한복음은 산헤드린의 소집이 일어날 법한 시점에서 정작 산헤드린의 소집은 기록하지 않고 있다. 마태와 마가는 산헤드린의 심문에서 사형에 처해야 한다는 결론을 내고 있는데 비해, 누가와 요한은 산헤드린의 심문에서는 그러한 결론을 내리지 않고 빌라도에게 그 역할을 맡기고 있다.

2.3. 빌라도의 심문(18:28–19:16)

베드로의 부인 장면은 빌라도의 심문과도 대조되어 있다. 빌라도에게 심문을 받았던 예수는 어처구니없이 스승을 부인한 베드로와 다르게 왕적 위엄을 잃지 않았다. 빌라도의 심문 장면은 요한복음에서 가장 잘 짜인 **극적인(dramatic) 구성**을 보여준다. 전체 내용은 일곱 장면으로 구성된 '안'과 '밖'의 대조를 통해 교차평행법(chiasmus)의 구조를 보여준다:

---

a. 밖(18:28-32) 유대인들이 예수의 십자가 처형을 요구함

b. 안(18:33-38a) 빌라도가 예수의 왕권에 대해 질문함

c. 밖(18:38b-40) 빌라도는 예수가 무죄하다고 생각하지만, 바라바를 놓아줌

d. 안(19:1-3) 군인들이 예수를 채찍질함

c'. 밖(19:4-8) **빌라도는 예수가 무죄하다고 생각하며, " 이 사람을 보라"고 말함**

b'. 안(19:9-11) 빌라도와 예수가 "권세"(εξουσια/엑수시아)에 관하여 논쟁함

a'. 밖(19:12-16) 유대인들이 예수의 십자가 처형을 이끌어냄

이 구조를 보면 a=a', b=b', c=c'로 상응하고 있음을 알 수 있다. 즉, abcdc'b'a'의 교차평행법적 구조를 보여준다. 가운데에 위치하는 d는 짝이 없는 가운데, 빌라도의 역할이 두드러지게 나타나지 않는다. 공관복음서에는 예수가 빌라도에게 심문을 받을 때 '고난 받는 종'(사 53:7 참조)처럼 침묵하고 있는데 비해, 요한복음은 예수가 대화를 주도하고 있는 모습을 보여준다(딤전 6:13 참조). 공관복음서는 빌라도가 예

수의 잠재적 위험(유대인의 왕이라는 주장 때문에)을 인식하고 유대인들의 요구대로 십자가형에 처하도록 속히 판결하고 있지만(관정 '밖'에서), 요한복음은 빌라도가 총독으로서의 체면에도 불구하고 관정(praetorium) 안팎을 오가며 심문하는 수고를 아끼지 않고 있음을 보여준다. 요한복음에서 빌라도와 예수 사이에 있었던 심문은 상당히 개인적인 관심에서 비롯된 것 같다. "진리가 무엇이냐?"(18:38)고 묻는 질문에서 절정을 이루고 있다. 빌라도는 관정 안에서 둘이 사적으로 대화할 때는 예수의 무죄를 확신하였지만, 관정 밖에서 예수를 십자가에 못박으라고 성화하는 유대인들의 입장을 무시하지 못하는 어정쩡한 태도를 보여준다.

a. 밖(18:28-32) - 유대인들이 예수의 십자가 처형을 요구함

안나스의 심문 후 예수를 가야바에게 보냈는데(24절), 유대인들(31절 참조)은 예수를 가야바에게서 빌라도의 관정으로 끌고 갔다(마 27:2와 달리 '총독'이라는 직함을 기록하지 않음). 그 때는 새벽(6시경)이었다. 공관복음서는 새벽에 산헤드린이 소집된 것에 관해 언급하고 있지만(막 15:1과 평행구절), 요한복음에는 가야바만 등장한다. 산헤드린 의장이었던 가야바의 존재만으로 산헤드린이 소집되었을 것이라고 가정하기는 쉽지 않다. 요한복음은 안나스나 가야바의 등장에도 불구하고 산헤드린의 소집에 대해서 침묵하고 있다. 가야바가 빌라도에게 보낸 것만 기록되어 있기 때문에, 그가 직접 심문했는지조차 알 수가 없다. 안나스가 심문할 때 가야바가 현장에 있었다고 한다면, 비공식적인 합동 심문이 있었을 수 있다. 그렇다면 안나스가 예수를 가야바에게 보낸 것은 공식적인 산헤드린 심문을 위한 조치였을 가능성도 있다. 안나스의 심문이 새벽 3시경 끝난 후 예수를 가야바에게 보냈다면, 빌라도에게 끌고 가기 전(6시경)까지 시간적 여유가 있었기 때문에 그 시간에 가야바

(산헤드린)에 의한 심문이 있었을 가능성은 있다. 그러나 아무튼 요한복음에는 가야바에 의한 산헤드린 심문은 기록되지 않고 암시 정도에 그치고 있다.

요한복음은 산헤드린이 소집된 것에 관해 언급하지 않고, 안나스에 의한 심문(예비적인 절차?)만 기록하고 있다. 그 대신에 빌라도에 의한 심문이 공식적으로 극적 구성을 통해 나타난다. 이것은 예수의 죽음에 유대인의 책임이 적다는 것을 나타내는 것이라기보다는(유대인들은 빌라도에게 끈질기게 예수를 십자가형에 처하라고 요구하였다) 빌라도의 심문을 통해 예수의 **왕권에 관한 주제**를 더 잘 드러낼 수 있었기 때문인 것 같다. 왕권에 관한 언급은 일곱 장면 대부분(b, c, d, c', a')에 나타나고 있다. 빌라도에 의한 심문은 정작 예수가 왕으로서의 위엄을 보여주며 심문 과정을 주도하고 있다고 볼 수 있다. 요한복음에서 빌라도의 심문이 강조되고 있는 것은 역설적으로 예수와 빌라도(로마)를 대비시켜 예수의 왕권이 우월함을 드러내려는 데 있다.

빌라도의 집무 공간인 관정(praetorium)은 원래 가이사랴에 있었다. 그러나 유대 절기나 소요가 있을 때 총독이 예루살렘에 거주하면서 집무를 보는 제2의 공관도 있었다(안토니 요새 또는 헤롯 궁전 안에 위치했을 것으로 봄). 가야바가 밤에 체포된 예수를 새벽에 빌라도에게 보냈기 때문에, 빌라도는 당시 예루살렘의 공관에 거주하고 있었음이 틀림없다(예루살렘에서 가이사랴까지는 약 110km나 떨어져 있어서 몇 시간에 갈 수 없는 거리이다). 예수가 빌라도에게 인계된 날은 유월절 예비일(금요일)이었다. 유대인들은 유월절 만찬에 참석하려면 정결법을 준수하여야 했기 때문에 관정 안으로 들어가려고 하지 않았다. 그들은 유월절에 합당한 정결법을 지키려고 하는 과정 속에서 유월절 어린양이 되시는 예수를 죽음에 넘겨주게 되었고, 그것은 의도하지는 않았지만 결과적으로 참된 유월절을 지키게 된 셈이 되었다. 이것은 아이러니가 아닐 수 없다.

빌라도가 관정 밖으로 나왔다는 기록은 요한복음에만 나온다. 이러한 빌라도의 행동은 몇 번 더 계속된다. 이렇게 총독이 관정 안팎을 오가며 일을 처리하는 것을 기대하기는 힘들다. 로마 군인이 예수의 체포에 관여했기 때문에, 총독이 그들의 보고를 기다리며 밖으로 나왔을 것이라고 하지만 그 가능성은 여전히 희박하다. 총독은 신분과 지위에 아랑곳하지 않고 유연한 태도를 보이고 있는데 비해, 유대인들은 그들의 관습을 지킨 채 예수를 십자가에 못 박으려는 완강한 태도를 나타낸다. 요한복음은 예수의 죽음에 대한 유대인들의 책임을 더욱 부각시키면서, 총독이 예수를 관정 안에서 개인적으로 만나 대화를 나누는 가운데 예수의 무죄함을 드러내는 것에 초점을 맞추고 있다.

빌라도는 유대인들에게 무슨 일로 "이 사람"을 "고발"(κατηγορια/카테고리아)하느냐고 물었다. 빌라도는 산헤드린과 협력하여(로마 군대를 보냄) 예수를 체포했으면서도 이렇게 질문하는 것은 새삼스럽게 보인다. 그러나 이것은 빌라도가 정식으로 재판관으로서의 역할을 수행하는 것으로 보아야 할 것이다. 빌라도가 예수를 "이 사람"이라고 부른 것은 경멸적인 의미가 내포되어 있는 듯하지만, 객관적으로 사건을 다룰 때 일반적으로 부르는 방식일 수 있다(19:5의 "이 사람을 보라"와 비교). 이에 비해 유대인들이 예수를 "이 사람"(οὑτος/후토스)이라고 부른 것은 경멸적인 의미를 나타내고 있다. 빌라도는 유대인들이 단순하게 예수에게 혐의를 덮어씌우기 위해 고발하고 있는 것을 알고 있었다. 유대인들은 예수가 악한 일을 행하지 않았다면 빌라도에게 "넘겨주지"(παραδιδοναι/파라디도나이) 않았을 것이라고 항변한다. παραδιδοναι는 가롯 유다가 예수를 배반한 것을 언급할 때 자주 사용한 단어인데, 여기에서 예수의 적대자인 유대인들이 사용하고 있다.

빌라도는 유대인들에게 "너희 법대로 재판하라"고 사건을 되돌려 보내려고 하였다. 그들의 의도는 빌라도에게 정치적인 혐의를 씌어 사형에 처해 줄 것을 요구하는 것이었지만, 빌라도는 처음부터 유대 율법과 관계되는 종교적인 문제인 줄 알고 있었던 것 같다. 유대인들이 생각한 혐의는 종교적인 것이었음이 나중에 확실하게 드러나게 된다(19:7). 산헤드린은 종교적인 혐의를 문제 삼아서 얼마든지 가장 심한 징벌을 내릴 수 있었지만, 사형에 처하는 일은 그들의 권한 밖이었기 때문에 고심하고 있다.

그러나 실제로 산헤드린이 예수를 죽일 수 없었던 것이 권한에 속하지 않아서였는지에 대해서는 살펴볼 필요가 있다. 성경에 보면 유대 군중이 스데반(행 7:58-60)을 돌로 죽이거나 헤롯이 칼로 야고보(행 12:2)를 죽이기도 했다. 바울이 성난 유대 군중에 의해 생명을 위협당하자 로마 시민임을 내세워 유대인들을 피하고자 하기도 하였다(행 22:25; 23:20 참조). 요한복음 역시 간음하다 현장에서 잡힌 여인도 돌에 맞아 죽을 뻔한 사건을 기록하고 있다(8:5). 그러나 이러한 사건들은 대부분 산헤드린의 결정에 의한 것이 아니라 군중의 폭동에 의한 것이었다(lynch law).

유대인들은 눈엣가시 같은 예수를 죽이고 싶어 했다. 그럼에도 불구하고 그렇게 하지 못한 것은 무엇 때문이었을까? 몇 가지 견해가 개진되었다. 첫째, 유대인들은 종교적인 절기에는 극형에 처하는 일을 하지 않았기 때문이라는 견해이다. 그래서 총독의 손을 빌려 그들의 목적을 달성하려고 한 것인가? 둘째, 유대인들은 피를 흘리는 형 집행을 꺼려했다는 견해이다. 셋째, 예수가 로마 사람들에 의해 정치적인 범죄 혐의를 받고 있었기 때문이라는 견해이다. 이것은 역사적인 사실과 달라서 말이 안 된다(19:7 참조). 그렇다면 빌라도의 입장에서 예수를 십자가형에 처하기 원하지 않았던 진짜 이유는 무엇이었을까? 그것은 설령 예수가 정치범은 아니었지만, 유대인들이 많이 모이는 명절에 예수를 처형하면 혹시 일어날 수도 있는 소동을 염려하였기 때문일 것이다. 이 때문에 빌라도는 직접 사형 집행에 관여하고 싶지 않았을 것이며, 이렇게 민감한 시기에는 특히 유대인들에게 사형 집행권을 대신 행사하도록 허용하지 않았을 것이다.

그런데 예수는 어떠한 죽음으로 죽을 줄을 미리 알고 있었다(32절). 그것은 십자가에 처형되는 일이었다. 그런데 유대인들에 의한 예수의 죄목은 신성모독죄였으며(19:7), 신성모독죄는 돌로 쳐 죽이는 것에 해당되었다(레 24:16). 후대에 바리새인들이 해석한 미쉬나(Mishnah)에 의하면, 극형에 처하는 방법으로 석살(stoning), 화형(burning), 참수형(beheading), 교살(strangling)이 언급되고 있지만, 유대인들은 로마법에 의한 십자가형을 원했다. 왜냐하면 십자가형은 "나무에 달린 자는 저주를 받았다"(갈 3:13)고 할 만큼 가장 치욕적인 처형 방법으로 알려져 있었기 때문이다. 그러나 요한복음 저자는 앞에서 말한 말씀(12:32-33)을 응하게 하려고 십자가형을 당한다고 해석하여 준다. 십자가형은 '(땅에서) 들리는 일'(12:32)로서 영광을 얻는 길이었기 때문이다(이중 의미).

b. 안(18:33-38a) - 빌라도가 예수의 왕권에 대해 질문함

유대인들에게는 유대 율법대로 재판할 문제라고 말했던 빌라도가 관정 안에 들어와서는 예수를 불러 **"네가 유대인의 왕이냐?"**고 묻고 있다. 빌라도에게는 정치적인 혐의가 있는지 확인하는 것이 관심사였다. 공관복음서에는 여러 개의 혐의로 예수를 고발하고 있는데(눅 23:2은 백성을 미혹하고, 세금 납부를 금하며, 자칭 왕 그리스도라고 한다는 세 가지 혐의를 말함), 요한복음에는 유대인의 왕이라는 한 가지만을 문제

삼고 있다. "유대인의 왕"이라는 칭호는 하스모니안 왕조와 헤롯 대왕의 칭호로서 사용된 바 있다. 여기에서는 유대인들의 구원자에게 붙이는 칭호로서 사용되고 있다. 빌라도의 이 질문은 공관복음서에서도 빌라도가 예수에게 처음 한 말로서, 유대인들이 고대하던 메시아를 염두에 둔 것이리라. 공관복음서에서는 예수가 "네 말이 옳도다."(Συ λεγεις /수 레게이스; 막 15:2과 평행구절)라는 한 마디로만 대답하고 있다. 요한복음에서는 빌라도와의 긴 대화로 이어진다. 예수는 대답하는 대신에 오히려 빌라도에게 "이는 네가 스스로 하는 말이냐? 다른 사람들이 나에 대하여 네게 한 말이냐?"라고 반문함으로써 심문자로 변신하고 있다. 스스로 한 말이면 가야바가 부지중에 한 예언(11:49-52)과 같은 말을 한 것이 될 것이기 때문이다. 빌라도는 "내가 유대인이냐?"라고 되받음으로써 스스로 한 말이 아님을 나타낸다. 이 질문은 부정어 '메티'(μητι)로 시작하고 있어서 부정적인 대답이 기대된다. 그가 유대인이 아님을 반어법적으로 강조한다. 이 말 속에는 유대인을 경멸하는 태도가 숨어 있다. 동족인 유대 사람들과 대제사장들이 예수를 그에게 넘겼다고 하면서, 무슨 일을 하였기에 이런 고발을 당했느냐고 재차 질문한다.

예수는 무슨 일을 하였는지에 대한 질문에 답하는 대신에 첫 번째 질문이었던 "네가 유대인의 왕이냐?"에 대하여 대답하고 있다. 이 대답도 왕의 정체성에 대한 대답이 아니라 하나님의 나라(kingdom)에 대한 대답으로 비틀고 있다. 예수는 질문과 대답을 주도한다. 또한 그의 질문과 대답에는 모호한(심오한?) 의미가 담겨 있다. 예수는 **"내 나라는 이 세상에 속한 것이 아니다."**라고 대답함으로써, 빌라도가 생각하는 정치적인 왕권에 대한 의심을 일차적으로 걷어낸다. 더 나아가서 예수의 나라가 이 세상에 속한 것이었다면 "내 종들"이 싸워 지켜냈을 것이라고 설명한다. 여기에서 "종들"은 '후페레타이'(ὑπηρεται)로서 예수를 체포하러 온 성전 경비대를 가리키는 "아랫사람들"(3절)과 같은 단어이다. 이 얼마나 아이러니칼한가! 예수를 체포하러 온 사람들과 예수를 지키려는 자들이 서로 대조되어 있다. 이 "종들"은 누구인가? 천사들인가(마 26:53 참조)? 제자들인가? 일견 제자들로 보는 것이 더 적절한 것 같다. 베드로가 칼로 말고의 귀를 베어버린 것에서 보듯이, 제자들은 예수를 물리력을 가지고 지키려고 하지 않았는가? 그러나 예수는 그러한 행동을 제지하였다. 이러한 관점에서 보면, 오히려 예수는 세상 나라와 같지 않은 그의 나라(=하나님의 나라)를 말하면서 그의 나라에는 세상 종들과 같은 종들이 없다는 것을 의미하려고 한 것은 아닐까? 앞에서 예수는 제자들을 종이라 부르지 않고 친구로 대접하겠다고 말하지 않았던가(15:15)?

예수의 모호한 대답에 확실한 증거를 찾지 못하고, 빌라도는 "그러면 네가 왕이 아니냐?"고 다그친다. 예수는 이제서야 "네 말과 같이 내가 왕이니라(Συ λεγεις ὁτι βασιλευς ειμι/수 레게이스 호티 바실류스 에이미)."라고 대답한다. 그러나 이 대답도 듣기에 따라서는 그렇게 분명하게 전달되지 않을 수 있다. 헬라어 본문을 영어로 직역하면, 'You say that I am a king'이 된다. 이것은 긍정적인 의미로서 'Yes, I am the king of the Jews.'라고 한 것이라기보다, 반의적인 의미로 'It is you who say it, not I.'라고 한 것으로 볼 수 있다. 이는 마치 대제사장이 "네가 하나님의 아들 그리스도인지 우리에게 말하라"(마 26:63)고 했을 때, 예수가 "네가 말하였느니라, 그러나 …"(마 26:64)라고 대답한 것과 비슷하다. 빌라도는 정치적인 의미의 왕인지를 확인하고자 하는데, 예수는 에둘러 말함으로써 모호함을 유지하려고 한다.

예수는 또 다른 차원으로 대화를 이끌어간다. 예수는 진리에 대하여 증언하기 위해 이 세상에 왔다고 하면서, "무릇 진리에 속한 자는 내 음성을 듣는다."라고 말한다. 예수는 위에서 났고(8:23) 유일하게 하늘에서 내려온 자이며(3:13), 아버지에게서 들은 것을 말하는 자이다(8:26).

더군다나 예수 자신이 진리이며(14:6), 세례자 요한도 진리에 대해 증언하였다(5:33). 진리는 하나님(의 말씀)이자 예수(의 말씀)이다. 진리에 속한 자가 예수의 음성을 듣는다고 한 것은 양이 목자의 음성을 듣는 것과 비슷한 표현이다. 목자는 또한 구약에서 왕(다윗과 같은)을 가리키며(겔 34:23-24), 하나님 자신을 가리키기도 한다(겔 34:15). 이처럼 양과 목자는 왕의 문맥에서 등장한다. 마침내 빌라도는 왕의 의미를 찾다가, 하나님의 나라로 빠져들었다가, **"진리가 무엇이냐?"**(Tί εστιν αληθεια;/티 에스틴 알레쎄이아?)라고 묻기에 이른다. 심문자가 구도자의 모습으로 바뀐다. 그러나 그는 진리에 속한 자가 아니므로 예수의 말씀을 이해하고 받아들이는 단계에 이르지 못했다. 더 이상 질문에 대한 대답도 없고, 더 이상 대화가 진행되지 않고 있는 것을 보면 이를 알 수 있다. 빌라도는 예수가 정치적인 왕이 아니라고 하는 것을 알고 안심하였지만, 신앙적 차원으로 들어가는 진리에 관한 말씀에 직면하자 불편함을 느끼며 물러서고 있다. 그는 진리에 속하지 않았으므로 예수의 말을 듣지 않는다(10:3 참조).

c. 밖(18:38b-40) - 빌라도는 예수가 무죄하다고 생각하지만, 바라바를 놓아줌

빌라도는 질문만 던져놓고 유대인들에게 말하기 위해 관정 밖으로 나간다. 진리를 알고자 하는 진지함보다는 현안에 대한 해결을 추구하고 있는 정치가의 모습을 보게 된다. 빌라도는 유대인들에게 예수에게서 아무런 죄도 찾지 못했다고 말한다. 빌라도는 유대인들이 예수의 무죄 추정에 만족할 수 없다는 것을 인지하고 있다. 그들의 마음을 떠보기 위해 유월절에 한 사람을 놓아주는 전례를 대신 제안한다. 유월절은 이스라엘 백성이 해방된 것을 기념하는 절기이기 때문에, 한 사람을 놓아주는 것이 그 의미에 부합하는 것이기도 했다. 빌라도는 유대인들에게

"유대인의 왕"을 놓아주기를 원하느냐고 말한다. 빌라도는 예수가 정치적으로 죄가 없다는 것을 확신하고 있음에도 불구하고 유대인의 왕이라는 매우 정치적인 칭호를 사용한 것은 어울리지 않는 듯하다. 풍자적으로 사용했다고도 볼 수 있으나, 유대인들이 로마에 반대하는 정치적인 인물을 놓아주기를 원한다는 것을 눈치 채고 예수도 이러한 부류에 속한다는 것을 넌지시 내비친 것인지도 모른다.

예상했던 대로, 유대인들은 예수 대신에 바라바를 선택하였다(비교: 마 27:17은 빌라도가 바라바와 예수 중 택일하라고 제안함). 요한복음은 바라바를 "강도"(ληστης/레스테스)라고 하였는데, 공관복음서에서 예수를 체포하러 왔을 때 예수를 강도처럼 간주하고 온 것과 비교된다(막 14:48과 평행구절). 강도는 단지 약탈자라는 의미로 사용된 것이 아니라, 폭력을 행사한 열심당과 같은 전사(warrior)를 가리킨다고 보아야 한다. 공관복음서는 바라바가 민란을 일으키고 그 와중에 살인까지 저질렀다고 함으로써 이를 뒷받침한다(눅 23:25과 평행구절). 바라바는 민족주의자로서 소동을 일으켰다는 점에서 강도라는 말을 들을 만했다. 그러나 예수는 혁명주의자처럼 폭력을 행사하지 않았지만 두 사람의 강도와 함께 십자가에 못 박혔다(막 15:27 참조). 유대인들은 바라바가 단순히 범죄를 저지른 것이 아니라, 민족을 위해 행동한 사람이었기 때문에 풀려나기를 바랐던 것이다. 빌라도는 가능하면 예수를 풀어주면서 조용하게 일을 처리하고 싶었지만, 유대인들의 바람대로 바라바를 풀어주고 결국 예수를 처형하는 길로 나아가고 있다. 빌라도는 예수에 대해 우호적이었지만 진리와 믿음에 대해 중립적 태도를 견지함으로써 우유부단한 인물로 형상화되고 있다. 결단을 보여주지 못하면 결국 비극적 결말이 그를 기다리고 있을 뿐이다. 그는 그가 생각하고 판단한 대로 결정하지 못하고, 정치적인 이해득실을 따라 행동하였을 뿐이다.

d. 안(19:1-3) - 군인들이 예수를 채찍질함

네 번째 장면은 짝이 없이 홀로 나온다. 교차평행법 구조를 통해 가운데 위치하는 이 장면을 강조하고 있다고 볼 수 있다. 빌라도는 예수를 데려다가 채찍질하였다는 언급만 나올 뿐 심문하는 내용은 나오지 않는다. 그 대신 로마 군인들이 예수를 유대인의 왕이라고 조롱하는 내용이 강조된다. 왕으로 조롱하는 내용은 세 가지 형태로 드러난다. 첫째, 로마 군인들은 왕에게 어울리는(?) **가시나무로 관**을 만들어 예수의 머리에 씌웠다. 둘째, 왕에게 어울리는 **자색 옷**을 예수에게 입혔다. 셋째, "유대인의 왕이여, 평안할지어다."라고 하면서 **손으로 때렸다**. 모두 조롱의 행위였다. 이러한 장면은 예수를 유대인의 왕이라고 조롱하면서도 왕의 모습을 나타내려고 했다는 점에서 이중적이다. 손으로 때림(slapping)은 가장 모욕적인 행위로서 예수를 왕(메시아)으로서 제대로 대접하지 않고 있음을 극명하게 보여준다. 예수는 온갖 모욕과 조롱을 당했지만, 저항하지 않고 끝까지 그것을 허용함으로써 산상보훈에서 말한 보복 금지와 원수사랑(마 5:38-48)을 몸소 실천하였다.

심문 장면에서 빌라도는 예수에게 개인적으로 호의를 가진 인물로 그려지고 있다. 겉으로는 내색하지 않지만 어떻게든 예수를 놓아주고자 하는 움직임을 보여준다. 예수와 대화를 나누어보고(b 장면) 그가 로마제국이 우려할 만한 정치적인 야망을 가지고 있지 않다는 것을 알고, 예수의 무죄를 확신한 나머지 그를 풀어주려고 하였다. 그러나 유대인들의 성화에 실패하고 만다. 유월절에 한 사람을 놓아주는 전례를 들어 예수를 놓아주려고 시도하였지만 유대인들이 바라바를 선택하는 바람에 실패하고 만다. 빌라도는 세 번째 시도를 보여주는 듯하다. 빌라도가 예수를 채찍으로 때린 것은 유대인들의 격동하는 마음을 달래고자 한 것인지도 모른다. 조롱하며 손바닥으로 때림으로써 모욕을 주면 유대인들의 사나운 마음을 진정시킬 수 있을 것이라고 생각하였는지도 모른다. 이것은 심리적 관점에서 해 본 추측에 지나지 않지만, 바로 다음 장면에서 예수의 무죄를 재차 주장한 것을 보면 가능성이 전혀 없는 것은 아니다.

c'. 밖(19:4-8) - 빌라도는 예수가 무죄하다고 생각하며, "이 사람을 보라"고 말함

빌라도는 예수를 데리고 관정 밖으로 나온다. 예수에게서 아무 죄도 찾지 못했다고 말하면서 유대인들을 설득하려고 한다. 이것은 빌라도의 세 번째 무죄 선언이다(18:38; 19:4 참조). 빌라도는 가시관을 쓰고 자색 옷을 입은 예수를 유대인들 앞에 세우고, **"이 사람을 보라!"**(Ιδου ὁ ανθρωπος/이두 호 안쓰로포스; 라틴어로는 Ecce homo/에케 호모) 라고 말한다. "이 사람을 보라!"는 말을 어떻게 해석해야 할까? 크게 두 가지 해석이 제안되었다. 첫째, 빌라도가 예수의 무죄를 이끌어내기 위한 수사적 표현으로 보는 것이다. 유대인들이 초라한 왕의 행색을 보면 유대인들의 마음이 누그러질 것으로 기대하였을 수 있다. 빌라도는 그렇게 일이 조용하게 수습되기를 바란 것인지도 모른다. 또는 빌라도가 '유대인의 왕'이라고 하는 사람이 이런 비천한 모습일 뿐이라고 하는 것을 지적하면, 유대인들이 예수를 조롱하고 모욕을 주는 것으로 받아들이기를 바란 것일 수도 있다. 그러나 이러한 빌라도의 시도는 성공하지 못했다. 대제사장들과 부추김을 받은 아랫사람들(성전 경비대)은 오히려 "십자가에 못 박으소서!"라고 외쳐댔기 때문이다. 처음으로 십자가형에 대한 언급이 유대인들의 입에서 나온다. 이로써 예수의 왕권은 수난을 피할 수 없음이 드러난다.

둘째, 빌라도가 예수의 메시아 됨을 증언하고 있다고 보는 것이다. 물론 이것은 빌라도 자신의 고백이라기보다는 요한복음 저자의 의도를 반영하고 있다. '사람'(the Man)이라는 용어는 헬라 신화에서 원초적 인

간을 의미하였고, 헬라 시대의 유대교에서 종말론적 메시아의 칭호로서 받아들여지기도 하였다(슥 6:12; 에녹 1서의 '인자' 참조). 요한복음 저자는 수난 받는 예수를 **패자**(victim)가 아니라 **승자**(victor)로 그리고자 했기 때문에, 이러한 해석은 타당성을 갖는다. 그렇다면 "이 사람을 보라!"는 말은 빌라도의 입을 통해 유대인들에게 '너희들의 진정한 왕이 되신 이 사람을 주목하여 보라'고 선언한 것과 같다. 그러나 유대인들은 끝내 예수를 메시아로 인정할 수 없었고, 오히려 "십자가에 못 박으소서!"라고 반복하여 외치면서 적대감을 드러내고 있다.

빌라도는 유대인들을 설득하는데 실패했다. 그는 낭패감과 분개심으로 인하여 유대인들에게 직접 십자가형에 처하라고 말한다. 유대인들에게 사형 집행권이 없고 더군다나 십자가형은 유대식 처형 방식도 아니었기 때문에, 빌라도나 유대인들이나 그러한 제안이 효력이 없다는 것을 알고 있었을 것이다. 이에 유대인들은 유대법(레 24:16)대로 하면 자신을 하나님의 아들이라고 신성모독적인 발언을 한 예수를 돌로 쳐서 죽일 수 있다고 덧붙이면서 계속하여 빌라도를 압박하였다. 빌라도는 이 말을 듣고 더욱 두려워하였다. 왜 두려워하였을까? '하나님의 아들'이라는 용어가 가진 마술적인 힘을 믿는 미신적인 이유 때문이었는가? 예수가 주장하는 내용이 로마 정부가 인정한 교리가 아니라는 것이 로마 본국에 알려질까봐 두려워한 것인가? 그가 의도한 대로 예수를 방면할 수 없을 것 같았기 때문에 걱정에 휩싸인 것인가? 유대인들의 요구가 통제되지 않는데다가 무죄한 신적 인간(divine man)을 처형해야만 하는 상황은 빌라도 총독조차 두려움에 몰아넣었던 것이다.

b'. 안(19:9-11) - 빌라도와 예수가 권세에 관하여 논쟁함

빌라도는 다시 관정 안으로 들어가서 그의 정체를 묻는다. **"어디에서 왔느냐?"**(Ποθεν ει συ;/포쎈 에이 수?)는 물음은 육신의 고향이 어디인지를 묻는 것이 아니다(참고로 눅 23:6에 따르면, 빌라도는 예수가 갈릴리에서 온 것을 알고 갈릴리를 관할하는 헤롯 안티파스에게 보냈다). 니고데모에게 말한 것에서 유추하자면(3:13), 하늘에서부터 온 자인지 알고자 영혼의 고향을 묻는 것이다.

예수는 빌라도의 질문에 **침묵**한다. 마가복음(15:5)과 마태복음(27:14)에도 침묵에 대한 언급이 나온다(누가복음에는 침묵에 대한 언급이 없음). 공관복음서는 "네가 유대인의 왕이냐?"라고 묻는 말에 간단히 대답하는 것을 빼면 빌라도의 심문 내내 침묵하고 있다. 예수는 대제사장의 심문(막 14:61; 마 26:63)과 헤롯의 심문(눅 23:9)에도 침묵을 유지한다. 공관복음서에서 침묵을 강조한 것은 예수가 '털 깎는 자 앞에서 잠잠한 양같이 입을 열지 아니한'(사 53:7) 고난 받는 종(the Suffering Servant)이라는 점을 부각시키고자 한 것으로 보인다. 그러나 요한복음에는 19:9에서 잠시 침묵하고 있지만, 19:11에서 다시 대답하고 있으며, 빌라도 심문 내내 대화를 주도하고 있다. 요한복음에서 예수는 수동적으로 수난을 당하고 있지 않기 때문에 침묵의 모습은 강조되지 않는다. 유대교 지도자인 니고데모도 몰랐던 예수의 정체성을 이방인인 로마 총독이 어찌 알 수 있었겠는가? 예수의 침묵은 많은 말을 하고 있다.

빌라도는 그의 권위를 무시하는 듯한 예수의 당당한 태도가 마음에 들지 않는다. 이에 빌라도는 자신이 예수에 대한 생사여탈의 "권한"(εξουσια/엑수시아)을 가지고 있다고 말하면서 위협적인 자세로 나온다. 예수를 풀어줄 수도 있고, 십자가에 못 박을 수도 있는 권한(=권세)이 자신에게 있다는 점을 과시한다. 예수는 빌라도의 말에 동의하지 않는다. 그 권한은 "위"에서 받은 것이기 때문에 독자적인 권한이 아니다. 이 "위"는 누구를 가리키는가? 빌라도의 윗사람인 당시의 티베리우스 황제인가? 궁극적인 권세를 가지신 하나님이신가? 예수님보다 더 크신 이는 하나님뿐이시며(요 14:28) 빌라도는 하나님의 뜻을 수행하는 도구였을 뿐이기 때문에(행 4:27-28 참조), 여기에서 "위"는 하나님을 가리킨다.

예수는 빌라도와 대화하면서 언뜻 이해하기 어려운 말씀을 하신다. 그것은 빌라도보다 예수를 빌라도에게 넘겨준 자의 죄가 더 크다고 말씀하신 것이다. '넘겨주다'라는 헬라어 동사 '파라디도미'(παραδιδωμι)는 가룟 유다의 배반 행위를 가리킬 때도 사용되었기 때문에(6:64,71; 18:2), 넘겨준 자는 유다를 가리킨다고 보기도 한다. 그러나 빌라도가 예수에게 "네 나라 사람과 대제사장들이 너를 내게 넘겼다"(18:35)라고 언급하고 있기 때문에, 유대 민족(유대인들)과 가야바 및 안나스를 가리킨다고 보는 것이 옳을 것이다. 빌라도는 당시 총독으로서 어쩔 수 없이 예수에 대한 판결을 내리는 역할을 수행할 수밖에 없었기 때문에, 그의 죄는 직책상 져야 하는 책임이었다는 점에서 정상 참작이 된다는 논리이다. 그러나 예수를 빌라도에게 넘겨준 자(들)은 의도적이며 계획적인 악의에서 그렇게 한 것이기 때문에 변명의 여지가 없다는 것이다. 이처럼 요한복음은 예수의 죽음에 있어 로마 당국(빌라도)보다는 유대인들에게 더 책임이 있다고 보고 있다.

a'. 밖(19:12-16) - 유대인들이 예수의 십자가 처형을 이끌어냄

빌라도는 유대인들에게 책임을 돌리는 예수의 태도를 보면서 더욱 더 예수를 풀어주려고 다각도로 노력하였다. 그러나 유대인들이 한 목소리로 소리를 지르면서 이를 가로막는다. 본문에 빌라도가 밖으로 나왔다는 언급은 없지만, 여기에서 유대인들과 대화하고 있는 것을 보면 그가 이미 밖으로 나온 것을 암시하고 있다. 빌라도는 진퇴양난에 빠졌다. 그가 말한 것과 달리, 예수를 풀어주거나 십자가에 못 박을 수 있는 권한이 있는 사람 같이 보이지 않았다.

급기야 유대인들은 빌라도에게 최후의 일격을 가하는 말을 하게 된다. "이 사람을 놓으면 **가이사의 충신**이 아니니이다. 무릇 자기를 왕이라

하는 자는 가이사를 반역하는 것이니이다."라고 한 것이다. '충신'으로 번역된 헬라어는 '삘로스'(φιλος)로서 '친구'라는 의미이다. '가이사의 친구'라는 칭호는 실제로 빌라도에게 부여된 것일 수도 있고, 황제에게 충성하는 신하(충신)라는 일반적인 의미일 수도 있다.

당시 티베리우스 황제는 괴짜라서 로마에 그를 대신하여 세자누스(Sejanus)를 세워놓고 그 자신은 카프리 섬에 가서 휴양을 즐기곤 했다고 한다. 세자누스의 대리 통치 기간은 26-31년까지였는데, 공교롭게도 빌라도가 유대 총독이 된 해가 26년이었다(36년까지 재위). 빌라도가 세자누스에 의해 발탁되었는지는 알려지지 않았지만, 둘 다 기사 계급에 속해 있었던 점으로 미루어 볼 때 가능성이 없지 않다.

설령 빌라도가 세자누스에 의해 추천되지 않았다고 하더라도, 유대인들이 티베리우스에게 빌라도의 충성스럽지 못한 행위에 관해 고자질을 하게 된다면, 빌라도의 정치 생명은 언제 끝날지도 모르는 상황이라고 보아야 한다. 그렇게 신임하던 세자누스도 주변의 시샘에 누명을 쓰고 실각하지 않았던가! 더군다나 유대인들은 예수가 스스로 유대 왕이라고 말한 것을 거론하면서 빌라도를 궁지로 몰고 있다. 빌라도가 아무리 예수를 풀어줄 마음이 있었다고 하더라도, 자신의 안위와 바꿀 수는 없었다.

빌라도는 결국 예수를 처형하기로 마음을 바꾼다. 정치인의 행위는 정의에 기초하지 않고 자신의 정치적 이익에 따라 결정되는 것 같다. 그는 예수를 재판하기 위해 "돌을 깐 뜰"(λιθοστρωτον/리쏘스트로톤; 히브리어로는 '가바다'라 함)로 끌어내었다. 그 다음에 "재판석"(βημα/베마)에 앉았다. 이 문장에 나오는 헬라어 '카씨제인'(καθιζειν)이라는 동사는 자동사로 사용될 때는 '앉다'가 되지만, 타동사로 사용될 때는 '앉게 하다/앉히다'가 된다. 자동사로 보면 재판석에 앉은 사람이 빌라도가 되지만, 타동사로 보면 재판석에 앉은 사람이 예수가 된다. 로마 총독이 주재한 자리에서 죄수(예수)를 재판석에 앉힌다는 것은 어불성설이겠지만, 요한복음 저자는 예수가 진정한 재판관이기 때문에 그가 재판석에 앉는 것으로 암시하고 싶었을 수 있다. 역사적으로는 빌라도가 재판석에 앉았겠지만, 신학적으로는 예수가 재판석에 앉은 것으로 만듦으로써 이중적인 의미를 나타내고 있다. 어차피 요한복음 저자에 의해서 빌라도도 무대에서 주어진 역할을 하는 인물일 수밖에 없기 때문에, 예수에게 재판석을 내줌으로써 빌라도가 예수를 조롱하는 장면을 연출하고 있다고도 볼 수 있다.

예수를 재판한 날은 유월절 예비일, 즉 금요일이었다. 시간은 낮 12시 정오(유대 시간으로는 6시)였다. 공관복음서는 예수 처형일을 안식일 예비일이라고 언급하는데 비해(막 15:42; 마 27:62; 눅 23:54), 요한복음은 안식일 예비일과 유월절 예비일을 일치시킴으로써 유월절 어린양으로서 십자가에 죽으시는 예수를 강조하려고 하였다. 마가복음은 유일하게 예수가 아침 9시(유대 시간으로는 3시)에 십자가에 달렸다고 기록하였다(15:25). 그런데 요한복음은 낮 12시에 십자가 처형을 결정하였다고 기록하고 있다. 판결 후 집행까지 걸린 시간을 감안하면, 요한복음에서 예수가 십자가에 달린 시각은 얼마간 뒤로 미뤄졌을 것이다. 일반적으로 원로원에서 사형 판결이 나고 집행되기까지는 보통 열흘 정도가 걸렸다고 하는데, 총독이 주관하는 재판에서 판결 즉시 시행에 옮겨지는 경우도 자주 발생했다고 한다. 어떤 이들은 마가복음과 요한복음에 나타난 시간의 불일치는 숫자값을 나타내는 알파벳을 혼동해서 일어난 일이라고 주장한다. 즉, 3의 숫자값을 나타내는 '감마'(Γ)와 6의 숫자값을 나타내는 '다이감마'(F)를 혼동했다는 것이다.

그러나 보다 중요한 점은 요한복음 저자가 신학적 의미를 강조하였다는 것을 알아야 한다. 정오는 유월절 희생양을 잡는 시간이었다. 율법(출 12:6)에는 해질 때에 잡으라고 했지만, 유월절에는 한꺼번에 10만 마리도 넘는 희생제물을 잡아야 했기 때문에 실제로는 해가 지기 시작하는 정오 때부터 잡아야 했다. 마가복음이 요한복음보다 역사적 기록을 남긴 것으로 보이기는 하지만, 아침 9시에 처형되었다면 아침 일찍 산헤드린 회의가 모여(막 15:1) 심문한 후 빌라도에게 넘겨 심문하는 등 빽빽한 일정을 소화해야 했다는 것은 무리가 아니었을까? 또한 마가는 구레네 시몬이 "시골"(αγρος/아그로스)로부터 오는 중에 붙잡혀 예수의 십자가를 대신 지고 가는 이야기를 기록하고 있는데(막 15:21), 개역개정판이 '시골'로 번역한 αγρος는 '들/농장'으로 번역할 수도 있다. 이 번역을 따르면, 구레네 시몬은 정오까지 허락된 유월절 예비일의 일을 마치고 돌아오는 길이었을 것이다. 그렇게 되면, 예수가 십자가에 못 박힌 오전 9시가 유월절 날이 되고 마는 난처한 경우가 발생하게 된다. 여기에서 우리는 역사적인 정보의 정확성을 따지기보다 십자가에 죽으신 예수가 어떤 일을 했는지에 주목할 필요가 있음을 보게 된다. 빌라도는 "보라, 너희 왕이로다!"라고 말하면서 유대인들을 조롱하며 자극한다. 예수가 재판석에 앉아 있었다고 본다면 빌라도의 조롱과 멸시가 더 잘 드러나게 된다. 재판석 '베마'가 왕좌는 아니지만, 왕좌에 앉은 유대인의 왕이라고 조롱하는 효과를 내기에는 무리가 없다. 빌라도의 말에 유대인들은 모두 예수를 없애고 십자가에 못 박으라고 반복해서 소리를 질렀다. 빌라도는 "내가 너희 왕을 십자가에 못 박으랴?"라고 하면서 다시 한 번 유대인들을 조롱하고 자극한다. 그러자 유대인들을 대표하는 대제사장들이 "가이사 외에는 우리에게 왕이 없나이다."라고 공표한다. 하나님을 유일한 왕이라고 선언해야 할 유대교 지도자들이 가이사만을 왕으로 인정하고 만 셈이다. 신앙도 애국심도 다 팽개치고 오로지 예수만을 제거하려고 하였다. 이에 빌라도는 예수를 십자가에 못 박도록 판결하고 그들에게 넘겨주었다. 여기에서 "그들"은 누구인가? 바로 앞 절에 대제사장들이 있기 때문에 요한복음은 그들이 유대인들이라고 보고 있다. 그런데 마가복음과 마태복음은 다르게 표현되어 있다. 그곳에는 빌라도의 판결 후 로마 군인들에게 넘겨져 채찍질과 조롱하는 내용이 나온다(막 15:15-20; 마 27:26-31). 누가와 요한은 그러한 장면을 기록하고 있지 않지만, 나중 십자가 처형 장면에 로마 군인들이 등장하고 있기는 하다(눅 23:36; 요 19:23). 이렇게 요한복음은 유대인들의 책임을 더 부각시키고 있다.

2.4. 십자가 처형과 장례(19:17-42)

빌라도의 심문 과정에서 예수는 왕처럼 말하고 행동했다. 왕처럼 자색 옷을 입었고, 비록 조롱으로 한 말이었지만 왕으로 칭송되었으며, 빌라도에 의해서 이스라엘 백성들에게 왕으로 옹립되었다(?). 이러한 기조는 십자가 처형과 장례의 과정에서도 그대로 드러난다. 십자가에 못 박힐 때 "유대인의 왕"이라는 패가 3개 국어로 기록되었고, 백성들의 죄를 대신하는 제사장처럼 호지 않은 통옷을 입었으며, 왕의 예우와 절차에 따라 장사지냈다.

2.4.1. 십자가 처형(19:17-27)

유대인들이 예수를 넘겨받았지만, 실제로 십자가형 집행의 주관자는 로마 군인들이었다. 군인들이 거명된 곳은 23절부터이지만, 17절부터 등장하는 "그들"은 로마 군인들이라고 보는 것이 낫다. 예수는 구레네 시몬의 도움을 받지 않고 홀로 십자가를 지고 골고다로 가셨다.

골고다는 세 복음서에 모두 등장한다(마 27:33; 막 15:22; 요 19:17). 누가복음 23:33에는 "해골"(Κρανιον/크라니온; Skull)이라고만 나오고, 다른 세 복음서에는 골고다를 "해골의 곳"(Κρανιου Τοπος/크라니우 토포스; Place of the Skull)이라고 번역하여 놓았다. '해골'이라는 단어는 같은 뜻의 라틴어 '칼바리아'(*calvaria*)에서 영향을 받아 영어로는 갈보리(Calvary)라고 한다.

본문에는 골고다가 언덕이라고 언급되어 있지는 않지만 십자가 처형을 다른 사람들이 볼 수 있는 곳이어야 했으므로 언덕이었을 가능성이 있으며, 많은 사람들이 처형되었던 장소이었거나 해골 모양을 닮은 언덕이라서 그러한 별명을 얻은 것 같다(참고: 아랍어로는 언덕이라는 단어가 '머리'를 의미한다고도 한다). 예수는 십자가를 "지고"(βασταζειν/바스타제인) 골고다로 올라갔다. 공관복음서와 달리, 구레네 시몬은 등장하지 않는다. 여기에 βασταζειν이라는 동사가 사용된 것은 십자가틀 전체를 지고 간 것이 아니라 가로 막대만을 지고 간 것을 암시하는 듯하다. 십자가형의 세로 기둥은 9척이나 되는 큰 것이라서 세로 기둥은 처형 장소에 미리 세워놓았다고 보아야 한다.

요한복음에서 **구레네 시몬** 이야기는 의도적으로 생략된 것으로 보인다. 그렇다면 어떤 의도에서 생략한 것일까? 몇 가지 견해가 제시되었다. 첫째, 영지주의적인 해석에 반대하기 위해서였다는 주장이다. 2세기 영지주의자들(특히 바실리데스)은 십자가에 못 박힌 사람이 예수가 아니라 구레네 시몬이라고 말했다. 둘째, 그의 사명을 온전히 완수하기 위해 예수가 십자가를 홀로 졌다는 주장이다. 예수는 목숨을 기꺼이 버리겠다고 공언했으며(10:11), 올바른 제자가 되기 위해 자기 십자가를 지고 따라야 한다는 것을 모범적으로 보여주었기 때문이다. 셋째, 자발적인 죽음을 택한 이삭을 본받았기 때문이라는 주장이다. 성년이 된 이삭이 스스로 목숨을 내놓은 것은(창 22장) 고난 받는 종(사 53장)과 주제면에서 상응하면서 십자가를 홀로 진 예수의 모형으로서 잘 맞았기 때문이다. 예수는 홀로 십자가를 짐으로써 대속의 사명을 완수한 것이다.

로마의 군인들은 예수를 십자가에 못 박았다. 예수의 십자가 처형이 보여주었을 처참함에 대해서는 언급하지 않은 채 이렇게 간략하게 기록되어 있다. 십자가형은 양팔을 벌린 채 손과 발에 못을 박거나 끈으로 묶어 나무에 매달았기 때문에 온 몸이 앞으로 쏟아질 듯이 매달려 있어야 했다. 가장 고통스럽고 잔인하고 수치스러운 형벌이었다. 예수가 십자가에 못 박힐 때 좌우편에 두 사람도 같이 못 박혔다고 말한다. 마태와 마가는 이 두 사람을 '강도'라고 하였고, 누가는 '행악자'라고 하였다(누가복음에는 두 사람 중 하나를 구원하는 이야기도 실려 있다). 요한복음에는 그러한 설명이 없지만 십자가형을 당한 것을 보면 바라바와 같은 죄목으로 잡혀온 사람들이었을 가능성이 있다. 예수가 다른 두 사람의 죄수와 같이 십자가에 못 박힌 것은 "범죄자 중 하나로 헤아림을 받았다"는 고난 받는 종에 관한 예언(사 53:12)과 부합한다. 요한복음은 두 강도의 비방이나(막 15:32; 마 27:44) 한 강도의 구원(눅 23:43)에 관한 내용을 싣지 않으며, 다만 두 강도의 이야기는 예수와 달리 그들의 다리를 꺾는 이야기를 언급하기 위해 설정해 놓고 있다.

요한복음은 유일하게 빌라도가 "나사렛 예수 유대인의 왕"이라는 패를 직접 써서 십자가 위에 붙인 것으로 기록한다(실제로 19:1에서처럼 빌라도가 다른 사람을 시켜 패를 쓰게 했다고 하더라도, 직접 쓴 것으로 기술하고 있다는 점이 중요하다). 빌라도는 예수의 무죄를 믿었었기 때문에 이를 직접 증언하고 있는 셈이다. 십자가 위에(비교: 마태는 "그의 머리 위"에; 누가는 "그의 위"에) 패를 붙인 것을 보면, 십자가가 'T자형'이라기보다 위가 돌출된 '+자형'이었던 것으로 보인다. 복음서마다 패에 붙인 말에 약간씩 차이를 보인다. 마태복음은 "이는 유대인의 왕 예수라"고 기록하고 있고, 마가복음은 가장 간단하게 "유대인의 왕"이라 기록하고 있으며, 누가복음은 "이는 유대인의 왕이라"고 기록하고 있다. 이에 비해 요한복음은 "나사렛 예수 유대인의 왕"이라고 함으로써 마태복음과 더불어 죄수의 이름과 죄명을 다같이 기록하고 있다. "나사렛"이란 지명을 덧붙인 것에서 우리는 요한복음 저자가 왕(메시아)이 나올 수 없는 나사렛(7:41 참조)에서 유대의 왕이 나왔다는 것을 넌지시 보여주려는 의도를 읽게 된다. 이 패는 예루살렘 성이 가까웠기 때문에 가능한 많은 사람들이 읽을 수 있도록 3개 국어(히브리어, 라틴어, 헬라어)로 기록되어 있었다. 유대인의 대제사장들(중복적인 표현임)은 빌라도에게 "자칭 유대인의 왕"(원문 상에는 "이 사람이 '나는 유대인의 왕'이라고 말했다"라고 함)이라고 써 달라고 요청하였으나, 빌라도는 "내가 쓸 것을 썼다"고 말하면서 거절한다. 요한복음 저자는 빌라도가 대제사장들의 요청을 거부한 행동을 통해 예수의 왕권을 확실히 부각시키고 있다. 이를 통해 유대인들이 예수의 왕권을 부정하려고 하는 것을 물리치는 동시에 이방인들(로마인들을 포함한)에게도 예수가 진정한 왕임을 드러내려고 한 것이다.

18절에서 (그들이) 예수를 십자가에 못 박았다고 하였는데, 23절에서 다시 한 번 군인들이 십자가에 못 박았다고 기록한다. 여기에서부터 십자가형을 집행한 군인들이 명시적으로 언급되고 있다. 군인들은 십자가형을 집행한 후 형 집행자들의 관행에 따라 예수의 옷을 네 깃으로 나눠가졌다. 아마 군인들은 네 명이 한 조를 이룬 것 같다(행 12:4 참조).

당시 가난한 유대인들은 속옷('키톤'; 로마인의 '튜닉') 하나만을 입었다고 한다. 예수에게는 겉옷('탈릿'; 로마인의 '토가')도 있었다(13:4 참조). 이외에 두건, 허리띠, 신발, 팬티('할룩')가 있었을 가능성이 있다. 이 중에서 어떤 것들을 차지했는지는 알 수 없다. 군인들은 예수의 속옷까지 취하였기 때문에, 예수는 그야말로 벌거벗은 상태('할룩'을 입고 있었다고 하더라도)가 되었다. 이는 예수가 이루 헤아릴 수 없이 많은 온갖 수치와 조롱을 당하였음을 보여준다.

호지 않은 통옷인 속옷('키톤/튜닉')은 나누면 쓸모없게 되기 때문에 제비를 뽑아 한 사람이 가지려고 하였다. 이는 모두 "내 겉옷을 나누며 속옷을 제비 뽑나이다"(시 22:18)라는 성경을 응하게 하려는 것이라고 설명한다. 시편 구절은 동의적 평행법(synonymous parallelism)을 나타내기 때문에 하나의 옷을 의미한 것이지만, 요한복음 저자는 그것을 산문적으로 받아들여(마치 마 21:2-5에서의 경우처럼) 호지 않은 통옷인 속옷을 구별하여 강조하고자 하였다. 호지 않은 통옷은 백성들의 죄를 사하는 역할을 하는 제사장의 의복으로 인식되었기 때문이다(출 28:4; 39:27; 요세푸스의 「고대사」 3권, 7장, 4/161 참조). 또한 군인들이 이 통옷을 찢지 않은 것은 분열되지 않은 하나의 교회(예수와 제자들의 일치)를 상징하여 준다.

군인들이 이러한 짓거리를 하고 있을 때, 십자가 곁에는 예수의 어머니 마리아와 여인들 셋, 그리고 사랑하는 제자가 모여 있었다. 네 명의 여인 이름은 어머니 마리아와 어머니의 여동생, 그리고 글로바의 아내 마리아와 막달라 마리아였다. 공관복음서에는 세 명의 여인 이름만이 기록되어 있는데, 요한복음은 예수의 어머니 마리아까지 네 명이 있었다고 말한다(네 명의 군인이 한 조를 이룬 것과 비교된다). 네 복음서에 공통적으로 등장하는 인물은 막달라 마리아이다. 먼저 공관복음서에 각각 나오는 세 여인들의 이름은 다음과 같다. 마태복음에는 막달라 마리아, 야고보와 요셉의 어머니 마리아, 세베대의 아들들의 어머니가 등장한다. 마가복음에는 막달라 마리아, 야고보와 요새의 어머니 마리아, 살로메가 등장한다. 누가복음에는 막달라 마리아, 야고보의 어머니 마리아, 요안나가 등장한다. 공관복음서를 종합해 보면, 막달라 마리아, 야고보와 요셉(요새)의 어머니 마리아, 세베대의 아들들의 어머니(살로메?)로 압축된다. 다만 요안나는 헤롯의 청지기인 구사의 아내로 나오기 때문에 특별하다(눅 8:3). 공관복음서와 요한복음에 나오는 여인들을 비교해 보면, 예수의 어머니 마리아와 막달라 마리아는 혼동되지 않고, 나머지 두 여인 중 글로바의 아내 마리아는 아마도 야고보와 요셉(요새)의 어머니 마리아와, 그리고 예수의 어머니의 여동생은 아마도 세베대의 아들들의 어머니 마리아(살로메)와 동일시할 수 있을 것 같다. 살로메와 요안나의 동일시는 증명하기 어렵다. 이처럼 분명한 것은 아니지만 이 여인들 사이의 대체적인 관계를 다음의 표로 제시해 본다:

마가복음	마태복음	누가복음	요한복음
			예수의 어머니 마리아
막달라 마리아	막달라 마리아	막달라 마리아	막달라 마리아
야고보와 요셉의 어머니 마리아	야고보와 요새의 어머니 마리아	야고보의 어머니 마리아	글로바의 아내 마리아
세베대의 아들들의 어머니	살로메		예수의 어머니 마리아의 여동생
		요안나	

요한복음이 다른 복음서에 없는 예수의 어머니를 등장시키고 있는 것은 특별하다. 예수는 마지막 순간에 이르러 어머니를 사랑하는 제자에게 부탁하고, 사랑하는 제자를 어머니에게 부탁하고 있다. 예수를 믿고 따르는 형제들이 없어서(7:5 참조), 어머니를 사랑하는 제자에게 부탁한 것일까? 이것은 예수의 형제들이 마리아의 소생이 아니라고 하는 주장에 힘을 실어주는 견해이기도 하다(마리아는 동정녀로 남아 있었다는 로마 가톨릭의 주장과 맥이 닿아 있다). 어쨌든 이것은 예수가 어머니 마리아에 대하여 끝까지 효심을 보여준다고 해석하는 것이다.

그러나 요한복음이 상징적 의미를 드러내는 것에 관심을 기울이고 있기 때문에, 이러한 혈육의 정에 입각한 해석은 충분하지 못하다. 마리아만이 아니라 사랑하는 제자도 등장하며, 예수는 두 사람에게 모두 상호 부탁을 하고 있는 점에도 유의할 필요가 있다. 마리아나 사랑하는 제자는 모두 이상적인 인물이며 **대표성**을 띠고 있다고 볼 수 있다. 마리아의 이름이 언급되지 않은 것은 그녀가 잘 알려진 인물이기도 하였지만, 초점은 그녀를 이상적인 인물로 그리려고 한 데 있었던 듯하다(2:1-12 참조). 사랑하는 제자 또한 이름 없이 등장하면서 이상적인 제자의 모습을 보여준다.

위탁 장면은 간단하면서도 의미심장한 대화로 구성되어 있다. 먼저 예수가 어머니 마리아에게 "여자여, 보소서. 아들이니이다."라고 말하였다. 마리아에게 "여자여"라고 호칭한 가나 혼인잔치에서도 그러했듯이 공적인 상황을 상정하게 된다. 가나 혼인잔치에서는 "때"가 되지 않아 예수가 마리아의 부탁을 거절하는 상황에서 말한 것이라면, 여기에서는 "때"가 되어 마지막 위탁을 하고 있다. 곧바로 이어서 사랑하는 제자에게 "보라, 네 어머니라"고 하면서 마리아를 맡기는 장면이 나오고, 그 때로부터 그의 집에 마리아를 모셨다고 기록하고 있다. 여기에서 사용된 "보소서, 아들이니이다"(Ἴδε ὁ υἱός σου/이데 호 휘오스 수)와 "보라, 네 어머니라"(Ἴδε ὁ μητηρ σου/이데 호 메테르 수)는 문구는 계시 양식으로서 이 말 안에 중요한 구원의 사역의 의미를 담고 있음을 보여준다.

그렇다면 마리아와 사랑하는 제자가 상징하며 대표하고 있는 대상은 무엇일까? 어떤 이들은 마리아가 유대교적 전통을 대표하며(참고로, 사 66:7-11은 시온이 남자아이를 낳고 기뻐한다), 사랑하는 제자가 그리스도인들(교회)을 대표한다고 주장하기도 한다. 마리아를 사랑하는 제자에게 위탁하고 있기 때문에 그렇게 보는 것 같다. 그러나 사랑하는 제자에게도 마리아를 부탁하고 있기 때문에 이러한 해석에는 무리가 있다. 이 부분을 해석하는 데는 마리아를 이상적인 신앙을 가진 인물로 묘사하고 있는 가나 혼인잔치 외에 성경의 다른 세 곳을 추가로 비교해 보는 것이 도움이 된다.

첫째, 창 4:1의 관련 하에서 보는 것이다. 그곳에는 아담과 하와가 가인을 낳고 나서, 하나님의 도움으로 남자아이를 낳았다고 기록하고 있다. 여기에서 남자아이(אִישׁ)를 낳았다고 한 것은 마리아가 새 이브(the New Eve)로서 아들 예수를 낳은 것과 연관된다.

둘째, 창 3:15의 관련 하에서 보는 것이다. 그곳에는 이브가 뱀과 원수가 된 것 같이, 이브의 후손이 뱀의 머리를 상하게 할 것이라고 기록하고 있다. 여기에서 이브의 후손은 예수를, 뱀은 사탄을 가리킨다.

셋째, 계 12:5,17의 관련 하에서 보는 것이다. 그곳에는 여자가 남자아이를 낳을 것이며, 옛 뱀이라고도 하는 용이 남자아이를 삼키려 할 것이라고 기록하고 있다. 여기에서 여자는 마리아를, 남자아이는 예수를, 용은 사탄을 가리킨다.

이러한 성경 말씀들에서 유추하여 보면, 마리아는 개인이 아니라 어떤 집단, 즉 교회를 대표하는 인물로 볼 수 있다. 마리아가 교회를 대표한다면, 사랑하는 제자는 마리아가 낳은 그리스도인들을 가리킨다고 볼 수 있다. 예수는 그리스도인들이 장차 그들을 낳은 교회를 지켜야 할 책임이 있음을 계시하고 있다.

2.4.2. 죽음(19:28-37)

마리아와 사랑하는 제자에게 위탁하는 말씀을 한 후에 예수는 최후를 맞이한다. 먼저 예수는 모든 일이 이미 '이루어진' 줄 아시고 성경을 응하게 하려고 '내가 목마르다.'라고 말하였다. '모든 일이 이미 이루어졌다'는 것은 무엇을 말하는 것인가? 일차적으로 십자가에 죽으심으로써 하나님께서 맡기신 사명을 완수하였다는 것을 가리킨다고 볼 수 있다. 13:1에서 "예수께서 자기가 세상을 떠나 아버지께로 돌아가실 때가 이른 줄 아시고, 세상에 있는 자기 사람들을 사랑하시되 끝까지 사랑하시니라."(여기에서 "끝까지"는 '죽기까지'로 해석할 수 있다)고 한 것이 이제 성취되었다고 해석하는 것이다. 그러나 아직 십자가에 죽으시기 전에 이 말씀을 하셨기 때문에 이러한 해석에 문제점이 있다. 물론 이제 곧 이루어질 사실을 예언적 완료로 표현한 것으로 볼 수 있는 여지는 있다. 그렇지만 문맥적으로 볼 때, "모든 일이 이미 이루어졌다"는 것은 마리아와 사랑하는 제자 사이에 있었던 상호 위탁을 교회와 그리스도인들 사이에 서로 사랑하여 하나가 되라는 것을 가리키는 것으로 보는 것이 좋다. 예수께서 자기 사람들을 끝까지(죽기까지) 사랑하였듯이, 그리스도인 형제들이 서로 사랑하라는 새 계명(13:34)을 완수하도록 모든 조치를 다 하였다고 말씀하신 것이다.

예수는 성경을 응하게 하려고 "내가 목마르다"라고 말하였고, 그 연장선상에서 신 포도주를 적신 해면을 우슬초에 매어 마셨다. 이는 시 69:21("그들이 쓸개를 나의 음식물로 주며, 목마를 때에는 초를 마시게 하였사오니")를 염두에 두고 한 말씀과 행동으로 볼 수 있다. 그런데 예수가 십자가형을 당할 때 언급된 포도주와 관련된 내용은 네 복음서가 각각 공통점과 차이점을 보여준다. 먼저 마태와 마가는 두 번의 다른 사건을 언급하고 있는데 비해, 누가와 요한은 오직 한 번의 사건만을 언급한다. 마 27:34(쓸개 탄 포도주)와 막 15:23(몰약 탄 포도주)에 언급된 첫 번째 사건은 골고다 도착 후 십자가 처형 전에 일어난 일로서 통증을 완화시키는 마취제로서의 성격을 보여준다. 시편은 동의적 평행법에 기초하여 반대자들의 한 가지 적대적인 행위를 가리키는 것이지만, 마태와 마가는 두 가지 행위로 이해하고 적용시키고 있다(적대적인 의미가 분명히 드러나지 않음). 즉, 첫 번째 사건은 시 69:21의 상반절("쓸개")과, 두 번째 사건은 시 69:21의 하반절("초=신포도주")과 연관시킨다. 한편, 네 복음서에 모두 기록된 두 번째 사건은 십자가에 달려 죽기 직전에 일어난 일로서 관련 구절을 비교해 보는 것이 본문 이해에 도움이 될 것이다:

	건네준 사람(들)	엘리야와의 관계	어조	내용물	수단
마 27:48	곁에 있던 사람	연관성 표현	동정적	신포도주	해면, 갈대
막 15:36	곁에 있던 사람	연관성 표현	동정적	신포도주	해면, 갈대
눅 23:36	군인들	연관성 없음	적대적 (희롱의 문맥)	신포도주	해면 언급 없음
요 19:28-30	군인들(?)	연관성 없음	동정적	신포도주	그릇, 해면, 우슬초

요한복음에만 나오는 내용과 표현이 있는데, 그 중 **"내가 목마르다"**라고 말한 것과 우슬초에 대한 언급은 요한복음 특유의 상징적 의미와 관련이 있기 때문에 언급할 만한 가치가 있다. 본문에는 성경을 응하게 하려고 "내가 목마르다"라고 말한 것으로 되어 있는데, 정오에 십자가에 달려 육체적으로 갈증을 느낀 것은 당연하겠지만 그것보다 드러나지 않은 신학적인 이유가 있을 것이다. 왜냐하면 예수가 목마르다고 한 것이 그의 구원 사역에 무슨 부족한 면이 있는 듯 비춰질 수 있기 때문이다. 그가 목마르다고 한 것은 아이러니칼하게도 그 자신이 생명수의 원천(7:38)이 됨을 상기시키는 듯하다. 바로 이어서 생명수는 성령을 가리킨다고 설명해 주고 있는데(7:39), 그가 십자가에서 창에 찔릴 때 흘러나온 물이 바로 성령을 상징한다고 볼 때 목마름과 성령의 연관성은 어렵지 않게 추론할 수 있다.

요한복음에만 언급된 **우슬초** 역시 신학적 상징을 보여준다. 우슬초는 유월절 양의 피를 문인방과 좌우 설주에 뿌릴 때 사용된 식물이다(출 12:22). 모세도 우슬초로 희생제물의 피를 뿌리는 데 사용하였다(히 9:19). 예수가 십자가에 처형된 때는 유월절 양을 잡는 시각과 일치한다고 볼 때(19:14), 우슬초에 대한 언급을 통해 예수가 유월절 어린양으로서 죽는 것과 연관시키고 있다고 간주할 수 있다. 유월절 어린양이신 예수의 뼈를 꺾지 않은 것(19:36)은 유월절 양은 뼈를 꺾지 않아야 했던 것과 잘 연결된다(출 12:46).

예수는 신포도주를 마신 후에 **"다 이루었다"**라고 말하고 운명하셨다. 이것은 요한복음에서 예수가 죽기 전에 하신 마지막 말씀이다. 마태와 마가는 "나의 하나님, 나의 하나님, 어찌하여 나를 버리셨습니까?"(막 15:34와 평행구절)라고 말하고 난 뒤 "큰 소리를 지르시고 숨지셨다."(막 15:37)고 기록하고 있다. 누가는 "내 영혼을 아버지 손에 부탁하나이다."(눅 23:46)라고 말한 뒤 숨을 거두셨다. 이처럼 네 복음서는 예수의 마지막 말씀이 각각 다르다(물론 마태와 마가는 동일하다). 마태와 마가는 고뇌에 찬 모습을 보여주는데 비해(인용된 시 22편 전체를 보면 하나님에 대한 신뢰가 나타나 있긴 하다), 요한복음은 누가복음과 같이 사명을 성공적으로 완수하였다는 것을 직간접적으로 표현하고 있다.

예수는 죽을 때 머리를 숙였다. 이 표현도 요한복음에만 나온다. 머리를 숙인 것은 고뇌에 찬 죽음이 아니라 마치 잠에 들듯이 평안하게 죽음을 맞이했음을 표현해 준다. 요한복음은 독특하게 예수의 죽음을 "영혼이 떠나갔다"(παρεδωκεν/파레도켄)라고 묘사하고 있다(19:30). 마태(27:50)는 "영혼이 떠나시니라"(αφηκεν/아삐켄)라고 기록했고, 마가(15:37)는 "숨지시니라"(εξεπνευσεν/엑세프뉴센)라고 기록했으며, 누가(23:46)는 영혼을 아버지 손에 부탁하고(παρατιθεμαι/파라티쎄마이), "숨지시니라"(εξεπνευσεν)라고 기록했다. 요한이 사용한 용어가 특이한 것은 가룟 유다가 예수를 배반하여 넘겨줄 때나 빌라도가 십자가형에 처하라고 넘겨줄 때도 사용된 것이라는 점이다. 요한복음 저자는 언어유희(pun/word-play)를 통해, 적대자들이 불의하게 예수를 넘겨준 것과 달리 예수는 고난 받는 종처럼(사 53:12) 자발적으로 그의 영혼을 내놓았다는 점을 보여준다. 요한복음의 표현인 **'파레도켄 토 프뉴마**(παρεδωκεν το πνευμα)는 '영혼이 떠나갔다'라고 자동사로 번역할 수도 있지만, '그의 영혼을 넘겨주었다'라고 타동사로 번역할 수도 있다. "영혼"(το πνευμα/토 프뉴마)은 '예수의 영, 즉 성령'을 가리킬 수도 있다. 이것을 바로 요한복음 앞 부분에서 "나를 믿는 자는 그 배에서 생수의 강이 흘러나오리라"고 말한 다음에 나온 "예수께서 아직 영광을 받지 않으셨으므로 성령이 아직 그들에게 계시지 아니하시더라"(7:39)는 설명과 연관시킬 수 있을 것이다. 요한복음에서 예수는 영/성령을 넘겨주었다. 그런데 누가복음에서는 영혼을 아버지에게 맡기고 있지만,

요한복음에서는 수신자가 명시되어 있지 않고 후에 나온다. 수신자는 바로 제자들이다. 요한복음에서 제자들이 성령을 받는 것은 부활 이후에 이루어지고 있다(20:22).

19:31-37은 예수가 죽은 후 장례 전까지의 일을 기록하고 있다. 예수가 십자가에 처형된 날은 '준비일'이었다. 이 날이 19:14에는 유월절 준비일이라고 언급하고 있는데 비해, 19:31에는 안식일의 준비일이라고 언급하고 있기 때문에, 두 날이 서로 겹치는 특이한 경우가 되었다. 그래서 **'큰 안식일'**로 명명되고 있다. 십자가 처형 후에는 며칠 동안 죄수를 매달아놓음으로써 사람들에게 경계로 삼는 것이 보통이었다. 그러나 안식일이나 종교적인 절기에 해당이 되면, 시체를 치우기도 했다. 유대인들(19:21에는 "유대인의 대제사장들"이라고 구체적으로 말했다)은 빌라도에게 시체를 치워달라고 요청했는데(마치 빌라도가 곧고다 현장에 있었던 것처럼 묘사된다), 죄수들이 십자가에 며칠씩 죽지 않고 매달려 있는 경우도 있었기에 다리를 꺾어 확실히 죽음을 확인하고 치워달라고 한 것이다.

빌라도의 명을 받은 군인들이 다리를 꺾기 위해 십자가의 죄수들에게 다가갔다. 먼저 예수 좌우편에 있는 두 죄수들의 다리를 꺾고 나서 예수께 가까이 갔다. 그러나 예수가 이미 죽은 것을 확인하고 그의 다리를 꺾지 않았다. 그러나 한 군인이 창으로 옆구리를 찔렀고, 곧 피와 물이 흘러나왔다. 이미 죽은 것을 확인했는데도 창으로 찔렀다. 창으로 찌를 이유가 없었을 텐데 그렇게 했다. 무엇인가 어울리지 않는 상황인 셈이다. 그러나 이것을 본 자의 증언이 있으니 그 증언은 참된 것이며, 그것을 믿게 하려는 의도에서 증언하였다고 기록하고 있다. 본 자의 증언이 참된 것은 이 일들이 성경을 응한 것이라는 점에서도 확증된다. "그 뼈가 꺾이지 아니할 것이다."(출 12:46; 민 9:12; 시 34:20)라는 것은 유월절 양의 뼈를 꺾지 않는 규례와 연관되며, "그들이 그 찌른 자를 볼 것이다."(슥 12:10)라는 것은 로마제국(빌라도; 사탄)이 종말론적 심판을 피하지 못할 것임을 시사한다.

그런데 여기에서 옆구리에서 흘러나온 **"피와 물"**에 대한 언급은 무엇을 의미하는 것일까? '피'만이 아니라 '물'이 언급된 것이 특이하게 보인다. '피'에 대해서는 어느 정도 설득력이 있는 설명이 가능하다. 예를 들어, 의학적으로 죽은 사람의 심장이 멎은 상태에서 피가 쏟아지기 어렵다는 주장도 있고, 채찍에 맞아 심낭에 고여 있던 피가 수직으로 매달려 있는 상태에서 창에 찔려 쏟아질 수 있다는 주장도 있다. 피가 흘렀다는 점을 감안해 볼 때 심장 파열이 죽음의 원인이라는 설명을 하기도 한다. 그러나 '물'에 대한 의학적 설명은 쉽지 않다. 충격으로 인하여 위가 확장되어 물 같은 액체가 흘러나올 수는 있지만, '피'와 구별되는 '물'의 실체를 말하기는 어렵기 때문이다. 의학적인 견해 외에 기적이 일어난 것으로 보거나, 그리스 신화에 신들은 정맥에 피가 없고 물이 섞인 피와 같은 것이 있다고 하는 전설에 의거해 예수의 신적 기원을 주장하기도 한다.

그러나 '물'에 대한 의학적인 설명이나 초자연적인 설명보다는 요한복음에서 두드러지는 신학적인 이유를 찾는 것이 나을 듯하다. 먼저 구약성서의 배경을 가지고 설명하는 것이 가능할 것이다. '물'이 흘러나온 것은 창 2:21-22에 이브를 아담의 옆구리에서 취한 것처럼, 새 이브, 즉 교회의 출현을 상징하는 것이라는 주장이다. 이는 19:26-27에서 어머니가 교회를, 사랑하는 제자를 그리스도인들을 상징하는 것이라고 한 견해와 잘 들어맞는다. 그렇지만 무엇보다도 요한복음 자체의 내용에서 '물'에 대한 상징을 찾을 수 있다고 본다. 7:38은 "그 배에서 생수의 강이 흘러나오리라"고 했고, 7:39은 "이는 그를 믿는 자들이 받을 성령을 가리켜 말씀하신 것이다"라고 한 것을 보면, 물은 성령을 상징한다. 7:39은 "아직 예수께서 영광을 받지 않으셨기 때문에(즉, 죽지 않았기 때문에) 성령이 아직 임하지 않은 것이라"는 설명도 덧붙이고 있다. 또한 "그"라는 3인칭 대명사는 '믿는 그리스도인'보다는 예수를 가리키는 것으로 보는 것이 더 낫다고 볼 때, 생명의 원천이 예수임을 밝히 보여준다. 예수로부터 성령이 나온다. 예수가 떠나가야(죽어야) 보혜사가 올 것이라고 한 것은 바로 이를 두고 한 말씀이다(16:7). 예수는 죽으면서 '영을 (제자들에게) 넘겨주었다'(19:30). 제자들은 예수의 부활 후 성령을 받게 된다(20:22). 이와 같이 **피**와 **물**과 **영**은 다함께 예수 그리스도의 죽음과 부활을 증언한다(요일 5:6-8 참조).

2.4.3. 장례(19:38-42)

유대인들의 요청에 의해 십자가에서 내려진 예수의 시체는 예수의 어머니나 친척에게 건네져 장례를 치르게 하는 것이 예상되는 순서였을 것이다. 성경은 **아리마대 사람 요셉**이 이 일을 대신하고 있다. 공관복음서의 기록에 따르면, 그는 부유한(마 27:57) 산헤드린 공회원이었다(막 15:43; 눅 23:50). 요한복음은 그가 예수의 제자였지만 유대인들을 두려워하여 그 사실을 숨기고 있었다고 말해준다. 앞 단락(19:31-37)이 믿음을 공개적으로 드러낸 사랑하는 제자 그룹을 대표한다면, 본문은 믿음을 숨기고 있는 제자들(아리마대 요셉과 니고데모)의 그룹을 대표한다. 이처럼 요한복음은 두 종류의 제자 집단(10:16 참조)을 염두에 두고 있으며, 예수가 십자가에 달리면 모든 사람을 그에게로 이끌겠다는 예언(12:32 참조)이 이제 성취되고 있는 것이다. 예루살렘 입성 전에 향유를 부은 마리아가 예수의 장례를 예비했다면(12:7), 아리마대 요셉과 니고데모가 장례를 집행하고 있다.

아리마대 사람 요셉이 빌라도에게 가서 예수의 시체를 요구했는데, 이는 그가 산헤드린 공회원으로서 상당한 영향력을 가지고 있었기 때문에 가능했을 것이다. 유대인들은 예수가 십자가에 달려 죽은 것을 확인하고 예수의 시체에는 관심이 없었다. 장례 현장에는 **니고데모**(공관복음서에는 나오지 않음)가 등장하고 있다(3:1; 7:50에 이어 세 번째로 등장함). 그는 몰약과 침향 섞은 것을 백 리트라쯤 준비해서 가지고 왔다. 1리트라가 326그램쯤 하므로, 100리트라면 32,600그램(약 32kg)이니까 엄청난 양이다. 유대인의 장례법대로 향품을 시체에 바르고 세마포로 쌌다. 안식일(유월절 절기)이 다가오고 있는 다급한 상황에서 이와 같이 많은 시간이 걸리는 일(몸을 씻고 발라야 했다면)을 했다는 것은 예수에게 왕과 같은 장례를 치르기 위한 것이었다. 그러나 무덤이 십자가형을 당한 골고다에서 멀지 않은 곳에 있어서 시간을 절약할 수 있었을 것이다(42절 참조).

요한복음에는 공관복음서와 준비한 향품과 그것을 사용한 때가 다르게 서술되어 있다. 요한복음은 예수의 시체를 무덤에 안치하기 전 금요일에 시체에 바르기 위하여 몰약(myrrh)과 침향(aloe)을 섞은 것을 사용했다. 이에 비해 공관복음서(마태는 언급 없음)는 무덤에 안치한 후 안식일이 지난 일요일 첫새벽에 예수의 시체에 바르기 위하여 향품(aroma; 막 16:1) 또는 향품과 향유(oil; 눅 23:56)를 준비하였다고 기록하고 있다. 준비해 간 향품들은 일차적으로 방부의 목적을 위한 것이지만, 특별히 예수의 희생제물이 향기롭다(아 4:14 참조)는 의미를 드러내고 있다고 볼 수 있다. 빈 무덤에 대한 언급 취지도 공관복음서와 다르게 기술되어 있다. 공관복음서는 예수의 시체를 둔 무덤의 위치를 확인하고 있는 여인들에 대하여 기록하고 있는데 비해(마 27:61; 막 15:47; 눅 23:55), 요한복음에는 여인들의 모습은 보이지 않고 남자들(아리마대 요셉과 니고데모)만 등장한다. 공관복음서는 여인들이 무덤의 위치를 확인하는 언급을 통해 빈 무덤과 예수의 부활을 연결시키고 있는데 비해, 요한복음은 **'동산'**에 사용한 적이 없는 '새 무덤'에 대한 자체적인 언급을 통해 무덤을 찾는 것이 매우 쉽다는 것과 **왕의 장례**와 같은 장례가 이루어졌음을 보여준다. 구약성서에 따르면 유대 왕들은 동산에 묻혔으며(왕하 21:18,26), 다윗 왕의 묘도 동산에 있었다(느 3:16; 행 2:29 참조).

3. 예루살렘 부활 현현(20:1-31)

복음서에서 예수의 부활 장면은 묘사되지 않고, 부활 이후에 제자들에게 나타나신 내용만 기록되어 있다. 예수가 십자가에서 죽어 장사된 후 바로 안식일이 이어졌기 때문에, 사람들(제자들 포함)은 모두 집으로 돌아갔다. 빌라도의 명을 받은 군인들만이 인봉된 돌로 무덤 문을 막고 무덤을 지키고 있었다(마 27:62-66). 그래서 부활 장면을 목격한 사람들이 없었다. 오직 외경인 『베드로의 복음』에만 군인들이 하늘에서 천사 둘이 내려와 예수를 데리고 가는 장면을 목격한 내용을 언급하고 있을 뿐이다. 그러나 「베드로의 복음」조차도 예수가 어떻게 부활하게 되는지를 구체적으로 묘사하지 않고 있다. 보다 정확하게 말하면 누구라도 놀라운 신비인 부활을 묘사할 수 있는 길은 없었을 것이다. 다만 부활 이후 예수께서 나타나신 현현 장면을 통해 예수가 부활하였음을 확인할 수 있을 뿐이다.

신약성서에서 예수의 부활 현현을 목격한 증인들의 목록은 복음서와 바울서신(고전 15:5-8)에 나타나 있다.
복음서는 두 장소에서 나타난 것으로 말해준다. 먼저 예루살렘에서 베드로(눅 24:34 참조), 막달라 마리아(막 16:9; 마 28:9; 요 20:11-18)와 다른 마리아(마 28:9)와 엠마오 두 제자(눅 13-35; 막 16:12-13)와 열한 제자(요 20:19-23; 눅 24:36-49; 막 16:14)와 도마를 포함한 제자들(요 20:26-29)에게 나타난 것을 언급한다. 그리고 갈릴리에서 열한 제자(마 28:16-17; 막 16:7?)와 일곱 제자(요 21:1-2)에게 나타났다고 기록하고 있다.
바울서신은 장소를 특정하지 않고, 게바(베드로)와 열두 제자와 오백여 형제와 야고보와 사도 바울에게 나타났다고 언급하고 있다.

예수의 부활 현현 기사를 종합하여 보면, 먼저 예루살렘에서 나타나신 후, 갈릴리에서 제자들에게 나타나시고, 예루살렘에서 다시 나타나신 후, 승천을 앞두고 최종적으로 나타나신 순서를 보여주는 것 같다. 부활 현현 장면은 세 종류로 구분할 수 있는데, 그것은 사명을 부여하는 형태(마 28:8–10; 마 28:16–20; 요 20:19–21)와 단순히 부활을 인지하는 형태(눅 24:13–35; 요 21:1–14)와 두 가지가 결합된 형태(막 16:14–15; 눅 24:36–49; 요 20:11–18; 요 20:26–29)이다. 열두 제자단(실제로는 열한 명)에 나타난 경우는 공적인 성격을 띠면서 사명을 동반하는 특징을 보여준다(요 21:1–14는 예외).

누가복음과 요한복음(21장을 부록으로 보면)은 예루살렘에서의 현현을 중심으로 기록하고 있다. 그것은 누가나 요한 모두 예루살렘을 강조하는 경향성을 보여주기 때문이다. 복음서와 바울서신의 명단은 일치하지 않으며, 네 복음서도 서로 일치하지 않는다. 이것은 당시에 신앙공동체마다 독립된 부활 현현 증언들이 있었음을 보여준다. 또한 바울의 증언에서 보듯이 여자들을 제외한 남자 제자(주로 사도들) 증인들만을 기록하고 있기 때문에 불일치가 발생한 측면도 있다.

3.1. 빈 무덤(20:1–10))

예수의 부활 이야기는 안식일이 지난 후 첫날 새벽 아직 어둠이 가시지 않은 시각에 시작된다. **막달라 마리아**가 무덤에 와서 돌이 무덤에서 옮겨진 것을 발견하게 된 것이다. 요한복음에는 막달라 마리아가 홀로 등장한다. 이는 마가복음에 세 명, 마태복음에 두 명, 누가복음에 세 명과 다른 여자들이 함께 등장하는 것과 대조된다. 그러나 막달라 마리아가 항상 첫 번째로 언급되고 있어서 그 중요성을 보여준다. 마가복음(16:1)과 누가복음(24:1)에는 향품을 예수의 시체에 바르기 위해서 무덤에 간 것으로 기록하고 있는데 비해, 마태복음(28:1)과 요한복음(20:1)은 특별한 목적을 밝히지 않고 있다(곡을 하기 위해서?). 마태복음만이 향품에 대한 언급이 없는데, 이는 군인들이 무덤을 지키고 있어서 여자들이 무덤에 갈 수가 없었기 때문인 것 같다. 막달라 마리아는 예수의 시체를 훔쳐간 줄로 판단하고, 시몬 베드로와 사랑하는 제자(본문에는 "그 다른 제자"로 되어 있음)에게 달려가서 이를 알렸다.

베드로와 **사랑하는 제자**는 이를 확인하기 위해 무덤으로 급히 달려갔다. 사랑하는 제자가 베드로보다 더 빨리 달려 무덤에 먼저 도착했다. 그는 몸을 구부려서 무덤 안에 예수의 시신을 쌌던 세마포가 놓인 것을 보았지만 무덤 안으로 들어가지는 않았다. 사랑하는 제자가 몸을 "구부려서" 밖에서 무덤 안을 들여다볼 수 있었던 것으로 보아 아리마대 요셉의 새 무덤은 선반형(arcosolia) 무덤이었을 가능성이 높다. 무덤에 먼저 들어간 제자는 뒤따라온 베드로였다. 이러한 언급은 사랑하는 제자가 베드로에 못지않은 부활 전승의 증인이라는 점을 부각시키는 동시에, 수제자 베드로의 권위도 인정하기 위한 것으로 보인다.

베드로는 무덤에 들어가 세마포가 놓인 것과 함께 머리를 싼 수건이 머리에 썼던 그대로 다른 쪽(머리가 놓였던 곳?)에 놓여 있는 것을 보게 되었다. 그제야 사랑하는 제자도 무덤에 들어가 몸을 둘렀던 세마포와 머리를 쌌던 수건을 **"보고 믿었다."** 세마포와 수건의 위치와 놓인 상태에 관해 비교적 자세하게 언급하고 있는데, 이것은 사랑하는 제자가 믿음에 이르게 된 것과 무슨 관련이 있는 것인가? 두 가지 설명이 제기되었다. 첫째, 세마포와 수건이 남겨져 있는 것을 강조한 것은 예수의 시체가 도둑맞은 것이 아니라는 증거라는 설명이다. 왜냐하면 시체를 훔쳐간 경우이면 통째로 급하게 이동시켰을 것이기 때문이다. 사랑하는 제자는 세마포와 수건이 남겨져 있는 것을 보고 예수가 부활했음을 믿었다는 것이다. 둘째, 세마포와 수건은 특별한 형태로 놓여 있었기 때문에 믿음에 이르게 되었다는 설명이다. 부활한 예수는 공간에 구애받지 않고 움직일 수 있었기 때문에(20:19 참조), 몸과 머리만 쏙 빠져 나가 세마포와 수건이 몸과 머리를 쌌던 형태를 그대로 남겼다는 것이다. 이와 같은 설명이 맞는다면, 왜 베드로는 믿음에 이르지 못했는지에 대한 의문이 남는다.

한편, "믿었다"는 표현은 사랑하는 제자에게만 사용된다. 베드로는 빈 무덤을 보고 믿음에 이르지 못했는데, 사랑하는 제자는 믿음에 이르렀다는 말인가? 요한복음이 사랑하는 제자를 베드로보다 우위에 놓으려는 경향을 보여주는 것은 사실이다. 부활한 예수를 만나지 않고도 믿음에 이르게 된 사랑하는 제자는 그렇게 되면 예수께서 가장 바람직한 신앙으로 본 '보지 않고 믿는' 복된 사람이 된 셈이다(20:29 참조). 그러나 이러한 설명은 9절과 조화되지 않는다. 왜냐하면 베드로와 사랑하는 제자는 예수가 죽은 자 가운데서 부활할 것을 예언한 성경(아마 시 16:10; 호 6:2; 욘 1:17 등을 염두에 둔 듯)을 아직 알지 못하였다고 언급하고 있기 때문이다. 따라서 여기에서 "믿었다"는 것은 신앙적 의미가 아니라 현장에서 사실 확인을 하였다는 의미로 볼 수 있다. 그래서 두 제자는 자기들의 집으로 돌아갔다.

두 제자가 이렇게 반응한 것은 매우 의아스럽게 느껴진다. 두 제자는 우둔하기 짝이 없는 것처럼 보인다. 그러나 이러한 반응은 어떤 사람도 육체적인 부활을 예상하거나 믿기 어려운 것이었음을 확실히 보여주는 것이라고 볼 수 있다. 요한복음은 베드로와 사랑하는 제자가 부활 현현을 목격한 것으로 기록하지 않는다. 이것은 의외이다. 다만 그들이 무덤이 빈 것을 발견함으로써 예수가 부활하신 것을 알고 있었다고 암시하고 있으며, 이를 통해 그들 역시 부활 현현의 증인이 되고 있음을 미루어 짐작할 수 있게 한다.

3.2. 막달라 마리아에게 나타남(20:11-18)

막달라 마리아가 언제 무덤으로 되돌아왔는지에 대한 언급은 없지만, 11절에 보면 막달라 마리아가 무덤 밖에서 울고 있다. 그녀는 울면서도 사랑하는 제자와 마찬가지로 몸을 구부려 무덤 안을 들여다보았다. 그녀는 흰 옷을 입은 두 천사가 머리 편과 발 편에 각각 앉아 있는 것을 보았다. 여기에서 **'둘'**의 강조는 참된 증인의 성격을 드러내는 것 같다. 마치 '두' 강도가 예수의 좌우편에 달려 예수의 죽음을 증언하였듯이, '두' 천사는 예수의 부활을 증언하고 있다. 앞 단락에서 '두' 남자 제자(베드로와 사랑하는 제자)가 빈 무덤을 증언했듯이, 막달라 마리아가 "우리가 알지 못하겠다"(20:2)라고 복수로 말한 것으로 미루어볼 때 '두' 여자 제자(막달라 마리아와 다른 마리아에 관해 언급한 마 28:1 참조)가 빈 무덤을 증언한 것으로 볼 수 있다.

곧바로 두 천사와 막달라 마리아의 짧은 대화가 이어진다. 천사들이 "여자여, 어찌하여 우느냐?"고 묻는다. 예수의 시체가 없어진 것 때문이라고 대답한다. 막달라 마리아는 예수의 시체에만 관심이 머물러 있었기 때문에 슬퍼하였다. 예수가 부활했을 것이라고 하는 생각은 전혀 하지 못하고 있다. 막달라 마리아는 무덤 안에 앉아 있던 두 천사를 천사로도 인식하지 못하고 있는 것 같다. 만약 천사로 알았다면 그렇게 슬퍼하며 엉뚱한 소리만 하지는 않았을 것이기 때문이다. 빈 무덤을 발견한 것이 막달라 마리아나 베드로나 사랑하는 제자를 부활 신앙으로 인도하지 못하였다. 빈 무덤 이야기는 동산지기(20:15)가 또는 다른 사람(들)이 예수의 시체를 훔쳐갔다는 항간의 소문에 대해서 대한 변증적인 성격이 있는 것 같기도 하다. 그렇지만 빈 무덤 전승이 처음부터 부활 케리그마에 포함되어 있었다고 보지 못할 근거 또한 없다.

막달라 마리아는 천사들에게 말한 다음에 뒤로 돌이켜 예수께서 서

계신 것을 보았지만 알아보지 못한다. 부활한 예수는 모습이 변했던 것 같다(막 16:12; 고전 15:42-44 참조). 부활한 예수와의 대면만으로는 그를 온전히 인식하는데 이르지 못한다. 이제 천사들은 장면에 더 이상 등장하지 않고 부활하신 예수가 전면에 등장하여 막달라 마리아와 긴 대화를 이어간다. 예수께서 천사들과 마찬가지로 "여자여"라고 막달라 마리아를 부르며 말씀하신다. 좀 더 구체적으로 "어찌하여 울며 누구를 찾느냐?"고 물으신다. 막달라 마리아는 예수를 동산지기로 착각하고 그가 시체를 옮겼다면 그녀에게 달라고 요청한다. 천사들에게 "내 주님"(τον κυριον μου/톤 쿠리온 무)이라고 말했던 막달라 마리아는 동산지기(?)에게도 "주여"(κυριε/쿠리에)라고 부른다. 두 경우 모두 특별히 신앙적 의미를 담고 있지 않음을 알 수 있다(20:2 역시). 어두워서 잘못 본 것이 아니라 아직 신앙이 없는 상태였다고 보아야 할 것이다.

막달라 마리아가 여전히 예수의 부활을 알아채지 못하자, 예수께서 "마리아야"라고 부르신다. 이것은 "여자여"라는 호칭보다 개인적이고 친밀한 호칭임에 틀림없다. 막달라 마리아는 그제야 자기의 이름을 아는(10:3 참조) 예수를 향해 "돌이켜"(이러한 표현이 14절에 이어 16절에 재차 사용된 것은 어색하지만, 신앙적 인식 전환을 암시) "랍오니"(또는 "라부니")라고 대답한다. 그러나 여전히 "선생님"(랍오니의 뜻)이라고 호칭하고 있는 것을 보면, 예수의 부활을 온전히 인식했는지 의문이 든다. 예수를 "랍오니"라고 부른 것은 세례자 요한의 제자들이 예수께 찾아와 "랍비"(1:38)라고 부른 것과 일맥상통하며, 신앙의 초보 단계에 이르렀음을 보여준다. 그래서일까? 예수는 막달라 마리아에게 "나를 붙들지 말라"고 하면서 자신이 부활하였음을 확실히 하고자 하신다. "붙들지 말라"고 한 것은 예수의 부활한 몸이 만질 수 없는 상태였기 때문이 아니다. 승천하기 전의 중간 상태였기 때문도 아니다. 요한복음에는 승천 기사가 없기 때문에 승천 전후를 구별하는 것은 의미가 없다. 마태(28:9)는 여자들이 부활한 예수의 발을 붙잡은 것에 관해 언급하며, 누가(24:38-43)는 부활한 예수가 손과 발을 보여주며 구운 생선을 먹는 것에 관해 언급하고 있다. "나를 붙들지 말라"고 한 것은 아버지께로 가야만 약속대로 보혜사 성령을 보내실 수 있다는 것을 암시한다. 막달라 마리아는 부활한 예수를 만났으면서도 부활의 의미를 아직 깨닫지 못하고 있다. 부활한 예수를 인식하게 된 것은 부활한 예수와의 긴 대화를 나누고, 이름을 부르는 개인적인 관계를 통해서였다. 이는 부활 인식이 쉽게 자동적으로 일어나는 것이 아니라, 진지한 구도적 과정이 필요함을 보여준다.

예수는 "나를 붙들지 말라"고 하신 후 "내가 아직 아버지께로 올라가지 아니하였기 때문이다"라는 아리송한 말씀을 하신다. 여드레가 지난 후 아직 승천하기 전임에도 불구하고 도마에게는 "네 손을 내밀어 내 옆구리에 넣어보라"(20:26-27)라고까지 하신 것과 앞뒤가 맞지 않는다. 예수께서 막달라 마리아에게 한 말은 예수가 부활 이전에 행하였던 지상적인 사역에 매달리지 말고, 부활의 새로운 차원을 이해해야 한다고 교훈하신 것이다. 예수가 한 말 중에 "아직 올라가지 않았다"라고 한 것은 시간적인 경과가 필요하다는 것을 말한다기보다 예수가 아버지께로 올라가야만 약속한 대로 보혜사 성령이 와서 영원히 제자들과 함께 할 것이라는 신학적 의미를 드러낸 것이다(16:7 참조). 7:39에서 예수가 영광을 받은 후 성령이 올 것임을 예고하였고, 16:7에서 예수가 떠나가지 아니하면 보혜사가 오지 않을 것이라고 확인한 후에, 20:22에서 예수가 부활한 후 제자들에게 성령을 주심으로써 약속을 성취하고 있는 것이다.

여기에서 "올라간다"는 표현은 50일 이후에 있을 승천(ascension

as levitation)을 가리킨다기보다는 부활 이후의 상태(ascesion as exaltation and glorification)를 가리키는 용어로 보는 것이 적절하다. 요한은 예수의 죽음을 "들리다"(lift up)라고 표현하며(8:28; 12:32–34), 승천을 "올라간다"(20:17)라고 표현한다. 요한복음에서 '죽음—부활—승천'은 분리된 것이 아니라 연속적인 하나의 구원 사건이다. 예수는 부활함으로써 즉시 아버지 하나님과 함께 거하게 되었고, 부활 이후 여러 차례 나타난 것은 지상에 10일 동안 머물러 계시면서 나타난 것이 아니라, 하나님과 함께 거하고 있는 하늘로부터 나타난 것이다. 요한복음에서 부활과 승천은 딱히 구별되지 않는다. 40일이라는 기간은 오순절 성령 강림과 연관시키기 위하여 누가가 사용하였으며, 요한복음은 그러한 특정한 기간을 언급하지 않는다. 누가복음이 육체적으로 하늘로 떠나는 것에 강조하고 있다면, 요한복음은 부활한 예수가 아버지께로 간 이후(영광을 받으신 후) 보혜사 성령을 보내시는 것에 초점을 맞추고 있다(16:7 참조). 그런 의미에서 요한복음은 **'죽음-부활-승천-보혜사 오심'**을 하나의 사건으로 보고 있다. 누가복음은 승천으로서 지상 생애를 마치는 것으로서 보고 있다면, 요한복음은 승천을 아버지께로 올라가는 "때"의 마침(완성)으로서 보고 있다(13:1). 요한복음은 누가복음과 같은 승천 기사가 없으며, 이러한 점에서 요한복음은 승천의 영적 차원을 강조한다. 승천은 예수께서 죽음에서 부활하여 영광을 받으신 것을 공간적 개념으로 표현한 용어라고도 볼 수 있다.

부활한 예수는 막달라 마리아에게 "내 형제들"(제자들을 의미)에게 가서 "내가 내 아버지 곧 너희 아버지, 내 하나님 곧 너희 하나님께로 올라간다 하라"고 당부하신다. 예수께서는 그의 아버지이신 하나님을 제자들(교회)의 아버지와 하나님으로 동일시하심으로써, 예수의 부활을 믿은 교회가 예수의 형제가 될 것임을 말하고 있다. 막달라 마리아는 예수의 명령대로 제자들에게 가서 "내가 주를 보았다"라고 고백하였다. 여기에서 "주"(κυριος/쿠리오스)라고 예수를 지칭한 것은 부활한 예수와의 대화와 인격적 교제를 통해 신앙에 이르게 되었음을 보여준다(20:13,15에서 사용된 '주'와 다르다).

3.3. 제자들에게 나타남(20:19-23)

부활한 예수는 안식일 후 첫날, 즉 부활하신 같은 날 저녁에 박해하던 유대인들을 피하여 함께 모여 있던 제자들에게 나타나셨다(막달라 마리아에게는 같은 날 새벽에 나타나심). 여기에 모여 있던 제자들이 열 제자(가룟 유다와 도마 제외)를 가리키는 것인지, 아니면 다른 사람들까지를 포함하는 것인지는 분명하지 않다. 마태(마 28:16)와 마가(막 16:14)는 열한 제자에게 나타나신 것에 관해 언급하고 있고, 누가는 열한 제자 외에도 엠마오 두 제자와 다른 사람들도 함께 하고 있음을 언급하고 있다(눅 24:33). 요한복음은 적어도 열한 제자에 관한 명시적인 언급을 하지 않으려는 경향을 보여준다(20:24에 도마를 "열두 제자 중의 하나"로 언급한 것과는 다르다). 요한복음은 열두 제자단을 중요하게 보지 않으며, 열두 제자단이 가지는 상징적인 의미(모든 그리스도인들을 대표하는)를 염두에 두고 있는 듯하다.

예수는 문을 모두 닫고 두려워 떨고 있었던 제자들에게 기적적으로 들어오셔서 그들 가운데 섰다. 그리고 **"너희에게 평강이 있을지어다!"**라고 말하였다. 예수는 손과 옆구리를 보여주셨고, 제자들은 주님인 줄 알아보고 기뻐하였다. 두려움은 기쁨으로 바뀌었다. 부활한 예수는 문이 닫혀 있었지만 들어올 수 있었다. 세마포와 머리 수건의 형태를 어그러뜨리지 않고 빠져나온 것처럼, 공간의 제약을 받지 않는 영체가 되었기 때문이다. 또한 십자가에 못 박혔던 손과 창에 찔린 옆구리를 보여주심으로써 죽었던 분과 부활한 분이 동일인임을 확인시켜 주었다. '평강/평화'(ειρηνη/에이레네)를 기원한 것은 단순한 안부 인사가 아니다. 이것은 고별강화에서 약속한(14:27; 16:33) 것이 이루어졌다는 의미이며, 두려움이 기쁨으로 바뀐 것도 고별강화에서 약속한(14:28; 16:20-24) 것이 성취되었다는 의미이다.

21절에서 예수는 다시 한 번 평화를 기원하고 난 뒤에 "아버지께서 나를 보내신 것 같이 나도 너희를 보내노라."라고 말한다. 이것은 '사명을 주어 보낸다'(αποστελλω/아포스텔로; πεμπω/펨포)는 것을 의미한다. 제자들은 이제 사도적 사명을 가지고 예수의 지상 사역을 계속하여 담당해 나갈 책임을 부여받았다. 이 사명은 열두 제자단에게만 주어진 것이 아니라 성령을 받은(22절) 모든 그리스도인들에게 주어질 것이다. **사도적 사명과 성령**은 불가분리의 관계로 설정되어 있다. 사도적 사명은 십자가의 죽음과 부활을 통한 예수의 구원을 세상에 선포하는 것이며, 이것은 진리의 성령과 함께 하지 않으면 이루어낼 수 없는 것이기 때문이다. 예수는 이제 더 이상 세상에 머물지 않을 것이기 때문에, 예수의 사역을 이 세상에서 계속할 수 있도록 그를 대신하는 또 다른 보혜사인 성령이 와야 했던 것이다. 예수가 떠나가지 않으면 보혜사가 오지 못한다(16:7)는 말씀이 예수께서 영광(죽음/부활/승천)을 받으시고 난 후 비로소 이루어지게 되었다(20:22).

부활하신 예수는 제자들을 향하여 숨을 내쉬며 "**성령을 받으라**"라고 말하였다(20:22). "숨을 내쉬는"(εμφυσαω/엠뿌사오) 행위는 아담을 창조할 때 생기를 코에 "불어넣는"(창 2:7) 것을 연상시킨다. 하나님께서 처음 사람을 만드실 때 하셨던 것처럼, 부활하신 예수는 새로운 창조를 위하여 숨(성령)을 불어넣는다. 처음 창조는 죽음으로 끝났으나, 새 창조는 영원한 생명으로 인도할 것이다. 이는 마치 마른 뼈에 생기를 불어넣어 살아나게 한 것과 같다(겔 37:4-10 참조). 성령을 받은 제자들은 세상으로 보냄을 받아 복음을 전할 수 있는 준비를 갖추게 되었다. 이처럼 **요한복음의 성령 부음**은 사도행전 2장의 오순절 성령 강림과 같은 성격을 보여준다. 다만 오순절 성령 강림은 요한복음의 성령 부음에 비해 50일 이후 일어났기 때문에 둘 사이에 부조화가 발생하고 있다. 요한복음 저자와 사도행전 저자는 서로를 알지 못하면서 그들이 속한 공동체에 적합한 방식으로 기록하였다. 요한복음은 예수가 떠난 후 보혜사 성령이 옴으로써 예수의 선교 사역을 계속하게 되는 것에 관심을 가졌고, 사도행전은 시내산 계약을 배경으로 삼아 성령 강림을 오순절과 연결시켜 교회의 선교 사명을 제시하는 데 관심을 가졌던 것이다. 따라서 두 책은 시간적으로 차이를 보이지만, 신학적으로는 같은 내용을 진술하고 있기 때문에 겉으로 나타난 부조화는 생각만큼 중요한 것은 아니다.

제자들은 성령을 받아 세상으로 파송되어 죄를 용서하는 권세를 가지게 될 것이라고 하였다. 성령을 받고 세상에 파송된 이들은 열두 제자단에 국한되지 않고 부활의 신앙을 가지게 된 사람들 모든 제자들을 가리키는 것으로 보아야 할 것이다. 그리스도인들은 선교공동체로서 자기 죄를 회개하고 세례를 받고자 하는 모든 사람들의 죄를 용서하고 공동체의 일원으로 받아들임으로써 복음의 증인이 될 것이다. 그러나 회개하지 않고 부활한 예수를 믿지 않는 사람들의 죄는 그대로 남아 있을 것이다. 이러한 사죄의 권세는 세례에만 국한되지 않고 공동체의 신앙생활 전반에 걸쳐 적용될 것이다(마 18:18 참조). 예를 들어, 요한일서는 형제들의 사망에 이르지 않는 죄의 용서를 위해 기도하라고 하였다(요일 5:16).

3.4. 도마에게 나타남(20:24-29)

요한복음에는 도마에게 나타난 부활 현현이 홀로 기록되어 있다. 이처럼 도마라는 인물은 특별한 취급을 받고 있다. 그는 열두 제자 중의 하나로서 "디두모"(Διδυμος/디두모스: 쌍둥이라는 뜻)라는 별명을 가지고 있었다. 이러한 별명은 그가 잘 알지 못하고 오해하거나 선택의 기로에서 의심하는 태도를 보이는 인물의 성격을 가지고 있음을 보여준다(11:16; 14:5 참조). 앞 단락(20:19-23)에서 예수가 제자들에게 나타나셨을 때에 마침 도마는 그 자리에 없었다. 그는 다른 제자들이 "우리가 주님을 보았다"라고 증언했음에도 불구하고 예수의 부활을 받아들이지 못했다. 도마는 예수의 손의 못 자국에 그의 손가락을 넣어보고 옆구리에 손을 넣어보지 않고는 믿지 않겠다고 강하게 나왔다. 다른 제자들은 손과 옆구리를 보여주기만 해도 믿고 기뻐하였는데(20:20), 도마는 보고 만져봐야 믿겠다고 요구하고 있다. 도마는 확실한 증거를 보고 믿겠다는 실증주의적인 태도를 보여주기는 하지만, 이러한 모습은 표징과 기사를 보지 못하면 믿지 못하는 불신앙의 태도로서(4:48 참조) 결코 바람직하지 않다. 그러나 그의 성격이 그렇기 때문에 아무도 반박을 하거나 억지로 강요할 수 없었을 것이다.

그 날(부활한 일요일)로부터 **"여드레"**가 지났을 때 부활하신 예수가 문이 닫혀 있는 상황에서 똑같이 나타나셨다. 거의 앞 단락과 동일한 방식으로 반복된 것은 오직 의심 많은 도마(doubting Thomas)를 위해서였다. "여드레" 동안 예수께서 나타나지 않았기 때문에 제자들은 도마에게 예수의 부활을 증명할 수 없어서 안타까워했을 수도 있다. 그러나 "여드레"가 지났을 때 나타나셨다. 이는 "여드레"가 중요한 의미가 있었음을 보여준다. "여드레"는 일주일이 지난 것을 말하며, 초대교회에서는 예수가 부활한 날을 지칭하는 용어였다. 이제 "여드레," 곧 주일은 중요한 날이 되었다. 초대교회는 예수가 부활한 날 모이기 시작했으며, 요한도 예수가 부활한 주일날 밧모 섬에서 인자 환상을 보았다(계 1:10).

예수는 지난번처럼 제자들 가운데 서서 "너희에게 평강이 있을지어다!"라고 말씀하셨다. 그리고 도마에게 손가락으로 손 못 자국을 만져 보고 손으로 옆구리에 넣어보라고 말씀하신 후에, "믿음 없는 자가 되지 말고 믿는 자가 되라."고 도전하셨다. 도마는 즉시 예수를 "**나의 주님**(My Lord), **나의 하나님**(My God)"이라고 부르며 신앙을 고백한다. 이러한 신앙고백(Lord=YHWH; God=Elohim)은 부활한 예수가 하나님에게만 붙였던 칭호(시 35:23 참조)를 함께 얻게 되었음을 보여준다. 결국 도마의 신앙고백은 초대교회의 부활 신앙을 나타내는 가장 위대한 신앙고백이 되었다. 이로 보건대 도마가 상처에 손을 대거나 넣어보지 않았음을 알 수 있다. 그에게 더 이상의 증거는 불필요했다. 보는 것이 믿는 것이었기 때문이다. 예수는 여기에서 한걸음 더 나가신다. 즉, "너는 나를 본 고로 믿느냐? 보지 못하고 믿는 자들은 복되도다"라고 말씀하신다. 이는 미래의 제자들(교회)을 위한 복의 선언이다. 미래의 제자들은 예수를 본 적이 없기 때문에 보지 않고 믿는 믿음이 요구되었다. 도마는 **보지 않고 믿는 그리스도들을 대표**하고 있다. 요한복음은 현재의 제자들과 미래의 제자들을 함께 염두에 두고 기록하였다(10:16의 "우리에 들지 아니한 다른 양들"과 17:20의 "그들의 말로 말미암아 나를 믿는 사람들" 참조). 요한복음 저자는 도마의 이야기를 통해서 후대의 그리스도인들을 위해 예수의 부활한 몸을 만질 수 있었다는 점을 증언하면서, 동시에 보지 못하고 믿는 자들이 받을 복에 대해서도 증언해 주는 이중적인 효과를 내고 있다. 보고 믿은 사람들은 소수에 불과하였다. 대부분의 사람들은 보지 못하고 믿는 사람들의 입장에 서 있다. 그들은 성령에 의한 제자들의 증언을 통하여 예수의 부활을 믿게 되며, 그러한 믿음은 하나님의 축복으로밖에는 설명할 길이 없다. 29절은 보고 믿는 것과 보지 못하고 믿는 것의 대조와 우열을 말하지 않는다. 보고 믿는 것도 복이고, 보지 못하고 믿는 것도 복이다. 그러나 요한공동체와 그 이후의 모든 사람들은 보지 못하고 믿는 사람들 가운데 속하기 때문에, 보지 못하고 믿는 자가 복되다고 강조한 것이다(벧전 1:8 참조). 이는 마치 누가복음에서 엠마오 두 제자가 부활하신 예수가 빵을 떼실 때 알아챈 것처럼, 누가공동체가 성찬식에 참여함을 통해 부활한 예수를 알게 된다는 것을 보여주려는 것과 같다(눅 24:30-35).

20장에 나타난 네 종류의 부활 현현 장면은 각각 조금씩 다른 모습으로 부활 신앙에 이르게 된 사례를 보여준다. 사랑하는 제자는 부활한 예수를 직접 보지 못한 채 세마포와 머리 수건이 놓인 모습을 보고 믿었다. 막달라 마리아는 부활한 예수를 만나보고, 그가 이름을 불러 주었을 때 부활 신앙에 이르게 되었다. 제자들은 부활한 예수를 만나보고 손과 옆구리를 보여주었을 때 믿었고 기쁨에 찼다. 도마는 손과 옆구리를 만져볼 것을 요구하였으나 예수를 만나보았을 때 믿고 신앙고백을 하였다. 이는 우리가 부활한 예수를 믿게 되는 방식이 조금씩 다른 것을 보여준다. 도마에게 말한 대로, 보지 못하고 믿는 사람은 복되다. 부활한 예수를 직접 보지 않고 믿은 사랑하는 제자가 이런 믿음에 가장 가까운 인물인 것 같다.

3.5. 기록 목적(20:30-31)

복음서 중에서 결론을 기록하고 있는 것은 요한복음뿐이다. 요한복음 전체의 결론이 후기(epilogue)인 21:24-25에도 기록되어 있지만, 이곳의 결론은 적어도 지금까지의 내용(13-20장)에 대한 것으로 볼 수 있다. 이에 앞서 유대인들은 표징과 기사를 보지 않으면 믿지 않으려 하였다고 언급한다(4:48). 그들은 눈에 보이는 기적을 원하였지만, 그것을 행한 예수의 정체성을 받아들이지 않음으로써 기적이 말하는 의미, 즉 진정한 표징을 놓치고 말았다. 그렇기 때문에 '표징의 책'(the Book of Signs)인 1-12장에 특별히 일곱 가지 표징을 비롯한 많은 표징을 행했다고 언급하고 있음에도 불구하고, 유대인들은 그러한 표징들을 보고도 믿지 않았다고 결론짓고 있다(12:37).

'영광의 책'(the Book of Glory)인 13-21장은 예수가 제자들과 함께 최고의 표징인 그의 '죽음-부활-승천'에 관해서 기록하고 있다. 20장에서만 하더라도 사랑하는 제자, 베드로, 막달라 마리아, 여러 제자들, 도마가 신앙을 고백하고 있다. 예수의 제자들은 그의 표징을 보고 믿었으며, 보지 못하고 믿는 제자들도 생겨날 것이라고 하였다(20:29). 20:30에서 언급하고 있는 "다른 표징들"은 1-12장에 나온 일곱 개의 표징들 이외의 많은 표징들(2:23; 6:2; 11:47; 12:37 참조)을 가리키는 것 같다. 그러나 유대인들 앞에서 행한 이러한 표징들은 믿음에 이르지 못하는 결과를 낳았다. 그러나 "제자들 앞에서" 행한 표징들, 특히 부활 현현의 표징들(빈 무덤, 세마포와 머리 수건, 피와 물 등)은 제자들을 믿음으로 인도했다. 또한 이를 보지 못한 제자들까지도 믿음으로 인도될 것이다.

요한복음을 기록한 목적은 예수가 하나님의 아들이며 그리스도(메시아)임을 믿게 하려는 것이며, 예수의 이름을 힘입어 생명을 얻게 하려는 것이다(20:31). 이미 1장에서 예수는 랍비, 메시아, 그 예언자, 하나님의 어린양, 하나님의 아들, 이스라엘의 왕으로 지칭되었다. 4장에서는 그리스도와 세상의 구주로 고백되었다. 9장에서는 인자로, 11장에서는 마르다의 입을 통해 그리스도와 하나님의 아들로 고백되었다. 이제 마지막으로 20장의 부활 현현 장면에서 주님(막달라 마리아와 제자들)으로 고백되고 있으며, 도마에 의해서 "나의 주님, 나의 하나님"으로 고백되는 것으로 절정을 이루고 있다. 그리스도는 유대적인 칭호이며, 하나님의 아들은 보다 보편적인(이방인들에게 적합한) 칭호라고 할 수도 있지만, 요한복음에서는 함께 결합되어 나타나곤 하기 때문에 구별할 필요가 없을 것이다. 두 칭호는 상호보완적으로 사용되고 있다. 도마에 의해서 고백된 칭호를 통해 부활하신 예수가 하나님과 동등한 반열에 있음을 깨닫게 되었다고 하는 것이 더 중요하다. 20:31의 "하나님의 아들, 그리스도"는 20:28의 "주, 하나님"이라는 고백에 의해 해석되어져야 한다. 예수는 이미 하나님과 동등됨(5:18)을 선포하였고, 하나님의 이름인 "Eγω Eιμι/에고 에이미"("I am"; 8:24; 13:19; 18:6 참조)를 공유하였다. "그 이름"을 힘입어야만 생명을 얻을 수 있다. '죽음-부활-승천'의 표징을 통해 예수가 하나님의 이름의 권세를 가진 분임을 확실히 알게 되었다. 이를 믿는 자는 누구나 생명을 얻게 될 것이다. 요한복음은 "너희"(제자들)가 지적으로 깨닫는 데서 끝나는 것이 아니라, 믿어 생명(영생)을 얻게 되는 데까지 나아가기를 원하는 목적으로 기록된 것이다.

Ⅳ. 후기(21:1-25)

1. 갈릴리 디베랴의 부활 현현(21:1-14)

2. 베드로의 회복과 목양 위임(21:15-17)

3. 두 제자의 운명(21:18-23)

4. 결론(21:24-25)

IV 후기(21:1-25)

20:30-31에서 일차적인 결론을 맺고 나서 또 다른 부활 현현 기사를 기록하고 있기 때문에 21장의 성격과 의미에 관해서 많은 논란이 있어 왔다. 이러한 논의는 21:24-25에서 또 다른 결론을 기록하고 있기 때문에 더욱 설득력이 붙었다. 또한 20:29에서 "보지 못하고 믿는 자들은 복되다"고 말하고 나서, 21장에서 다시 "보고 믿는" 사례를 덧붙인 것은 일관성이 없어 보인다. 제자들은 이미 부활 이후 두 번이나 나타나셨던 예수를 세 번째 만났을 때 알아보지 못했다는 것도 이상하다(21:4). 부활한 예수를 만난 제자들이 어떻게 갈릴리로 돌아가 고기 잡는 일에 복귀했는지는 더더욱 이해하기 어렵다.

이러한 문제점을 설명하는 방식의 하나로서, 21장이 덧붙여진 이유를 다음과 같이 몇 가지 제시할 수 있을 것이다.

첫째, 공관복음서와의 조화를 이루기 위해서라고 보는 것이다. 공관복음서는 부활하신 예수가 갈릴리로 가서 제자들을 만날 것이라고 하는 예고가 있는데(마 28:10; 막 16:7; 눅 24:6?), 요 20장은 예루살렘에서의 부활 현현만을 기록하고 있기 때문에 그러한 점을 보완하려고 했다는 것이다.

둘째, 선교적 사명을 강조하는 내용이 필요했다는 설명이다. 공관복음서는 선교 명령을 강조하고 있는데(마 28:18-20; 막 16:15-18; 눅 24:46-49), 요한복음은 이 점이 약하다는 것이다. 비록 20:21에서 선교에 관한 말씀이 있지만, 명시적으로 강조할 필요가 있었을지 모른다.

21장은 부록(appendix), 보충(supplement), 후기(epilogue)와 같은 명칭으로 불려왔다. 부록이라고 하면, 21장이 요한복음의 완성본과 직접적인 관계가 없다는 뉘앙스를 풍기기 때문에 부적절하다. 보충이라고 하면, 중요한 내용이 추가로 발견되어 보완되었다는 의미이기 때문에 역시 부적절하다. 후기라고 하면, 처음부터 요한복음의 원본에 덧붙여져서 완성도를 높인 것으로 보아 적절하다고 하겠다. 아마도 배포되기 전에 복음서 기자(evangelist)보다는 그와 사상과 어휘를 공유하고 있던 요한학파의 일원인 편집자(redactor)에 의해서 덧붙여졌을 것으로 본다. 요한복음의 다른 부분과 공통적인 특징도 많지만 그렇지 않은 부분도 있기 때문이다. 또한 21장이 없는 초기 사본들이 발견되지 않고 있다는 점에서 덧붙여진 시기는 원본이 작성된 때로부터 얼마 떨어지지 않았을 때라고 추론할 수 있다.

1. 갈릴리 디베랴의 부활 현현(21:1-14)

요한복음은 부활하신 예수께서 세 번째로 제자들에게 나타나신 이야기를 기록하여 준다. 21:1에 "그 후에"라고 한 것을 보면, 예루살렘에서 나타나신 후 갈릴리의 디베랴 호수에서 나타나신 것으로 추정할 수 있다. 그것은 베드로를 포함한 일곱 제자(도마, 나다나엘, 세베대의 두 아들, 다른 제자 둘)가 고기를 잡으러 함께 간 현장에서 일어난 일이었다. 그러나 공관복음서와 비교해 보면, 디베랴 호수에서 나타나신 부활 현현의 연대기적 순서(예루살렘 현현과의 관계와 갈릴리 현현 사이의 관계)에 고려할 만한 사항이 있음을 알 수 있다.

요한복음에서 예수가 부활한 후 베드로에게 나타난 이야기가 직접 언급된 것은 이곳이 처음이다. 그러나 이것이 베드로에게 처음으로 나타난 것이 아닐 수도 있다. 왜냐하면 20장에서 제자들에게 두 번(도마 없을 때와 도마가 함께 있을 때) 나타나셨을 때, 베드로도 함께 있었을 것으로 보이기 때문이다. 그런데 눅 24:34에는 엠마오로 가던 두 제자가 부활한 예수를 만나고 예루살렘으로 돌아와 제자들에게 보고할 때, 예수가 베드로에게 나타났다고 하는 말을 증언하고 있다(베드로에게 나타났을 때 베드로 혼자만 있었는지는 불분명하다). 엠마오 두 제자가 보고할 때 베드로도 현장에 있었을 것으로 짐작할 수 있는데, 이러한 보고는 어색하다. 그러나 베드로가 갈릴리에 있을 때(마 28:10; 막 16:7 참조) 나타나셨던 것을 언급하는 것이면 어색함이 해소된다. 바울은 장소를 특정하진 않았지만 부활의 목격자 목록을 언급할 때 게바(베드로)를 제일 먼저 꼽고 있다(고전15:5). 이를 종합하여 보면, 21장은 부활하신 예수께서 갈릴리 디베랴 호수에서 베드로에게 처음으로 나타났던 이야기를 기록하고 있는 것으로 볼 수 있다. 그렇게 보면 왜 디베랴 호수로 고기 잡으러 갔는지, 그리고 부활하신 예수를 알아보지 못했는지 납득이 된다. 이에 덧붙여, 21장이 처음 만난 장면이라면 예수께서 베드로를 찾아가 그를 회복시키고 목양 위임을 하는 장면을 자연스럽게 받아들이게 된다. 고기를 잡은 후 대화 과정에서 일곱 제자는 사라지고 베드로만 남게 되는데, 이는 21장이 베드로에게 초점이 맞추어진 것임을 알 수 있게 해준다.

그렇다면 왜 연대기적 순서와 다르게 예루살렘 현현 이후에 갈릴리(디베랴 호수) 현현을 기록하였을까? 그것은 공관복음서와 조화를 이루기 위해서거나 21장의 전승을 20장까지 기록한 후에 알았기 때문이었을 것이다. 요한복음은 부활 사건이 일어나고 시간이 한참 지난 후에 기록되었기 때문에, 연대기적 순서가 그렇게 중요하게 취급되지 않았다고 생각된다. 21장이 편집자(redactor)에 의해서 기록된 것이라면, 복음서 기자(evangelist)가 기록한 20장까지의 내용을 존중하여 손상시키지 않고 덧붙이는 형식을 따랐을 것이다.

예수께서 디베랴 호수에서 나타나셨을 때 그곳에 있었던 제자들은 모두 **일곱**이었다. 시몬 베드로, 디두모라는 별명을 가진 도마, 갈릴리 가나 사람 나다나엘, 세베대의 아들들(야고보와 요한), 그리고 다른 제자 두 명이 있었다. 시몬 베드로가 나오는데, 그의 형제인 안드레가 언급되지 않은 것은 의아하다. 공생애 초기에 예수를 따라간 세례자 요한의 제자 두 명 중 하나의 이름이 안드레(1:40)라고 한 것을 보면, "다른 제자 두 명"(21:2) 중 한 명이 안드레임을 암시하는 것 같다(물론 다른 한 명은 '사랑하는 제자'임). 나다나엘 역시 공생애 초기에 예수의 제자가 되었던 인물이다(1:45–51).

일곱 제자에게는 공통점이 발견된다. 첫째, 도마를 제외한다면 모두 공생애 초기에 예수의 제자가 된 사람들이라는 점이다. 처음부터 예수를 따랐던 제자들이 마지막에 부활의 증인이 됨으로써 예수의 사역을 이어가는 주체가 된 점을 부각시킨다(참조: 적어도 가나 출신 나다나엘은 어부가 아니었음에도 불구하고 이곳에 포함된 점으로 미루어 볼 때). 둘째, 도마와 사랑하는 제자를 제외한다면 모두 갈릴리 출신들이다. 그러나 모두 갈릴리로 돌아와 고기를 잡으러 간 것을 보면 도마와 사랑하는 제자도 갈릴리 출신일 가능성이 높다.

또한 일곱 제자의 명단 가운데 특별한 것은 세베대의 아들들에 관한 언급이다. 세베대의 아들들인 야고보와 요한은 공관복음서에서 처음에 부름을 받은 갈릴리 어부들로 소개된다(막 1:16–20과 평행구절). 요한복음에는 이곳에서만 등장한다. 이들이 이곳에 "다른 두 제자"와 함께 언급되고 있어서, 전통적으로 요한복음의 저자로 인정되어 온 세베대의 아들 요한과 요한복음에서 스스로 저자라고 밝힌(21:24) 사랑하는 제자가 동일 인물이 아니라는 점을 보여주는 듯하다. 공관복음서에서 처음 제자로 부름 받은 네 사람(베드로와 안드레, 야고보와 요한)이 어부 형제들이었던 점에서, 갈릴리에 고기 잡으러 나선 일곱 명 가운데 세베대의 아들들이 포함된 것은 어쩌면 당연하고 자연스러운 측면이 있다.

기적적으로 고기를 잡고 있는 본문은 눅 5:1-11과 많은 유사성을 보여준다. 누가복음과 평행본문인 마 4:18-22과 막 1:16-20이 비교적 간략한 서술을 하고 있는데 비해 눅 5:1-11은 길고 자세하게 기록되어 있다. 마태와 마가는 두 형제 어부들을 불러 제자로 삼고 있는 내용이지만, 누가는 상황 설정과 이야기 전개 및 의미 부여에 있어서 상당한 차이를 보여준다. 누가의 본문과 요 21:1-14의 공통점은 다음과 같다:

① 제자들이 밤에 고기를 잡으러 나갔으나 아무 것도 잡지 못함;
② 예수께서 제자들에게 그물을 내려 고기를 잡으라고 말함;
③ 제자들은 지시에 따랐고 고기를 많이 잡게 됨;
④ 그물이 찢어지려고 했다고 언급함;
⑤ 고기를 잡은 후 베드로가 나서서 반응함(요한복음에는 사랑하는 제자가 먼저 나서고 있기는 하다);
⑥ 예수를 주님이라고 부름;
⑦ 다른 어부들이 도와줌;
⑧ 따르라는 명령은 마지막에 위치함(요한복음은 21:19,22에);
⑨ 고기를 많이 잡은 것은 성공적인 복음 전도를 상징함(요한복음은 암시적으로);
⑩ 같은 어휘를 사용함(배에 오르다, 육지에 대다, 그물 등);
⑪ 베드로를 "시몬 베드로"라고 지칭함(누가의 경우는 유일하게 이곳에만 나옴);
⑫ 세베대의 아들들이 언급됨.

누가복음은 요한복음(21장을 후기로 보면)과 함께 예루살렘 부활 현현만을 언급하고 있기 때문에, 두 복음서의 유사성으로 미루어 갈릴리 부활 현현에 관한 전승을 보여준다고 해석하기도 한다.

시몬 베드로의 주도로 일곱 제자들은 고기를 잡으러 나갔으나 아무 것도 잡을 수가 없었다. 고기를 잡지 못하는 날이 있을 수는 있지만, 이 날 아무 것도 잡지 못했다는 것은 매우 이례적이라고 보아야 한다. 이것은 부활하신 예수의 지시를 따를 때만 고기를 잡을 수 있으며, 그것도 굉장한 수확을 하게 될 것임을 암시하고 있다. 밤이 새도록 고기를 잡지 못하고 절망할 수밖에 없는 시간에 예수께서 바닷가에 서 계셨으나 제자들은 알아보지 못했다. 아직은 어두운 이른 새벽이었기 때문이 아니다. 예수께서 부활하였을 것이라고 상상하거나 믿지 못하였기 때문이다.

예수는 제자들을 "얘들아"(παιδια/파이디아)라고 부르며 '먹을 만한 것'(προσφαγιον/프로스빠기온)을 잡았느냐(부정적인 대답을 기대하는 부정어 'μη/메'를 사용함)고 묻고는 그물을 배 "오른편"(행운이나 은혜를 상징)에 던지라고 말한다. 부활하신 예수의 애정 어린 보살핌을 엿볼 수 있다. 제자들은 그물을 들 수 없을 만큼 많은 고기를 잡게 되었다. 이러한 기적을 접하고서야 상황을 파악하게 된 사랑하는 제자가 먼저 주님이라고 외쳤다. 베드로가 이 말을 듣고 겉옷을 두른 뒤 바다로 뛰어들었다. 헤엄치기 전에 옷을 더 입는 것은 이치에 맞지 않기 때문에, 부활하신 주님에 대한 존경심을 표현하는 것으로 보아야 할 것이다(상징적으로, 베드로의 벌거벗음을 그의 영적 상태로, 겉옷을 입음을 회개로, 물로 뛰어든 것을 정결예식으로 보는 것은 너무 과도한 해석인 것 같다). 잡은 물고기가 너무 많아서 90m(200규빗)쯤 떨어진 곳에 있던 제자들이 작은 배를 타고 와서 육지로 끌어오는데 도움을 주었다(6절의 '배'와 8절의 '작은 배'에 관한 언급은 눅 5:2의 '배 두 척'과 상응한다).

요한복음 본문이 누가복음과 가장 크게 다른 점은 **떡과 생선**을 먹는 내용에 관한 것이다. 요 21:9–14은 이 주제를 다룬다. 요한복음에는 예수께서 떡과 생선을 제자들과 함께 먹었다는 내용은 명시적으로 나오지 않지만 함께 먹었다고 충분히 가정할 수 있다. 누가복음에는 부활하신 예수가 엠마오 두 제자와 함께 식사하기도 하고(눅 24:30), 열한 제자 앞에서 생선을 드신(눅 24:43) 것을 언급되어 있는데, 이와 같은 전승이 요한복음 저자에게도 전해진 듯하다. 21:9에 '생선'과 '떡'이 단수로 쓰여 있는 것은 오병이어 기적처럼 일곱 제자(이때는 온 교회를 대표하는 의미로 사용됨)에게 기적을 행한 것을 의미하거나, 성만찬의 떡처럼 예수와 제자들의 하나 됨을 강조하는 의미로 볼 수 있을 것이다. 함께 식사를 했다는 점은 중요하다. 식사 중 부활하신 주님을 알아보기도 하고, 부활하신 주님이 몸을 가진 존재라는 것을 증언하기도 한다.

제자들이 육지에 올라와 보니, 예수께서 떡과 함께 숯불에 생선을 구워놓고 기다리고 있었다. 여기에 사용된 **"숯불"**(ανθρακια/안쓰라키아; charcoal fire)이라는 단어는 베드로가 예수를 부인했던 상황에서도 사용된(18:18) 전례가 있다. 신약성서에서 단 두 번만 사용된 "숯불"이라는 단어가 요한복음에만 나오기 때문에 특별하게 느껴진다. 어떤 의미를 가지고 있을까? 이어서 나오는 문맥(21:15-17)과 더불어 고려해 볼 때, 베드로의 회복과 사명 부여와 연관되어 있는 것으로 보인다. '숯'은 한 번 불태운 나무를 재사용하는 것이기 때문에, 주님을 부인한 쓸모없는 베드로를 용서하고 회복시켜 더 효과적으로 활동하게 하는 의미를 잘 나타낼 수 있었던 것으로 보인다. 나무 막대기에 불과한 요한의 아들 시몬을 숯덩이로 만들어 반석(베드로)처럼 다시 사용하고 있다.

잡은 고기의 숫자가 대략적이지 않고 정확하게 **153마리**라고 적시된 것은 이례적이다. 특별한 의미를 가지고 사용된 것이 틀림없다. 그러나 그 의미가 무엇인지에 관해서는 의견이 분분하다.

첫째, 부활하신 예수께서 베드로를 찾아간 목적이 그에게 '사람 낚는 어부'로서의 소명을 다시 맡기려고 한 것이라고 볼 때(바로 다음에 나오는 목양 위임에서도 보는 바와 같이), '하나님의 아들들'(בני האלהים/브네 하엘로힘)을 의미한다고 보는 것이다. "하나님의 아들들"을 히브리어 숫자 값(Gematria)으로 계산하면 153이 된다.

둘째, 그 당시에 알려진 물고기의 종류가 153가지였기 때문이라는 해석이다(제롬이 그리스 동물학자들의 견해를 빌려 그의 주석서에서 언급함). 성경은 물고기의 숫자를 언급하지는 않지만 그 숫자가 많다는 것은 말해준다. 겔 47:1-12에는 종말이 오면 성전에서 흘러나온 생명수가 바다로 흘러들어 온갖 고기가 심히 많아질 것이라고 했고, 마 13:47은 천국이 '각종'(every kind) 물고기를 모는 그물과 같을 것이라고 한 점을 참고할 수 있을 것이다.

셋째, 숫자가 가진 의미에 초점을 맞춘 해석이다. 153은 1부터 17까지의 숫자를 합한 것과 같은데, 17은 7+10이기 때문에 완전수로서 전체 교회를 의미한다는 것이다.

넷째, 수신학(Gematria)적 해석의 하나로서 흥미로운 것은 이 이야기에 나오는 시몬(Σιμων=76)과 물고기(ιχθυς/익쑤스=77)의 숫자의 합이 153이라거나, 겔 47:10에서 그물을 치는 최대 권역이 될 엔게디(17)와 에네글라임(153)을 숫자로 표현한 것이라고 하는 것 등이다.

이러한 해석을 참고하되 무엇보다 문맥을 고려하여 판단하여 볼 때, 153은 선교의 대상이 되는 모든 사람들을 암시한다고 보는 것이 좋을 것 같다(마 28:19의 "모든 민족을 제자로 삼으라"는 위탁 참조). 그렇게 많은 물고기가 잡혔어도 그물이 찢어지지 아니한 것은 선교의 풍성한 결과에도 불구하고 분열되지 않은 교회의 모습을 나타내려고 한 것이다.

예수는 제자들에게 아침식사로 떡과 생선을 먹게 하였다. 제자들은 이미 부활하신 주님을 알아보았기 때문에 주님의 정체에 관해 묻지 않았다. 이는 부활 이후 교회 공동체가 성만찬 예식을 통해 부활하신 주님을 기억하고 그의 정체성을 의심하지 않았던 것을 암시하여 준다(교회는 성만찬 때 물고기를 먹는 대신에 포도주를 마셨을 테지만, 성만찬을 암시하는 오병이어 기적에서도 6:11에는 떡과 함께 물고기를 주는 내용이 나온다). 제자들이 당시 쉽게 주님을 알아보지 못한 것은 부활한 모습이 그 전의 모습과 같지 않고 변화되었기 때문일 것이다(고전 15:47-54 참조). 요한복음 저자는 디베랴 부활 현현이 제자들에게 "세 번째" 나타나신 것이라고 말한다. 이를 연대기적 순서로 볼 필요는 없다. 디베랴 현현은 앞에서 언급한 대로 제자들에게 첫 번째로 나타난 것으로 보는 것이 적합하다. **"세 번째"**에 관한 언급은 문학적인 기능을 하면서 다음에 나오는 베드로와의 세 번에 걸친 사랑 확인과 사명 부여를 이끌어주고 있다. 실제로 요한복음에는 막달라 마리아에게 나타나신 것을 포함하면, 네 번의 부활 현현 기사가 기록되고 있는데, 여기에서는 제자단이 아닌 여자 제자 한 사람에게 나타난 경우를 제외하고 말하고 있다.

2. 베드로의 회복과 목양 위임(21:15-17)

제자들이 아침식사를 끝내고 난 후에 제자들은 장면에서 사라지고, 예수는 베드로와 집중적으로 대화를 나눈다. 같은 패턴으로 대화를 세 번에 걸쳐 반복하면서 베드로를 용서하고 회복시키면서 사명을 재차 부여하는 장면은 요한복음에서 따뜻하면서도 엄숙한 분위기를 자아낸다. 대화는 예수의 질문과 베드로의 대답, 그리고 예수의 목양 위임이 반복되는 패턴으로 진행된다. 우리말로는 같은 단어로 번역되어 있지만, 헬라어 원어는 다른 단어로 표현되어 있기 때문에 뉘앙스의 차이가 있을 수 있다(아래의 표 외에도 "안다"는 동사가 'οιδα/오이다'와 'γινωσκω/기노스코'로 혼용되고 있지만 특별한 차이가 없으므로 논의의 대상에서 제외한다).

	첫 번째 대화(15절)	두 번째 대화(16절)	세 번째 대화(17절)
예수의 질문	αγαπᾳς με; /아가파스 메?	αγαπᾳς με;	φιλεις με; /삘레이스 메?
베드로의 대답	φιλω σε. /삘로 세.	φιλω σε.	φιλω σε.
예수의 목양 위임	βοσκε τα αρνια μου. /보스케 타 아르니아 무	ποιμαινε τα προβατα μου. /포이마네 타 프로바타 무	βοσκε τα προβατα μου. /보스케 타 프로바타 무

예수와 베드로 사이에 이루어진 대화의 특징을 살펴보기로 하자. 첫째, 예수는 시몬 베드로를 모두 **"요한의 아들 시몬아"**라고 부른다. 헬라어 원어로는 1:42와 달리 "아들"에 해당되는 단어가 사용되지 않지만, 속격으로 사용된 '요한의'이 '아들'이 함축되어 있음을 보여준다. 마 16:17에는 베드로를 '바요나 시몬,' 즉 '요나의 아들'로 지칭하고 있는데 비해, 요한복음은 '요한의 아들'로 부른다(요나와 요한은 각각 히브리어와 헬라어로 음역한 것일 뿐이며 같은 사람의 이름을 나타낸다). '요한의 아들'로 부른 것은 예수를 부인한 베드로에게 그가 처음 제자로 부름을 받았을 때의 초심을 기억하도록 하기 위한 것으로 보인다. 예수께서 처음에 베드로를 제자로 부를 때(1:42) "요한의 아들 시몬"으로 호칭하면서 장차 게바(베드로)라고 하리라고 말했는데, 마지막에 베드로를

회복시킨 후 "요한의 아들 시몬"으로 다시 호칭하면서 반석과 같은 역할을 맡기고 있다(앞에 언급한 "숯불"의 해석 참조).

둘째, 예수가 베드로에게 **"네가 나를 사랑하느냐?"**라고 묻는 질문에 사용된 동사가 다르다. 첫 번째와 두 번째 질문에서는 '아가파오'(αγαπαω) 동사가 사용된 반면에, 세 번째 질문에서는 '삘레오'(φιλεω) 동사가 사용되고 있다. 일반적으로 αγαπαω가 무조건적인 하나님의 사랑을 가리킨다면, φιλεω는 인간적인 사랑을 가리킨다. 그래서 예수는 하나님의 사랑으로 사랑하느냐고 물었지만, 베드로는 자신의 실패의 경험 때문에 무조건적인 사랑(절대적인 사랑)을 고백하지 못하고 인간적인 사랑만을 고백했다는 것이다. 그래서 마지막 세 번째 질문에서는 예수께서 베드로를 포용하는 의미에서 φιλεω로 사랑을 표현했다는 것이다. 이것은 αγαπαω와 φιλεω가 서로 다른 사랑을 표현하는 단어로서 굳어진 표현이라는 전제에서 가능한 해석이다. 요한복음에서 두 단어는 상호교환적으로 사용되는 예도 보인다. 아버지가 아들을 사랑한다고 할 때 3:15는 αγαπαω를, 5:20는 φιλεω를 사용하고 있고; 아버지가 제자들을 사랑함을 나타낼 때 14:23는 αγαπαω를, 16:27는 φιλεω를 사용하고 있으며; 예수가 나사로를 사랑한다고 할 때 11:5는 αγαπαω를, 11:3는 φιλεω를 사용하고 있고; 사랑하는 제자를 부를 때 13:23는 αγαπαω를, 20:2는 φιλεω를 사용하고 있다. 이 같은 현상이 나타난 것은 히브리어로는 사랑을 나타내는 동사가 '아헤브'(**אהב**)라는 한 가지 동사인데, 헬라어는 다양한 동사로 나타낼 수 있기 때문에 다르게 번역되었다고 보는 것이다. 본문의 경우도 이러한 예에 해당하는 것일까? 언급된 예에서 보듯이 그렇게 볼 수 있는 근거도 있다. 그러나 본문은 예수의 세 번째 질문에서만 φιλεω로 묻고 있기 때문에 의도성을 보여준다. 본문에서 굳이 두 단어를 구별하여 사용한 것은 일정한 의도를 나타내려 한 것이라고 보는 것이 더 나을 것 같다. 그 의도는 말할 것도 없이 베드로가 인간적으로는 사랑하지만 실패를 경험 때문에 αγαπαω를 사용하여 사랑을 표현하지 못하는 것과, 예수의 용서를 통해서 베드로가 회복될 수 있다는 것을 강조하려고 한 것이다.

셋째, **'양'**을 나타내는 명사('αρνιον/아르니온'과 'προβατον/프로바톤')와 **'먹이라'**는 동사('βοσκω/보스코'와 'ποιμαινω/포이마이노')가 일관성이 없이 사용되고 있다(어떤 사본들에는 προβατον 대신에 더 어린양을 뜻하는 'προβατιον/프로바티온'이 사용되고 있기도 한다). αρνιον이 어린양을 가리키고 προβατον이 더 큰 양을 나타낸다든가, βοσκω가 목동이 양들을 먹이는 것에 더 관계되고 ποιμαινω가 교회를 돌보는 감독과 같이 양떼를 돌보고 인도하는 것에 더 관계된다든가 하는 설명은 별 도움이 되지 못한다. 오히려 21:5-13에서 물고기를 나타내는데 세 가지 명사(προσφαγιον/프로스빠기온, ιχθυς/익쑤스, οψαριον/옵사리온)가 사용된 것과 같이, 21:15-17에서 양을 나타내는 세 가지 명사(αρνιον, προβατιον, προβατον)가 사용되고 있음을 비교하는 것이 나을 것이다. 여기에서 요한복음 저자가 말하려고 하는 점은 교회 내에 다양한 종류의 신자와 그들을 돌보는 다양한 방식이 있음을 나타내려 한 것이 아닐까 추측하여 본다.

넷째, 예수와 베드로의 대화에서 궁극적인 목적은 "내 양을 먹이라"는 **목양 위임**에 모아져 있다. 베드로가 예수의 사랑을 확인하고 예수가 베드로를 용서하고 회복시킨 것은 교회를 돌보는 책임을 맡기기 위한 것이었다. 베드로는 예수를 세 번이나 부인하였기 때문에 더 이상 교회를 돌보는 책임을 감당할 수 없다고 자포자기했다. 더군다나 베드로는 부활하신 예수를 직접 목격하지 못한 상태였기 때문에 실패자로 고향에 돌아와 옛날의 생업으로 돌아갈 생각을 하고 있었다. 이에 부활하신 예수가 베드로에게 나타나 세 번이나 사랑의 확인을 통해 세 번이나 부인한 베드로를 용서함으로써 그를 회복시킨 것이다. 예수가 떠난 후 교회를 돌볼 최고의 적임자는 실패를 경험하여 연약함과 겸손함을 갖추게 된 베드로였다. 베드로는 이제 어떠한 희생을 무릅쓰고라도 예수의 목양 위임을 수행할 준비를 갖추게 되었다. 베드로는 "이 사람들(것들)"(τουτων/투톤)보다 더 사랑하느냐는 물음에 답할 수 있는 준비가 갖추어질 때에서야 비로소 목양의 책임을 감당할 수 있었다. 여기에서 '투톤'(τουτων)을 남성 복수로 보면 "이 제자들보다"로(제자들보다 나를 더 사랑하느냐? 또는 제자들이 나를 사랑하는 것보다 나를 더 사랑하느냐?로 해석 가능), 중성 복수로 보면 "이것들"(배, 어업 등)로 해석할 수 있다. 자기 희생적 사랑, 이것은 베드로를 포함한 모든 교회 지도자들에게 요구되는 자격이다.

3. 두 제자의 운명(21:18-23)

이 단락은 앞 문맥(21:15-17)에 연속되는 내용으로 볼 수 있지만, 동시에 베드로와 사랑하는 제자의 죽음에 대해서 언급하고 있는 새로운 내용을 포함하고 있다. 참고로, 공관복음서는 베드로나 사랑하는 제자의 죽음에 관해서 언급하고 있지 않다. 주지하듯이 사랑하는 제자에 관한 내용은 요한복음에만 나온다. 요한복음에서는 베드로와 사랑하는 제자의 경쟁관계를 보여주는데(13:23-24; 20:2-8; 21:7 참조), 본문에서는 중심인물이 베드로(15-19절)에서 사랑하는 제자(20-23절)로 바뀌어 가는 것을 볼 수 있다.

예수는 베드로에게 그가 어떻게 죽게 될 것인지를 예언한다. "네 팔을 벌리리니"라는 비유적 표현을 통해 베드로는 그가 부인했던 스승과 같이 십자가형을 당하게 될 것임을 암시한다. 그러한 죽음을 통해 하나님께 영광을 돌리게 될 것이다. 베드로는 앞 문맥에서 세 번이나 사랑을 확인하며 회복하는 과정을 거쳤다. "사람이 친구를 위하여 자기 목숨을 버리면 이보다 더 큰 사랑이 없다"(15:13)라고 한 것처럼, 베드로는 자기 목숨을 버리는 '더 큰 사랑'으로 예수의 용서에 보답하게 될 것이다. 이에 예수는 베드로에게 **"나를 따르라"**고 말한다.

베드로는 돌이켜 예수를 따르는 또 한 사람을 보았다. 그는 최후의 만찬석상에서 예수의 품에 의지했던 사랑하는 제자였다. 베드로는 그가 어떻게 죽게 될 것인지에 관심이 있었다. 베드로는 요한공동체를 포함한 교회 전체의 관심을 대변하고 있다. 공관복음서에 "여기 서 있는 사람 중에 죽기 전에 하나님의 나라를 볼 자들도 있다"(눅 9:27; 마 16:28; 막 9:1)라는 예언이 기록되어 있기 때문에, 그 세대에 속한 최후의 목격자인 사랑하는 제자가 죽기 전에 인자의 오심(마 10:23; 막 13:30; 14:62)을 볼 것이라고 기대하고 있었을 것이다. 예수는 "내가 올 때까지 그를 머물게 하고자 할지라도 네게 무슨 상관이냐?"라고 대답하신다. 제자들 사이에 그 말이 퍼졌는데, 사랑하는 제자가 죽지 않을 것이라는 뜻으로 오해할 만하였다. 그러나 예수의 초점은 사랑하는 제자가 죽지 않을 것이라는 데 있었던 것이 아니라, 베드로가 할 일을 상기시키는 데 있었다. 그래서 예수는 베드로에게 "너는 나를 따르라"는 마지막 당부를 하고 있다. 이 단락의 핵심은 베드로에게 반복하여 말한 "나를 따르라"(19, 22절)에 있다. 이 '따름'의 주제는 공생애 초기(1:37, 43)에 등장했었는데, 여기 공생애 말기에도 강조되면서 수미쌍관구조(inclusio)를 보여준다.

요한복음 저자는 그들의 지도자였던 사랑하는 제자가 전통적인 교회의 지도자였던 베드로보다 못하지 않다는 점을 요한공동체에 알려주고 싶었던 것 같다. 그러나 두 사람을 굳이 경쟁자로 볼 필요는 없다. 왜냐하면 베드로는 교회의 지도자로서의 권위를 가지고 있었던 데 비해, 사랑하는 제자는 **목격자(증인)로서의 권위**를 가지고 있었기 때문이다. 또한 요한공동체 일부에서 순교하지 않은 사랑하는 제자의 권위에 관해 회의적인 태도를 가진 사람들이 있었는지도 모른다. 그러나 사랑하는 제자가 베드로와 같이 순교하지 않고 장수한 것이 참된 지도자로서의 결격 사유가 되는 것은 아니었다. 22-23절의 문맥으로 볼 때, 사랑하는 제자가 죽은 이후 요한복음이 기록된 것으로 추정된다. 이것은 사랑하는 제자가 요한복음을 기록했다고 하는 주장과 어긋나지 않는다. 사랑하는 제자가 요한공동체의 전승의 담지자였거나 최초의 복음서 기자(evangelist)였다고 하더라도, 편집자(redactor)에 의한 수정이나 보완이 있었다고 보기 때문이다. 다음 절(21:24)에서 복음서의 내용을 증언하고 기록한 사람과 그의 증언이 참되다고 확신하는 "우리"를 구별하고 있는 것을 참고할 수 있을 것이다.

4. 결론(21:24-25)

20:30-31에 이어 이곳에서 다시 한 번 복음서의 결론을 보여준다. 이는 21장이 후에 덧붙여진 것임을 증언한다. 그렇다면 24절에서 말하는 증언된 "이 일들"은 무엇을 가리키는가? 21장만을 가리키는가? 아니면 요한복음 전체의 내용을 가리키는가? 이 일들을 증언하고 기록한 제자와 그의 증언을 참되다고 확신한 "우리"를 구별한다면, 요한복음 전체를 가리키는 것으로 보아야 할 것이다.

그렇다면 "우리"는 누구를 가리키는가?

첫째, 복음서를 기록한 개인(the evangelist)을 **문학적으로 표현**('editorial we')하는 것이라고 보는 견해이다. 그러나 이는 한 절 안에서 복음서 기자 자신을 3인칭 단수와 1인칭 복수로 나타내는 것이기 때문에 문제가 있다.

둘째, 복음서 기자와 현장에 함께 했던 **증인들**로 보는 견해이다. 복음서를 기록한 개인의 증언이 합법성을 갖기 위해서는 다른 사람들의 증언이 필수적이기 때문이라는 것이다. 그래서 복음서 기자와 함께 했던 21:2의 일곱 제자 또는 안드레와 빌립(그들은 1장에서 익명의 제자와 함께 등장한다)을 그 후보자로 들기도 한다. 여기에서는 목격자로서의 증언이라는 특징을 보여준다.

셋째, **요한공동체**로 보는 견해이다. 이는 요한복음이 복음서 기자가 일차로 기록하고 난 후 요한공동체(또는 편집자)에 의해 수정 보완되었다는 전제를 깔고 있다. 복음서 기자와 편집자는 모두 요한공동체의 일원이었기 때문에, 그들이 사용한 어휘나 표현이나 사상에 큰 차이가 발생하지 않았다. 복음서 기자는 예수에 관해 증언하고 기록하였고, 요한공동체(편집자)는 그의 증언이 참되다는 것을 알았다(19:35 참조). 여기에서는 목격자의 증언일 필요는 없다.

25절은 예수께서 행하신 일이 이 외에도 "많다"는 것을 강조한다. 이는 20:30에서 표징을 많이 행했다고 한 것과 비교된다. 이러한 내용을 기록한 목적은 증인이 직접 증언할 많은 자료 중에서 일부를 복음서에 기록한 것임을 보여주려고 한 것이다. 다 기록한다면 "이 세상이라도 이 기록된 책을 두기에 부족할 것"이라고 한 것은 스케일이 큰 과장법으로서 증언의 신뢰도를 높이려는 목적을 드러내고 있다. 또한 선택되지 않은 자료에 대한 궁금증을 유발시켜 진술된 내용을 자연스럽게 받아들이도록 인도하는 기능을 보여준다.

참고문헌

고영렬. "간음하다 현장에서 잡힌 여인(요7:53-8:11)에 대한 사본학적 연구." 『신약논단』 21/1(2014): 127-159.

김동수. "요한복음 연구 방법론 논쟁: 요한복음 원독자는 누구인가?" 『신약논단』 11/2(2004), 305-329.

김동수. 『요한복음의 교회론』. 서울: 대한기독교서회, 2005.

김동수. "요한복음에 나타난 선교와 '일치'" 『신약논단』 12/3(2005), 623-643.

김동수. 『요한신학 렌즈로 본 요한복음』. 서울: 솔로몬, 2006.

김동수. "요한복음의 시간: 현대식이냐 유대식이냐?" 『신약논단』 17/4(2010), 901-924.

김득중. 『요한의 신학』. 서울: 컨콜디아사, 1994.

김문경. 『요한신학』. 서울: 한국성서학연구소, 2004.

김문현. "요한복음의 인물 연구 역사와 방법론 고찰" 『신약논단』 15/3(2008), 769-804.

김문현. "요한복음 20:1-29의 부활 내러티브 읽기: 애제자를 중심으로" 『신약논단』 16/4(2009), 1089-1120.

김문현. "요한복음 5:1-18의 내러티브 읽기: 38년 된 병자의 인물분석을 통한 예수의 정체성 이해" 『신약연구』 9/4(2010), 657-681.

김문현. “요한복음에 나타난 유대인들, 그들은 누구인가?: 5장, 6장, 그리고 8장을 중심으로 한 샘플분석(test cases)” 『신약연구』 18/2(2011), 481-520.

김문현. “요한복음의 성령 이해: 성령의 상호관계성을 중심으로” 『신약연구』 11/2(2012), 337-367.

김문현. “요한복음 21장 15-23절 내러티브 읽기: 예수와 베드로의 친구관계를 중심으로” 『신약연구』 23/3(2016), 687-726.

김상훈. “요한복음의 프롤로그와 요한일서의 서문의 비교 연구” 『신약연구』 9/3(2010), 369-408.

김상훈/고병찬. “요한복음 구조 이해에 대한 새로운 접근: 이중 배열법에 기초한 역교차 구조” 『신약연구』 9/1(2010), 67-95.

김선정. “요한공동체의 예수와 신-왕 사상” 연세대학교대학원 박사학위 논문, 1997.

김창선. 『쿰란문서와 유대교』. 서울: 한국성서학연구소, 2002.

김현태. “요한복음서의 선한 목자 모티프 연구” 『신약논단』 11/1(2004), 35-62.

문우일. “요한복음 로고스 개념에 대한 철학적 고찰” 『신약논단』 20/2(2013), 339-369.

배재욱. “요한복음에 나오는 γύναι에 대한 소고: 예수는 자기 어머니를 ‘여자여’라고 불렀을까?” 『신약논단』 9/3(2002), 779-786.

배재욱. “요한복음의 중생” 『신약논단』 10/2(2003), 327-365.

서동수. “요한복음, 반유대주의 신학인가?: 요한복음 서문(1:1-18)에 비추어” 『신약논단』 15/1(2008), 69-103.

서중석. “요한복음에 대한 사회심리학적 해석” 『신약논단』 19/1(2012), 105-139.

송진순. “요한공동체의 위기 극복 담론으로서 제일고별담론(14:1-31) 연구” 『신약논단』 22(2015), 963-998.

송진순. “고별기도(요한복음 17장)에 나타난 요한공동체의 정체성에 대한 연구” 『신약논단』 25/1(2018), 73-107.

유은걸. “요한복음의 종말론” 『신약논단』 19/1(2012), 171-201.

유지운. “‘요한복음의 하나님’에 대한 퍼포머티브-내러티브 비평적 분석: 아버지(πατήρ) 용어 사용을 중심으로” 『신약논단』23/2(2016), 331-369.

유태엽. “나사로 이야기(요11:1-45)와 제자직” 『신약논단』 19/1(2012), 71-103.

윤철원. “요한복음 해석과 유대교 문제의 중요성” 『신약논단』 17/3(2010), 597-621.

이 달. “문학적 성경 읽기: 요한복음서의 수난 이야기 문맥에서 본 베드로와 유다의 서사적 기능” 『기독교문화연구』 6(2001), 49-75.

이 달. 『오스카 쿨만』. 대전: 글누리, 2015.

이 달. “전형적인 장면으로서 해석된 사마리아 여인의 이야기(요4:1-42)에 나타난 익명성의 의미” 『신약논단』 24/2(2017), 307-342.

이 달. 『신약성서의 구조와 내러티브』. 대전: 글누리, 2017.

이승문. “사람의 상호 영광과 요한공동체의 사회적 정황” 『신약논단』 16/1(2009), 105-133.

이승문. “요한복음서의 세족에 대한 주요 연구 동향과 사회학적 재해석” 『신약논단』 20/4(2013), 923-958.

임진수. “요한복음의 오병이어 사건과 그 해석” 『신약논단』 9/4(2002), 865-896.

임진수. "니고데모와 하나님 나라" 『신약논단』 13/3(2006), 631-661.

정복희. "요한복음 6장에 나타난 식사 기독론의 기능" 『신약논단』 26/1(2019), 109-148.

정창욱. "요한복음에 사용된 '믿다' 동사 용법의 독특성: 요한복음 주해를 위한 함의" 『신약논단』 16/1(2009), 67-104.

천사무엘. 『신구약중간시대의 성서해석』. 서울: 대한기독교서회, 2014.

최흥진. 『요한복음』. 서울: 한국장로교출판사, 2006.

현경식. "요한의 고별담론과 사랑의 수사학" 『신약논단』 20/2(2013), 371-408.

Achtmeier, P. J. & J. B. Green & M. M. Thompson. The New Testament: Its Literature and Theology. 소기천/윤철원/이달 역. 『새로운 신약성서개론』. 서울: 대한기독교서회, 2004.

Aune, D. E. The New Testament in Its Literary Environment. Philadelphia: The Westminster Press, 1987.

Aune, D. E. "On the Origins of the 'Council of Jevneh'" JBL 110(1991), 491-513.

Barrett, C. K. The Gospel according to St. John. 한국신학연구소 역. 『요한복음』. 서울: 한국신학연구소, 2006.

Beasley-Murry, G. John 1-21. 이덕신 역. 『요한복음』. WBC 36. 서울: 솔로몬, 2001.

Brown, R. E. The Gospel according to John. 2 vols. Anchor Bible Series. New York: Doubleday, 1966/1970.

Brown, R. E. The Community of the Beloved Disciple. 최흥진 역. 『요한공동체

의 역사와 신학』. 서울: 성광문화사, 1994.

Bultmann, R. Das Evangelium des Johanness. 허혁 역. 『요한복음서 연구』. 상하권. 서울: 성광문화사, 1983.

Chatman, S. Story and Discourse. 한용환 역. 『이야기와 담론』. 서울: 푸른사상, 2003.

Collins, J. J. A Short Introduction to the Hebrew Bible. 유연희 역. 『히브리어성서 개론』. 서울: 한국기독교연구소, 2011.

Culpepper, A. Anatomy of the Fourth Gospel. 권종선 역. 『요한복음 해부』. 서울: 요단출판사, 2000.

Dodd, C. H. The Interpretation of the Fourth Gospel. Cambridge: Cambridge University Press, 1953.

Duke, P. D. Irony in the Fourth Gospel. Atlanta: John Knox Press, 1985.

Dunn, J. D. Unity and Diversity in the New Testament. 김득중/이광훈 역. 『신약성서의 통일성과 다양성』. 서울: 나단출판사, 1988.

Fortna, R. T. The Gospel of Signs. Society for New Testament Studies Monograph Series. no. 11. Cambridge: Cambridge University Press, 1970.

Goppelt, L. Typos: The Typological Interpretation of the Old Testament in the New. 최종태 역. 『모형론: 신약의 구약해석』. 서울: 새순출판사, 1987.

Horbury, W. "The Benediction of the Minim and Early Jewish-Christian Controversy" JTS 33(1982), 19-61.

Hylen, S. E. Imperfect Believers: Ambiguous Characters in the Gospel of John. Louisville, Westminster John Knox Press, 2009.

Johnson, L. T. The Writings of the New Testament: An Introduction. Revised Edition. Minneapolis: Fortress, 1999.

Jonas, H. The Gnostic Religion: The Message of the Alien God and the Beginnings of Christianity. 2nd ed. Boston: Beacon Press, 1963.

Kasemann, E. The Testament of Jesus: A Study of the Gospel of John in the Light of Chapter 17. 박정옥 역. 『예수의 증언』. 서울: 대한기독교서회, 1982.

Kraeling, C. H. John the Baptist. New York: Charles Scribner's Sons, 1951.

Kummel, W. G. Introduction to the New Testament. Nashville: Abingdon, 1975.

Kysar, R. John: The Maverick Gospel. 나채운 역. 『요한복음서 연구: 그 독자성을 중심으로』. 서울: 성지출판사, 1996.

Lindars, B. The Gospel of John. New Century Bible Commentary. Grand Rapids: Eerdmans, 1972.

Martyn, J. L. History and Theology in the Fourth Gospel. Nashville: Abingdon, 1979.

Messner, Brian E. "'No Friend of Caesar': Jesus, Pilate, Sejanus, and Tiberius." Stone-Campbell Journal 11(Spring, 2008), 47-57.

Metzger, B. M. The New Testament: Its Background, Growth, and Content. 나채운 역. 『신약성서개설』. 서울: 대한기독교출판사, 1983.

Perkins, P. Gnosticism and the New Testament. 유태엽 역. 서울: 감신대성서학연구소, 2004.

Pilch, J. J. & B. J. Malina. Handbook of Biblical Social Values. 이달 역. 『성서 언어의 사회적 의미』. 서울: 한국장로교출판사, 1998.

Schnackenburg, R. The Gospel according to St. John. 3 vols. New York: Seabury Press, 1982.

Smith, D. M. John. Proclamation Commentaries. 2nd ed. Philadelphia: Fortress, 1986.

Staley, J. L. "Stumbling in the Dark, Reading for the Light: Reaching Character John 5 and John 9" Semeia 53(1991), 55-80.

Stanton, G. N. The Gospels and Jesus. 김동건 역. 『복음서와 예수』. 서울: 대한기독교서회, 1996.

Theissen. G. Gospel Writing and Church Politics. 류호성/김학철 역. 『복음서의 교회정치학』. 서울: 대한기독교서회, 2002.

Thompson, M. M. "The Living Father" Semeia 85(1999), 19-31.

요한복음 해설
Interpreting the Gospel of John

2021년 2월 20일 인쇄
2021년 3월 1일 발행

저 자 | 이 달
발 행 자 | 이광섭
발 행 처 | 한남대학교출판부(글누리)
34430 대전광역시 대덕구 한남로 70(오정동)
Tel (042) 629-7536
hnupress@hnu.kr
인 쇄 처 | 바름
Tel (042) 628-2412

ISBN 978-89-7066-404-0 93230
가격 17,000원